U1008671

本书为2020年度教育部哲学社会科学研究重大课题攻关项目——唐代丝绸之路文学文献整理与研究阶段性成果之一。项目批准号：20JZD047。

明月出天山

——丝绸之路与唐人书写

高建新◎著

人民出版社

责任编辑：贺　畅

图书在版编目（CIP）数据

明月出天山：丝绸之路与唐人书写 / 高建新著 .—北京：人民出版社，2023.11
ISBN 978-7-01-026010-5

Ⅰ. ①明…　Ⅱ. ①高…　Ⅲ. ①丝绸之路-研究-中国-唐代　②中国文学-古典文学研究-唐代　Ⅳ. ① K928.642　② I206.42

中国国家版本馆 CIP 数据核字（2023）第 194588 号

明月出天山
MINGYUE CHU TIANSHAN
——丝绸之路与唐人书写

高建新 著

人民出版社 出版发行
（100706　北京市东城区隆福寺街 99 号）

中煤（北京）印务有限公司印刷　新华书店经销

2023 年 11 月第 1 版　2023 年 11 月北京第 1 次印刷
开本：710 毫米 × 1000 毫米 1/16　印张：19
字数：273 千字

ISBN 978-7-01-026010-5　定价：93.00 元

邮购地址 100706　北京市东城区隆福寺街 99 号
人民东方图书销售中心　电话（010）65250042　65289539

版权所有 · 侵权必究
凡购买本社图书，如有印刷质量问题，我社负责调换。
服务电话：（010）65250042

目　录

丝路悠悠　迤逦天边

（代前言）

“丝绸之路”是一条由商贸推动文化交流的五彩路，为汉唐的开放和强盛做出了巨大贡献。只要走上“丝绸之路”，就会激发一种久违的英雄情怀，产生无数的联想和想象，关于战争的、边塞的、商贸的、奇异物产的、未知世界的。沿途民族风情浓郁，有无数壮丽的自然景观、形态丰富的文化景观以及大快朵颐、一尝难忘的美食、美酒。

一

为了旅行与研究的方便，我们通常将汉唐陆路“丝绸之路”分为东、中、西三段：长安向西北经金城（今甘肃兰州）至河西走廊的玉门关、阳关以东为东段，全程大约 2000 公里；出玉门关、阳关向西至帕米尔高原以东为中段，汉唐称为西域（狭义西域），亦即今天的新疆维吾尔自治区全境，东西长大约 2000 公里；翻过帕米尔高原经中亚、西亚一直到大秦（古罗马）为西段，全程大约 5500 公里。汉唐陆路“丝绸之路”三段中有两段在今天的中国境内，已经成为重要的文化景观带。2014 年 6 月，在第 38 届世界遗产大会上，中国与吉尔吉斯斯坦、哈萨克斯坦联合提交的“丝绸之路：长安—天山廊道路网”文化遗产申请项目入选《世界遗产名录》。它经过的路线长约 8700 公里，各类遗迹多达 33 处。其中，中国境内包括河南省 4 处、陕西省 7 处、甘肃省 5 处、新疆维吾尔自治区 6 处共有 22 处考古、古建筑遗迹。

历史烟云中的河西走廊，无论自然还是文化都充满了传奇。河西走廊东起今武威市天祝藏族自治县中部的乌鞘岭，西至玉门关，是“丝绸之路”东段的核心区域。一路向西北，纬度渐高，如爬坡一样，到了瓜州再到敦煌，才开始下坡。2017 年的整个暑期，我都穿行在河西走廊上，北向三见龙首山、合黎山，南向三见祁连山。其间两次去西宁，从西宁乘火车向西北直到张掖，一路与祁连山相随。祁连山平均海拔 4000 米以上，东西绵延 1000 公里，终年积雪，晶莹皎洁，在高原阳光照耀下银光闪烁，令人心动。探访中国西部，探访“丝绸之路”，绕不开河西走廊，绕不开祁连山。2018 年 8 月，我从敦煌飞赴西宁，而后改乘火车去拉萨，在空中俯瞰苍莽起伏、白雪皑皑的祁连山，依然激动不已。

河西走廊上的四郡，地处“丝绸之路”东段，山河险固，战略地位重要。汉武帝收复河西地区，“初置酒泉郡，后稍发徙民充实之，分置武威、张掖、敦煌，列四郡，据两关焉。”(《汉书 · 西域传》) 两关，指玉门关、阳关，地处“丝绸之路”东段的最西端，是通往西域的门户。河西四郡每一郡相距大约 240—300 公里，从东到西、排列有序，如宝鼎一样扛起了整个河西走廊，成为汉唐西北的军事边防要地，曾为抗击外族入侵、守护“丝绸之路”畅通做出了巨大贡献。河西走廊也是汉唐贸易与文化交流通道，中原的物质文化如丝绸、瓷器与精神文化如印刷术、纺织技术的输出主要是通过河西走廊完成的，西域物产如琉璃、香料、石榴、葡萄、葡萄酒、汗血马与文化如舞乐、佛教文化等，也主要是通过河西走廊进入中原的。除酒泉外，河西走廊上的其他三郡是国务院公布的国家历史文化名城。酒泉，因“城下有泉”“其水若酒”而得名，李白所谓“天若不爱酒，酒星不在天。地若不爱酒，地应无酒泉”(《月下独酌四首》其二)。酒泉向西几十公里是明代长城的最西端——嘉峪关。嘉峪关关城背倚高山，险峻天成，凸起在茫茫大漠中，巍峨宏伟，壮阔无比，自古有“天下第一雄关”之称，东西绵延万里的长城在这里画上了完美的句号。

二

河西走廊上的第一重镇是武威，古称凉州。凉州历史悠久，文化昌明，汉唐以来一直是繁华地。北朝诗人温子升说：“远游武威郡，遥望姑臧城。车马相交错，歌吹日纵横。”（《凉州乐歌二首》其一）姑臧城，今武威市凉州区。西行取经的玄奘停留凉州讲经月余，深有体会地说：“凉州为河西都会，襟带西蕃，葱右诸国，商侣往来，无有停绝。”（《大慈恩寺三藏法师传》卷一）凉州地据要冲，山川环绕，如襟似带，控制着葱岭东西的各个国家，是与长安、洛阳、金陵、扬州齐名的大都会，往来者熙熙攘攘，络绎不绝。唐人写中国西部，凉州入诗最多，内容丰富，感情深厚：“高槛连天望武威，穷阴拂地戍金微。九城弦管声遥发，一夜关山雪满飞。”（柳中庸《凉州曲二首》其二）金微，今新疆阿尔泰山，是汉唐西北边防重地。九城，指姑臧城。“吾闻昔日西凉州，人烟扑地桑柘稠。蒲萄酒熟恣行乐，红艳青旗朱粉楼。”（元稹《西凉伎》）“凉州风月美，遥望居延路。泛泛下天云，青青缘塞树。”（李端《千里思》）人们争相进入凉州，徘徊流连，以享受西北这个美酒飘香、歌吹彻夜的都会有情调的生活。今天的武威盛产夜光杯、冰葡萄酒、李广杏，有文庙、海藏寺、鸠摩罗什寺、大佛寺、西夏碑等众多名胜。武威有“天马之乡”之称，雷台汉墓出土了著名的东汉“铜奔马”（亦称“马踏飞燕”）铜塑，是罕见的艺术珍品，现藏于甘肃省博物馆，以来自大宛国（今中亚费尔干纳盆地）的汗血马为原型，又结合西北游牧地区骏马的特点塑成，劲健有力，凌空奔驰，由此可知汉王朝强盛时的审美风尚是阳刚大气的，是追求力量和速度的，20 世纪 80 年代即被国家旅游局选定为中国优秀旅游城市标志。

张掖，古称甘州，因“张国臂掖”（应劭《地理风俗记》）、以通西域而得名。因为地处张掖绿洲，海拔高，即使夏日炎炎，这里也雨水充沛，清凉如秋。在张掖，我租车到了北郊的合黎山下，一睹其雄姿。合黎山东西纵横上百公里，山北是内蒙古的腾格里沙漠、巴丹吉林沙漠，再向北，越过居延绿洲，就进入了蒙古国。合黎山与东面的龙首山、西面的马鬃山，共同构成了河西走廊的北部屏障。从张掖市向西北到高台县的合黎山有一百余公里的路程。合黎山山口上蓝天如洗、白云悠悠，南望便是绵绵无尽的祁连山。唐代为了抵御突厥人南侵，布防军事工事，当年陈子昂就曾来过合黎山山口查看地形。张掖市内有大佛寺，始建于西夏永安元年（1098），寺内有木制释迦牟尼涅槃像，长34.5米，为中国现存最大的室内卧佛像。张掖市西北的临泽县有中国丹霞地貌发育最好、地貌造型最丰富的国家地质公园。公园内的丹霞地貌五色斑斓，又以红色、橙色为主，如彩缎一样铺展在西北大地之上，雨后的色彩尤其鲜艳。“每至旦暮，彩霞赫炽，起自山谷，色若渥丹，灿如明霞”（《南阳府志》），明人对丹霞地貌的描述，可以用来形容张掖丹霞地貌令人惊艳的颜色之美。有意思的是，夜晚张掖的广场舞跳的多为新疆维吾尔族舞蹈，西宁则是藏族锅庄舞。由此可知，西域文化是沿着汉唐“丝绸之路”通过河西走廊传播到中原的，吐蕃文化则是沿着“唐蕃古道”即文成公主进藏路线传播到中原的。《旧唐书·吐蕃传》：贞观十五年（641），“太宗以文成公主妻之，令礼部尚书、江夏郡王道宗主婚，持节送公主于吐蕃。弄赞率其部兵次柏海，亲迎于河源。”弄赞，弃宗弄赞，即松赞干布。柏海，一作柏梁，今青海东南部玛多县境内的西扎陵湖、鄂陵湖的总称。河源，指黄河河源，在今青海曲麻莱县东境。由此知道“唐蕃古道”的大部分线路在今天青海省境内。

三

从武威一路向西，经过张掖、酒泉、嘉峪关，而后是瓜州。《齐民要术·种瓜第十四》引《广志》说：“瓜州大瓜大如斛，出凉州。”《元和郡县图志·陇右道下》说：瓜州“地出美瓜，故取名焉。狐食其瓜，不见首尾。大历十一年（776）陷于吐蕃”。还真的在瓜州公路服务区吃到了本地的蜜瓜，瓜皮淡绿，有花纹勾连如玉络，瓜肉橙黄脆甜，有点儿像哈密瓜。过了瓜州，就到了河西走廊的锁钥之地——敦煌。敦煌古称沙洲，是“丝绸之路”上最耀眼的明珠，也是中西文化交流的桥梁。莫高窟美轮美奂的壁画、雕塑，更是艺术家的朝圣之地。历史上，无论取经的、经商的还是探险的，都要集结在敦煌，学习外语、熟悉地理、储存体力、调适心理、准备驼队和给养、聘请向导，而后过玉门、出阳关、走西域，几个月穿行在茫茫无际的沙海。从敦煌向西，是库木塔格沙漠和有“死亡之海”之称的罗布泊；再向西北，是绵延数百里的有

“干旱之山”之称的库鲁克塔格山脉，再向西便是塔克拉玛干沙漠。塔克拉玛干沙漠是中国境内最大的沙漠、世界第二大沙漠（第一大沙漠是撒哈拉沙漠）和最大的流动沙漠，流沙面积世界第一。只有穿过塔克拉玛干沙漠，抵达葱岭，才算走完今天中国境内的“丝绸之路”。除去朝廷的诏令，只有两种原因可以催人走上这九死一生的旅程，那就是金钱和信仰。前者是贩运丝绸，后者是西天取经。

敦煌市西南 70 公里处，是古阳关遗址，有新建的阳关关城和博物馆。游人在此可以花 10 元钱领一个关牒（相当于护照），再租借骆驼在沙海中骑行一段，以感受当年走上西域、穿越茫茫戈壁的情景。阳关是汉唐西境的国门，唐中期后废圮，今天仅剩汉代烽燧遗址。旅人西出阳关，需穿越库木塔格沙漠和罗布泊，找到孔雀河并沿河一路西行，经过尉犁县（唐在此置焉耆都督府）到达今天的库尔勒市，但这也只是走了“丝绸之路”中段的东面半程路。新建的阳关关城城门上有引自《西厢记·长亭送别》“悲欢聚散一杯酒，南北东西万里程”的楹联，读后让人心生无限感慨，万里之外一别，何时才能再见？只有来到此地，才能真切体会王维“劝君更尽一杯酒，西出阳关无故人”诗句饱含的生离死别的巨大悲伤，能活着出去，却不一定能活着回来。能活着回来，却不一定能见到当年送别你的人。路途虽然艰难危险，前人却把经过阳关通往西域的大道称为“阳关道”或“阳关大道”，后泛指康庄大道。不仅如此，前人由王维的送别诗又进入音乐、绘画，有《阳关三叠》《阳关图》等，不断演绎着人生不能除却的悲欢离合。就此我写成了《诗与音乐绘画的会通——从王维〈送元二使安西〉到〈阳关三叠〉〈阳关图〉》一文，分上、下篇刊载在《文史知识》2018 年第 2、3 期上。

敦煌是中国和世界的艺术宝库。著名的莫高窟开凿于十六国的前秦建元二年（366），一直持续到元朝，前后长达一千余年，是红学家周汝昌先生称许的中华文明的三大高峰之一（之前是甲骨文，之后是《红楼梦》）。莫高窟中有各个朝代的彩塑 2400 多身、壁画 4.5 万平方米，恢宏壮丽，夺人心魄。宗白华先生在《略谈敦煌艺术的意义与价值》一文中说：“敦煌艺术在中国整个艺术史上的特点与价值，是它的对象以人物为中心，在这方面与希腊相似。”“敦煌人像，全是在飞腾的舞姿中（连立像、坐像的躯体也是在扭曲的舞姿中）；人像的着重点不在体积而在那克服了地心吸力的飞动旋律。”（《美学与意境》，人民出版社 1987 年版，第 242—243 页）早在 1988 年 2 月，敦煌莫高窟就被联合国教科文组织列入“世界文化遗产名录”。

无论在文化史上还是在艺术史上，莫高窟、西千佛洞、榆林窟都是奇迹，空前绝后，无法复制。因研究莫高窟藏经洞出土的大量写本文献而诞生的“敦煌学”，是真正意义上的世界性学问，此领域的学者被学术界广泛承认和推崇。常书鸿、段文杰、樊锦诗等学者，因守护莫高窟、研究“敦煌学”而蜚声海内外，为士林敬重。倒是在敦煌住了两年又七个月（1941 年 4 月—1943 年 11 月），花费了巨资的国画大师张大千因在临摹敦煌莫高窟壁画的同时又涂抹标记壁画而被人诟病不断（《张大千住敦煌 3 年临摹 336 幅壁画花 5000 两黄金》，《新华日报》2014 年 4 月 11 日），虽然他也曾为宣传敦煌艺术做出了贡献。张大千临摹敦煌壁画的作品主要藏在成都四川省博物馆。

四

2018 年暑期，我再次走上“丝绸之路”。这次是到了中国境内“丝绸之路”的西端——古代的西域、今天的新疆境内。新疆地处欧亚大陆中心区域，是汉唐“丝绸之路”的中段，自然形态丰富，文化多样，民族众多，是东西方文明最大的交会处，也是英国史学家汤因比教授心目中的多种文化汇聚的福地。从乌鲁木齐起飞，向西飞越天山北支的博罗科努山，在 8000 米的高空俯瞰雪山及伊犁河谷，景色壮丽，1 小时后到达“中国薰衣草之乡”——伊犁哈萨克自治州的首府伊宁。伊宁机场内满溢着馥郁的薰衣草芬芳，清心醒脑，伊宁街头随处可见茂盛的薰衣草以及摆满了各种薰衣草制品的店铺。

我是乘汽车游览新疆西部边境地区的，第一站是霍尔果斯口岸。从伊宁向西北行驶 100 公里就到了对面是哈萨克斯坦的霍尔果斯口岸。霍尔果斯是蒙古语，意为“驼队经过的地方”，是陆路“丝绸之路”上的重镇。1881 年清政府与俄国签订《中俄伊犁条约》，割让 7 万多平方公里的土地给俄国。口岸有当时立的中俄界碑，现已成为文物，人称“耻辱碑”，据说清政府出资、由沙俄政府制作。在埋设界碑时，清政府没有官员到现场监督，俄方乘机将界碑向中国境内推移了 20 公里，对此清政府虽然一直未予承认，但也由此形成了 40 多平方公里的争议地区。界碑上刻着沙俄国徽双头鹰像，显示了沙皇通吃东西方的勃勃野心。直到今天，俄罗斯的国徽上依然是伸着两只爪子的双头鹰。

离开了霍尔果斯口岸东北上，就到了素有“高原明珠”之称的赛里木湖。赛里木湖在博尔塔拉蒙古自治州境内，海拔 2080 米，是高原淡水湖，蓄水量相当于 10 个喀那斯湖、100 个天池大小。赛里木湖颜色碧蓝，平静如镜，天在水中，水在天上，天水一色，美不胜收。从赛里木湖沿着 218 国道西南行，便进入伊犁河谷。伊犁河谷北、东、南三面环山，北面有西北—东南走向的科古尔琴山、婆罗科努山，南面有西南—东北走向的哈尔克他乌山和那拉提山，中部还有乌孙山、阿吾拉勒山等横亘，构成“三山夹两谷”的特殊地貌。伊犁河谷古代时属于乌孙国故地，汉代的解忧公主就是远嫁到了此地，对此唐人颇有不平。鲍溶《述德上太原严尚书绶》载：“条桑去附枝，薙草绝本根。可惜汉公主，哀哀嫁乌孙。”巩乃斯草原、巩乃斯河谷就在其境内，巩乃斯河穿行其间，历史上盛产骏马，称“乌孙马”，汉武帝初名之“天马”，今称伊犁马。当我为一匹神骏的枣红色伊犁马拍照时，它躁动不安，喷着鼻息，昂首嘶鸣，前蹄一个劲儿地跑着草地，跑，音 páo，走兽用蹄子刨地，如杭州的虎跑泉。牵马的哈萨克少年说，它就想奔跑。

前路遥遥，凌晨 5 点即起身，在蒙蒙细雨中由伊犁哈萨克自治州的新源县沿着 218 国道前行，山势渐高渐陡，道路蜿蜒曲折，翻越海拔 3050 米巩乃斯山脉，眼底群山苍茫，云气缭绕，山下便是中国第二大草原——巴音布鲁克，海拔 2700 米，面积达 23835 平方公里，平阔无垠，一派浩荡。一路东行再南下，中午时分到了天山深处和静县的巴仑台镇，吃了一碗羊肉面片，又购买了矿泉水和刚出炉的烤馕。馕，古称“胡饼”，是汉唐丝路上的必备干粮。新鲜的馕麦香浓郁，边缘稍厚且柔软，中间薄而干硬，适于长期保存，可以转着圈慢慢品尝。有了骆驼、馕和饮用水，就可以穿越茫茫的沙漠戈壁。过了和静县就进入了南疆，再向南向西便走上唐代“丝绸之路”中线。沿路炎风如火，四望荒凉，已属于“绿洲文明”地带。

从巴仑台向南经过和静县向南，就到了盛产香梨的库尔勒市。库尔勒是巴音郭楞蒙古自治州（汉代焉耆国）行政区首府，北倚天山支脉，有孔雀河的源头博斯腾湖，南临塔克拉玛干沙漠。塔克拉玛干沙漠的北缘是汉代“丝绸之路”的北线、唐代“丝绸之路”的中线（唐代又开辟了一条新北线）。塔克拉玛干沙漠的南缘是汉唐“丝绸之路”的南线，均是古代中西交通的咽喉之地。玄奘西天取经，回来时走的就是南线，先后经过今天的喀什、疏勒、莎车、叶城、皮山、和田、于田、民丰、且末、楼兰，东入敦煌，最后回到长安。

库尔勒市北是铁门关，是“丝绸之路”的必经之路，汉唐以来，有无数人经过铁门关。晚唐人张球《铁门关》载：“铁门关外东西道，过尽前朝多少人。客舍丘墟存旧迹，山川犹自迭鱼鳞。”（见徐俊《敦煌诗集残卷辑考》，中华书局 2000 年版，第 659 页）岑参前往西域路经铁门关，曾记述其恶劣的自然环境与险要的地理位置。《题铁门关楼》载：“铁关天西涯，极目少行客”“桥跨千仞危，路盘两崖窄。”又，《银山碛西馆》载：“银山碛口风似箭，铁门关西月如练。双双愁泪沾马毛，飒飒胡沙迸人面。”今天的铁门关关楼前立有“丝绸古道”刻石，关楼旁绝壁上刻有“襟山带河”4 个隶书大字，指示此地险要。进入关楼里左侧是峭壁，右侧是著名的孔雀河，流水潺潺，纵横曲折，掩映在灌木草丛之间。孔雀河全长 375 公里，源出博斯腾湖，东通罗布泊，却灌溉出水草丰美、瓜果飘香的库尔勒绿洲。由此向西是轮台市，再向西 100 公里是库车。

库车古称龟兹，是连接今天新疆南北的要冲、汉唐中西文化交流的重镇。公路两边尽是戈壁，午后气温已达 36℃，地表温度达 42℃。一下车热风席卷，太阳火辣，晒得人头顶冒烟、后背灼烫。荒凉的西域，火炉里的西域。出库车县沿库尔车河向北 70 公里，便到了著名的天山大峡谷。峡谷属于雅丹地貌，呈褐红色，远看如火，进入谷内清凉如秋，溪水漫流，气温在 20℃上下。从库车向西北 70 余公里，就到了归龟兹研究院管理的克孜尔千佛洞。上次来此是 2012 年 8 月，一晃就是整整五年。当时参观了千佛洞。但是不许拍照，晚上还在龟兹研究院的职工食堂吃了一顿饭，在研究院的招待所住了一个晚上，采摘了研究院自己种的葡萄。这次规定有了变化，可以用手机拍摄千佛洞里的壁画了。大喜过望，于是掏出手机拍了数十张，效果也还说得过去。

五

游过克孜尔千佛洞之后，又从库车出发，沿着唐代“丝绸之路”中线向西南，经过阿克苏就抵达了喀什。喀什是中国最西端的城市，是喀什噶尔的简称，意为玉石般的地方，东望塔里木盆地，西倚帕米尔高原，与塔吉克斯坦、阿富汗交界，是汉唐“丝绸之路”绕不过的重镇，也是“丝绸之路”中国段南、北两道在西端的总会点。玄奘西天取经，回去均经过喀什，《大慈恩寺三藏法师传》一书有详细的记载。人们都说：“不到喀什，就不算到新疆；不到古城，就不算到喀什。”我在喀什老城穿街走巷一整天，四处寻觅“丝绸之路”的踪迹，一直到天完全黑下来才回了。功夫不负有心人，在老城居民区的蔬菜摊上看到了由“丝绸之路”传入的多种蔬菜、水果、干果及调味品，如胡荽、胡芹、胡瓜（黄瓜）、胡萝卜、西瓜、葡萄、黑胡椒、孜然、鹰嘴豆、蚕豆（胡豆）、开心果、无花果等。鹰嘴豆原产西亚、地中海，豆型如雏鹰之首，眼嘴毕现，在豆类中与牛乳融合最为充分，是制作豆奶粉的最佳配料。新鲜成熟的无花果个头较大，甜腻绵软、一碰就破，需要用手捧着吃。“丝绸之路”的开通，极大地丰富了中原的物质生活与精神生活，泽惠一直延续至今。

喀什地区盛产美玉，基本分为籽料（河床中采的玉）与山料（山上采的玉），籽料受河水冲涮，多圆润，山料由人工开采，如矿石，有棱角。在喀什玉雕厂参观，一块重 4 公斤的羊脂玉开价 15 元万人民币，一小块儿籽料挂件开价 8 万元。同等品质，籽料比山料要贵。汉唐“丝绸之路”又称“玉石之路”，贩运玉石与丝绸一样利润巨大，玉门关的设立就与方便和田玉输入中原关系密切。不同处在于玉石由西向东入关，丝绸由东向西出关；“玉石之路”稍短，“丝绸之路”漫长；贩运玉石，西域赚中原的钱，转运丝绸，中原赚西域的钱。

博物馆是了解一地历史文化的最佳之处。喀什博物馆收藏的文物丰富多彩、文化价值独特，如南北朝“三耳压花陶罐”、唐代“浮雕人像陶片”、宋代“饰绛丝边缘绢绵袍”等，都是“丝绸之路”上的遗珍，放到其他博物馆早就特藏了。从当地出土的丝麻残片、陶纺轮、石纺轮看，历史上的喀什地区不仅转运丝绸也出产丝绸，地位十分重要。今天的和田一带出产一种名为“艾得拉斯”的丝绸，轻薄柔软，色彩绚丽，式样以条纹为主，中亚风格十分明显，实际上就是汉唐以来传承下来的。我在喀什艾提尕尔广场边上的一家专营“艾得拉斯”的丝绸店，看到的丝绸颜色纹样有数百种之多。唐诗描写的《胡腾舞》《胡旋舞》男女舞者穿的舞衣，主要是用这种丝绸制成的。

从喀什出发沿着有“中巴友谊公路”之称的314国道，出疏附县的乌帕尔镇一路南行，就进入了帕米尔高原。帕米尔高原，因山中多生长野葱，汉唐称“葱岭”。唐诗中的葱岭为“西极”之代称，指西部、北部的万里边疆：“葱岭秋尘起，全军取月支”（于鹄《出塞》）、“密雪曙连葱岭道，青松夜起柳营风”（方干《王将军》）、“前年葱岭北，独战云中胡”（韦庄《平陵老将》）。我们乘坐的“喀什丝路旅游”专车一路前行，与昆仑山、盖孜河相随。这一带是汉代疏勒国旧地，历史悠远，文化深厚，自然风光壮美！游人需在“盖孜边防检查站”下车，核验身份证、边境通行证。穿过一条悠长的隧洞，就见公路两侧云雾缭绕，雪山苍莽。沿着314国道经过沙山环抱的高原湖泊——白沙湖，湖天一碧，湖上白云朵朵，空气清冽。继续向前，便进入阿克陶县南境，到达海拔3700米的喀拉库勒湖，柯尔克孜语意为黑湖，湖水却青碧如玉。湖对面是有“冰山之父”之称的慕士塔格峰，海拔7509米，山顶终年积雪，映衬在蔚蓝色的天宇下银光闪闪，分外皎洁，让人情绪为之一振，蓦然领悟了“高山仰止”的含蕴。由此再南，就到了塔什库尔干塔吉克自治县境内的红其拉甫口岸。它的海拔 4733 米，是世界上海拔最高的口岸，对面是巴基斯坦，距喀什市 420 公里。

“丝绸之路”开放互通，壮阔悠远，如画幅一样缓缓铺展在苍茫的亚欧大陆上。“丝绸之路”壮游，一看地域，二看距离，三看海拔。抛开都市的喧哗，呼吸着自由的空气，一出行就是几千公里，穿行河西走廊，游走于天山南北，与曾经走在这条路上的汉唐人作心灵对话，读他们的诗篇，追寻他们的足迹。入目的是没有灰色楼群遮挡的浩阔湛蓝的天宇、巍峨绵延的雪山、荒凉无边的沙漠戈壁、广袤的草原、悠远的河流、清澈的湖泊，由此连带起长城、古堡、烽燧、红柳、胡杨、驼队、骏马、胡笳、羌笛、弯弓、鸣镝，构成了全幅的“丝绸之路”图景，雄浑壮阔，古劲苍凉，有咀嚼不尽的文化蕴涵与美学意味。“丝绸之路”宛若彩云游动，迤逦在遥远的天边。“丝绸之路”连接的不仅是东方与西方、内地与边疆，还连接着历史与现实、今天与未来。走上“丝绸之路”，一种能主宰自己命运的自豪感油然而生；走上“丝绸之路”，视野和心胸才会大开；走上“丝绸之路”，你才敢像诗人海子一样硬气地说：“远方就是这样的，就是我站立的地方。”（《遥远的路程》）

原载《书屋》2021 年第 11 期，题作《丝路漫行笔记》，
收入本书时有删改

第一章 “乘危远迈，杖策孤征”

——玄奘西行与唐代“丝绸之路”

东汉（25—220）朝廷对西域的治理经历了“三绝三通”，即三次进入西域又三次撤退，反映了经营西域的困难与统一局面的来之不易，业已开拓的“丝绸之路”也因此时通时闭，不能畅行。400年后，唐王朝建立。到了贞观初年，由于国家强大、中西贸易与文化交流需求迫切，“丝绸之路”再次贯通而且日见繁荣，唐太宗大败西突厥之后对来献方物的安国使者说：“‘西突厥已降，商旅可行矣’，诸胡大悦。”（《新唐书·西域传下》）[①] 西突厥曾经有今新疆及中亚大部分地区，占据着“丝绸之路”要冲。玄奘是唐王朝建立之后第一个沿着“丝绸之路”西行取经并取得卓越成就的佛学家、翻译家、旅行家。

一、西行求法

玄奘，洛阳人，出身贫苦，父母早丧，13岁出家，成年后游历各地，拜访名师，精研佛经，未至而立之年已名满天下。关于玄奘享年，有数种说法，本文取65岁之说，亦即生于隋文帝开皇二十年（600），卒于唐高宗麟德元年（664）。[②] 在铜川玉华寺译经的玄奘在去世当年曾对诸僧说：“玄奘今年六十有五，必当卒命于此伽蓝。”[③] 玄奘是一位不满足现状、勇于探求的佛学家。“法师既遍谒众师，备餐其说，详考其义，各擅宗途，验之圣典，亦隐显有异，莫知适从，乃誓游西方以问所

① （宋）欧阳修、宋祁：《新唐书》（二十），中华书局1975年版，第6244页。

② 杨庭福：《玄奘年谱》，上海古籍出版社2011年版，第1页。

③ （唐）慧立、彦悰：《大慈恩寺三藏法师传》，孙毓棠等点校，中华书局1983年版，第217页。

惑。”玄奘对诚心劝他返回敦煌的玉门关第一烽守卫王祥说：

奘，桑梓洛阳，少而慕道。两京知法之匠，吴、蜀一艺之僧，无不负笈从之，穷其所解。对扬谈说，亦忝为时宗。欲养己修名，岂劣檀越敦煌耶？然恨佛化，经有不周，义有所阙，故无贪性命，不惮艰危，誓往西方遵求遗法。①

檀越，施主，指王祥。扬谈，指讨论佛法。玄奘说，自己因崇仰佛法而遍拜佛学大师，讨论起佛学，也算为时人尊崇。如果谋求名声，京城自然要比敦煌机会更多。只是在研习过程中，深感中国佛教经典不全，翻译多有舛误，各派学说分歧，无所适从，所以才不惜生命，发誓到佛教的发祥地求法，亲证佛说。《旧唐书·方伎传》载：

僧玄奘，姓陈氏，洛州偃师人，大业末出家，博涉经论。尝谓翻译者多有讹谬，故就西域，广求异本以参验之。贞观初，随商人往游西域。②

玄奘陈表太宗，请允西行求法，但未获批准。“时国政尚新，疆场未远，禁约百姓不许出蕃。”③因开国不久，朝廷防范西突厥，边境管理极严，百姓不得随意西行，然而玄奘决心已定，于是不顾危险，沿着“丝绸之路”前往天竺（今印度）。

关于玄奘西行的具体时间，依照自述，贞观三年（629）出发没有异议，具体的月份稍有不同。《大慈恩寺三藏法师传》卷一云：“贞观三年秋八月，将欲首涂。”又，卷十云：“由是壮志发怀，驰心遐外。以贞观三年秋八月立誓装束，拂衣而去。”④《大唐西域记》卷十二云：“以

① （唐）慧立、彦悰：《大慈恩寺三藏法师传》，孙毓棠等点校，中华书局 1983 年版，第 10、15 页。

② （后晋）刘昫等：《旧唐书》（十六），中华书局 1975 年版，第 5108 页。

③ （唐）慧立、彦悰：《大慈恩寺三藏法师传》，孙毓棠等点校，中华书局 1983 年版，第 12 页。

④ （唐）慧立、彦悰：《大慈恩寺三藏法师传》，孙毓棠等点校，中华书局 1983 年版，第 10、228 页。

贞观三年仲秋朔旦，褰裳遵路，杖锡遐征。”[①] 玄奘《还至于阗国进表》称：“以贞观三年四月，冒越宪章，私往天竺。”[②] 仲秋朔旦，农历八月初一。贞观三年，玄奘 29 岁，开始沿着“丝绸之路”前往天竺的取经之旅。王成祖教授认为，玄奘实际从长安出发是贞观元年（627），贞观三年是从高昌再次出发的时间。[③]

严耕望先生说：“长安通西域之大道，唐人行旅所经之能详考者，莫过于玄奘与岑参。玄奘由长安经秦州、兰州、凉州、瓜州、玉门关，度莫贺延碛，经伊吾（伊州）、高昌（西州），又经焉耆、龟兹而西。”[④] 这是一趟惊心动魄、九死一生的旅程，生命时刻受到威胁甚至丧失。玄奘是从长安出发，经秦州（今甘肃天水）、兰州进入河西走廊到达凉州的，登坛说法一月之后决定前往瓜州（今甘肃安西县东南）。他牵挂的始终是西天取经。当时的“丝绸之路”分南北两道通往中亚地区：南道由瓜州越敦煌，沿着今天的阿尔金山山脉经鄯善（今新疆若羌）、于阗（今新疆和田），折向西北至莎车，西逾葱岭，进入中央亚细亚；北道从瓜州北进入伊吾（今新疆哈密）、高昌（今新疆吐鲁番），沿天山南道、塔克拉玛干沙漠北缘西行，经龟兹（今新疆库车）、由疏勒度葱岭进入中亚，再西南行至罽宾（在今克什米尔地区），罽宾的南面就是北印度了。[⑤] 因往来商侣多选择北道，玄奘于是选择了北道。因为禁止出境，玄奘只能选择偷渡。在当地僧人帮助下，玄奘从凉州出发西行。

自是不敢公出，乃昼伏夜行，遂至瓜州。时刺史独孤达闻法师至，甚欢喜，供事殷厚，法师因访西路。或有报云：从此北行五十余里，有瓠𬇕河，下广上狭，洄波甚急，深不可渡。上置玉门关，路必由之，即西境之襟喉也。关外西北又有五烽，候望者居之。各

① 季羡林等：《大唐西域记校注》（下），中华书局 2000 年版，第 1040 页。
② （清）董诰等编：《全唐文》（四），上海古籍出版社 1990 年版，第 4188 页。
③ 王成祖：《中国地理学史》（上），商务印书馆 1982 年版，第 99 页。
④ 严耕望：《唐代交通图考》（二），上海古籍出版社 2007 年版，第 426 页。
⑤ 杨庭福：《唐僧取经》，见《古代旅行家的故事》，中华书局 1983 年版，第 67 页。

相去百里，中无水草。五烽之外即莫贺延碛，伊吾国境。①

瓠𤬁（hù lú）河，亦作“胡芦河”，今甘肃西北部的疏勒河，河西走廊三大内陆河之一，唐初的玉门关就设在瓜州西北的瓠𤬁河上。岑参《武威春暮闻宇文判官西使还已到晋昌》载：“君从万里使，闻已到瓜州。”又，《题苜蓿烽寄家人》载：“苜蓿烽边逢立春，胡芦河上泪沾巾。”② 晋昌，晋昌郡，唐初于晋昌郡置瓜州。苜蓿烽，在玉门关西北，五烽之一。根据玄奘述，劳干先生《两关遗址考》一文认为，唐初的玉门关已东移至北距瓜州 50 里的地方。③ 莫贺延碛，今新疆哈密东南的沙漠。

玄奘昼伏夜行，小心翼翼，好不容易到了瓜州。此时凉州发出公文，要求捕抓准备私自出境的玄奘，称：“有僧字玄奘，欲入西蕃，所在州县宜严候捉。”路遇一长一少两位胡人，老者熟悉西行的路况，劝玄奘说：“西路险恶，沙河阻远，鬼魅热风，遇无免者。徒侣众多，犹数迷失。况师单独，如何可行？愿自料量，勿轻身命。”玄奘回答：“贫道为求大法，发趣西方，若不至婆罗门国，终不东归，纵死中途，非所悔也。”④ 决心已下，绝不退缩，玄奘于是向玉门关进发。年少的胡人愿意相随，“于是装束。与少胡夜发。三更许到河，遥见玉门关。去关上流十里许，两岸可阔丈余，傍有胡桐树丛。胡乃斩木为桥，布草填沙，驱马而过。”不料少年胡人中途反悔。

胡人曰：“弟子将前途险远，又无水草，唯五烽下有水，必须夜到偷水而过，但一处被觉，即是死人。不如归还，用为安稳。”法师确然不回，乃俯仰而进，露刃张弓，命法师前行。法师不肯居

---

① （唐）慧立、彦悰：《大慈恩寺三藏法师传》，孙毓棠等点校，中华书局 1983 年版，第 12 页。

② 廖立：《岑嘉州诗笺注》（下），中华书局 2004 年版，第 757 页。

③ 纪忠元、纪永元主编：《敦煌阳关玉门关论文选粹》，甘肃人民出版社 2003 年版，第 96 页。

④ （唐）慧立、彦悰：《大慈恩寺三藏法师传》，孙毓棠等点校，中华书局 1983 年版，第 12、13 页。

> 前，胡人自行数里而住，曰：“弟子不能去。家累既大而王法不可忤也。”法师知其意，遂任还。胡人曰：“师必不达。如被擒捉，相引奈何？”法师报曰：“纵使切割此身如微尘者，终不相引。”为陈重誓，其意乃止。与马一匹，劳谢而别。自是孑然孤游沙漠矣，惟望骨聚、马粪等渐进。顷间忽有军众数百队满沙碛间，乍行乍息，皆裘褐驼马之像及旌旗槊纛之形，易貌移质，倏忽千变，遥瞻极著，渐近而微。法师初睹，谓为贼众，渐近见灭，乃知妖鬼。①

五烽在玉门关外，每烽之间相距百里，其间沙漠相连，没有水草。年轻胡人离去，玄奘只能只身前行，在一望无际的沙漠中寻找骸骨、马粪聚集之处，以此辨识确定道路及其走向。在行进中，沙漠上不时出现海市蜃楼般的幻象，如举着大旗长矛、骑着驼马行进的军队，乍走乍停，形貌游移不定，令人惊恐。

> 迳八十余里，见第一烽。恐候者见，乃隐伏沙沟，至夜方发。到烽西见水，下饮盥手讫，欲取皮囊盛水，有一箭飒来，几中于膝。须臾更一箭来，知为他见，乃大言曰：“我是僧，从京师来。汝莫射我。”即牵马向烽。烽上人亦开门而出，相见知是僧，将入见校尉王祥。
>
> （王祥）仍言：“西路艰远，师终不达，今亦不与师罪。弟子敦煌人，欲送师向敦煌。彼有张皎法师，钦贤尚德，见师必喜。请就之。”②

候者，指守望巡哨者。因为是偷越，玄奘几乎中箭。玄奘向王祥表达了西行不可更移的决心：“无贪性命，不惮艰危，誓往西方，遵求遗法。”“必欲拘留，任即刑罚，玄奘终不东移一步以负先心。”王祥被玄奘的执着精神感动，“使人盛水及麨饼自送至十余里”，“泣拜而别”。得

---

① （唐）慧立、彦悰：《大慈恩寺三藏法师传》，孙毓棠等点校，中华书局 1983 年版，第 13—14 页。

② （唐）慧立、彦悰：《大慈恩寺三藏法师传》，孙毓棠等点校，中华书局 1983 年版，第 15 页。

到补给后继续前行，更为艰难危险的旅程在前面等待着玄奘。

二、九死一生

玄奘冒着生命危险，绕过玉门关向西，到了莫贺延碛。“莫贺延碛长八百余里，古曰沙河，上无飞鸟，下无走兽，复无水草。是时顾影唯一，心但念观音菩萨及《般若心经》。”[①] 莫贺延碛，今称“噶顺戈壁”“哈顺戈壁”，也称“南戈壁”，[②] 在今新疆哈密东南与甘肃交界处，西北起今天哈密北哈尔里克山南麓，西南至甘肃瓜州县大泉西北，广长约八百里，汉武帝之前属于匈奴呼衍王地，气候极为干旱，是世界上大陆性气候最强烈的地区之一。崔融《拔四镇议》载：

> 莫贺延大碛者，伊州在其北，沙州在其南，延袤向二千里，中间水草不生焉。每灾，风横沙石飞吼，行人昼看朽骨以知道路，夜视斗柄以辨方隅。（《全唐文》卷二一九）[③]

伊州，治伊吾（今新疆哈密）。沙州，今敦煌。《新唐书·吐蕃传上》载：“莫贺延碛袤二千里，无水草。”[④] 唐在莫贺延碛道“总置十驿”，如新井驿（今瓜州县雷墩子）、广显驿（今瓜州县白墩子）、乌山驿（今瓜州县红柳园）、冷泉驿（今哈密市星星峡）、痴崖驿（今哈密市红山墩东）以度越沙漠。[⑤] 仪凤二年（677）高宗命安西都护裴行俭册送波斯王，“途经莫贺延碛，属风沙晦暝，导者益迷。”（《旧唐书·裴行俭传》）[⑥] 连向导都迷路的地方，可想其道路的崎岖艰难与自然环境的恶劣。

> 时行百余里，失道，觅野马泉不得。下水欲饮，袋重，失手覆

① （唐）慧立、彦悰：《大慈恩寺三藏法师传》，孙毓棠等点校，中华书局 1983 年版，第 16 页。

② 冯志文等编著：《西域地名词典》，新疆人民出版社 2002 年版，第 309 页。

③ （清）董诰等编：《全唐文》（二），上海古籍出版社 1990 年版，第 978 页。

④ （宋）欧阳修、宋祁：《新唐书》（十九），中华书局 1975 年版，第 6079 页。

⑤ 李正宇：《“莫贺延碛道”考》，《敦煌研究》2010 年第 2 期。

⑥ （后晋）刘昫等：《旧唐书》（八），中华书局 1975 年版，第 2802 页。

> 之。千里之资一朝斯罄，又路盘回，不知所趣，乃欲东归还第四烽。行十余里，自念我先发愿，若不至天竺终不东归一步。今何故来？宁可就西而死，岂归东而生！于是旋辔，专念观音，西北而进。是时四顾茫然，人鸟俱绝。夜则妖魑举火，烂若繁星。昼则惊风拥沙，散如时雨。虽遇如是，心无所惧。但苦水尽，渴不能前。是时四夜五日无一滴沾喉，口腹干燋，几将殒绝，不复能进。①

绝水四昼夜，玄奘几乎殒命于沙漠。这是一个没有任何生命迹象的地方。夜里鬼火闪烁，多如繁星；白天狂风卷起沙砾，半空洒落如雨。1879 年 6 月，俄国探险家“普氏野马”的发现者普尔热瓦尔斯基经过巴里坤湖来到哈密，然后前往沙州（今甘肃敦煌），途中穿越噶顺戈壁，② 入目所见验证了玄奘一千多年前的描写。普尔热瓦尔斯基写道：

> 在第三天和第四天的行程中，沙漠呈现出一片十分可怕的景象：既没有植物，也没有动物，甚至连蜥蜴和昆虫也没有。一路上到处可以看到骡马和骆驼的骨头，白天地面灼热，笼罩一层像充满了烟雾的浑浊空气；即便有点微风，连空气也纹丝不动，也不凉快。只是经常刮起一股股热旋风，含盐的尘土被旋转成一条条圆柱，刮出很远，很远。在旅行者的前方或两旁浮现出虚幻的海市蜃楼。即使没有这种幻景，靠近地面的空气由于异常灼热而发生波动或颤抖，使远处物体的轮廓也不断变换。白天炎热难熬，太阳一出来就是火辣辣的一直到日落为止。③

“茫茫戈壁，寸草不生，只有一片连一片光秃秃的黏土和砾石”，地表温度高达 62.5 摄氏度，④ 这是一个连石头都能烤化的不毛之地，虽然

---

① （唐）慧立、彦悰：《大慈恩寺三藏法师传》，孙毓棠等点校，中华书局 1983 年版，第 17 页。

② 丁笃本：《中亚探险史》，新疆人民出版社 2009 年版，第 320—321 页。

③ ［俄］尼·费·杜勃罗文：《普尔热瓦尔斯基传》，吉林大学外语系俄语专业翻译组译，商务印书馆 1978 年版，第 245 页。

④ 杜根成、丘陵：《普尔热瓦尔斯基》，中国民族摄影艺术出版社 2002 年版，第 194 页。

历经一千余年，玄奘与普尔热瓦尔斯基所见景象并无明显差别。1895年5月初，瑞典探险家斯文·赫定从新疆和田向北穿越塔克拉玛干沙漠时因缺水被困，4个随行的维吾尔族村民渴死了2个，8峰骆驼渴死了7峰。最后，濒临死亡的斯文·赫定爬行着找到了一处水塘，他称之为“上帝馈赠的水池”，这才挽救了他的生命。

我在岸边坐下，抚我脉息，觉得它很弱，差不多摸不出来了，每分钟只跳动49次。然后我再三放量地喝水，那水很凉爽，又如水晶一般清冽，甜蜜的滋味和最好的泉水不相上下。我又喝了一次，我的干燥的身体如海绵一般地吸收着水分。所有的骨节都酥软了，动作也不似先前那样困难，那硬如羊皮纸的皮肤现在也变软了，额部渐渐潮润，脉搏的跳动渐渐有力起来，几分钟以后，便到每分钟56次。血液在血管中自由地流淌起来，我觉得很快乐安适。[①]

之后，斯文·赫定用自己的一双靴子灌满水救活了2个被他当作朋友的随从。今天的穿沙公路旁立着一块蓝色牌子，上面赫然写着“赫定水塘”几个白色大字，以纪念当年遇险之事。想必玄奘当年缺水又得到补给的情形与斯文·赫定相仿。玄奘“更经两日，方出流沙到伊吾矣。此等危难，百千不能备序”。[②]英国著名探险家奥雷尔·斯坦因熟读《大慈恩寺三藏法师传》《大唐西域记》，1907年7月，斯坦因沿着当年玄奘的踪迹穿越塔克拉玛干沙漠，他说：“我坚信玄奘是从疏勒河的某处出发穿越沙漠的。”“他没有被饥渴和沙漠中的各种艰难险阻所吓倒，勇敢地前进。他是出于宗教信仰才选择了这条道路，同时也显示了一个伟大的旅行家的胆略。”[③]玄奘西行选择的是伊吾道，不经过敦煌。严耕望先

---

① ［瑞典］斯文·赫定：《我的探险生涯》，孙仲宽译，新疆人民出版社2010年版，第156页。

② （唐）慧立、彦悰：《大慈恩寺三藏法师传》，孙毓棠等点校，中华书局1983年版，第17页。

③ ［英］奥雷尔·斯坦因：《穿越塔克拉玛干》，巫新华等译，广西师范大学出版社2000年版，第85、89页。

生说："观玄奘行程，由瓜州直到伊州，唐瓜州在敦煌东三百里，不经敦煌矣，盖隋世已然。"①

从伊州向高昌行进，途中还要通过一片大沙碛，《宋史·外国六·高昌传》称之为"大患鬼魅碛"，实际上是"噶顺戈壁"或称"哈顺戈壁"向西的自然延伸，② 地在今新疆哈密西北、鄯善以东。太平兴国六年（981）五月，太宗朝供奉官王延德出使高昌，"次历纳职城，城在大患鬼魅碛之东南，望玉门关甚近。地无水草，载粮以行，凡三日，至鬼谷口避风驿，用本国法设祭，出诏神御风，风乃息。"③ 纳职，汉县名，在今哈密市四堡村。④ 王延德出使高昌，前后整整三年，直到雍熙元年（984）四月，才回到汴京。严耕望先生说："大抵自甘州以西始涉石碛，而玉关、伊州间之莫贺延碛，伊州西州间之大患鬼魅碛，情况最为恶劣，唐人屡屡言之，视为畏途。行旅者尤为水草而忧，驼马亦须特别装备。"⑤

历经千辛万苦，好不容易到了高昌，玄奘受到了高昌王鞠文泰的热情接待，时间在贞观二年（628）。⑥ 玄奘谢绝了真诚热情的挽留，执意西行，鞠文泰慷慨资助玄奘：计有黄金一百两、银钱三万、绫及绢等五百匹，充作玄奘往还二十年的旅费。又拨给马三十匹、力役二十五人，写了二十四封书，通告屈支等二十四国，玄奘的旅行条件大为改善。出高昌城，进入阿耆尼国（今新疆焉耆西南），经铁门关（今新疆铁门关市）西向屈支（今新疆库车市），又遇到了巨大的障碍。

又前行六百里渡小碛，至跋禄迦国（旧曰姑墨），停一宿。又西北行三百里，渡一碛，至凌山，即葱岭北隅也。其山险峭，峻极于天。自开辟以来，冰雪所聚，积而为凌，春夏不解。凝沍汗

① 严耕望：《唐代交通图考》（二），上海古籍出版社 2007 年版，第 480 页。
② 《中国地形图》，中国地图出版社 1994 年版。
③ （元）脱脱等：《宋史》（四十），中华书局 1977 年版，第 14111 页。
④ 钟兴麒编著：《西域地名考录》，国家图书馆出版社 2008 年版，第 671 页。
⑤ 严耕望：《唐代交通图考》（二），上海古籍出版社 2007 年版，第 489 页。
⑥ 杨庭福：《玄奘年谱》，上海古籍出版社 2011 年版，第 127 页。

> 漫，与云连属。仰之皑然，莫睹其际。其凌峰摧落横路侧者，或高百尺，或广数丈，由是蹊径崎岖，登涉艰阻。加以风雪杂飞，虽复屦重裘，不免寒战。将欲眠食，复无燥处可停，唯知悬釜而炊，席冰而寝。七日之后方始出山，徒侣之中馁冻死者十有三四，牛马逾甚。①

跋禄迦国，旧称姑墨，在今新疆阿克苏地区拜城县一带。凌山，今天山穆苏尔岭。一说，凌山即冰山，指今新疆乌什县西北的别迭里山口。② 凝沍（hù），结冰，冻结。凌山常年积雪不化，到处是巨大的冰川，人即使鞋套着鞋，衣服套着衣服，仍然不能御寒。山中找不到一处干燥的地方，只能“悬釜而炊，席冰而寝”，七天后方走出凌山，随行者十有三四因冻饿而死，可谓“鬼门关”。翻越凌山是“丝绸之路”最为危险的路程之一。《大唐西域记》卷一“凌山及大清地”条也说：

> 国西北行三百余里，度石碛，至凌山。此则葱岭北原，水多东流矣。山谷积雪，春夏合冻，虽时消泮，寻复结冰。经途险阻，寒风惨烈，多暴龙，难凌犯。③

消泮（pàn），融解。石碛，戈壁滩，多碎石、沙砾。暴龙，凶暴的龙，形容力量巨大的沙漠旋风。从跋禄迦国西北行三百余里，翻越凌山之后，经过大清池（今吉尔吉斯斯坦伊塞克湖）、素叶城（即碎叶城，在今吉尔吉斯斯坦托克马克城西南）、昭武九姓七国（康、安、曹、石、米、何等，均在今乌兹别克斯坦境内）、铁门（乌兹别克斯坦南部兹嘎拉山口）、大雪山（今兴都库什山山脉，在今阿富汗北境），《大唐西域记》卷一“大雪山”条记：

> 东南入大雪山，山谷高深，峰岩危险，风雪相继，盛夏合冻。

---

① （唐）慧立、彦悰：《大慈恩寺三藏法师传》，孙毓棠等点校，中华书局 1983 年版，第 27 页。

② 高永旺：《大慈恩寺三藏法师传译注》，中华书局 2018 年版，第 88 页。

③ 季羡林等：《大唐西域记校注》（上），中华书局 2000 年版，第 67 页。

积雪弥谷，蹊径难涉。山神鬼魅，暴纵妖祟。群盗横行，杀害为务。[①]

由大雪山再向南行六百余里，出吐火罗境，进入梵衍那国。梵衍那国，即帆延国，唐西域国名。《新唐书·西域传下》载：

帆延者，或曰望衍，曰梵衍那。居斯卑莫运山之旁，西北与护时健接，东南距罽宾，西南诃达罗支，与吐火罗连境。地寒，人穴处。王治罗烂城，有大城四五。水北流入乌浒河。贞观初，遣使者入朝。[②]

罗烂城，今阿富汗喀布尔市西巴米安。乌浒河，今阿姆河。梵衍那国（今阿富汗）境内有著名的巴米扬大佛，为依山而凿的两尊立佛，相距不到1公里。西面一尊凿于4—5世纪，高55米，东面一尊凿于4—8世纪，高38米。[③]《大唐西域记》卷一载：“王城东北山阿，有立佛石像，高百四五十尺，金色晃曜，宝饰焕烂。”“城东二三里伽蓝中有佛入涅槃卧像，长千余尺。”[④]2001年3月，巴米扬大佛被伊斯兰原教旨主义运动组织塔利班炸毁。2003年，“巴米扬山谷的文化景观和考古遗址”被联合国教科文组织列为世界文化遗产，属于濒危遗产。巴米扬山谷是“丝绸之路”上重要的佛教中心，也是希腊、印度等多种文明的汇聚地。由此再向前到今天阿富汗的贝格拉姆、巴基斯坦的白沙瓦城，最终抵达印度。《大慈恩寺三藏法师传》卷二载：“嗟乎，若不为众生求无上正法者，宁有稟父母遗体而游此哉！”[⑤] 如果不是为了信仰和为寻求普度众生的正道，谁肯以受之父母的身体来到如此危险的地方游历呢？

沿着“丝绸之路”北道向西，雪山冰川之外，玄奘遇到的最大威胁

---

① 季羡林等：《大唐西域记校注》（上），中华书局2000年版，第128页。

② （宋）欧阳修、宋祁：《新唐书》（二十），中华书局1975年版，第6254页。

③ 《中国大百科全书·文物博物馆》，中国大百科全书出版社1995年版，第14页。

④ 季羡林等：《大唐西域记校注》（上），中华书局2000年版，第130、132页。

⑤ （唐）慧立、彦悰：《大慈恩寺三藏法师传》，孙毓棠等点校，中华书局1983年版，第33页。

就是穿越干旱的沙漠。《新唐书 · 西域传下》载：石国“西千里距堵利瑟那，东临叶叶水，水出葱岭北原，色浊，西北流入大碛。无水草，望大山，寻遗胔，知所指，五百余里即康也”。[①]遗胔（zì），本义为腐肉，扩义为遗骨。《大唐西域记》卷一载“大沙碛”：“从此西北，入大沙碛，绝无水草，途路弥漫，疆境难测，望大山，寻遗骨，以知所指，以记经途。”[②]此，指窣（sū）堵利瑟那国，西域古国，地在今吉尔吉斯坦西北。大沙碛，指锡尔河与阿姆河之间的大沙漠。[③]沙海无际，前路漫漫，不辨方向，唯以人畜的遗骨为路标。《大唐西域记》的记载与《大慈恩寺三藏法师传》卷二的记载相互印证：“又西北入大碛，无水草，望遗骨而进。”[④]这是以生命为代价对未知前路的神圣开拓。美国当代汉学家比尔 · 波特说，“古代的‘丝绸之路’并不是一条真正意义上的路。实际上，它只是过路商队留下的动物骨骸和粪便所形成的小路。一场沙尘暴过后，小路便消失得无影无踪了，直到下一个商队再踩出另外一条小路。这些小路穿过世界上最荒凉的地方，从一个绿洲到达另一个绿洲。”[⑤]

没有比追求信仰和真理更让人无所畏惧了。玄奘只身西行五万余里，历经艰辛，经过西域和中亚地区（吉尔吉斯坦、乌兹别克斯坦等地）、阿富汗、巴基斯坦、印度、尼泊尔等地，最终到达印度佛教中心——那烂陀寺。依照玄奘自述，贞观三年（629）仲秋从高昌出发，等到了那烂陀寺已是贞观五年（631）秋天，路上走了整整两年。一说，贞观二年（628）从高昌出发。[⑥]

关于玄奘西行线路，王成祖先生所绘《玄奘印度求经线路图之一

① （宋）欧阳修、宋祁：《新唐书》（二十），中华书局 1975 年版，第 6247 页。

② 季羡林等：《大唐西域记校注》（上），中华书局 2000 年版，第 87 页。

③ 杨庭福：《玄奘年谱》，上海古籍出版社 2011 年版，第 133 页。

④ （唐）慧立、彦悰：《大慈恩寺三藏法师传》，孙毓棠等点校，中华书局 1983 年版，第 29 页。

⑤ ［美］比尔 · 波特：《丝绸之路——追溯中华文明史上的辉煌篇章》，四川文艺出版社 2017 年版，第 2 页。

⑥ 杨庭福：《玄奘年谱》，上海古籍出版社 2011 年版，第 128 页。

（627—631）》最为清晰详尽。[1]那烂陀寺是古代印度最大、最壮丽的寺院，也是佛教最高学府和学术中心，藏书丰富，学者辈出，是释迦牟尼大弟子舍利弗的诞生和逝世处，有释迦牟尼亦曾路经此地的说法。《大慈恩寺三藏法师传》卷三记述了其宏大的规模与壮丽的建筑：

> 庭序别开，中分八院。宝台星列，琼楼岳峙，观竦烟中，殿飞霞上，生风云于户牖，交日月于轩檐，加以渌水逶迤，青莲菡萏，羯尼花树晖焕其间，庵没罗林森疏其外。诸院僧室皆四重重阁，虬栋虹梁，绿栌朱柱，雕楹镂槛，玉础文梍，甍接摇晖，榱连绳彩。印度伽蓝数乃千万，壮丽崇高，此为其极。僧徒主客常有万人，并学大乘兼十八部，爰至俗典《吠陀》等书，因明、声明、医方、术数，亦俱研习。[2]

义净《大唐西域求法高僧传》对那烂陀寺建筑及其格局亦有详细的记述：“造制宏壮，则赡部洲中当今无以加也。”[3]赡部洲，佛教典籍称的四大洲中的南部洲名。那烂陀寺12世纪毁于战火，遗址在今印度比哈尔邦中部都会巴特那以东88公里的巴罗贡村。敦煌98窟中有一幅描绘那烂陀寺的壁画，[4]有城墙、房舍、寺院、人物，足见其巨大的影响。中唐诗人李洞感慨玄奘行程的漫长艰难，有《送三藏归西天国》诗以咏赞：

> 十万里程多少碛，沙中弹舌授降龙。五天到日应头白，月落长安半夜钟。

“沙中”，一本作“碛头”。诗人自注：“奘公弹舌念梵语《心经》，

---

① 王成祖：《中国地理学史》（上），商务印书馆1982年版，第97页。又见张芝联、刘学荣主编：《世界历史地图集》，中国地图出版社2002年版，第50页。

② （唐）慧立、彦悰：《大慈恩寺三藏法师传》，孙毓棠等点校，中华书局1983年版，第69页。

③ （唐）义净著，王邦维校注：《大唐西域求法高僧传校注》，中华书局1988年版，第112页。

④ 段文杰、樊锦诗主编：《中国敦煌壁画全集·敦煌五代·宋》（九），天津人民美术出版社2006年版，第1页。

以授流沙之龙。”[①]弹舌，舌根颤动发出短促连续的声音。指用梵语诵咒经文。依靠无与伦比的强大信仰，玄奘终于完成了西行的伟大旅程，为后人铭记。

三、归途艰险

出行时艰难危险，归来时一样艰难危险，虽然路上有人照应。已在外多年的玄奘归心似箭，谢绝了印度国王戒日王的一再挽留，执意返国。贞观十五年（641），带着戒日王赠送的大象和盘缠，42岁的玄奘从钵罗耶伽（中印度古国名）启程，踏上了回国的旅程。[②]等到了呾叉尸罗国，大约是第二年的春天，一路险象环生。

> 如是二十余日行，至呾叉尸罗国，重礼月光王舍千头处。国东北五十踰缮那即迦湿弥罗国，其王遣使迎请，法师为象行辎重不果去。停七日，又西北行三日至信度大河，河广五六里，经像及同侣人并坐船而进，法师乘象涉渡。时遣一人在船看守经及印度诸异花种。将至中流，忽然风波乱起，摇动船舫，数将覆没，守经者惶惧堕水，众人共救得出，遂失五十夹经本及花种等，自余仅得保全。[③]

呾（dá）叉尸罗国，古代北印度国名。迦湿弥罗国，汉代之罽宾国，故地在今克什米尔地区。信度大河，印度河。玄奘归国是从印度向北，走了六天才通过大雪山（兴都库什山山脉），再向北经过活国（故城在今阿富汗东部的昆都士附近）到达了葱岭。《大唐西域记》卷十二“葱岭”条说：

> 从此东入葱岭。葱岭者，据赡部洲中，南接大雪山，北至热

---

① （清）彭定求等编：《全唐诗》（十一），中华书局编辑部点校，中华书局1999年版，第8380页。本书所引唐诗除特别注明之外，均出自此版本，不再另注。

② 杨庭福：《玄奘年谱》，上海古籍出版社2011年版，第207页。

③ （唐）慧立、彦悰：《大慈恩寺三藏法师传》，孙毓棠等点校，中华书局1983年版，第114页。

> 海、千泉，西至活国，东至乌铩国，东西南北各数千里。崖岭数百重，幽谷险峻，恒积冰雪，寒风劲烈，多出葱，故谓葱岭。又以山崖葱翠，遂以名焉。①

葱岭，帕米尔高原的一部分。古代中国与西方之间的交通，多经由葱岭山道，汉属西域都护府、唐属安西都护府统辖。《汉书·西域传上》载：西域诸国“东则接汉，阸以玉门、阳关，西则限以葱岭”。师古曰：“《西河旧事》云：葱岭，其山高大，上悉生葱，故以名焉。”② 阸（è），界限。热海，即今吉尔吉斯斯坦境内的伊塞克湖。乌铩（shā）国，今新疆莎车县，在塔克拉玛干沙漠西端。《大唐西域记》卷十二“波谜罗川”指的也是帕米尔高原：

> 国境东北，逾山越谷，经危履险，行七百余里，至波谜罗川。东西千余里，南北百余里，狭隘之处不逾十里。据两雪山间，故寒风凄劲，春夏飞雪，昼夜飘风。地碱卤，多砾石，播植不滋，草木稀少，遂致空荒，绝无人止。③

帕米尔，塔吉克语，“世界屋脊”之意。④ 帕米尔高原分为东西两部分，东帕米尔的地形较开阔坦荡，由两条西北—东南方向的积雪的山脉和一组河谷湖盆构成，海拔的绝对高度5000—6000米，相对高度不超过1000—1500米。西帕米尔则由若干条大致平行的东北—西南方向的山脉谷地构成，地形相对落差大，以高山深谷为特征。帕米尔高原位于天山、昆仑山、喀喇昆仑山、兴都库什山几大山系交会处，平均海拔在3200米至4500米之间，有一千多条山地冰川，覆盖面积近1万平方公里。帕米尔高原属严寒的强烈大陆性高山气候，冬季漫长（10月至翌年4月），1月平均气温-17℃，绝对最低气温-50℃。帕米尔高原是古“丝绸之路”上最为艰险和神秘的一段，是控扼“丝绸之路”通往中亚

---

① 季羡林等：《大唐西域记校注》（下），中华书局2000年版，第964页。
② （汉）班固：《汉书》（十二），中华书局1962年版，第3871页。
③ 季羡林等：《大唐西域记校注》（下），中华书局2000年版，第981页。
④ 《中国大百科全书·世界地理》，中国大百科全书出版社1990年版，第516页。

和南亚的咽喉要道。

翻过帕米尔高原进入疏勒后，玄奘走的是“丝绸之路”南线，沿着塔克拉玛干沙漠边缘向东，经过今天的莎车、叶城、皮山、和田、策勒、于田、民丰、且末、若羌，向东北进入敦煌。《大慈恩寺三藏法师传》卷五载：

从媲摩城东入沙碛，行二百余里，至泥壤城。又从此东入流沙，风动沙流，地无水草，多热毒鬼魅之患。无径路，行人往返，望人畜遗骸以为幖帜。硗确难涉，委如前序。①

媲（pì）摩城，遗址在今新疆策勒县以北。泥壤城，尼雅故城，遗址在今新疆民丰县北的塔克拉玛干沙漠中，是汉代精绝国所在。流沙，指塔克拉玛干沙漠，东西长达1200公里，是世界最大的流动沙漠。幖（biāo）帜，标志。硗确（qiāo què），多石而坚硬的路。从尼雅故城向东就是汉代西域古国且末（今新疆且末县），东西南北都包围在沙漠中，是“丝绸之路”南道的必经之地。《大唐西域记》卷十二“大流沙以东行程”条说：

从此东行，入大流沙。沙则流漫，聚散随风，人行无迹，遂多迷路。四远茫茫，莫知所指，是以往来者聚遗骸以记之。乏水草，多热风。风起则人畜昏迷，因以成病。时闻歌啸，或闻号哭，视听之间，恍然不知所至，由此屡有丧亡，盖鬼魅之所致也。②

大流沙，指的也是塔克拉玛干沙漠。通过玄奘的描述，我们知道无论走“丝绸之路”的北道还是南道，都要行进在塔克拉玛干沙漠的北缘与南缘，道路异常艰难。一是炎热，沙漠夏季的气温常在40摄氏度以上，如火一样炙烤着行人。二是极度缺水。为了取水，玄奘几次差点儿丢掉性命。三是没有固定的道路，常会迷失方向，只能在移动的沙漠中

---

① （唐）慧立、彦悰：《大慈恩寺三藏法师传》，孙毓棠等点校，中华书局1983年版，第124页。

② 季羡林等：《大唐西域记校注》（下），中华书局2000年版，第1030—1031页。

循着人畜的遗骨前行。

“丝绸之路”的危险，不只是自然环境恶劣，还有强盗时常出没，打劫甚至杀害旅人。玄奘西行至焉耆国，经停于阿父师泉，“泉在道南沙崖。崖高数丈，水自半而出”：

> 法师与众宿于泉侧。明发，又经银山。山甚高广，皆是银矿，西国银钱所从出也。山西又逢群贼，众与物而去。遂至王城所处川崖而宿。时同侣商胡数十，贪先贸易，夜中私发，前去十余里，遇贼劫杀，无一脱者。比法师等到，见其遗骸，无复财产，深伤叹焉。①

银山，即库穆什山，在今新疆托克逊县以西、天山南麓，为通往焉耆的必经山隘。玄奘西行，一路强盗不断，“东至波罗奢大林中，逢群贼五十余人，法师及伴所将衣资劫夺都尽，仍挥刀驱就道南枯池，欲总屠害。”②“贼遂拥船向岸，令诸人解脱衣服，搜求珍宝。”③“群盗横行，杀害为务。”④17年后玄奘返国，依然有此遭遇，“法师在其国停二十余日，复东北行五日，逢群贼，商侣惊怖登山，象被逐溺水死。贼过后，与商人渐进东下，冒寒履崄，行八百余里，出葱岭至乌铩国。”⑤哪里有财富，哪里就会有强盗出没。敦煌莫高窟第45窟南壁有《胡商遇盗图》，⑥一队（画面上是5人）驮着丝绸的商胡，为首者身着浅蓝色长衫，头戴浑脱帽，高鼻深目。商队经过峡谷险路时，被三名持长刀的强盗抢劫，商人们胆颤心惊，露出惶恐、乞求的神色，被迫从马背上卸下

---

① （唐）慧立、彦悰：《大慈恩寺三藏法师传》，孙毓棠等点校，中华书局1983年版，第24—25页。

② （唐）慧立、彦悰：《大慈恩寺三藏法师传》，孙毓棠等点校，中华书局1983年版，第46页。

③ （唐）慧立、彦悰：《大慈恩寺三藏法师传》，孙毓棠等点校，中华书局1983年版，第55页。

④ 季羡林等：《大唐西域记校注》(上)，中华书局2000年版，第128页。

⑤ （唐）慧立、彦悰：《大慈恩寺三藏法师传》，孙毓棠等点校，中华书局1983年版，第118—119页。

⑥ 段文杰主编：《中国敦煌壁画全集·敦煌盛唐》(六)，天津人民美术出版社2006年版，第67页。

货物。壁画反映了“丝绸之路”上的商贸活动时刻都有危险存在。虽然一路遇盗，玄奘却十分通达，“居生之贵，唯乎性命。性命既在，余何所忧。故我土俗书云：‘天地之大宝曰生。’生之既在，则大宝不亡。小小衣资，何足忧吝。”[①]生命在则追求在事业在，身外之物压根儿不足为虑。

四、终回大唐

活着出去，当然要活着回来。贞观十七年（643），44岁的玄奘经阔悉多国（今阿富汗库拉姆河流域南的霍斯特地区）进入帕米尔高原的外围地区，路遇寒天大雪耽搁月余，后向东溯峡谷而上行七百余里，至波谜罗川（今帕米尔河）。[②]

> 川东西千余里，南北百余里，在两雪山间，又当葱岭之中，风雪飘飞，春夏不止，以其地寒烈，卉木稀少，稼穑不滋，境域萧条，无复人迹。中有大池，东西三百里，南北五十余里。处赡部洲中，地势高隆，瞻之㳽㳽，目所不能极。水族之类千品万种，喧声交聒，若百工之肆焉。[③]

大池，《大唐西域记》卷十二称“大龙池”：“水乃澄清皎镜，莫测其深，色带青黑，味甚甘美。潜居则鲛、螭、鱼、龙、鼋、鼍、龟、鳖，浮游乃鸳鸯、鸿雁、駕鹅、鹔、鴇。”[④]大龙池，即今喀拉库勒湖，也称帕米尔湖，北距今天的喀什市近300公里，位于克孜勒苏柯尔克孜州阿克陶县，是新疆南疆的旅游胜地。玄奘是历史上记录此湖的第一人。喀什地区塔什库尔干塔吉克自治县城北有“石头城遗址”，是“丝绸之路”上的重要古城遗址，也是唐代葱岭守捉驻节地、安西都护府最

---

① （唐）慧立、彦悰：《大慈恩寺三藏法师传》，孙毓棠等点校，中华书局1983年版，第46页。

② 闫小芬等：《玄奘集编年校注》，河南大学出版社2012年版，第325页。

③ （唐）慧立、彦悰：《大慈恩寺三藏法师传》，孙毓棠等点校，中华书局1983年版，第117页。

④ 季羡林等：《大唐西域记校注》（下），中华书局2000年版，第981—982页。

西边的戍守之地。《新唐书·地理志七下》载：“自疏勒西南入剑末谷、青山岭、青岭、不忍岭，六百里至葱岭守捉，故羯盘陀国，开元中置守捉，安西极边之戍。”① 遗址内立有“佛寺遗址”“玄奘讲经处”刻石，原有佛寺，玄奘回国时曾在此寺讲经，2001年被国务院公布为全国重点文物保护单位。“丝绸之路”的线路并非一条，也不完全固定。其中以自喀什西南行通往印度、西亚乃至欧洲的线路最为重要。喀什地区，古代疏勒国故地，按当地语意，即为“丝绸集市”。②

贞观十八年（644）年末，45岁的玄奘由疏勒国到了于阗国（今新疆和田地区）。因为是私自出境，未敢擅自回到长安，作《还至于阗国进表》，派人先期呈上，自己则在当地听候发落，七个月后获得恩准，太宗有《答玄奘还至于阗国进表诏》，热烈欢迎玄奘归来：

> 闻师访道殊域，今得归还，欢喜无量，可即速来，与朕相见。其国僧解梵语及经义者，亦任将来。朕已敕于阗等道使，诸国送师，人力鞍乘，应不少乏，令敦煌官司于流沙迎接，鄯善于沮沫迎接。③

沮沫，即且末。玄奘从且末“又东北行千余里至纳缚波故国，即楼兰地，展转以达沙洲”。④ 沙洲，今敦煌西，由此东北上行至瓜州进入河西走廊。《新唐书·西域传下》云：

> 北径碛，旷野五百里，得疏勒。东南五百里济徙多水，逾大沙岭，有斫句迦种，或曰沮渠，地千里。东逾领八百里，即于阗也，东有媲摩川。度碛行二百里，得尼壤城，在大泽中，地垫洳，芦荚荒茂，行者凿道趣城通于阗，而于阗以为东关。又东行入大流沙，人行无迹，故往返辄迷，聚遗骸以识道。无水草，多热风，触人及六畜皆迷仆。行四百里至故都逻。又六百里至故折摩驮那，古且末

① （宋）欧阳修、宋祁：《新唐书》（四），中华书局1975年版，第1150页。
② 《中国大百科全书·纺织》，中国大百科全书出版社1984年版，第255页。
③ （清）董诰等编：《全唐文》（一），上海古籍出版社1990年版，第32页。
④ 杨庭福：《玄奘年谱》，上海古籍出版社2011年版，第220页。

> 也。又千里至故纳缚波，古楼兰也。[1]

斫句迦，西域古国，又称“朱俱波”，故址在今新疆叶城。《资治通鉴·唐纪十》云：“朱俱波在葱岭之北，去瓜州二千八百里。”[2]贞观十年（636），曾遣使入朝。《大唐西域记》卷十二载斫句迦国“国南境有大山，崖岭嵯峨，峰峦重叠。草木凌寒，春秋一贯”。[3]垫洳（rù），低洼泥泞。芦菼（tǎn），芦荻。玄奘归来的路途依旧艰难。

归程前后三年，经历了千难万险，贞观十九年（645）正月二十五日，46 岁的玄奘回到了阔别已久的长安，受到万人空巷的盛大迎接：“闻者自然奔凑，观礼盈衢，更相登践，欲进不得。”“始自朱雀街内，终届弘福寺门，数十里间，都人士子、内外官僚列道两旁，瞻仰而立。”“道俗奔迎，倾都罢市。”[4]人们敬仰玄奘的壮举，为他的归来欢呼雀跃。玄奘在《还至于阗国进表》中自述：

> 践流沙之浩浩，陟雪岭之巍巍，铁门巉崄之涂，热海波涛之路。始自长安神邑，终于王舍新城，中间所经五万余里。虽风俗千别，艰危万重，而凭恃天威，所至无鲠。仍蒙厚礼，身不辛苦，心愿获从，遂得观耆阇崛山，礼菩提之树，见不见迹，闻未闻经，穷宇宙之灵奇，尽阴阳之化育，宣皇风之德泽，发殊俗之钦思，历览周游一十七载。（《全唐文》卷九百六）[5]

玄奘走的时候是贞观三年（另一说为贞观元年），回来已是贞观十九年，这一走就是 17 年，虽然耗尽了青壮年的宝贵时光，但到了佛陀说法的耆阇（qí dū）崛山朝圣，在菩提树下向佛祖顶礼膜拜，看到了不曾看到的奇迹，听到了不曾听到的经义。玄奘从青年走到中年，由一

---

① （宋）欧阳修、宋祁：《新唐书》（二十），中华书局 1975 年版，第 6249 页。

② （宋）司马光：《资治通鉴》（十三），中华书局 2011 年版，第 6235 页。

③ 季羡林等：《大唐西域记校注》（下），中华书局 2000 年版，第 999 页。

④ （唐）慧立、彦悰：《大慈恩寺三藏法师传》，孙毓棠等点校，中华书局 1983 年版，第 125、128、230 页。

⑤ （清）董诰等编：《全唐文》（四），上海古籍出版社 1990 年版，第 4188 页。

般僧人成为大智高僧。太宗《答玄奘法师进〈西域记〉书诏》载：

> 法师夙标高行，早出尘寰，泛宝舟而登彼岸，搜妙道而辟法门，弘阐大猷，荡涤众罪。是故慈云欲卷，舒之而荫四空；慧日将昏，朗之而照八极。舒朗之者，其唯法师乎。(《全唐文》卷八）[①]

太宗对玄奘由衷欣赏，赞美有加。大约这一年二月一日前后，玄奘在洛阳谒见唐太宗。[②] 太宗遍询西域事迹：

> 法师既亲游其地，观觌疆邑，耳闻目览，记忆无遗，随问酬对，皆有条理。帝大悦。谓侍臣曰：“昔苻坚称释道安为神器，举朝尊之。朕今观法师，词论典雅，风节贞峻，非惟不愧古人，亦乃出之更远。”

因为西行，玄奘比前秦高僧道安的视域更为辽阔，取得的成就也更大。帝又谓法师曰：‘佛国遐远，灵迹法教，前史不能委详，师既亲睹，宜修一传，以示未闻。’[③] 一传，即玄奘于贞观二十年（646）七月十三日献上的《大唐西域记》。《旧唐书 · 方伎传》云：

> 玄奘既辩博出群，所有必为讲释论难，蕃人远近咸尊伏之。在西域十七年，经百余国，悉解其国之语，仍采其山川谣俗，土地所有，撰《西域记》十二卷。贞观十九年，归至京师。太宗见之，大悦，与之谈论。于是诏将梵本六百五十七部于弘福寺翻译，仍敕右仆射房玄龄、太子左庶子许敬宗，广召硕学沙门五十余人，相助整比。[④]

《大唐西域记》是玄奘在外 17 年游历、访求的心血结晶，内容之宏富前所未有。玄奘自言：“今所记述，有异前闻。虽未极大千之疆，颇

---

① （清）董诰等编：《全唐文》(一)，上海古籍出版社 1990 年版，第 36 页。

② 杨庭福：《玄奘年谱》，上海古籍出版社 2011 年版，第 225 页。

③ （唐）慧立、彦悰：《大慈恩寺三藏法师传》，孙毓棠等点校，中华书局 1983 年版，第 129 页。

④ （后晋）刘昫等：《旧唐书》(十六)，中华书局 1975 年版，第 5108 页。

穷葱外之境，皆存实录，匪敢雕华。”[①]葱外，指葱岭之外。玄奘是怀着司马迁一样的“实录”精神撰写《大唐西域记》的，对于葱岭以西各国的记述是前无古人的。英国探险家奥雷尔·斯坦因说：“公元7世纪随着唐王朝的建立，中国的政治影响向西方的扩张加剧起来，这可以从保存下来的这一时期有关‘西域’及印度的中国史籍之显著增加上反映出来。”[②]这其中，最重要的典籍首推《大唐西域记》。

《大唐西域记》十二卷，记述玄奘西游亲历的110个国家及传闻的三十多个国家、地区、城邑的山川形势、地理位置、物产、气候、习俗等，为太宗开拓西域、治理西域提供了大量的第一手资料。太宗说：“新撰《西域记》者，当自披览。”(《答玄奘法师进〈西域记〉书诏》)[③]可见重视程度。玄奘也从自己多年的游历中感受到大唐在西域的巨大影响以及风土、习俗对人性、语言的浸染。《大唐西域记·序论》载：

> 玄奘辄随游至，举其风土，虽未考方辨俗，信已越五踰三。含生之畴，咸被凯泽；能言之类，莫不称功。越自天府，暨诸天竺，幽荒异俗，绝域殊邦，咸承正朔，俱沾声教。赞武功之绩，讽成口实；美文德之盛，郁为称首。[④]

凯泽，恩泽。从长安出发，直至天竺，一路上看到荒远的国家都接受大唐的历法和教化，人们交口称颂大唐的文治武功和强大繁盛，太宗的功德已经超越了三皇五帝。在西行万里、长达近二十年的考求中玄奘发现，“夫人有刚柔异性，言音不同，斯则系风土之气，亦习俗之致也。”[⑤]人性刚柔不同、语言不同，与所在的风土习俗关系密切。如今，《大唐西域记》已经成为研究中国西北地区及阿富汗、印度、尼泊尔、

① （唐）慧立、彦悰：《大慈恩寺三藏法师传》，孙毓棠等点校，中华书局1983年版，第135页。

② ［英］奥雷尔·斯坦因：《重返和田绿洲》，刘文锁译，广西师范大学出版社2000年版，第21页。

③ （清）董诰等编：《全唐文》(一)，上海古籍出版社1990年版，第36页。

④ 季羡林等：《大唐西域记校注》(上)，中华书局2000年版，第32页。

⑤ 季羡林等：《大唐西域记校注》(上)，中华书局2000年版，第45页。

巴基斯坦、孟加拉国、中亚等地的古代历史地理及从事考古的基本文献。近代进入中亚和新疆、甘肃的西方探险家、考古学家，没有不阅读研究《大唐西域记》的。

五、一代宗师辞世

早年越沙漠，跋涉雪山、冰河，风餐露宿、忍饥挨饿的艰苦经历，还是严重损害了玄奘的健康。高宗显庆元年（656）五月，57 岁的玄奘旧疾复发，生命垂危。《大慈恩寺三藏法师传》卷九记：

> 法师少因听习，及往西方，涉凌山、雪岭，遂得冷病，发即封心，屡经困苦。数年以来，凭药防御得定。今夏五月，因热追凉，遂动旧疾，几将不济。道俗忧惧，中书闻奏，敕遣供奉上医尚药奉御蒋孝璋、针医上官琮专看，所须药皆令内送。北门使者日有数般，遣伺气候，递报消息。乃至眠寝处所，皆遣内局上手安置，其珍惜如是。①

冷病，指寒邪导致的病症。寒邪，外寒侵袭人体积久不散，损伤阳气，导致疾病。封心，指胸口痛。供奉上医，指御医。尚药奉御，官职名。《唐六典·殿中省》卷十一载：“尚药局：奉御二人，正五品下；直长四人，正七品上；侍御医四人，从六品上。”“尚药奉御掌合和御药及诊候之事。”② 中书，中书省。内送，由宫内送达，指专供。晚年的玄奘已疾病缠身，但勤苦异常，译经不辍。

显庆二年（657）春二月，玄奘随高宗去洛阳，“法师时在积翠宫翻译，无时暂辍，积气成疾。”十一月末上表曰：“玄奘摄慎乖方，疹瘵仍集。自违离銮躅，倍觉婴缠，心痛背闷，骨酸肉楚，食眠顿绝，气息渐微，虑有不图，点秽宫宇。”③ 摄慎乖方，调养身体无方。疹瘵（chèn

---

①（唐）慧立、彦悰：《大慈恩寺三藏法师传》，孙毓棠等点校，中华书局 1983 年版，第 191—192 页。

②（唐）李林甫等：《唐六典》，陈仲夫点校，中华书局 1992 年版，第 324、325 页。

③（唐）慧立、彦悰：《大慈恩寺三藏法师传》，孙毓棠等点校，中华书局 1983 年版，第 211 页。

zhài）仍集，各种疾病并发。婴缠，疾病缠身。赖有高宗指派御医精心治疗，病情逐渐平稳的玄奘益发勤奋，不肯虚度半分光阴，将全部生命都投在了译经事业之中，就这样又过了六年多。

高宗龙朔三年（663）十月，译完600卷的《大般若》之后，玄奘感觉体力衰竭，知道自己的生命就要走到尽头，开始从容安排后事。

> 法师翻《般若》后，自觉身力衰竭，知无常将至。谓门人曰："吾来玉华，本缘《般若》，今经事既终，吾生涯亦尽。若无常后，汝等遣吾宜从俭省，可以蘧篨裹送，仍择山涧僻处安置，勿近宫寺。不净之身宜须屏远。"

蘧篨（qú chú）裹送，用一张粗席子裹身埋葬。蘧篨，用苇或竹编成的粗席。高宗麟德元年（664）正月一日，正在玉华寺准备译《大宝积经》的玄奘愈觉气力不够。《大慈恩寺三藏法师传》卷十载：

> 俛仰翻数行讫，便收梵本停住，告众曰："此经部轴与《大般若》同，玄奘自量气力不复办此，死期已至，势非赊远。今欲往兰芝等谷礼辞俱胝佛像。"于是与门人同出，僧众相顾，莫不潸然。礼讫还寺，专精行道，遂绝翻译。至八日，有弟子高昌僧玄觉因向法师自陈所梦，见有一浮图端严高大，忽然崩倒，见已惊起，告法师。法师曰："非汝身事，此是吾灭谢之徵。"至九日暮间，于房后度渠，脚跌倒，胫上有少许皮破，因即寝疾，气候渐微。至十六日，如从梦觉，口云："吾眼前有白莲花，大于盘，鲜净可爱。"①

俱胝（zhī），观音菩萨。行道，指修持。寝疾，卧病。病情不断加重，玄奘再也没有体力继续译经。到了二月五日半夜，饱受病痛折磨的玄奘在铜川玉华寺与世长辞，享年65岁。从贞观十九年（645）春正月二十五日还至长安到去世（664），整整20年，玄奘把全部身心都投

---

①（唐）慧立、彦悰：《大慈恩寺三藏法师传》，孙毓棠等点校，中华书局1983年版，第218—220页。

入译经事业，翻译的经、论合 75 部，总计 1335 卷。抄写《能断般若》《药师》《六门陀罗尼》等经各 1000 部。

早在太宗去世的贞观二十三年（649）当年，为了报答知遇之恩，玄奘不再旁涉他务，一心译经，十五年如一日。《大慈恩寺三藏法师传》卷七载：

> 自此之后，专务翻译，无弃寸阴。每日自立程课，若昼日有事不充，必兼夜以续之，过乙之后方乃停笔。摄经已复礼佛行道，至三更暂眠，五更复起，读诵梵本，朱点次第，拟明旦所翻。①

过乙，标记之处，指每天必须完成的翻译任务。摄经，收起经本。正是怀抱着无比坚定的信仰，加之以异乎寻常的刻苦自励、分秒必争，玄奘才取得如此辉煌的成就，成为中国佛教文化史上最伟大的翻译家，造福十方。因此他的去世震动各界，引发了巨大悲伤。《大慈恩寺三藏法师传》卷十载：

> 时房州刺史窦师伦奏法师已亡，帝闻之哀恸伤感，为之罢朝。数曰“朕失国宝矣”！时文武百寮莫不悲哽流涕，帝言已呜咽悲不能胜。翌日，又谓群臣曰：“惜哉！朕国内失奘法师一人，可谓释众梁摧矣，四生无导矣。亦何异苦海方阔，舟楫遽沉，闇室犹昏，灯炬斯掩。”帝言已，嗟惋不止。②

太宗、高宗父子二人皆敬重景仰玄奘。玄奘的去世是佛门不可弥补的巨大损失，朝廷上下都沉浸在无尽的悲痛之中。可谓栋梁摧折，众生陡失导引；舟船忽沉，茫茫苦海难以渡越；屋室犹暗，而灯火却已经熄灭。一月二十六日高宗下诏：“窦师伦所奏玉华寺玄奘法师已亡，葬事所需并令官给。”三月十五日又诏：“玉华寺故大德玄奘法师葬日，宜听

① （唐）慧立、彦悰：《大慈恩寺三藏法师传》，孙毓棠等点校，中华书局 1983 年版，第 158 页。

② （唐）慧立、彦悰：《大慈恩寺三藏法师传》，孙毓棠等点校，中华书局 1983 年版，第 225 页。

京城僧尼造幢、盖送至墓所。”

玄奘灵柩还京后，“安置慈恩翻经堂内，弟子数百人哀号动地，京城道俗奔赴哭泣，日数百千。”遵照“择山涧僻处安置，勿近宫寺”的遗嘱，四月十四日，玄奘归葬于长安城东 20 里的蓝田县白鹿原，原上有西汉文帝霸陵，亦称霸陵原。《旧唐书·方伎传》云：玄奘“归葬于白鹿原，士女送葬者数万人”。[1]《大慈恩寺三藏法师传》卷十：“悲笳凄挽，响匝穹宇，而京邑及诸州五百里内，送者百余万人。”“是日缁素宿于墓所者三万余人。”[2] 白鹿原南依终南山，地在长安八水——灞河、浐河之间，风光雄秀，唐人常登临。李白《别韦少府》云：“西出苍龙门，南登白鹿原。”苍龙门，汉代长安宫阙门。白居易《城东闲游》云：“独寻秋景城东去，白鹿原头信马行。”

总章二年（669）四月八日，玄奘下葬五年后，高宗下诏迁葬玄奘遗骨至长安县樊川（今西安市长安区杜曲街道），修建护国兴教寺、“唐三藏塔”以供奉。当初玄奘白鹿原的墓地离京郊太近，禁中常能望见，时或引发高宗的哀思，故迁于此。“至于迁殡之仪，门徒哀感，行侣悲恸，切比如初。”

六、玄奘西行的贡献

英才相互赏识，玄奘的事迹也让太宗感动。在《大唐三藏圣教序》中，太宗颂赞玄奘“乘危远迈，杖策孤征”伟大的行者品质云：

> 有玄奘法师者，法门之领袖也。幼怀贞敏，早悟三空之心；长契神情，先苞四忍之行。松风水月，未足比其清华；仙露明珠，讵能方其朗润。故以智通无累，神测未形。超六尘而迥出，只千古而无对。凝心内境，悲正法之陵迟；栖虑玄门，慨深文之讹谬。思欲分条析理，广彼前闻；截伪续真，开兹后学。是以翘心净土，往游

① （后晋）刘昫等：《旧唐书》（十六），中华书局 1975 年版，第 5109 页。

② （唐）慧立、彦悰：《大慈恩寺三藏法师传》，孙毓棠等点校，中华书局 1983 年版，第 226 页。

西域，乘危远迈，杖策孤征。积雪晨飞，途间失地；惊沙夕起，空外迷天。万里山川，拨烟霞而进影；百重寒暑，蹑霜雨而前踪。诚重劳轻，求深愿达。周游西宇，十有七年，穷历道邦，询求正教。双林八水，味道餐风；鹿苑鹫峰，瞻奇仰异。承至言于先圣，受真教于上贤。探赜妙门，精穷奥业。(《全唐文》卷十)[①]

作为“法门之领袖”，玄奘当之无愧。玄奘佛学造诣高深，信仰执着，无人能出其右。松风水月、仙露明珠，不能喻其清华朗润。餐风宿露，历尽艰难，前后 17 年，遍游佛国，精研佛典，终得正果。美国学者陆威仪教授说：“佛教起源于印度，经由中亚传入中国，来自中亚的佛教高僧在几个世纪中一直充当中国佛教的导师。”[②] 玄奘的西天取经，改变了这一状况。从玄奘开始，高僧来自中国本土化了，佛教也随之中国化、本土化了，佛经翻译事业蒸蒸日上，继之者无穷。在佛学理论研究方面，中国有了自己的话语权，也因此在唐代成为仅次于印度的世界佛教中心，这都得益于沿着“丝绸之路”去西方取经的玄奘等先行者。

不仅如此，玄奘还是一位文化使者，“宣国风于殊俗，喻大化于异域”，[③] 不时传递大唐的声威，为玄奘立传的慧立与彦悰说：

法师此行经途数万，备历艰危。至如涸阴冱寒之山，飞涛激浪之壑，厉毒黑风之气，狻猊貙豻之群，并法显失侣之乡，智严遗伴之地，班超之所不践，章、亥之所未游，法师孑尔孤征，坦然无梗，扇唐风于八河之外，扬国化于五竺之间，使乎遐域侯王驰心辇毂，远方酋长系仰天衢。虽法师不世之功，抑亦圣朝运昌感通之力也。[④]

涸阴，隆冬寒气凝结。冱（hù）寒，阴寒，不见天日。狻猊（suān

① （清）董诰等编：《全唐文》(一)，上海古籍出版社 1990 年版，第 46 页。

② ［美］陆威仪：《世界性帝国：唐朝》，张晓东、冯世明译，中信出版社 2016 年版，第 197 页。

③ 季羡林等：《大唐西域记校注》(下)，中华书局 2000 年版，第 1040 页。

④ （唐）慧立、彦悰：《大慈恩寺三藏法师传》，孙毓棠等点校，中华书局 1983 年版，第 230 页。

ní)、貙豻(chū àn),都是中国古书中记载的猛兽。八河,五竺,辇毂(gǔ),皇帝的车舆,代指皇帝。天衢,京都的大路,代指京都长安。玄奘西行数万里,备尝艰辛和危险。阴寒不见日的雪山,浪涛翻卷的深壑,瘟疫的毒气,凶恶的猛兽,都没有使玄奘退缩半步。当年法显、智严西行痛失伴侣之处,班超及号称善走之人的大章、竖亥不曾到达之地,玄奘以孑然之身面对,毫无畏惧,坦然前往,于葱岭之西、五天竺全域宣扬大唐的风教德化,使异域的王侯景仰大唐、远方的酋长向往长安,这都是法师的不世之功,也是大唐国运盛昌的体现。《新唐书·西域传上》云:

> 武德中,(中天竺)国大乱,王尸罗逸多勒兵战无前,象不弛鞍,士不释甲,因讨四天竺,皆北面臣之。会唐浮屠玄奘至其国,尸罗逸多召见曰:"而国有圣人出,作《秦王破阵乐》,试为我言其为人。"玄奘粗言太宗神武,平祸乱,四夷宾服状,王喜,曰:"我当东面朝之。"①

在外的17年中,玄奘遍学大乘及小乘,带回佛舍利150粒、佛像7尊、经和论657部。长安大慈恩寺是玄奘长期从事译经的场所。他与弟子翻译大量的佛典之外,又将《老子》《大乘起信论》译成梵文,传入印度。大慈恩寺中巍峨耸立的大雁塔,则是永徽三年(652)唐高宗专为玄奘建的译经藏经之所。

2014年6月22日,供奉玄奘灵骨的兴教寺作为由中国与吉尔吉斯斯坦、哈萨克斯坦联合申报的"丝绸之路:长安—天山廊道的路网"项目中中国境内的重要文化遗迹,与由玄奘任住持的大慈恩寺中的大雁塔一并入选《世界文化遗产名录》。唐人有多首诗记述慈恩寺和登临大雁塔之所见所思。高宗《谒慈恩寺题奘法师房》云:"法轮含日转,花盖接云飞。翠烟香绮阁,丹霞光宝衣。"诗题下注:"时帝为太子,题诗

---

① (宋)欧阳修、宋祁:《新唐书》(二十),中华书局1975年版,第6237页。

贴之于户，见《奘法师传》。旧作太宗诗，误。”（《全唐诗》卷二）[①]奘法师，即玄奘。宝衣，僧、道的衣服。《奘法师传》，指《大慈恩寺三藏法师传》。又，《谒大慈恩寺》云：“日宫开万仞，月殿耸千寻。”日宫，佛教谓日天子（观世音菩萨的化身）住于太阳中，太阳为日天子的宫殿。大慈恩寺光华灿烂，高入云天，直通月宫。章八元《题慈恩寺塔》云：“十层突兀在虚空，四十门开面面风。却怪鸟飞平地上，自惊人语半天中。”大雁塔虽为四方楼阁却八面生风，宛在空中。卢宗回《登长安慈恩寺塔》云：“渭水寒光摇藻井，玉峰晴色上朱阑。九重宫阙参差见，百二山河表里观。”藻井，古建筑中的一种装饰性木结构，穹隆井状，上有各种花纹、雕刻和彩画。百二山河，指秦地险固，二万人足以抵挡百万军队。登上大雁塔近观远望，气象壮阔的长安城宫殿、依山带河的八百里秦川历历在目。其中，岑参《与高适薛据同登慈恩寺塔》一诗最见大雁塔之雄伟壮丽。诗云：

塔势如涌出，孤高耸天宫。登临出世界，磴道盘虚空。
突兀压神州，峥嵘如鬼工。四角碍白日，七层摩苍穹。
下窥指高鸟，俯听闻惊风。连山若波涛，奔凑似朝东。
青槐夹驰道，宫馆何玲珑。秋色从西来，苍然满关中。
五陵北原上，万古青濛濛。净理了可悟，胜因夙所宗。
誓将挂冠去，觉道资无穷。

大雁塔，又称慈恩寺塔，在长安城内晋昌坊，原6层，后加为10层，高近60米，是典型的中国传统楼阁式塔，塔南两侧镶嵌着唐太宗《大唐三藏圣教序》、唐高宗《大唐三藏圣教序记》，褚遂良书法。《长安志》卷八云：

大慈恩寺，隋无漏寺之地。武德初废。贞观二十二年（648），高宗在春宫，为文德皇后立为寺，故以慈恩为名，仍选林泉形胜

① （清）彭定求等编：《全唐诗》（一），中华书局编辑部点校，中华书局1999年版，第22页。

之所。

寺西院浮图，六级，崇三百尺。永徽三年（652），沙门玄奘所立。初唯五层，崇一百九十尺。砖表土心，仿西域窣堵波制度，以置西域经像。后浮图心内卉木钻出，渐以颓毁。长安中更拆改造，依东夏刹表旧式，特崇于前。有辟支佛牙，大如升，光采焕烂，东有翻经院。①

春宫，太子居住的宫室。窣堵波（sū dǔ bō），梵语 stūpa 的音译，即佛塔。辟支，辟支佛，佛教语，辟支迦佛陀的略称。大雁塔拔地而起，杳然高出人境，直刺青天。群山在塔下起伏，如万顷波涛奔涌。苍茫秋色从西天降临，铺满了关中大地。大雁塔所在的北原上有汉代五帝的陵寝，万古以来就笼罩在无边的迷蒙之中。佛理清净，正可了悟；善因善道，夙所崇仰。就此可以辞官而去，正觉大道中有资借无穷。《唐诗训解》评此诗云："极状塔高，布势有驰骋。"《历代诗评注读本》云："雄浑悲壮，凌跨百代，而'秋色'四句，写尽空远之景，尤令人神往不已。"② 在中国佛教文化史上，玄奘就是一座气象万千、高耸入云的宝塔，无人能超越。

高深的佛学修养之外，玄奘庄严的仪态、超乎寻常的人格魅力，亦足使人仰望。《大慈恩寺三藏法师传》卷十云：

法师形长七尺余，身赤白色，眉目疏朗，端严若神，美丽如画。音词清远，言谈雅亮，听者无厌。或处徒众，或对嘉宾，一坐半朝，身不倾动。服尚乾陀，裁唯细氎，修广适中，行步雍容。直前而视，辄不顾眄。滔滔焉若大江之纪地，灼灼焉类芙蕖之在水。加以戒范端凝，始终如一，爱惜之意过护浮囊，持戒之坚超逾系草。性爱怡简，不好交游。一入道场，非朝命不出。③

① （宋）宋敏求撰、（元）李好文编绘：《长安志·长安志图》，阎琦等点校，三秦出版社 2013 年版，第 155、156 页。

② 陈伯海主编：《唐诗汇评》（上），浙江教育出版社 1995 年版，第 795 页。

③ （唐）慧立、彦悰：《大慈恩寺三藏法师传》，孙毓棠等点校，中华书局 1983 年版，第 223 页。

乾（qián）陀，乾陀色，指褐色、黄浊色，为佛制比丘三衣的颜色。义净《南海寄归内法传》卷二云：“凡是出家衣服，皆可染作乾陀，或为地黄黄屑，或复荆檗黄等。此皆宜以赤土、赤石，研汁和之，量色浅深，要而省事。”[①] 芙蕖，莲花。浮囊，渡水用的气囊。系草，即系草比丘，指严守禁戒的比丘。同为玄奘立传的彦悰说：

> 余观佛教东土已来，英俊贤明，舍家入道者万计，其中罕能兼善，一二美者有焉。至若视听貌言，洽闻强识，轻生重道，绝域遐征，贞操劲松筠，雅志陵金石，群雄革虑，圣主回光者，于三藏备之矣。[②]

从佛教东传以来，舍身入佛门者众多，亦有贤才俊杰，却罕见像玄奘这样众美皆备的大德高僧、卓越学者，不仅博闻强记，学问高深，而且品德高尚，信仰执着，节操如松竹，意志比金石。

敦煌研究院披露，榆林窟第2窟、第3窟（西夏）有6幅壁画描绘了玄奘西天取经事迹。壁画已有毛发披肩、头戴金箍、手牵白马的孙悟空形象。敦煌研究院称，敦煌壁画中的6幅《玄奘取经图》的内容和表现手法基本一致。大都不是独立画面，而是穿插在观音经变和普贤经变中的插曲。据悉，这是目前中国最早的玄奘取经图。[③] 玄奘取经事迹还直接催生了吴承恩《西游记》的诞生，其成为中国文学史上的不朽名著，影响了一代又一代人心智的成长和想象力的丰富。

“丝绸之路”虽然危机四伏，险象环生，却也成就了一代宗师，成就了玄奘一生的事业。玄奘西行求法，“春秋寒暑一十七年，耳目见闻百三十国”，“名王拜首，胜侣摩肩，万古风猷，一人而已”，[④]“足所亲

---

① （唐）义净著、王邦维校注：《南海寄归内法传校注》，中华书局2020年版，第128页。

② （唐）慧立、彦悰：《大慈恩寺三藏法师传》，孙毓棠等点校，中华书局1983年版，第232页。

③ 冯志军：《敦煌壁画现中国最早玄奘取经图揭秘西行艰苦历程》，“中国新闻网”2016年2月10日。

④ （唐）慧立、彦悰：《大慈恩寺三藏法师传》，孙毓棠等点校，中华书局1983年版，第2页。

践者，一百一十一国。采求佛法，咸究根源，凡得经论六百五十七部，佛舍利及佛像等甚多。”(《南部新书·壬卷》)①终使“梵语华言，胡汉相宜”。(刘轲《大唐三藏大遍觉法师塔铭并序》)②唐代的中西文化交流，玄奘是开启山林者，而且具体深入，矢志不渝，持续的时间长，成果丰硕。无论旅行史还是佛教文化交流史，都注定要铭记玄奘，铭记这些影响中华文化的重大事件。

“丝绸之路”原本就是用生命和信仰铺就的商贸和文化交流之路。在清寒月光的映照下，即使有滑爽无比的丝绸无数，也裹挟不起一代又一代开拓者化石一样坚硬的尸骨。美国当代学者特丽·威廉斯说：“我信奉采集白骨，因为那是象征人类进步的精神圣约。”③谁敢踩着白骨探路又甘心自己成为白骨让别人踩着探路，谁就是那个时代最伟大的英雄！玄奘无疑属于这样的英雄！他是先行者和探路者。鲁迅先生在《中国人失掉自信力了吗》一文中说：

> 我们从古以来，就有埋头苦干的人，有拼命硬干的人，有为民请命的人，有舍身求法的人，……虽是等于为帝王将相作家谱的所谓“正史”，也往往掩不住他们的光耀，这就是中国的脊梁。④

玄奘就是鲁迅先生热情赞颂的“舍身求法的人”“是中国的脊梁”。今天西安雁塔景区大慈恩寺正门前立有玄奘取经铜像，目视远方，神情刚毅，为万人膜拜。大雁塔北面的院墙上是中国佛教协会时任会长赵朴初先生题写的“民族脊梁”四个大字。

玄奘的行纪，对唐王朝进一步认识西域及拓展“丝绸之路”意义重大。《大慈恩寺三藏法师传》卷六云：“自雪岭已西，印度之境，玉烛和气，物产风俗，八王故迹，四佛遗踪，并博望之所不传，班、马无得而

---

①（宋）钱易：《南部新书》，黄寿成点校，中华书局2002年版，第152页。

②（清）董诰等编：《全唐文》(四)，上海古籍出版社1990年版，第3405页。

③［美］特丽·威廉斯：《心灵的慰藉——一部非同寻常的地域与家族史》，程虹译，生活·读书·新知三联书店2010年版，第171页。

④《鲁迅全集》第六卷，人民文学出版社2005年版，第122页。

载。”[①] 当年张骞不知晓的，班固、司马迁无法记载的，均已在玄奘的行纪之中了。玄奘不仅为中西文化交流做出巨大贡献，而且成为中国历史上著名的学者、旅行家和翻译家。陆威仪教授称玄奘为“唐朝伟大的朝圣者”，[②] 当之无愧。“丝绸之路”既已通畅，为了信仰，为了探求真知，唐人是敢于付出生命代价的。

---

① （唐）慧立、彦悰：《大慈恩寺三藏法师传》，孙毓棠等点校，中华书局 1983 年版，第 129 页。

② ［美］陆威仪：《世界性帝国：唐朝》，张晓东、冯世明译，中信出版社 2016 年版，第 198 页。

第二章 “孤城遥望玉门关”

——王昌龄笔下的“丝绸之路”戍守

经历了近三百年的分裂和割据，到6世纪末，中国再次进入统一兴盛的时代。在隋末战乱中夺取政权的李唐王朝，太宗、高宗、武则天朝国力持续增长，到玄宗开元时期达到鼎盛。唐王朝的繁盛，一方面与“丝绸之路”的畅通和再次繁荣分不开，另一方面又得益于常年在河西走廊、西域不怕牺牲、艰苦守护“丝绸之路”的唐朝将士。李义府《招谕有怀赠同行人》云：“春去辞国门，秋还在边戍。”骆宾王《夕次蒲类津》云：“晚风连朔气，新月照边秋。灶火通军壁，烽烟上戍楼。”蒲类津，今新疆哈密西北的巴里坤湖。军壁，军营壁垒。崔液《代春闺》云：“玉关遥遥戍未回，金闺日夕生绿苔。”储光羲《陇头水送别》：“暗雪迷征路，寒云隐戍楼。”皇甫冉《雨雪》云：“风沙悲久戍，雨雪更劳师。绝漠无人境，将军苦战时。”绝漠，极远的沙漠地区。盛唐时代，描写“丝绸之路”戍守最为杰出的诗人要数王昌龄。

一、“不护细行”与西北之行

王昌龄（约690—约756），字少伯，京兆万年（今陕西西安）人。登开元十五年（727）进士第，补秘书省校书郎。二十二年（734），中宏词科，授汜（sì）水（今河南荥阳县汜水镇）尉。二十七年（739），贬岭南，翌年北归。冬，迁江宁（今南京市）丞。天宝中，被贬为龙标（今湖南黔阳县西南）尉。安史乱起，还江东，被亳州（一作濠州）刺史闾丘晓杀害。关于王昌龄的生平事迹，《旧唐书·文苑传下》仅有如下文字：

王昌龄者，进士登第，补秘书省校书郎。又以博学宏词登科，再迁汜水县尉。不护细行，屡见贬斥，卒。昌龄为文，绪微而思清。有集五卷。①

王昌龄诗歌“缜密而思清”，成就卓著，有“诗家夫子王江宁”之誉。②虽然进士及第，诗名远扬，但在正史中的地位却比不上一个俗吏。《新唐书·文艺传下》的文字稍多：

昌龄字少伯，江宁人。第进士，补秘书郎。又中宏辞，迁汜水尉。不护细行，贬龙标尉。以世乱还乡里，为刺史闾丘晓所杀。张镐按军河南，兵大集，晓最后期，将戮之，辞曰：“有亲，乞贷余命。”镐曰：“王昌龄之亲欲与谁养？”晓默然。昌龄工诗，绪密而思清，时谓王江宁云。③

杀害王昌龄的闾丘晓最后被宰相兼河南节度使张镐杖杀，也是罪有应得。《新唐书·张镐传》云：“贼围宋州，张巡告急，镐倍道进，檄濠州刺史闾丘晓趣救。晓愎挠，逗留不肯进，比镐至淮口，而巡已陷。镐怒，杖杀晓。”④至德二年（757），安史叛军围困睢阳（今河南商丘县南），张镐命救援，闾丘晓停留不前，以致睢阳沦陷、张巡被杀。韩愈有《张中丞传后叙》，颂扬其英勇事迹。

新旧《唐书》均说王昌龄因“不护细行”遭贬官。《唐才子传》的作者也深为惋惜，认为王昌龄晚年小节不够慎重，以致非议四起，两次他被流放到荒远之地，使知音叹息，他自己也不能善终，令人痛心。“奈何晚途不矜小节，谤议腾沸，两窜遐荒，使知音者喟然长叹，至归全之道，不亦痛哉！”⑤归全，谓善终，不遭灾难，终其天年。曹丕《又

① （后晋）刘昫等：《旧唐书》（十五），中华书局1975年版，第5050页。
② 傅璇琮主编：《唐才子传校笺》（一），中华书局1987年版，第258页。
③ （宋）欧阳修、宋祁：《新唐书》（十八），中华书局1975年版，第5780页。
④ （宋）欧阳修、宋祁：《新唐书》（十五），中华书局1975年版，第4630页。
⑤ 傅璇琮主编：《唐才子传校笺》（一），中华书局1987年版，第261页。

与吴质书》云："观古今文人，类不护细行，鲜能以名节自立。"[①]类，大多。不护细行，不拘小节。《南齐书 · 谢超宗传》史臣曰："魏文帝云'文人不护细行'，古今之所同也。由自知情深，在物无竞，身名之外，一概可蔑。"[②]《隋书 · 文学传》云：历史上的"不护细行"者，"或矜气负才，遗落世事。或学优命薄，调高位下，心郁抑而孤愤，志盘桓而不定，啸傲当世，脱略公卿。"[③]《资治通鉴 · 宋纪二》云：

> 南豫州刺史庐陵王义真，警悟爱文义，而性轻易，与太子左卫率谢灵运、员外常侍颜延之、慧琳道人情好款密。尝云："得志之日，以灵运、延之为宰相，慧琳为西豫州都督。"灵运，玄之孙也，性褊傲，不遵法度，朝廷但以文义处之，不以为有实用。灵运自谓才能宜参权要，常怀愤邑。延之，含之曾孙也，嗜酒放纵。徐羡之等恶义真与灵运等游，义真故吏范晏从容戒之，义真曰："灵运空疏，延之隘薄，魏文帝所谓'古今文人类不护细行'者也；但性情所得，未能忘言于悟赏耳。"于是羡之等以为灵运、延之构扇异同，非毁执政，出灵运为永嘉太守，延之为始安太守。[④]

纵观历史上的"不护细行"者，多数性格鲜明、卓荦不群，怀有大志，为一时之俊杰，自我期许较高却又命运坎坷。这样的人当然自有主见，不肯苟且，低声下气，附和别人，委曲求全，却常常忤逆上司，屡屡遭遇排挤打击，鲜克有终。王昌龄当属于此列。王昌龄能与李白、高适、王维、王之涣、岑参、孟浩然、李颀这些盛唐最优秀的诗人交往深厚，可见其才情横溢，绝非俗人。经襄阳，孟浩然有《送王昌龄之岭南》诗云："意气今何在，相思望斗牛。"赴江宁，岑参有《送王大昌龄赴江宁》诗云："惜君青云器，努力加餐饭。"贬龙标县尉，李白有《闻王昌龄左迁龙标遥有此寄》诗云："我寄愁心与明月，随风直到夜郎

① 魏宏灿：《曹丕集校注》，安徽大学出版社 2009 年版，第 258 页。
② （梁）萧子显：《南齐书》（二），中华书局 1972 年版，第 644 页。
③ （唐）魏徵等：《隋书》（六），中华书局 1973 年版，第 1750 页。
④ （宋）司马光：《资治通鉴》（八），中华书局 2011 年版，第 3827 页。

西。”李颀也有《送王昌龄》诗云：“叹息此离别，悠悠江海行。”

与之紧密关联的是王昌龄的西北之行。关于王昌龄的边塞行，傅璇琮《王昌龄事迹考略》一文认为，“在现存王昌龄诗中，边塞诗的分量虽不甚多，但差不多都写得很出色，写得十分真切，不亲历其境，只凭空想象，是决计写不出来的。”“在王昌龄的有关记载中，没有说他到过边塞，不过我们还可从他的诗篇中考索出他的行迹。”王昌龄最有可能去西北的时间是“开元十五年（727）进士登第之前”，或“开元二十二年（734）举宏词以前任校书郎期间”。王昌龄不仅到过萧关、玉门关，还“可能到过李白的出生地碎叶”。考察清楚王昌龄的西北行迹之后，“我们可以确定一点，那就是，王昌龄写的富有特色的边塞诗，是他早期的作品，也就是开元中期或中期以前的作品。”[①]之后李云逸在《王昌龄诗注·前言》重申了傅璇琮先生的观点：

> 早年在故乡躬耕读书，约当开元十一年（723）前后，曾短期盘桓于潞州和并州。后数年间，又漫游西北边塞，到过泾州、萧关、临洮、玉门关一带，足迹很可能远涉葱岭以西的碎叶（因为此后他即释褐入仕，任校书郎及丞尉一类卑官，未必复能如此远行，所以系其西北之行及大部分边塞之作于此时）。[②]

于石《王昌龄评传》也认为：“王昌龄到西北边塞，当是在他中进士前后这段时间里。”“王昌龄在西北边塞，到过萧关、临洮、碎叶等地，亲历战场。”[③]乔象锺等主编《唐代文学史》上卷云：“自成年到入仕，王昌龄曾离家远行，漫游四方。向西行，经邠州、泾州、萧关出塞。”[④]以上观点属于以诗证史，是内证，因为没有旁证，所以未成铁证，但具有启发意义，有助于我们解读王昌龄的边塞诗。限于史料，之后的有关论著则说得较为含糊。如周祖譔主编《中国文学家大辞典》

① 傅璇琮：《唐代诗人丛考》，中华书局 1980 年版，第 135—136 页。

② 李云逸：《王昌龄诗注·前言》，上海古籍出版社 1984 年版，第 1 页。

③ 吕慧娟等主编：《中国历代著名文学家评传》（二），山东教育出版社 1986 年版，第 124—125 页。

④ 乔象锺、陈铁民主编：《唐代文学史》，人民文学出版社 1995 年版，第 358 页。

云："早年似曾至西北边陲。"[①] 袁行霈主编《中国文学史》有："早年居灞上，曾北游河陇边地。"[②]

虽然因为"不护细行"而遭罢黜，但王昌龄胸怀壮志，像卢照邻、陈子昂、岑参、高适一样前往西北，走上战争前线，以期实现初盛唐人都有的功名理想。如他在《变行路难》诗中说的那样，"封侯取一战，岂复念闺阁。"[③] 如果是进士之前，王昌龄有足够的时间西北行；如果是中进士之后，"正第九品上阶"(《旧唐书·职官志一》)[④] 的校书郎一职不能让他满意，执掌书写、校勘的闲职也不是他想要的理想职务，所以也有可能他自己要求前往西北边塞。在《放歌行》一诗中，他说：

> 望尘非吾事，入赋且迟留。幸蒙国士识，因脱负薪裘。
> 今者放歌行，以慰梁甫愁。但营数斗禄，奉养母丰羞。

望尘，犹言望尘而拜，指谄媚权贵。《晋书·潘岳传》云："岳性轻躁，趋世利，与石崇等谄事贾谧，每候其出，与崇辄望尘而拜。"[⑤] 国士，一国中才能最优秀的人物。负薪裘，指高士。皇甫谧《高士传》上卷载：

> 披裘公者，吴人也。延陵季子出游，见道中有遗金，顾披裘公曰："取彼金。"公投镰瞋目、拂手而言曰："何子处之高而视人之卑？五月披裘而负薪，岂取金者哉？"季子大惊，既谢而问姓名，公曰："吾子皮相之士，何足语姓名也？"(《四库全书·史部·传记类·总录之属》)[⑥]

镰（lián），镰刀。镰，通"镰"。皮相之士，徒有其表之人。"梁

---

① 周祖譔主编：《中国文学家大辞典》(唐五代卷)，中华书局 1992 年版，第 33 页。

② 袁行霈主编：《中国文学史》(二)，高等教育出版社 1999 年版，第 246 页。

③ 胡问涛、罗琴：《王昌龄集编年校注》，巴蜀书社 2000 年版，第 33 页。本文所引王昌龄诗，除特别注明之外，均出自此版本，不再另注。

④ （后晋）刘昫等：《旧唐书》(六)，中华书局 1975 年版，第 1801 页。

⑤ （唐）房玄龄等：《晋书》(五)，中华书局 1974 年版，第 1504 页。

⑥ 《影印文渊阁四库全书》(第四四八册)，(台湾)商务印书馆 1983 年版，第 90 页。

甫愁”句，指进士及第可慰亲老。[1] 梁甫，即《梁甫吟》，亦作《梁父吟》，乐府楚调曲名。《乐府诗集》卷四十一云：“李勉《琴说》曰：《梁甫吟》，曾子撰。《琴操》曰：曾子耕泰山之下，天雨雪冻，旬月不得归，思其父母，作《梁山歌》。”[2] 丰羞，指丰盛的美味食品。看得出来，王昌龄不仅要实现功名理想，告慰父母，也希望通过自己的努力换得丰衣足食、体面和尊严。

二、边塞书写与丝路戍守

王昌龄西北行文学上最重要的收获就是写出了《从军行七首》《从军行二首》《出塞二首》《塞下曲四首》。这是诗人细致观察、深入体验边塞生活的一组作品。从中我们可以了解戍守西北边疆、守护“丝绸之路”将士的生活、思考和丰富的内心世界。具体内容可以分为以下几个方面：

（一）戍守的艰辛与危险

“丝绸之路”远离中原，为了保证畅通，唐王朝沿线布防，特别是在河西走廊上的四郡及地在西域的安西四镇布置了大量的兵力戍守，一是保证西域朝贡国使节和商旅往来的安全；二是预防吐蕃的北上，遮断“丝绸之路”；三是保证“丝绸之路”交通线从于阗向西一直延伸至波斯东。治所在龟兹的安西都护府，起的就是这样的作用。《旧唐书·地理志三》载：

> （高宗显庆）三年（658）五月，移安西府于龟兹国。旧安西府复为西州。龙朔元年（661），西域吐火罗款塞，乃于于阗以西、波斯以东十六国，皆置都督，督州八十，县一百一十，军府一百二十六，仍立碑于吐火罗以志之。咸亨元年（670）四月，吐蕃陷安西都护府。至长寿二年（693），收复安西四镇，依前于龟兹

① 胡问涛、罗琴：《王昌龄集编年校注》，巴蜀书社2000年版，第67页。
② （宋）郭茂倩：《乐府诗集》（二），中华书局1979年版，第605页。

国置安西都护府。[①]

款塞，叩塞门，谓外族前来通好。太宗平定了高昌之后，唐王朝在西北受到最大的威胁就是吐蕃，与其不时有战争发生。《旧唐书·陆贽传》云："今四夷之最强盛为中国甚患者，莫大于吐蕃。"[②]关于"吐蕃陷安西都护府"事件，《新唐书·吐蕃传上》云："咸亨元年，入残羁縻十八州，率于阗取龟兹拨换城，于是安西四镇并废。"[③]拨换，即姑墨国（今新疆温宿、阿克苏一带），西域古国。被废的安西四镇，直到二十多年后的则天朝才重新恢复。这样看来，"丝绸之路"戍守是异常艰辛和危险的。《塞下曲四首》其一云：

蝉鸣空桑林，八月萧关道。出塞复入塞，处处黄芦草。
从来幽并客，皆共尘沙老。莫学游侠儿，矜夸紫骝好。

萧关道，指通往萧关的道路。萧关，在今宁夏固原东南，关中四大关隘，是关中通向塞北的交通要冲，向西可进入河西走廊。幽并，幽州、并州，今河北、山西和陕西的一部分。游侠儿，指恃武勇、逞意气而轻视性命的人。矜，自鸣不凡。紫骝，枣红色的骏马。萧关战略地位重要，塞北农历八月天气已经寒凉，入目处芦草枯黄。此时走上萧关道，心里难免有沉甸甸的感觉，再加上"出塞复入塞"，即使来自有勇武侠义传统的幽州、并州的戍守将士，也明白终有一天会战死沙场，所以不要学游侠儿，轻易夸赞自己的骏马。诗说，一旦不断走上边塞，也就已经知道未来的结局了。《唐贤清雅集》评此诗说："情景黯然，妙不说尽，低手必再作结句。"[④]《从军行二首》其二云：

秋草马蹄轻，角弓持弦急。去为龙城战，正值胡兵袭。
军气横大荒，战酣日将入。长风金鼓动，白露铁衣湿。

---

① （后晋）刘昫等：《旧唐书》（五），中华书局 1975 年版，第 1647 页。
② （后晋）刘昫等：《旧唐书》（十二），中华书局 1975 年版，第 3811 页。
③ （宋）欧阳修、宋祁：《新唐书》（十九），中华书局 1975 年版，第 6076 页。
④ 陈伯海主编：《唐诗汇评》（上），浙江教育出版社 1995 年版，第 424 页。

四起愁边声，南庭时伫立。断蓬孤自转，寒雁飞相及。

万里云沙涨，平原冰霰涩。夜闻汉使归，独向刀环泣。[①]

龙城，所指不一。《读史方舆纪要·山西七》（卷四十五）云：“龙城，在漠北。古单于亭也。胡氏曰：‘匈奴祭天、大会诸部之处即曰龙城，无常处。’”[②]军气，军队士气。大荒，北方极远之地。李峤《奉使筑朔方六州城率尔而作》云：“驱车登崇墉，顾眄凌大荒。千里何萧条，草木自悲凉。”崇墉，高城，高墙。李白《古风》其三十九云：“登高望四海，天地何漫漫。霜被群物秋，风飘大荒寒。”南庭，南匈奴的王庭。云沙，白云和黄沙，亦借指边塞风光或边塞地区。在马蹄轻快的秋天，将士出征远地，在龙城与胡兵对垒。唐军士气大振，一直战斗到太阳下山。秋风中战鼓擂动，露水打湿了铠甲；离根的蓬草兀自飘飞，空中有秋雁相随；云沙万里，雪霰纷纷。结句用李陵典故，听说汉使归去，因思还国独面对刀环而泣。《汉书·李广苏建传》载：

昭帝立，大将军霍光、左将军上官桀辅政，素与陵善，遣陵故人陇西任立政等三人俱至匈奴招陵。立政等至，单于置酒赐汉使者，李陵、卫律皆侍坐。立政等见陵，未得私语，即目视陵，而数自循其刀环，握其足，阴谕之，言可还归汉也。[③]

历史往事，桩桩件件，都上心头，特别是在当年李陵大战失利之地。司马迁惨遭腐刑，也是因为替李陵打抱不平。除直接参加战争之外，“丝绸之路”戍守者还有一个重要任务就是察观烽火，施放烽火，把握敌情并采取行动。《从军行七首》其七云：

玉门山嶂几千重，山北山南总是烽。人依远戍须看火，马踏深山不见踪。

① 李云逸：《王昌龄诗注》，上海古籍出版社 1984 年版，第 8 页。

② （清）顾祖禹：《读史方舆纪要》（四），贺次君、施和金点校，中华书局 2005 年版，第 2060 页。

③ （汉）班固：《汉书》（八），中华书局 1962 年版，第 2458 页。

玉门，玉门关，故址在今敦煌市附近，传六朝时东移至瓜州，境内有祁连山山脉，地形险要，军事地位重要，汉唐以来一直是出西域的必经之路。山嶂，状如屏风之山，胡皓《大漠行》云："山嶂绵连那可极，路远辛勤梦颜色。"烽，烽火台，是古代重要的军事防御设施，通信、预警、戍守是其最重要的功能。员半千《陇头水》云："路出金河道，山连玉塞门。"这一带山连着山，峰连着峰，山外有山，峰外有峰。峰峰都有烽火，连绵起伏，一望无际，构成了唐代西北最重要的边防线。戍守的将士时刻注视着远处堠墩所举的烽燧，以便采取应对措施。因为山多，峰回路转，马一进入就不见踪迹了。傅璇琮先生认为，这首诗的景象非亲临前线不会看到，并据此确定王昌龄的西北行迹，"写边地风物，没有实践经验是写不出来的，则他又到过玉门关一带的地方了。"①

（二）戍守的庄严与喜悦

在唐人诸多表现立功理想的诗中，王昌龄《从军行七首》其四最为著名，感情丰富深厚，耐人咀嚼。

> 青海长云暗雪山，孤城遥望玉门关。黄沙百战穿金甲，不破楼兰终不还。

青海，青海湖。唐与吐蕃的战争多发生在青海湖一带。高适《塞下曲》云："日轮驻霜戈，月魄悬雕弓。青海阵云匝，黑山兵气冲。"李白《关山月》云："汉下白登道，胡窥青海湾。由来征战地，不见有人还。"杜甫《喜闻盗贼蕃寇总退口号五首》其一云："萧关陇水入官军，青海黄河卷塞云。"严耕望先生说："唐世，吐蕃强盛，取据青海西南吐谷浑故地，河、湟、洮水、青海间遂为唐蕃兵争之疆场。唐置陇右节度使镇鄯州（今乐都）；统军多至二十有余，兵额十有余万，屯田积谷，为常备之计。""及安史之乱，边防军悉数内撤，自陇以西，东西数千里之地陷属蕃境。"② 乐都，县名，2013 年撤县成为海东市乐都区。雪山，指祁

---

① 傅璇琮：《唐代诗人丛考》，中华书局 1980 年版，第 136 页。
② 严耕望：《唐代交通图考》（二），上海古籍出版社 2007 年版，第 497、498 页。

连山，绵延于河西走廊南侧、青海湖北。孤城，西面无靠之城，暗示孤守无援、充满危险。在孤城上遥望玉门关，是渴望回到朝思夜想的玉门关内。回到关内，就意味着没有战死，就可能踏上回家的旅程，见到久别的亲人。金甲，金饰的铠甲。楼兰，楼兰国，代指敌人。这是一首反映“丝绸之路”戍守的典型诗篇，表现了将士的果敢悲壮。交织着报国的志愿与思乡的深情。最终，后者服从了前者。林方直教授说，前两句描绘了一幅辽阔的戍边图景，“展现的是唐蕃战局的地理形势，青海湖上空的阴云一直覆盖到北面横亘千里的祁连山，祁连山北麓的河西走廊，从孤城西望，便是玉门关了”，后两句“表现了将士以身许国的壮志豪情，也是整个昂扬进取、建功立业盛唐精神的组成部分”。[①]《唐贤清雅集》评此诗：“清而庄，婉而健，盛唐人不作一凄楚音。”[②] 俞陛云《诗境浅说续编》卷二云：

> 首二句乃逆挽法。青海云低，雪山天暗，其地已在玉门关外。次句所谓遥望者，乃从青海回望孤城，见去国之远也。后二句谓确斗无前，黄沙百战，虽金甲都穿，誓不与骄虏共戴三光。胜概英风，可谓烈士矣。[③]

与此诗有异曲同工之妙的是晚唐诗人曹唐《送康祭酒赴轮台》一诗。诗云：

> 灞水桥边酒一杯，送君千里赴轮台。霜黏海眼旗声冻，风射犀文甲缝开。断碛簇烟山似米，野营轩地鼓如雷。分明会得将军意，不斩楼兰不拟回。

海眼，泉眼。唐代西域境内有两个轮台，一是汉轮台，二是唐轮台，分别在天山南麓和北麓，都是“丝绸之路”上的重镇。从诗中不能判定康祭酒去的是哪一个轮台，但都距离中原路途遥远。杯酒话别，从

① 林方直、高建新：《唐诗精华》，内蒙古人民出版社 2004 年版，第 117、118 页。
② 陈伯海主编：《唐诗汇评》(上)，浙江教育出版社 1995 年版，第 435 页。
③ 俞陛云：《诗境浅说》，北京出版社 2003 年版，第 184—185 页。

长安的灞水桥边远赴数千里之外的轮台，自然让人感伤。轮台环境奇异，霜黏泉眼，风透犀甲，远山似米，战鼓如雷。“不斩楼兰不拟回”与“不破楼兰终不还”一脉相承，体现的都是保家卫国的英雄情怀。《从军行七首》其六表现的是希望带着皇帝的诏书和赏赐的宝剑“取楼兰”的豪情壮志，云：

胡瓶落膊紫薄汗，碎叶城西秋月团。明敕星驰封宝剑，辞君一夜取楼兰。

胡瓶，西域产制的瓶，质地有金、银之分，单柄、侈口，短颈，鼓腹，多用于注水，在当时较为珍稀，[①]常作国礼。《太平御览》卷七五八引《西域记》曰：“疏勒王致魏文帝金胡瓶二枚，银胡瓶二枚。”[②]《旧唐书·吐蕃传上》云：“如蒙圣恩，千年万岁，外甥终不敢先违盟誓。谨奉金胡瓶一、金盘一、金椀一、马脑杯一、零羊衫段一，谨充微国之礼。”[③]《新唐书·李纲李大亮等传》云：“太宗报书曰：‘有臣如此，朕何忧！古人以一言之重订千金，今赐胡瓶一，虽亡千镒，乃朕所自御。’”[④]落膊，挎在肩膊上。碎叶，在今吉尔吉斯斯坦托克马克城西南，安西四镇之一，后以焉耆代碎叶。薄汗，駮騚（bó hàn），骏马。《唐音癸签》卷二十“诂笺”五：白居易《武丘留别诸妓》云：“‘清管曲终鹦鹉语，红旗影动駮騚嘶。’《廣韻》：駮騚，蕃大马也，音薄寒，亦有直作‘薄寒’者。”[⑤]诗中的“胡瓶”“紫薄汗”“碎叶城”“楼兰”，皆为西域的物产和地名，不仅构成了奇绝的诗歌意象，也见出诗人对“丝绸之路”的熟悉。傅璇琮先生据此认为，王昌龄到过碎叶城。胡瓶通过“丝绸之路”传入中原，顾况《李供奉弹箜篌歌》云：“银器胡瓶马上驮，

① 高启安：《胡瓶传入和唐人注酒方式的改变》，见《丝绸之路研究集刊》（第一辑），沙武田主编，商务印书馆 2017 年版，第 80—91 页。

② （宋）李昉等：《太平御览》（七），夏剑钦等校点，河北教育出版社 1994 年版，第 103 页。

③ （后晋）刘昫等：《旧唐书》（十六），中华书局 1975 年版，第 5231 页。

④ （宋）欧阳修、宋祁：《新唐书》（十三），中华书局 1975 年版，第 3911 页。

⑤ （明）胡震亨：《唐音癸签》，古典文学出版社 1957 年版，第 181 页。

瑞锦轻罗满车送。"卢纶《送张郎中还蜀歌》:"垂杨不动雨纷纷，锦帐胡瓶争送君。"《从军行七首》其五云:

大漠风尘日色昏，红旗半卷出辕门。前军夜战洮河北，已报生擒吐谷浑。

这是一首战捷凯歌，字里行间透出戍边将士的沉毅和果敢。《唐诗选脉会通评林》引周珽曰:"横逸之气，壮烈之志，合并而出。"辕门，军营之门。洮河，黄河支流，在今甘肃南部。吐谷（yù）浑，古代西北游牧民族，鲜卑族的一支，曾在洮河地区建立政权。这里借指敌军首领。皎然《诗式》对此诗的解析十分精到。

首句大漠之乡，风尘迷霾，日色欲昏，盖已近暮天。先写塞外情境，此为凌空盘旋起法。二句言风起尘扬，红旗难以全张，故半卷也。出辕门，出战也。前军所指，连夜接战，地在洮河以北，先已擒得吐谷浑。曰"前军"，则全军尚未齐至。曰"已报"，有不待全军至而已获胜者。"夜"字应上"昏"字，"已报"应上"前军"二字。①

《诗式》赞扬王昌龄诗用语精微，字字珠玑。不经过千锤百炼，是达不到如此精妙的艺术与美学效果的。

（三）戍守中的怀念与感伤

"丝绸之路"戍守的危险和无边的寂寞，更激发了将士怀念亲人、怀念故乡、珍重别离的感情，在不知不觉中感染人心，打动人心。《从军行七首》其一云:

烽火城西百尺楼，黄昏独坐海风秋。更吹羌笛关山月，无那金闺万里愁。

关山月，乐府古曲，属横吹曲，曲调悲伤。徐陵《关山月二首》其

① 陈伯海主编:《唐诗汇评》(上)，浙江教育出版社 1995 年版，第 436 页。

一云："关山三五月，客子忆秦川。"① 卢思道《从军行》云："关山万里不可越，谁能坐对芳菲月。"② 王维《陇头吟》云："陇头明月迥临关，陇上行人夜吹笛。"李咸用《关山月》云："离离天际云，皎皎关山月。羌笛一声来，白尽征人发。"王昌龄诗一开头即点明人在城西安置烽火的百尺戍楼上，烽火指示的是万里边疆，是艰苦危险的戍守，是随时随地可能发生的敌情。在一望无际的青海湖边，秋凉侵人，四顾苍茫，辽阔的历史时空与眼前寂寥的景象、孤独（群体孤独）的处境交会，自然引发了戍守者思亲念远之深情。羌笛一声，吹出的又是抒发征戍离别之情的《关山月》，无限思绪一时间涌上心头。虽然短短四句，历代评价极高。《唐诗绝句类选》引桂天祥曰："起处壮逸，断句伤神。"《唐诗摘钞》云："当黄昏独坐之时，乡思已自'无那'，岂意羌笛更吹《关山月》之曲，闻之使人倍难为情矣。"③《诗境浅说续编》卷二评说最得诗中三昧：

> 烽火防秋，戍楼危坐，在海风浩荡中，方携羌笛一枝，黄昏独奏。忽忆及闺中少妇，此时正万里怀人，顿觉夜月关山，乡情无际。诗之佳处，在末句"无那"二字，用提笔以结全篇，海风山月，都化绮愁矣。④

王昌龄诗的神妙之处在于，善于捕抓瞬间响起的乐声，并将其置于辽阔的边疆图景之中，直击人的心扉，与万里戍边将士的感情水乳融合，无论悠扬的羌笛还是铮铮的琵琶，其中含有很深的边疆生活体验。《从军行七首》其二云：

> 琵琶起舞换新声，总是关山旧别情。撩乱边愁听不尽，高高秋月照长城。

① 逯钦立辑校：《先秦汉魏晋南北朝诗》（下），中华书局 1983 年版，第 2525 页。
② （宋）郭茂倩：《乐府诗集》（二），中华书局 1979 年版，第 482 页。
③ 陈伯海主编：《唐诗汇评》（上），浙江教育出版社 1995 年版，第 434 页。
④ 俞陛云：《诗境浅说》，北京出版社 2003 年版，第 184 页。

撩乱，心意烦乱。边愁，戍边人的愁苦之情。诗截取了戍边生活中的一个片断，通过对音乐细微感受的传递，表现了戍守者深沉的感情。虽然另弹新曲，但曲中的情绪依旧不能摆脱离别之愁。《唐诗解》卷二十六云：“奏乐所以娱心，今我起舞而琵琶更奏新声，本以相乐也。然总之为离别之情，边声已不堪闻，其奈月照长城乎？入耳目者，皆边愁也。”[①] 边疆万里，明月映照长城，在如此阔大的时空中，即使是愁情也被映照得清朗动人。《唐人绝句精华》评此诗说：

> 第二首琵琶之新声，亦撩人之怨曲，满腹离绪之人何堪听此，故有第三句。末句忽接写月，正以见边愁不尽者，对此“高高秋月”但“照长城”，愈觉难堪也。句似不接，而意实相连，此之谓暗接。[②]

琵琶声音清亮，形制独特，本来是马上弹奏的乐器，由“丝绸之路”一路东传，从西域弹到凉州，再弹到长安。《从军行二首》其一云：

> 向夕临大荒，朔风轸归虑。平沙万里余，飞鸟宿何处。
> 虏骑猎长原，翩翩傍河去。边声摇白草，海气生黄雾。
> 百战苦风尘，十年履霜露。虽投定远笔，未坐将军树。
> 早知行路难，悔不理章句。

轸（zhěn），痛。归虑，归思。边声，塞外特有的风鸣马嘶、胡笳吹角等声音。李陵《重报苏武书》云：“凉秋九月，塞外草衰，夜不能寐，侧耳远听，胡笳互动，牧马悲鸣，吟啸成群，边声四起。晨坐听之，不觉泪下。”（《全汉文》卷二十八）[③] 起首便写黄昏时分陡然而起的思归之念使人心痛。接之以“大荒”“朔风”“平沙”“白草”，加上乱人心意的边声西起、海雾升腾，构成了边塞特有的荒凉图景。“百战”“十

---

① （明）唐汝询：《唐诗解》（下），河北大学出版社 2001 年版，第 649 页。

② 陈伯海主编：《唐诗汇评》（上），浙江教育出版社 1995 年版，第 435 页。

③ （清）严可均校辑：《全上古三代秦汉三国六朝文》（一），中华书局 1958 年版，第 282 页。

年”，极写戍守之辛劳与时间长久。虽然像班超（官至西域都护，封定远侯）一样投笔从戎，却未能获得功名，于是扪心自问，是不是“理章句”以应科举会好一些呢？

（四）戍守中对战争的反思

战争是双刃剑。关于战争的危险后果，在唐王朝文治武功极盛之时，王昌龄已经开始反思。《从军行七首》其三云：

> 关城榆叶早疏黄，日暮云沙古战场。表请回军掩尘骨，莫教兵士哭龙荒。

此诗题一作《回军行》。[①]关城，关塞上的城堡。龙荒，北方遥远的荒漠地区，或指匈奴龙庭所在之地。《汉书·续传下》云：“龙荒幕朔，莫不来庭。”颜师古注：“孟康曰：‘谓白龙堆荒服沙幕也。’师古曰：‘龙，匈奴祭天龙城，非谓白龙堆也。朔，北方也。’”[②]诗人认识到战争残酷无情、夺取生命，无休止的杀伐永远没有一个尽头。《出塞二首》其二云：

> 骝马新跨白玉鞍，战罢沙场月色寒。城头铁鼓声犹震，匣里金刀血未干。

城头，城墙上。铁鼓，战鼓。“月色寒”，映衬出战场的冰冷和无情。“声犹震”，暗示拼杀、格斗犹未结束。“血未干”，写出了冷兵器时代战争的残酷和血腥。之所以表请皇上及时撤兵，是为了避免更多的兵士埋骨异国他乡。《唐诗选脉会通评林》引周珽曰：“文王泽及枯骨，天下知仁，况盈城盈野，俱为国而死者乎？回军息战，表掩残尸，仁者之言也。”[③]《吕氏春秋·孟冬纪·异宝》云：

> 周文王使人扣池，得死人之骸。吏以闻于文王。文王曰：“更

---

① 范之麟：《李益诗注》，上海古籍出版社1984年版，第116页。

② （汉）班固：《汉书》（十二），中华书局1962年版，第4238页。

③ 胡问涛、罗琴：《王昌龄集编年校注》，巴蜀书社2000年版，第47页。

葬之。”吏曰：“此无主矣。”文王曰：“有天下者，天下之主也；有一国者，一国之主也。我固其主也。”遂令吏以衣棺更葬之。天下闻之，曰：“文王贤矣，泽及髊骨，又况于人乎！”①

扫（hú），同“搰”，发掘。髊（cī）骨，残骨。“掩尘骨”本身就是仁者之作为，也是对幸存者的安慰。如何有效地制止战争，一直是诗人重点思考的问题。《出塞二首》其一云：

秦时明月汉时关，万里长征人未还。但使龙城飞将在，不教胡马度阴山。

这是一首被《升庵诗话》称为“可入神品”的边塞诗名作。②诗说，这眼前的明月和秦时一样明亮，关塞早在汉代就是这样耸立着。“万里”有二义，一是说边境线长达万里，二是说在远离家乡的万里之外征战。“人未还”，说明边塞战争由来已久，由秦至汉、从汉到唐，一直没有停息。龙城飞将，诗中指扬名匈奴的骁勇大将，如卫青、霍去病、李广，非指一人。《史记·匈奴列传》云：“将军卫青出上谷，至茏城，得胡首虏七百人。”③茏城，即龙城，又称“龙庭”，匈奴王庭，祭祖、祭天、盟会之地。其地所在说法不一，一般认为在今蒙古国鄂尔浑河西侧的和硕柴达木湖附近，④或认为在今内蒙古锡林郭勒盟境内阴山一带。⑤《史记·李将军列传》：“广居右北平，匈奴闻之，号曰‘汉之飞将军’，避之数岁，不敢入右北平。”⑥右北平，古郡名，秦治无终县（今天津蓟县），西汉移治平刚县（今内蒙古宁城县西南）。阴山，横贯今天内蒙古的阴山山脉，是古代游牧与农耕的天然分界线，今呼和浩特至包头昆

① 《诸子集成》（六），上海书店出版社 1986 年版，第 103 页。

② 丁福保辑：《历代诗话续编》（中），中华书局 1983 年版，第 672 页。

③ （汉）司马迁：《史记》（九），中华书局 1959 年版，第 2906 页。

④ 谭其骧主编：《中国历史大辞典·历史地理》，上海辞书出版社 1996 年版，第 189—190 页。

⑤ 林庚、冯沅君主编：《中国历代诗歌选》上编（一），人民文学出版社 1964 年版，第 272 页。

⑥ （汉）司马迁：《史记》（九），中华书局 1959 年版，第 2871 页。

都仑区一段称为大青山，是匈奴的发祥地。诗人推想，如果有卫青、霍去病、李广这样直捣匈奴龙城的名将，即“龙城飞将”，敌人是不敢跨越阴山这道天然屏障进入中原的。再进一步说，如果真是如此，戍守的将士也不至于如此辛劳、有家难回了。这当然是愿望，但这个愿望却引发了人们关于边塞战争的思考，即如何才能保证国家的安危和强大，不让敌人跨入国境一步。《批点唐音》云：“惨淡可伤。音律虽柔。终是盛唐骨格。”《网师园唐诗笺》云：“悲壮浑成，应推绝唱。”[①]《塞下曲四首》其二云：

> 饮马渡秋水，水寒风似刀。平沙日未没，黯黯见临洮。
> 昔日长城战，咸言意气高。黄尘足今古，白骨乱蓬蒿。

黯黯，光线昏暗。临洮，属陇西郡，治今甘肃岷县，是秦长城的起点，也是古代交通要冲，张骞西使，出长安，走的就是陇西道。王勃《陇西行》其七云：“烽火照临洮，榆塞马萧萧。先锋秦子弟，大将霍嫖姚。”霍嫖姚，即霍去病，以其受封嫖姚校尉，故称，后亦指守边立功的武将。朱庆馀《自萧关望临洮》云：“玉关西路出临洮，风卷边沙入马毛。寺寺院中无竹树，家家壁上有弓刀。”《元和郡县图志 · 陇右道上 · 岷州》（卷三十九）云，溢乐县“本汉之临洮县也，属陇西郡”，“秦长城，首起县西二十里。始皇三十四年（前 213 年）并天下，使蒙恬将三十万众北逐戎狄，筑长城，起临洮至辽东，延袤万余里。”[②]“足”，一本作“是”。诗以秦长城为背景，衬托以塞外晚秋的寒冷、平沙日落时分的黯淡，指出战争造成的“白骨乱蓬蒿”的残酷状况，古今相同。《唐诗选脉会通评林》引周珽曰，王昌龄“慧心甚灵，神力亦劲”；此诗“极简、极纵、极古、极新，俱在汉魏之间”。[③]《塞下曲四首》其三云：

① 陈伯海主编：《唐诗汇评》（上），浙江教育出版社 1995 年版，第 437 页。
② （唐）李吉甫：《元和郡县图志》（下），贺次君点校，中华书局 1983 年版，第 996 页。
③ 陈伯海主编：《唐诗汇评》（上），浙江教育出版社 1995 年版，第 424 页。

奉诏甘泉宫，总征天下兵。朝廷备礼出，郡国豫郊迎。
纷纷几万人，去者无全生。臣愿节宫厩，分以赐边城。

甘泉宫，汉宫名。总征，遍征。备礼，朝廷举行仪式命将出征。宫厩（jiù），指官养的马，其中一部分是舞马。唐玄宗酷嗜舞马，舞马配饰华贵，耗费巨大，令人咋舌。《明皇杂录·补遗》云：

玄宗尝命教舞马四百蹄，各为左右，分为部目，为某家宠、某家骄。时塞外亦有善马来贡者，上俾之教习，无不曲尽其妙。因命衣以文绣，络以金银，饰其鬃鬣，间杂珠玉。其曲谓之《倾杯乐》者数十回，奋首鼓尾，纵横应节。①

诗人提醒最高统治者，国库的银子应该节省一些，拨付给护卫国家安全的边城。“纷纷几万人，去者无全生”，是战争无情夺取生命的残酷写照。《代扶风主人答》则以一位老兵的口吻，诉说了边塞战争带给自己的悲惨境遇：

十五役边地，三回讨楼兰。连年不解甲，积日无所餐。
将军降匈奴，国使没桑干。去时三十万，独自还长安。
不信沙场苦，君看刀箭瘢。乡亲悉零落，冢墓亦摧残。
仰攀青松枝，恸绝伤心肝。禽兽悲不去，路傍谁忍看。
幸逢休明代，寰宇静波澜。老马思伏枥，长鸣力已殚。
少年与运会，何事发悲端。天子初封禅，贤良刷羽翰。
三边悉如此，否泰亦须观。

三回，三回五次，多次，诗指一生征战，带起“连年不解甲”之遭遇。休明，美好清明，赞美明君盛世。封禅（shàn），天子祭泰山，报天地之功。刷羽翰，奋飞得志。三边，指西北边境、边疆。此诗作于诗人游河西陇右之时，时间在开元十三年（725）年底或十四年（726）

① （五代）王仁裕等撰：《开元天宝遗事十种》，丁如明辑校，上海古籍出版社 1985 年版，第 34 页。

初。[1]诗中描写的景象使人想起了古诗《十五从军征》云："遥看是君家，松柏冢累累"；"羹饭一时熟，不知饴阿谁！出门东向看，泪落沾我衣。"[2]"去时三十万，独自还长安"，这是战争造成的人间悲剧。《唐诗选脉会通评林》云："周启琦曰，'缠绵激楚，如怨如诉，读之不知诗生于情，情生于词？'"《唐风定》云："波澜阔远，叙次雅密，与杜各自一门。"[3]认为该诗叙事缠绵有致，感情深沉，有杜诗"三吏""三别"之风。战争制造死亡，也制造严重的不公平。结句意味深长，说照这样下去，是否是泰还需观察。《塞下曲四首》其四云：

边头何惨惨，已葬霍将军。部曲皆相吊，燕南代北闻。
功勋多被黜，兵马亦寻分。更遣黄龙戍，唯当哭塞云。

边头，边塞。霍将军，指霍去病（前140—前117年），西汉名将，在抗击匈奴中屡建奇功，19岁升任骠骑将军。《史记·匈奴列传》云："汉骠骑将军之出代二千余里，与左贤王接战，汉兵得胡首虏凡七万余级，左贤王将皆遁走。骠骑封于狼居胥山，禅姑衍，临翰海而还。是后匈奴远遁，而漠南无王庭。"[4]霍去病几次北击匈奴大获全胜，为"丝绸之路"的开辟奠定了基础，去世时年仅24岁，诗以霍去病代指唐边将。黄龙，黄龙岗，唐东北要塞，在今辽宁朝阳。"功勋多被黜"，这就是当时的现实，诗人对此非常愤懑，在《塞上曲》中也说："功多翻下狱，士卒但心伤。"

远行豁人心胸，战争锤锻诗魂。王昌龄登第前后赴西北边塞所作最为著名，影响最大。边塞行丰富了诗人的情感，扩大了眼界，诗人观察细致、思考深入、体验深刻，所作内容深厚，最能见出盛唐人的品格：拒绝平庸，主动选择高尚的社会角色，万里赴边，建功立业。就诗体而言，多为七绝，王昌龄由此有"七绝圣手"之称。《唐才子传》卷二称

① 胡问涛、罗琴：《王昌龄集编年校注》，巴蜀书社2000年版，第55页。
② （宋）郭茂倩：《乐府诗集》（二），中华书局1979年版，第365页。
③ 陈伯海主编：《唐诗汇评》（上），浙江教育出版社1995年版，第427页。
④ （汉）司马迁：《史记》（九），中华书局1975年版，第2911页。

赞说：

> 自元嘉以还，四百年之内，曹、刘、陆、谢，风骨顿尽。逮储光羲、王昌龄，颇从厥迹。两贤气同而体别也，王稍声峻，奇句俊格，惊耳骇目。①

元嘉（424—453），南朝宋文帝刘义隆的年号。元嘉以来，曹植、刘祯、陆机、谢灵运所体现的风骨已荡然无存，储光羲、王昌龄追随四位诗人的踪迹。王昌龄的诗风格峻峭，时有奇句，格调不凡。《唐音癸签》卷五引徐献忠曰：“少伯天才流丽，音唱疏越。七言绝句，几与太白比肩，当时乐府采录，无出其右。”②唐人的七绝作品，唯有李白与王昌龄并肩而立，不仅骨气奇高，有“冰心在玉壶”的朗洁，而且大气淋漓，是一个时代的见证。

三、唐人的楼兰记忆

对于许多人而言，是王昌龄“不破楼兰终不还”一句诗引发了对楼兰的好奇，唤醒了沉睡的记忆。楼兰是历史上的西域三十六国之一，故地在今新疆罗布泊西北、孔雀河的东南，是西出阳关、进入西域的门户，汉唐“丝绸之路”的必经之地，也是瑞典探险家斯文·赫定称为亚洲腹地的交通枢纽。令人困惑的是，曾经繁盛的楼兰国竟然在公元3—4世纪后悄然消失，有人说是战争的原因，有人说是水涝，有人说是干旱。直到1900年3月28日斯文·赫定在罗布泊考察时发现了楼兰国古城遗址。他说：

> 楼兰是交通大动脉上的一座要塞，是驻兵的重镇，也是重要的交通枢纽。商队要到楼兰，必须从中国文明圈最西端的前哨敦煌通过令人胆寒的漫长的荒漠地带，然后才能到达罗布泊。楼兰是塔里

① 傅璇琮主编：《唐才子传校笺》(一)，中华书局1987年版，第261页。
② （明）胡震亨：《唐音癸签》，古典文学出版社1957年版，第40页。

木盆地的第一块绿洲。[①]

一年后，斯文·赫定开始发掘楼兰国古城遗址，出土了大量文物，如汉简、汉文文书、佉卢文文书、木雕、木器、丝帛、漆碗、铜钱、青铜铸件、印有印欧人头像的毛毡残片等，轰动一时，成为考古史上的重大事件。[②] 斯文·赫定引康拉德教授的观点说：

> 具有现代性的中国西域与西方（Barbarian–chinase–international）的混合文化在楼兰很发达，因为那城是边境的锁钥，是亚洲中间古代大道——尤其是东方至中国和西方至波斯、印度、叙利亚和罗马间往来运丝的大道的门户。

康拉德教授认为，“楼兰城中社会的组织和极精密合适的方法，是由 3 世纪以前经过许多世纪或几千年的进化才能到那种地步。”[③] 楼兰的历史地位如此重要，人们开始重新认识楼兰、研究楼兰。1980 年中国考古工作者在孔雀河古河道北岸的楼兰故地发掘出一具女性干尸，距今约 3800 年，是新疆迄今出土的最早干尸，一般认为是印欧人种，人称“楼兰美女”，[④] 现藏于新疆博物馆。[⑤] 干尸保存完好，眉目清晰可见，加上后来一首名为《楼兰姑娘》歌曲（杨海潮词、付林曲、俞静原唱，1994 年出品）的流行，楼兰再次引发关注。

“楼兰”之名始见《史记·匈奴列传》，汉文帝前元四年（前 176 年），冒顿单于在给汉文帝的信中提及楼兰云：“定楼兰、乌孙、呼揭及其旁二十六国，皆以为匈奴。诸引弓之民，并为一家。”[⑥] 这时的楼兰已

---

① ［瑞典］斯文·赫定：《丝绸之路》，江红、李佩娟译，新疆人民出版社 2010 年版，第 222 页。

② ［德］阿尔伯特·赫尔曼：《楼兰》，高中甫译，新疆人民出版社 2013 年版，第 1—6 页。

③ ［瑞典］斯文·赫定：《我的探险生涯》，孙仲宽译，新疆人民出版社 2010 年版，第 318、319 页。

④ 李军、邓森：《斯文·赫定》，中国民族摄影艺术出版社 2002 年版，第 84—85 页。

⑤ 乌鲁木齐：新疆博物馆“逝者越千年·干尸展览”，笔者于 2018 年 7 月 19 日前往参观。

⑥ （汉）司马迁：《史记》（九），中华书局 1959 年版，第 2896 页。

被匈奴人征服，成为“引弓之民”大家族中的一员。楼兰所处自然环境恶劣，周围被沙漠包围，干旱缺水，常有狂风。《汉书 · 西域传上》云：“地沙卤，少田，寄田仰谷旁国。”①《周书 · 异域传下》云：“鄯善，古楼兰国也。东去长安五千里。所治城方一里。地多沙卤，少水草，北即白龙堆路。”②沙卤，指土质含沙多和碱性重，不宜耕种。白龙堆，简称龙堆，自然环境恶劣，为古阳关通西域道路所经，③楼兰古城就在罗布泊的东面。《汉书 · 地理志下》云：“敦煌郡，武帝后元年（前 88 年）分酒泉置。正西关外有白龙堆沙，有蒲昌海。”④岑参《登北庭北楼呈幕中诸公》：“大荒无鸟飞，但见白龙堆。”楼兰距离内地遥远，不要说古代的交通条件，就是今天探访也非常困难。依仗着特殊的自然环境，被匈奴役使的楼兰屡次劫掠汉使，阻碍其西行。《汉书 · 西域传上》云：

> 初，武帝感张骞之言，甘心欲通大宛诸国，使者相望于道，一岁中多至十余辈。楼兰、姑师当道，苦之，攻劫汉使王恢等，又数为匈奴耳目，令其兵遮汉使。汉使多言其国有城邑，兵弱易击。于是武帝遣从票侯赵破奴将属国骑及郡兵数万击姑师。王恢数为楼兰所苦，上令恢佐破奴将兵。破奴与轻骑七百人先至，虏楼兰王，遂破姑师，因暴兵威以动乌孙、大宛之属。还，封破奴为浞（zhuó）野侯，恢为浩侯。于是汉列亭障至玉门矣。⑤

姑师，即车师国，西域国名，故都城在今新疆吐鲁番市西北交河城。汉武帝本欲交通西域，畅通“丝绸之路”，宣扬大国德威，楼兰、姑师却从中作梗，汉武帝不得不下决心拔掉这两根嵌在“丝绸之路”要冲上的钉子。钉子拔掉了，汉朝向西一路畅通。

到了唐朝，楼兰已湮没数百年，但在边塞战争、“丝绸之路”的再

---

① （汉）班固：《汉书》（十二），中华书局 1962 年版，第 3876 页。

② （唐）令狐德棻等：《周书》（三），中华书局 1971 年版，第 915 页。

③ 谭其骧主编：《中国历史大辞典 · 历史地理》，上海辞书出版社 1996 年版，第 244 页。

④ （汉）班固：《汉书》（六），中华书局 1962 年版，第 1614 页。

⑤ （汉）班固：《汉书》（十二），中华书局 1962 年版，第 3876 页。

次繁荣以及由此带来的中西方文化的频繁交流的时代背景下，唐人唤醒了古老的记忆，通过诗歌使楼兰复活并注入新的内涵。[①] 对于唐人而言，楼兰是汉代故地，却也是眼前的客观存在，遥远又切近，所以在诗中不时加以实写。陈子昂《和陆明府赠将军重出塞》云：“忽闻天上将，关塞重横行。始返楼兰国，还向朔方城。”神武异常的将军纵横关塞，所向无敌，刚从楼兰国故地返回，又要奔向朔方的边城。李白《幽州胡马客歌》云：“弯弓若转月，白雁落云端。双双掉鞭行，游猎向楼兰。”幽州胡马客武艺高强，弓开雁落，游猎在楼兰故地。岑参《献封大夫破播仙凯歌六首》其二云：“官军西出过楼兰，营幕傍临月窟寒。”月窟，喻极西之地。官军通过罗布泊、楼兰故地一路向西进军，直抵葱岭。郑愔《塞外三首》其三云：“汉家征戍客，年岁在楼兰。”将士常年在外征战，因为楼兰地处要塞，是兵家必争之地。

实写之外，唐人常以“楼兰”指代边塞和战争前线。虞世南《饮马长城窟行》云：“前逢锦车使，都护在楼兰。”“在楼兰”，即在前线，王维《使至塞上》“萧关逢候骑，都护在燕然”一句的遣词方式显然受到了此诗影响。岑参《胡笳歌送颜真卿使赴河陇》云：“君不闻胡笳声最悲，紫髯绿眼胡人吹。吹之一曲犹未了，愁杀楼兰征戍儿。”胡笳声声，引发了前线征战将士的无限悲情。武元衡《石州城》云：“丈夫心爱横行，报国知嫌命轻。楼兰径百战，更道戍龙城。”“楼兰径百战”，指多次经历边塞战争。严维《送房元直赴北京》云：“犹道楼兰十万师，书生匹马去何之。临歧未断归家日，望月空吟出塞诗。”临歧，指送别在岔路口处分手。“楼兰十万师”，指在前线征讨敌人的大军。因为路途遥远，激起了戍边者浓郁的思乡之情。唐人又以“楼兰将”指征讨敌人的骁勇之将。虞世南《从军行二首》其一云：“冀马楼兰将，燕犀上谷兵。剑寒花不落，弓晓月逾明。”韦庄《捣练篇》则以“楼兰”指代远方：

> 月华吐艳明烛烛，青楼妇唱捣衣曲。白袷丝光织鱼目，菱花绶带鸳鸯簇。临风缥缈叠秋雪，月下丁冬捣寒玉。楼兰欲寄在何乡，

① 高建新：《唐诗中的楼兰》，《光明日报》2021 年 3 月 22 日。

凭人与系征鸿足。[1]

寒玉，喻白练。白袷（jiá），白色夹衣。鱼目，鱼的眼珠子，这里指鱼眼一样的圆珠。五代马缟《中华古今注》卷下云：鲸鱼“其雌曰鲵，大亦长千里，眼为明月珠”。(《四库全书·子部·杂家类》)[2]“楼兰欲寄”，欲寄楼兰。在明亮的月光下，思妇吟唱着《捣衣曲》，为戍边的亲人精心缝制寒衣。放射着丝一样光泽的白色夹衣上织的是鱼目珠，菱花绶带上绣着的是鸳鸯鸟。秋风里柔软的丝绸如雪一样洁白无瑕，思妇依旧在月下叮咚捣衣。不知道他乡的楼兰有多么遥远，只能托付鸿雁捎去消息。全诗婉转动人，抒发了欲寄寒衣的思妇深长的感情。

更多的时候，唐人以“楼兰”指代敌人、敌方，是征战讨伐的对象。以“斩楼兰”“刺楼兰”“破楼兰”“取楼兰”“指楼兰”等表达杀敌立功、保家卫国的理想。“斩楼兰”也称“刺楼兰”，典出自《汉书》。《汉书·西域传上》云：

（汉昭帝）元凤四年（前77年），大将军霍光白遣平乐监傅介子往刺其王。介子轻将勇敢士，赍金币，扬言以赐外国为名。既至楼兰，诈其王欲赐之，王喜，与介子饮，醉，将其王屏语，壮士二人从后刺杀之，贵人左右皆散走。介子告谕以“王负汉罪，天子遣我诛王，当更立王弟尉屠耆在汉者。汉兵方至，毋敢动，自令灭国矣！”介子遂斩王尝归首，驰传诣阙，县首北阙下。封介子为义阳侯。[3]

梁简文帝萧纲《从军行二首》其一云：“贰师惜善马，楼兰爱汉财。”[4]汉武帝喜爱汗血马，去征讨大宛国；楼兰王贪恋财宝，导致身死国灭。贰师，指讨伐大宛国贰师城的李广利。杜甫《忆昔二首》其一云：“愿见北地傅介子，老儒不用尚书郎。”“安史之乱”爆发，吐蕃入

① 聂安福：《韦庄集校注》，上海古籍出版社2002年版，第351页。
② 《影印文渊阁四库全书》（第八五〇册），（台湾）商务印书馆1983年版，第139页。
③ （汉）班固：《汉书》（十二），中华书局1962年版，第3878页。
④ （宋）郭茂倩：《乐府诗集》（二），中华书局1979年版，第478页。

侵长安，猖獗不可一世，杜甫期望国家能出现像傅介子一样的勇士，一洗国耻。老儒，杜甫自谓。尚书郎，用《木兰诗》“可汗问所欲，木兰不用尚书郎”诗意，[①]“言但愿朝廷得人，以平祸乱，己之贵贱不足计也。”[②]《汉书 · 傅介子传》的记载更为详细。

> 介子谓大将军霍光曰：“楼兰、龟兹数反覆而不诛，无所惩艾。介子过龟兹时，其王近就人，易得也，愿往刺之，以威示诸国。”大将军曰：“龟兹道远，且验之于楼兰。”于是白遣之。介子与士卒俱赍金币，扬言以赐外国为名。至楼兰，楼兰王意不亲介子，介子阳引去，至其西界，使译谓曰：“汉使者持黄金锦绣行赐诸国，王不来受，我去之西国矣。”即出金币以示译。译还报王，王贪汉物，来见使者。介子与坐饮，陈物示之。饮酒皆醉，介子谓王曰：“天子使我私报王。”王起，随介子入帐中，屏语，壮士二人从后刺之，刃交胸，立死。其贵人左右皆散走。[③]

傅介子计杀楼兰王之后，楼兰内附汉朝，改名鄯善，通往西域的道路由此打通，唐人的有关书写正是借此而来，同仇敌忾，剑指楼兰。李白《塞下曲六首》其一云：“晓战随金鼓，宵眠抱玉鞍。愿将腰下剑，直为斩楼兰。”又，《出自蓟北门行》云：“画角悲海月，征衣卷天霜。挥刃斩楼兰，弯弓射贤王。”岑参《北庭西郊候封大夫受降回军献上》云：“前年斩楼兰，去岁平月支。”月支，古族名，也作“月氏”，中国古代文献常将大月氏略写作月氏。在匈奴压迫下，原游牧于敦煌、祁连山一带的月支人大部分后迁至今伊犁河上游流域及迤西一带，称大月氏；小部分月支人入祁连山与羌人杂居，称小月氏。又，《武威送刘单判官赴安西行营便呈高开府》云：“浑驱大宛马，系取楼兰王。”高适《东平留赠狄司马》云：“马蹄经月窟，剑术指楼兰。”杜甫《秦州杂诗二十首》其七云：“属国归何晚，楼兰斩未还。”张仲素《塞下曲五首》

---

① 逯钦立辑校：《先秦汉魏晋南北朝诗》（下），中华书局 1983 年版，第 2161 页。

② 萧涤非主编：《杜甫全集校注》（六），人民文学出版社 2014 年版，第 3240 页。

③ （汉）班固：《汉书》（九），中华书局 1962 年版，第 3001—3002 页。

其三云：“功名耻计擒生数，直斩楼兰报国恩。”这其中，孟郊《猛将吟》表达的情绪更为激烈，云：“拟脍楼兰肉，蓄怒时未扬。秋鼙无退声，夜剑不隐光”，岳飞《满江红》词中的“饥餐”“渴饮”句可能受到此诗的影响。“斩”“取”指成功，就意味着清除了西进障碍，可以夺取胜利、献捷朝廷。王勃《陇西行十首》其八云：“开壁左贤败，夹战楼兰溃。献捷上明光，扬鞭歌《入塞》。”（《全唐诗续补遗》卷一）[①]左贤，左贤王，匈奴贵族的高级封号。明光，汉宫殿名，代指朝廷。张永进《白雀歌并进表》云：“楼兰献捷千人喜，敕赐红袍与上功。”翁绶《陇头吟》云：“横行俱足封侯者，谁斩楼兰献未央。”边塞立功，扬名天下，是唐代士人的理想。

唐人的楼兰记忆是伴随着唐王朝的强大而鲜明起来的，虞羽客《结客少年场行》云：“摧枯逾百战，拓地远三千。骨都魂已散，楼兰首复传。”《史记·匈奴传》云：匈奴置“左右大当户、左右骨都侯”。《史记正义》云：“骨都，异姓大臣。”[②]匈奴置左右骨都侯以辅政。首复传，指傅介子刺杀楼兰王、传其首级至长安一事。唐人崇拜英雄，歌颂战功，渴望能像汉王朝一样开疆拓土，清扫边塞，成就彪炳千秋的伟业，所以就有了“斩楼兰”“刺楼兰”的书写。值得一提的是，在众口一词中，玄宗朝宰相张九龄却发出了不同的声音。他的《送赵都护赴安西》一诗说：“他日文兼武，而今栗且宽。自然来月窟，何用刺楼兰。”栗，王引之说，犹“秩”也，是有条理的样子，指玉的符彩清澈而有条理，亦如智者之不惑。《礼记·聘义》云：“夫昔者，君子比德于玉焉；温润而泽，仁也；缜密以栗，知也。”[③]来，使之来，指归附。月窟，指边远之地。文武兼俱，事有条理，仁厚宽柔，边境自会平安，又哪用刺杀楼兰王？

无论何种原因，楼兰的湮没都是一首凄婉的历史悲歌。幸运的是，唐人通过深长的记忆和持续的书写，将古老的楼兰复活并转化为内蕴丰

---

① 陈尚君辑校：《全唐诗补编》（上），中华书局1992年版，第330页。

② （汉）司马迁：《史记》（九），中华书局1959年版，第2890页。

③ 杨天宇：《礼记译注》（下），上海古籍出版社1997年版，第1099页。

富的地理符号、文化符号，其中寄寓了边防安全、国家强大的渴望，也引发读者关于历史、民族、异域、远方以及理想、功名的无穷想象和思考。历史上的楼兰虽然被时间尘封，但唐诗中的楼兰却鲜活依旧，因为唐人已将楼兰镌刻在了记忆的深处。

第三章 “天寒万里北，地豁九州西”

——高适笔下的河西

河西，泛指黄河以西地区。春秋战国时指今山西、陕西两省黄河南段之西。汉、唐时指今甘肃、青海两省黄河以西，即河西走廊与湟水流域。[①] 河西在中国的政治军事版图中地位重要，不可替代。《唐会要》卷七十三“安西都护府”载：

> 逮至武帝，赫然发愤，肆志远边。使张骞始通西域，既而立四郡，据玉关，以断匈奴右臂。乃复度河、湟，筑令居塞。以绝南羌、北狄，于是障塞亭燧，出长城四千里矣。[②]

河西护卫着京师长安的安全，是中原通往西域的通道，也是中原王朝对外文化交流、贸易往来的通道，汉唐以来备受重视。保河西即是保长安、保天下；河西定则天下定，河西安则天下安。河西也是建功立业、可以大显身手的地方，初、盛唐人或从军或为幕僚或壮游，多有河西经历。盛唐进入西北，走上“丝绸之路”，不仅有生活体验，而且有较多作品存世，集中反映了边塞风光、边塞战争。体验边塞生活的诗人一是岑参，二是高适，三是王昌龄。

一、“客游河右”

与王昌龄、岑参一样，高适（约 700—765）也是因不满现状，渴望实现人生理想走上河西走廊的。《旧唐书·高适传》载：

① 谭其骧主编：《中国历史大辞典·历史地理》，上海辞书出版社 1996 年版，第 565 页。

② （宋）王溥：《唐会要》（下），上海古籍出版社 2006 年版，第 1573 页。

> 适少濩落，不事生业，家贫，客于梁、宋，以求丐取给。天宝中，海内事干进者注意文词。适年过五十，始留意诗什，数年之间，体格渐变，以气质自高，每吟一篇，已为好事者称诵。宋州刺史张九皋深奇之，荐举有道科。时右相李林甫擅权，薄于文雅，唯以举子待之。解褐汴州封丘尉，非其好也，乃去位，客游河右。河西节度哥舒翰见而异之，表为左骁卫兵曹，充翰府掌书记，从翰入朝，盛称之于上前。①

求丐，乞求，乞讨。取给，取得物力或人力以供需用。解褐，谓脱去布衣，担任官职，指入仕。河右，亦即河西。玄宗开元七年（719），20岁的高适来到长安，寻找实现理想的机会。《别韦参军》云："二十解书剑，西游长安城。举头望君门，屈指取公卿。"自以为仰望朝廷，可以取得公卿之位，眼前的现实却是"白璧皆言赐近臣，布衣不得干明主"，令他大失所望。虽然之后隐居读书，蹉跎徘徊，济世之志却从未忘记。天宝八年（749），年近五十的高适在睢阳太守张九皋的推荐下，有道科及第，授封丘（今河南封丘）县尉，位在县令之下，主管治安。自此，高适算是正式开始仕宦生涯，作《谢封丘县尉表》云：

> 臣适言：臣田野贱品，生逢圣时，得与昆虫俱沾雨露。常谓老死林薮，不识阙庭，岂其岩穴久空，弓旌未已，贤才毕用，搜访乃勤。见尧舜之为心，荷乾坤之善贷。臣艺业无取，谬当推荐，自天有命，追赴上京，曾未浃旬，又拜臣职。顾惭虚受，实惧旷官，捧日无阶，戴天何报！臣已于正衙辞讫，即以今日赴官。无任犬马之志，谨奉表陈谢以闻。臣适诚惶诚恐，顿首顿首。②

浃旬，满十日。旷官，空居官位，指不称职。感谢皇恩上任后，高适很快就发现自己与官场格格不入，在《初至封丘作》诗中已经透露出不适："可怜薄暮宦游子，独卧虚斋思无已。去家百里不得归，到官数

① （后晋）刘昫等：《旧唐书》（十），中华书局1975年版，第3328页。

② 孙钦善：《高适集校注》，上海古籍出版社1984年版，第309—310页。

日秋风起。”在《封丘作》诗中，高适的不适中又平添了几分懊丧：“州县才难适，云山道欲穷。揣摩惭黠吏，栖隐谢愚公。”黠吏，奸猾之吏。揣摩上司的心思，讨好上司，高适根本就不是“黠吏”的对手，何况自己已经年过半百。《封丘县》一诗最见其内心的矛盾苦痛：

> 我本渔樵孟诸野，一生自是悠悠者。乍可狂歌草泽中，宁堪作吏风尘下？只言小邑无所为，公门百事皆有期。拜迎长官心欲碎，鞭挞黎庶令人悲。

《韵语阳秋》卷十一评此诗曰：“不堪作吏之卑辱，而复思孟诸之渔樵也。韩退之云：‘居闲食不足，从仕力难任。’其此之谓乎？”[①] 沉于下僚，仰人鼻息，做一个纠缠于事务的俗吏，压根儿就不是高适的理想，勉强至天宝十一年（752），高适便辞职前往凉州，任职于河西节度使幕府。《唐才子传》卷二云：高适“少性拓落，不拘小节，耻预常科，隐迹博徒，才名便远”。[②] 即使落魄潦倒，混迹于赌徒之中，高适也不愿意参加科举考试。对于他这样性格和追求的人来说，走进河西是人生必然的选择。

高适与李白、杜甫友善，天宝三年（744）夏三人同游。《唐才子传》卷二云：“尝过汴州，与李白、杜甫会，酒酣登吹台，慷慨悲歌，临风怀古，人莫测也。中间唱和颇多。”[③] 杜甫有《遣怀》诗云：

> 忆与高李辈，论交入酒垆。两公壮藻思，得我色敷腴。
> 气酣登吹台，怀古视平芜。芒砀云一去，雁鹜空相呼。

吹台，在今河南开封市东南禹王台公园内。芒砀，芒山、砀山的合称，在今安徽省砀山县东南，与河南省永城县接界。12 年后的天宝十二年（753），杜甫又有《送高三十五书记》一诗，表达了对高适的思念。

---

① （清）何文焕辑：《历代诗话》（下），中华书局 1981 年版，第 572 页。
② 傅璇琮主编：《唐才子传校笺》（一），中华书局 1987 年版，第 416 页。
③ 傅璇琮主编：《唐才子传校笺》（一），中华书局 1987 年版，第 422 页。

高生跨鞍马，有似幽并儿。脱身簿尉中，始与捶楚辞。
借问今何官，触热向武威。答云一书记，所愧国士知。
人实不易知，更须慎其仪。十年出幕府，自可持旌麾。
此行既特达，足以慰所思。男儿功名遂，亦在老大时。
常恨结欢浅，各在天一涯。①

此时高适在河西节度使哥舒翰幕府任书记。簿尉，指封丘尉。武威是河西地区最重要的军事行政要地。杜诗写出了高适的性情追求。高适像幽州、并州的游侠儿一样，跨着骏马、冒着暑气走上河西走廊，前往武威。诗人提醒高适，哥舒翰性格暴烈嗜杀，虽以国士对待你，但你要谨慎从事。经过 10 年的磨炼，你自己也手持帅旗、指挥军队了。你的这次选择的前程远大，足可以告慰老友。男儿的功名事业，即便岁数老大，也同样可以成就。杜诗情深意切，谆谆告诫，诚心鼓励，高适则以《人日寄杜二》诗回赠杜甫云：

人日题诗寄草堂，遥怜故人思故乡。柳条弄色不忍见，梅花满枝空断肠。身在远藩无所预，心怀百忧复千虑。今年人日空相忆，明年人日知何处。一卧东山三十春，岂知书剑老风尘。龙钟还忝二千石，愧尔东西南北人。

远藩，远方的藩国、藩镇，在诗中指边疆。书剑，书和剑，学书学剑，谓学文习武。高适有英雄气，少怀大志，成名却晚，是“客游河右”成就了“年过五十”的高适。抱着“莫愁前路无知己，天下谁人不识君”(《别董大二首》其一)的自信，从河西开始，高适一步步走向属于自己的人生事业巅峰。《旧唐书·高适传》：“适喜言王霸大略，务功名，尚节义。逢时多难，以安危为己任，然言过其术，为大臣所轻。”“适以诗人为戎帅，险难之际，名节不亏，君子哉！”②险难，指经历了“安史之乱”。高适大约是在天宝十四年（755）冬初随哥舒翰回到

① 萧涤非主编：《杜甫全集校注》(一)，人民文学出版社 2014 年版，第 389 页。
② （后晋）刘昫等：《旧唐书》(十)，中华书局 1975 年版，第 3331、3332 页。

长安的，任左拾遗转监察御史，佐哥舒翰防守潼关。考之以杜甫的“触热向武威”诗句，高适在河西的时间大约是三年半，却是他人生的转折。先后任谏议大夫、淮南节度使、太子詹事、彭蜀二州刺史、剑南东川节度使、刑部侍郎、左散骑常侍等。《旧唐书·高适传》云：“有唐已来，诗人之达者，唯适而已。”[①] 唐代的诗人可谓多矣，取得较高政治地位的却只有高适一人。

二、“万里不惜死”

《汉书·食货志四下》载，武帝“初置张掖、酒泉郡，而上郡、朔方、西河、河西开田官，斥塞卒六十万人戍田之”。师古曰：“开田，始开屯田也。斥塞，广塞令却。初置二郡，故塞更广也。以开田之官广塞之卒戍而田也。”[②] 河西据山河之险，可进可守，依凭着祁连山融雪形成的河流灌溉良田，粮食供应充足，汉唐以来一直是屯兵之地、发兵的大本营，可以迅速发往西北各地。太宗平高昌，就是从河西发兵。与此同时，河西地区与吐蕃东北接壤，戍守河西，最重要的任务就是防备吐蕃北上，阻止其通过河西走廊进入中原地区。《旧唐书·地理志一》载：

> 河西节度使，断隔羌胡，统赤水、大斗、建康、宁寇、玉门、墨离、豆卢、新泉等八军，张掖、交城、白亭三守捉。河西节度使治，在凉州，管兵七万三千人，马万九千四百匹，衣赐岁百八十万匹段。赤水军，在凉州城内，管兵三万三千人，马万三千匹。大斗军，在凉州西二百余里，管兵七千五百人，马二千四百匹。建康军，在甘州西二百里，管兵五千三百人，马五百匹。宁寇军，在凉州东北千余里。玉门军，在肃州西二百里，管兵五千二百人，马六百匹。墨离军，在瓜州西北千里，管兵五千人，马四百匹。豆卢军，在沙州城内，管兵四千三百人，马四百匹。新泉军，在会州西北二百余里，管兵千人。张掖守捉，在凉州南二里，管兵五百人。

① （后晋）刘昫等：《旧唐书》（十），中华书局 1975 年版，第 3331 页。
② （汉）班固：《汉书》（四），中华书局 1962 年版，第 1173 页。

交城守捉，在凉州西二百里，管兵千人。白亭守捉，在凉州西北五百里，管兵千七百人。[1]

唐设兵于戍守之地，分级设置“军”“守捉”“镇”“戍”等军事机构。“军”“守捉”的将领称“使”，“镇”“戍”的将领称“镇将”。凉州、甘州（张掖）、肃州（酒泉）、瓜州（今甘肃瓜州县，属酒泉）、沙州（敦煌），皆在河西走廊上，由东向西一字排列，形成了坚固的西北防线，东与朔方郡、西与北庭都护府、安西都护府，保证了“丝绸之路”的畅通。《旧唐书·地理志一》载：“朔方节度使，治灵州，管兵六万四千七百人，马四千三百匹，衣赐二百万匹段。”“安西都护府治所，在龟兹国城内，管戍兵二万四千人，马二千七百匹，衣赐六十二万匹段。”“北庭节度使所治，在北庭都护府，管兵二万人，马五千匹，衣赐四十八万匹段。”[2] 在北方的几大节度使中，河西节度使统辖的军事机构最多，兵马最多，防御任务也最重。平定了突厥之后，唐王朝最大的威胁就是吐蕃。河西出征，多是剑指吐蕃，如《同李员外贺哥舒大夫破九曲之作》云：

遥传副丞相，昨日破西蕃。作气群山动，扬军大旆翻。
奇兵邀转战，连弩绝归奔。泉喷诸戎血，风驱死虏魂。
头飞攒万戟，面缚聚辕门。鬼哭黄埃暮，天愁白日昏。
石城与岩险，铁骑皆云屯。长策一言决，高踪百代存。
威稜慑沙漠，忠义感乾坤。老将黯无色，儒生安敢论。
解围凭庙算，止杀报君恩。唯有关河渺，苍茫空树墩。

此诗作于天宝十二年（753）河西节度使幕府。九曲，九曲黄河，今甘肃与青海西交界一带，属黄河上游，吐蕃在此建宏济、大漠门等城以守。副丞相，指哥舒翰。西蕃，即吐蕃。绝归奔，断绝敌人的逃路。面缚，反背而缚，指俘虏。石城，石堡城，在今青海湟源西南。《旧唐

① （后晋）刘昫等：《旧唐书》（五），中华书局 1975 年版，第 1386 页。
② （后晋）刘昫等：《旧唐书》（五），中华书局 1975 年版，第 1385—1386 页。

书·太宗诸子传》云：“先是，石堡城为吐蕃所据，侵扰河右。”[①]《旧唐书·玄宗本纪下》云：天宝八年（749）六月，“陇右节度使哥舒翰攻吐蕃石堡城，拔之。”[②]《旧唐书·曲环传》云：“天宝中，从哥舒翰攻拔石堡城，收黄河九曲、洪济等城，累授果毅别将。”[③]哥舒翰统领陇右、河西、朔方等部兵马数万人，大战石堡城，获全胜，此诗描写的正是此战及唐军的威武和不可战胜。威稜，声威，声势。慑，慑服，因畏惧威势而屈服。庙算，朝廷或帝王对战事的谋划。河西出征的唐军大军压境，所向披靡，杀得敌人片甲不留。对于入侵之敌，高适主张无情歼灭。开元十九年（731）[④]北游燕赵时他就在《塞上》一诗中说：

东出卢龙塞，浩然客思孤。亭堠列万里，汉兵犹备胡。
边尘涨北溟，虏骑正南驱。转斗岂长策，和亲非远图。

卢龙塞，在今河北唐山喜峰口一带，是燕山山脉东段的隘口。在高适看来，不能存有幻想，要时刻防备敌人入侵，和亲不是长策，不能解决国家安全问题。同是作于河西节度使幕府的《塞下曲》，表现建立奇功的雄心壮志。诗云：

结束浮云骏，翩翩出从戎。且凭天子怒，复倚将军雄。
万鼓雷殷地，千旗火生风。日轮驻霜戈，月魄悬雕弓。
青海阵云匝，黑山兵气冲。战酣太白高，战罢旄头空。
万里不惜死，一朝得成功。画图麒麟阁，入朝明光宫。
大笑向文士，一经何足穷。古人昧此道，往往成老翁。

结束，犹言装束。浮云骏，指骏马。麒麟阁，汉代未央宫中的阁名。汉宣帝时曾图霍光等11位功臣像于阁上，以表彰其丰功伟绩，是封建时代士人最高的荣誉。明光宫，汉宫殿名。《后汉书·班彪传》载：

---

① （后晋）刘昫等：《旧唐书》（八），中华书局1975年版，第2652页。
② （后晋）刘昫等：《旧唐书》（一），中华书局1975年版，第223页。
③ （后晋）刘昫等：《旧唐书》（十一），中华书局1975年版，第3501页。
④ 乔象锺、陈铁民主编：《唐代文学史》，人民文学出版社1995年版，第382页。

“设璧门之凤阙，上觚稜而栖金爵。”李贤等注：“未央宫在西，长乐宫在东，桂宫、明光宫在北。”① 柧棱（gū léng），宫阙上转角处的瓦脊。高适自言不仅要夺取胜利，还要建立功勋，让画像高悬麒麟阁，朝觐天子于明光宫。此时的高适对未来充满了自信，自得之意溢于言表。“万鼓”“千旗”“日轮”“月魄”句，描写战鼓如雷、旗红如火、日照戈矛、月映雕弓、昼夜不停的行军场面，比喻唐军高昂的战斗意志。再如《送浑将军出塞》云：

> 将军族贵兵且强，汉家已是浑邪王。子孙相承在朝野，至今部曲燕支下。控弦尽用阴山儿，登阵常骑大宛马。银鞍玉勒绣蝥弧，每逐嫖姚破骨都。李广从来先将士，卫青未肯学孙吴。传有沙场千万骑，昨日边庭羽书至。城头画角三四声，匣里宝刀昼夜鸣。意气能甘万里去，辛勤动作一年行。黄云白草无前后，朝建旌旗夕刁斗。塞下应多侠少年，关西不见春杨柳。从军借问所从谁，击剑酣歌当此时。远别无轻绕朝策，平戎早寄仲宣诗。

这首诗当作于河西节度使幕府。浑将军，当指哥舒翰的部将浑惟明。浑邪王，匈奴王，后降汉。部曲，指浑邪王旧部。燕支，焉支山，在今甘肃山丹县东南，匈奴曾据其地。阴山儿，指游牧地区的少年，善于骑射。阴山，指横亘于内蒙古的阴山山脉。大宛马，从西域引进的汗血马。蝥弧（máo hú），一种军中旗帜。嫖姚，指霍去病，曾做嫖姚校尉，大破匈奴。骨都，匈奴有左右骨都侯，代指敌人。关西，玉门关以西。绕朝策，指破敌之策。绕朝，春秋时秦国大夫。仲宣诗，指捷报。仲宣，魏晋诗人王粲，字仲宣，“建安七子”之一，曾写诗以颂曹操西征取胜。诗描绘了一位驰骋沙场、身先士卒、勇于边塞立功的将军形象。“匣里宝刀昼夜鸣”一句，写等待出征的兴奋不安，摩拳擦掌，跃跃欲试，十分传神。《送白少府送兵之陇右》一诗则是在赴河西节度使

① （南朝）范晔：《后汉书》（五），中华书局 1965 年版，第 1345 页。

幕府途中所作：①

> 践更登陇首，远别指临洮。为问关山事，何如州县劳。
> 军容随赤羽，树色引青袍。谁断单于臂，今年太白高。

西行途中，高适在陇山与白少府相遇，写诗以赠。陇右，陇西，指陇山以西地区。践更，被雇替别人服役，这里指送兵。陇首，即陇山。赤羽，赤色旗帜。青袍，青色的长袍，指士兵之服。“断单于臂”，指唐军到陇右防守，与汉武帝当年开河西四郡、驻军把守、阻断匈奴北上南下一样，其势如断匈奴臂。单于，代指吐蕃。《后汉书·郡国志五》“汉阳郡”引郭仲产《秦州记》曰：

> 陇山东西百八十里。登山岭，东望秦川四五百里，极目泯然。山东人行役升此而顾瞻者，莫不悲思。故歌曰：“陇头流水，分离四下。念我行役，飘然旷野。登高远望，涕零双堕。”度汧、陇，无蚕桑，八月乃麦，五月乃冻解。②

汧（qiān），今千河的古称，源出甘肃，流经陕西入渭河。陇山一带气候寒冷，五月解冻，八月麦熟。历史上行人一登陇山，悲情顿来。《舆地志》卷七载：“陇州陇山，其坂九回，欲上者，七日乃至。俗谣云：‘陇头流水，鸣声幽咽。遥望秦川，肝肠断绝。’”③陇地苦寒，这首诗的情绪却是饱满昂扬的。军容壮盛的队伍随着红色的旌旗行进，青色的军袍与树色相映。诗人相信白少府带领的唐军能够勇敢击败吐蕃的侵袭，边境的叛乱很快就会被平息。陇山道是唐人西出的重要通道。严耕望先生说：

> 当唐盛时，西出陇右者亦取此道为多，故文士如岑参赴安西，王维赴张掖，高适赴武威，杜甫至秦州，莫不由之。播为诗篇，以

---

① 涂元渠：《高适岑参诗选注》，上海古籍出版社 1983 年版，第 66 页。
② （南朝）范晔：《后汉书》（十二），中华书局 1965 年版，第 3518 页。
③ （南朝陈）顾野王著、顾恒一等辑注：《舆地志辑注》，上海古籍出版社 2011 年版，第 67 页。

寄感兴，传诵至今也。[①]

出陇山西行，风光殊异，激发了诗人浓郁的诗情，写下了脍炙人口的诗篇。高适又有《登陇》，描述走上陇山道的感喟：

陇头远行客，陇上分流水。流水无尽期，行人未云已。
浅才登一命，孤剑通万里。岂不思故乡，从来感知己。[②]

陇、陇头、陇上，指陇山。分流水，《乐府诗集》卷二十一云："《通典》曰：'天水郡有大阪，名曰陇坻，亦曰陇山，即汉陇关也。'《三秦记》曰：'其阪九回，上者七日乃越，上有清水四注下，所谓陇头水也。'"[③]行人，行役之人。一命，低微的官职。浅才，诗人自谦之词。《九曲词三首》其三云：

铁骑横行铁岭头，西看逻逤取封侯。青海只今将饮马，黄河不用更防秋。

《乐府诗集》卷九十一云："《新唐书》曰：'天宝中，哥舒翰攻破吐蕃洪济、大莫等城，收黄河九曲，以其地置洮阳郡。'适由是作《九曲词》。"[④]九曲，九曲黄河。铁岭头，所在地不详，当借指西北要塞。逻逤（luó suō），藏语"圣地"的音译，[⑤]唐朝时吐蕃的都城，即今西藏拉萨。饮（yìn）马，给牲畜水喝，指唐军驻扎边塞。防秋，突厥、吐蕃常在秋天入寇，抢掠收获，唐调兵防范。《旧唐书·陆贽传》载："以河陇陷蕃已来，西北边常以重兵守备，谓之防秋，皆河南、江淮诸镇之军也，更番往来，疲于戍役。"[⑥]诗表现了平定边乱、建功立业的渴望。

---

① 严耕望：《唐代交通图考》(二)，上海古籍出版社 2007 年版，第 368 页。

② 孙钦善：《高适集校注》，上海古籍出版社 1984 年版，第 218 页。案，《全唐诗》卷二一二：诗题作《登垅》，"应作'陇'，诗同"。

③ （宋）郭茂倩：《乐府诗集》(二)，中华书局 1979 年版，第 311 页。

④ （宋）郭茂倩：《乐府诗集》(四)，中华书局 1979 年版，第 1284—1285 页。

⑤ 涂元渠：《高适岑参诗选注》，上海古籍出版社 1983 年版，第 69 页。

⑥ （后晋）刘昫等：《旧唐书》(十二)，中华书局 1975 年版，第 3804 页。

《唐诗观澜集》评此诗“雄壮不让嘉州”。[①]此诗格调雄壮，一点儿都不输给岑参的诗作。

高适在河西之时，与吐蕃有过近距离的接触，作于河西节度使幕府期间的《部落曲》，描写了吐蕃军队的装束与风俗习尚，形象生动，如在目前：

蕃军傍塞游，代马喷风秋。老将垂金甲，阏支着锦裘。
雕戈蒙豹尾，红旆插狼头。日暮天山下，鸣笳汉使愁。

蕃军，当指吐蕃军队的一支，因为诗中的“金甲”“雕戈”“红旆”皆为军中之物，《旧唐书》中的“蕃军”指的都是吐蕃军队。《高宗本纪下》载：永隆元年（680）“秋七月，吐蕃寇河源，屯于良非川”，“时左武贰卫将军黑齿常之力战，大破蕃军”。[②]《代宗本纪》：宝应二年（763）“冬十月庚午朔。辛未，高晖引吐蕃犯京畿，寇奉天、武功、盩厔等县。蕃军自司竹园渡渭，循南山而东”。[③]《德宗本纪上》载：“神策将马有麟奏：‘土梨地多险厄，恐蕃军隐伏；不如平凉川，其地坦平，又近泾州。’”[④]《李晟传》载：“蕃军过城下，勿击首尾，首尾纵败，中军力全，若合势攻汝，必受其弊。”[⑤]傍塞游，沿着边塞巡查而非游赏。代马，代地所产的骏马。代，代郡，汉置，在今河北蔚县一带。垂，穿着。阏支，匈奴尊长之妻。雕戈，刻有花纹的戈。红旆，红旗。狼头，指狼头图案。天山，指祁连山，而非今天的新疆天山。鸣笳，吹响胡笳。全诗描写的是一支随有仪仗队的吐蕃军队和平出行的情景，结句隐含着诗人的忧虑。

在艰苦的征战戍守之余，将士也有属于自己的精神生活，《塞上听吹笛》展现的是一幅明亮干净、有声有色的画面，让人情绪为之一振：

---

① 陈伯海主编：《唐诗汇评》（上），浙江教育出版社 1995 年版，第 894 页。
② （后晋）刘昫等：《旧唐书》（一），中华书局 1975 年版，第 106 页。
③ （后晋）刘昫等：《旧唐书》（二），中华书局 1975 年版，第 273 页。
④ （后晋）刘昫等：《旧唐书》（二），中华书局 1975 年版，第 356 页。
⑤ （后晋）刘昫等：《旧唐书》（十一），中华书局 1975 年版，第 3672 页。

雪净胡天牧马还，月明羌笛戍楼间。借问梅花何处落，风吹一夜满关山。

牧马还，指敌人被击退。[①] 一说，指战士赶着马群归来。[②] 击退了进犯的敌人，迎来雪后的清寒月夜，塞上一片宁静之时，羌笛一曲《落梅花》激起了戍守无限的思乡之情。《落梅花》也称《落梅》《梅花落》，古笛曲名。高适《送萧判官赋得黄花戍》云："楼中几度哭明月，笛里何人吹《落梅》？"李白《与史郎中钦听黄鹤楼上吹笛》云："黄鹤楼中吹玉笛，江城五月落梅花。"韦庄《章江作》云："杜陵归客正徘徊，玉笛谁家叫落梅。"[③]"梅花何处落"，既实写羌笛吹出的《梅花落》曲响遍关山，又给人以丰富的联想，想到江南梅开之日，花瓣如雪一样漫天飞扬。没有真切的边塞生活体验，是难以写出这样优美如小夜曲一样的诗篇的。《唐诗解》卷二十七云："《落梅》足起游客之思，故闻笛者每兴味。"[④] 诗题一作《和王七玉门关听吹笛》，文字略有不同："胡人吹笛戍楼间，楼上萧条海月闲。借问落梅凡几曲，从风一夜满关山。"从艺术角度看，《塞上听吹笛》更有意味。中唐张祜有《塞上闻笛》一诗云："一夜梅花笛里飞，冷沙晴槛月光辉。北风吹尽向何处，高入塞云燕雁稀。"少了高诗的现场感和韵味。

三、"边色满秋空"

河西地区自然形态多样，开发较早，农业与畜牧业都很发达，既是多文化的交流地，又是多民族的汇聚地。境内的自然与人文景观多不胜数，沙漠、戈壁、高原、雪山、峡谷、草原、河流、湖泊、绿洲、长城、关隘、边城，构成了中国最壮观的自然与文化景观带。河西走廊是陆路"丝绸之路"向西的唯一通道，敦煌石窟艺术、居延汉简是华夏文明的代表。中唐诗人李端《千里思》一诗说："凉州风月美，遥望居

---

① 孙钦善、陈铁民等：《高适岑参诗选》，人民文学出版社 1985 年版，第 72 页。

② 涂元渠：《高适岑参诗选注》，上海古籍出版社 1983 年版，第 12 页。

③ 聂安福：《韦庄集校注》，上海古籍出版社 2002 年版，第 265 页。

④（明）唐汝询：《唐诗解》（下），河北大学出版社 2001 年版，第 685 页。

延路。泛泛下天云，青青缘塞树。”凉州是河西地区的重镇，美丽富饶，文化昌明。由此抬头遥望居延路，只见白云飘浮、绿树缘塞障而生。从长安赴凉州的途中，高适经过金城，登上郡城北楼，写下《金城北楼》，描绘了登楼所见及其感想：

北楼西望满晴空，积水连山胜画中。湍上急流声若箭，城头残月势如弓。垂竿已羡磻溪老，体道犹思塞上翁。为问边庭更何事，至今羌笛怨无穷。

金城，今天甘肃兰州，是“丝绸之路”上的重镇，西北的交通枢纽。黄河自西南向东北穿金城而过，北岸有白塔山、五泉山。诗人登上城楼西望，晴空下的金城风光比山水画还要美；急流若箭，残月如弓。面对风景，诗人期待能像当年在磻溪垂钓的姜太公一样受到重用，体悟人世间的道理，就像能道出“祸兮福所倚，福兮祸所伏”之言的塞上翁。如果问我如今边境有什么事，因为战乱远未结束，通过羌笛也能知晓戍边将士心中有无尽的哀怨。《近体秋阳》评曰：“八句几渺不相涉，而窅深浑阔，不可名言。文心之妙，以至于此。”①岑参西去西域，途经金城，有《题金城临河驿楼》诗曰：“古戍依重险，高楼见五凉。山根盘驿道，河水浸城墙。”重（zhòng）险，险阻层层的地势。五凉，河西一带。诗写金城地势雄险，易守难攻。

一路风尘到了凉州，公务之余，高适也会与好友游览当地的名胜，《陪窦侍御灵云南亭宴诗并序》极写凉州地理优越与风景之美：

凉州近胡，高下其池亭，盖以耀蕃落也。幕府董帅雄勇，径践戎庭，自阳关而西，犹枕席矣。军中无事，君子饮食宴乐，宜哉。白简在边，清秋多兴，况水具舟楫，山兼亭台，始临泛而写烦，俄登陟以寄傲。丝桐徐奏，林木更爽，觞蒲萄以递欢，指兰茝而可掇。胡天一望，云物苍然，雨萧萧而牧马声断，风袅袅而边歌几处，又足悲矣。员外李公曰：“七日者何？牛女之夕也。夫贤者何

① 陈伯海主编：《唐诗汇评》（上），浙江教育出版社1995年版，第890页。

得谨其时?”请赋南亭诗，列之于后：

人幽宜眺听，目极喜亭台。风景知愁在，关山忆梦回。祇言殊语默，何意忝游陪。连唱波澜动，冥搜物象开。新秋归远树，残雨拥轻雷。檐外长天尽，尊前独鸟来。常吟《塞下曲》，多谢幕中才。河汉徒相望，嘉期安在哉！

窦侍御，诗人的朋友，生平未详。诗序本身就是一篇优美的山水游记。灵云，池名，在武威郡姑臧县（今甘肃武威市）。蕃落，蕃族部落。董帅，指董延光，原是河西陇右节度使王忠嗣的部将。[①]《资治通鉴·唐纪三十一》载：

上欲使王忠嗣攻吐蕃石堡城，忠嗣上言：“石堡险固，吐蕃举国守之。今顿兵其下，非杀数万人不能克。臣恐所得不如所亡，不如且厉兵秣马，俟其有衅，然后取之。”上意不快。将军董延光自请将兵取石堡城，上命忠嗣分兵助之。忠嗣不得已奉诏，而不尽副延光所欲，延光怨之。[②]

关于董延光，新旧《唐书》均有记载：“董延光献策请下石堡城。”[③]“董延光建言请下石堡。”[④]诗序说，凉州靠近胡地，之所以修建池亭，就是要向吐蕃展示中原文化的非同寻常。幕府中的董帅勇猛威武，曾进入敌方，占据了阳关以西之地。公务闲暇，友朋相聚，也是一件令人愉快的事情。何况清秋起人清兴，荡舟水上，游览亭台，对景抒怀，登高寄傲。在清越的古琴声中欣赏林木更让人觉得快爽，酌葡萄美酒，以兰茝为友。举首游观，白云苍天。萧萧雨声中，听不到牧马嘶鸣；袅袅清风里，边地的歌唱几处响起。如此良辰美景，何用感叹自然的恒久、生命的短暂！《南亭》诗精思独运，诗人的山水情怀隐约可见。“新秋归远树，残雨拥轻雷”两句，字字玑珠，耐人寻味。“归”写秋色

① 孙钦善：《高适集校注》，上海古籍出版社 1984 年版，第 235 页。
② （宋）司马光：《资治通鉴》（十五），中华书局 2011 年版，第 6997 页。
③ （后晋）刘昫等：《旧唐书》（十），中华书局 1975 年版，第 3200 页。
④ （宋）欧阳修、宋祁：《新唐书》（十五），中华书局 1975 年版，第 4554 页。

从树色开始，“拥”写气候已非夏日的闪电霹雳、浓云密雨。“归”“拥”二字见出诗人对大自然入微的体察。“檐外长天尽，尊前独鸟来”，写长天浩阔、人与自然亲和。同一时期稍后，诗人再游灵云池，又有《陪窦侍御泛灵云池》诗云：

白露时先降，清川思不穷。江湖仍塞上，舟楫在军中。
舞换临津树，歌饶向晚风。夕阳连积水，边色满秋空。
乘兴宜投辖，邀欢莫避骢。谁怜持弱羽，犹欲伴鹓鸿。

风清露白，秋高气爽，正是赏观大自然的绝佳时节。“夕阳”“边色”句，写秋景阔大，天水相依，色彩绚丽。就在火红的夕阳缓缓沉入灵云池之时，边地的秋色溢满整个天空，使人觉得秋无处不在，于是清兴陡起，劝客痛饮。《汉书·陈遵传》载：“遵耆酒，每大饮，宾客满堂，辄关门，取客车辖投井中，虽有急，终不得去。”[①] 辖，车轴两端的键。后以“投辖”指殷勤留客。避骢，避骢马。《后汉书·桓典传》载：“是时宦官秉权，典执政无所回避。常乘骢马，京师畏惮，为之语曰：‘行行且止，避骢马御史。’”[②] 后以“避骢马”指回避侍御史。诗说，赏秋要殷勤留客，尽兴而游，举杯豪饮，不用有什么顾忌。《唐诗训解》云：“歌舞一联，造语奇崛，思入风云。”[③] 这一段时间闲暇较多，高适时常陪同窦侍御游览。《和窦侍御登凉州七级浮图之作》云：

化塔屹中起，孤高宜上跻。铁冠雄赏眺，金界宠招携。
空色在轩户，边声连鼓鼙。天寒万里北，地豁九州西。
清兴揖才彦，峻风和端倪。始知《阳春》后，具物皆筌蹄。

七级浮图，七层佛塔。化塔，佛塔。刘开扬教授注曰：“塔为埋佛骨之所。佛经中言佛菩萨等以神通力化作佛形曰化佛，故塔亦称化

① （汉）班固：《汉书》（十一），中华书局1962年版，第3710页。
② （南朝）范晔：《后汉书》（五），中华书局1965年版，第1258页。
③ 陈伯海主编：《唐诗汇评》（上），浙江教育出版社1995年版，第892页。

塔。”[1] 屹（yì），山势高耸。铁冠，指铁铸的塔顶。招携，指招邀偕行。金界，金刚界，佛地。空色，天空之色。轩户，窗户。鼓鼙（pí），鼙鼓，军中战鼓，用来发号进攻。清兴，诗中指窦侍御所作格调清新。峻风，高超的品操。《阳春》，古曲《阳春白雪》，诗中指窦侍御所作。具物，具陈之物。筌蹄，比喻为达某种目的所使用的工具。筌，捕鱼竹器；蹄，捕兔网。《庄子·外物》云：“荃者所以在鱼，得鱼而忘荃；蹄者所以在兔，得兔而忘蹄；言者所以在意，得意而忘言。”[2] 诗说，佛塔高耸，庄严雄伟，登临其上，景色壮丽。临窗聆听，鼙鼓声中夹杂着边境上的马嘶、风号，寒天中巍然挺立的七级浮图在东距长安有万里之遥的北方，在辽阔九州的西端。“天寒”“地豁”句写景壮阔，气势非凡，指示的不仅是佛塔之所在，同时指示了凉州地理位置的重要，因为佛塔就耸立在凉州的中心地带。凉州及西北守护着长安与中原的安全，其中隐含为自己生活在凉州这座英雄城市而自豪的感情及对一种独立不迁的人格的赞许，看作诗人以此自喻也未尝不可。结尾四句多礼貌用语，夸赞窦侍御诗作清新，人品高洁，是让人折服的俊才，始知《阳春白雪》之后，余者不过是庄子说的“筌蹄”而已。

高适善于描写河西的苍凉辽阔之景，注重远观、俯瞰，大笔开合，以成旷景，亦即视野开阔、豁人心胸的大景，故常有惊人之笔。《武威作二首》（一题作《登百丈峰》二首）其一云：“朝登百丈烽，遥望燕支道。汉垒青冥间，胡天白如扫。”烽，一本作“峰”。白，空荡。“白如扫”，是诗人望中万里无云、四野寥廓的西北边地景象。[3] 登上百丈高的烽火戍楼，遥望燕支山下的道路；汉代的营垒渺茫深远，遗迹犹存，胡地上空万里无云，空空荡荡。“燕支道”“汉垒”“胡天”，让人想见边塞战争由来已久。《同吕员外酬田著作幕门军西宿盘山秋夜作》云：“碛路天早秋，边城夜应永。”碛路，多沙石的道路。碛路风寒，秋天来得

① 刘开扬：《高适诗集编年笺注》，中华书局 1981 年版，第 280 页。

② 曹础基：《庄子浅注》，中华书局 2000 年版，第 415 页。

③ 薛天纬：《从长安到天山——丝绸之路访唐诗》，北京大学出版社 2020 年版，第 107 页。

更早。“永”字写出了边城之夜的寂寥和漫长。《同吕判官从哥舒大夫破洪济城回登积石军多福七级浮图》云：“七级凌太清，千崖列苍翠。”太清，天空。登塔远眺，万木葱茏，千岩竞秀。《入昌松东界山行》云：“崎岖出长坂，合沓犹前山。”合沓，重叠，攒聚。写山行的艰难，十分真切。好不容易爬上长坡，哪知长坡前面还连着山峰。昌松，武威郡凉州属县，治今甘肃古浪县西。

高适虽以边塞诗擅名，但在河西期间所作《武威同诸公过杨七山人》则有田园诗的风味，得益于早年隐居其上的躬耕读书生活。

幕府日多暇，田家岁复登。相知恨不早，乘兴乃无恒。
穷巷在乔木，深斋垂古藤。边城唯有醉，此外更何能。

在幕府任职闲暇较多，于是在秋收之时拜访凉州乡间隐者杨七，乘兴而来，相见恨晚。无恒，是说这样的兴致并不常有。“穷巷”“深斋”虽为写景之句，却颇见主人的性情。居所僻静，远离闹市，甘于寂寞，雅有古风。

高适《送董判官》云：“近关多雨雪，出塞有风尘。”关隘多在险峻之处，边塞多在荒凉之地，故常有雨雪、风尘。戈壁、荒漠、绿洲，交替出现在河西地区，最常见的景象却是风沙。《无题》云：

一对风来一对沙，有人行处没人家。阴山入夏仍残雪，溪树经春不见花。

此诗作于任哥舒翰幕府期间，不见《全唐诗》，据敦煌残卷“伯三六一九”补。[①]《旧唐书·西戎传》载：吐谷浑“西北有流沙数百里，夏有热风，伤弊行旅。风之将至，老驼便知之，则引项而鸣，以口鼻埋沙中。人以为候，即以毡拥蔽口鼻而避其患”。[②] 阴山，指祁连山。诗写河西地区极端的气候和恶劣的自然环境，风来沙卷，不见人家；已经入

① 孙钦善：《高适集校注》，上海古籍出版社 1984 年版，第 233 页。
② （后晋）刘昫等：《旧唐书》（十六），中华书局 1975 年版，第 5297 页。

夏，祁连山下积雪仍未全融，寒冷依旧。晚唐诗人周朴《塞上曲》句意明显模仿高适：“一阵风来一阵沙，有人行处没人家。黄河九曲冰先合，紫塞三春不见花。”

沙漠是西北最常见的地貌，走“丝绸之路”西出玉门关或阳关，由此再向西域，入目的尽为沙漠，故有“瀚海”之喻。《送裴别将之安西》云：

> 绝域眇难跻，悠然信马蹄。风尘经跋涉，摇落怨暌携。
> 地出流沙外，天长甲子西。少年无不可，行矣莫凄凄。

一般认为，此诗作于天宝十一年（752）秋，诗人时在长安。[①] 从诗的内容看，笔者认为作于河西节度使幕府，因为这一年的夏天，诗人已经辞职前往凉州了。安西，指安西节度使治所，时在龟兹。绝域，极远之地。眇（miǎo），通“渺”，渺远茫然。跻（jī），登，越。摇落，指秋天，宋玉《九辩》云：“悲哉秋之为气也，萧瑟兮草木摇落而变衰。憭慄兮若在远行，登山临水兮送将归。”[②] 暌（kuí）携，聚散，离合。流沙，指居延大漠，今巴丹吉林沙漠。《汉书 · 地理志下》载：“居延泽在东北，古文以为流沙。”[③] 从凉州到龟兹，是河西地理与风光向西的延伸。诗人说，西域属于绝远难通之地，只能是从容前行；一路上在风尘中跋涉，在秋风里别离；你要去到的地方远在流沙之外、九州分野之西（“甲子西”）。只要年轻，就没有什么事是做不成的。走吧，不要悲伤。

高适的诗歌天分很高，属于大器晚成的一类诗人，一入诗坛即名作迭出，广为传诵。《唐才子传》卷二云：“年五十，始学为诗，即工，以气质自高，多胸臆间语。”[④] 胸臆，内心深处的想法。诗论家司空图说：“看师逸迹两师宜，高适歌行李白诗。”（《句》）逸迹，指高超的艺术作品。高适一生关心边疆安全，边塞生活体验丰富。《蓟中作》云：“策

---

① 孙钦善：《高适集校注》，上海古籍出版社 1984 年版，第 207 页。
② （宋）洪兴祖：《楚辞补注》，白化文等点校，中华书局 1983 年版，第 181—182 页。
③ （汉）班固：《汉书》（六），中华书局 1962 年版，第 1613 页。
④ 傅璇琮主编：唐才子传校笺（一），中华书局 1987 年版，第 422 页。

马自沙漠，长驱登塞垣。边城何萧条，白日黄云昏。”在河西节度使幕府任职期间的作品，集中反映了河西的战争、边防、自然环境、山水名胜，皆与“丝绸之路”相关，内容充实，感情饱满，笔力雄健，气势奔放，洋溢着盛唐时期奋发进取、蓬勃向上的时代精神。

第四章 “鸣笳瀚海曲，按节阳关外”

——王维笔下的盛唐“丝绸之路”

王维（约 701—761）属于典型的盛唐诗人，一生与唐玄宗（685—762）相随，其青壮年生活的开元（713—741）、天宝（742—756）年间，是史家所称的盛世，国家开放，社会安定，经济繁荣，文化发达，民族平等，对外交流频繁，社会充满自信，人人热情地生活、热烈地追求，强大与繁盛达到了顶峰，同时赢得了世界的尊重。杜甫《忆昔二首》其二云：“忆昔开元全盛日，小邑犹藏万家室。稻米流脂粟米白，公私仓廪俱丰实。”白居易《法曲》云：“政和世理音洋洋，开元之人乐且康。”李肱《省试霓裳羽衣曲》云：“开元太平时，万国贺丰岁。”呈现在王维诗中，便有了关于“丝绸之路”及中西文化交流的丰富记述与多角度描写。

一、欣逢盛世

美国学者陆威仪教授说：“传统上中国历史学者把唐玄宗统治的最初 10 年视为唐朝统治的一个高峰，一个可与太宗时期相提并论的新的黄金时代。”“这也是中国历史上最伟大的诗人创作诗篇的年代。”[①] 唐无名氏《象胥氏译四夷之歌》云：“炜炜煌煌，天子之祥。唐有神圣，莫敢不来王。”（元稹《郊天日五色祥云赋》引）[②] 象胥，接待四方使者的官员，亦指翻译人员。海外之国使者纷至沓来，负责外交事务的鸿胪寺的官员接待任务繁重，忙得不可开交。王维《和贾舍人早朝大明宫之

① ［美］陆威仪：《世界性帝国：唐朝》，张晓东、冯世明译，中信出版社 2016 年版，第 34—35 页。

② 周相录：《元稹集校注》（中），上海古籍出版社 2011 年版，第 812 页。

作》云：

绛帻鸡人送晓筹，尚衣方进翠云裘。九天阊阖开宫殿，万国衣冠拜冕旒。日色才临仙掌动，香烟欲傍衮龙浮。朝罢须裁五色诏，佩声归向凤池头。

绛帻（zé），红色头巾。汉代宿卫之士着绛帻，传鸡唱（鸡鸣）。鸡人，报时、警夜之官。罗邺《岁仗》云：“玉帛朝元万国来，鸡人晓唱五门开。”岁仗，谓每年元旦朝会时所用的仪仗。晓筹，更筹，夜间计时用的竹签，指报晓。尚衣，职官名，掌管帝王衣服。阊阖，宫门的正门。衮（gǔn）龙，龙袍。凤池，凤凰池，禁苑中池沼，为中书省所在地。佩声，玉佩叮当之声。《魏书·高祖孝文帝纪》载：“给尚书五等品爵已上朱衣、玉佩、大小组绶。”[①]诗说，向往东方古老的文明，仰慕唐王朝的繁华，各国使臣通过“丝绸之路”争相进入长安。天刚拂晓，天子已在大明宫接受万国百官的朝觐，日色映照着仙人承露盘，天子礼服上的绣龙在缭绕的香烟中浮动。早朝后，把圣旨写在五色纸上，朱服玉佩的中书省官员此刻正忙碌不休，穿梭往来于中书省。整个早朝场面庄严肃穆，气势恢宏，令人叹为观止。白敏中《至日上公献寿酒》云：“候晓天门辟，朝天万国同。瑞云升观阙，香气映华宫。”和凝《宫词百首》其六十九云：“五色卿云覆九重，香烟高舞御炉中。含元殿里行仁德，四海车书已混同。”描绘的也都是万国来朝的盛世景象。

《韵语阳秋》卷二云：“应制诗非他诗比，自是一家句法，大抵不出于典实富艳尔。”[②]因为奉诏而作，应制诗一般风格富艳，难以避免谀词，不免受人诟病，但王维的应制诗却能一脱窠臼，风格沉雄，令人耳目一新，得到了诗评家的一致好评。吴乔《围炉诗话》卷三云：“应制诗，右丞胜于诸公。”[③]《诗法家数》评贾舍人（贾至）及王维的和作云：“气格雄深，句意严整，如宫商迭奏，音韵铿锵，真麟游灵沼，凤

① （北齐）魏收：《魏书》（一），中华书局 1974 年版，第 161 页。

② （清）何文焕辑：《历代诗话》（下），上海古籍出版社 1981 年版，第 498 页。

③ 郭绍虞：《清诗话续编》（一），富寿荪校点，上海古籍出版社 1983 年版，第 559 页。

鸣朝阳也。学者熟之，可以一洗寒陋。"《批点唐音》云："右丞此篇真与老杜颉颃，后惟岑参及之，它皆不及，盖气象阔大，音律雄浑，句法典重，用字清新，无所不备故也。"《唐诗选脉会通评林》云："周珽曰：庙廊声响，自然庄重。"《唐诗选胜直解》云："应制诗庄重典雅，斯为绝唱。"①典雅庄重，气格不凡，是与唐王朝的大国气象紧密关联的。清人黄立世《论诗绝句》其一云：

> 衣冠万国向彤墀，摩诘才华冠一时。却怪髯翁心折处，诗中有画画中诗。②

王维深厚的艺术修养、非凡的才情，不只体现在山水田园诗中，也体现在颂扬大国气象的这一类诗作上。③敦煌莫高窟 194 窟《维摩诘经变》是盛唐晚期作品，南壁出现了各族统治者的形象，中国皇帝位在文殊师利座下听法，"皇帝形象气度雍容，深衣兖服，冕旒大带，前后有羽翣、障扇，仪仗队威严。武弁、文臣、中官、宫女、扈从整肃，表现出一派中国帝王出巡时豪华森严的气氛"，④可以与王维此诗参看。

二、惜别晁衡

"丝绸之路"的繁盛，促进了中外文化交流，时任文部郎中的王维写下了《送秘书晁监还日本国》一诗，记述唐朝与"海上丝路"东方终点的日本国的友好往来。⑤晁监，晁衡（698—770），一作朝衡，原名阿倍仲麻吕，亦作安倍仲麻吕。开元五年（717），年轻的晁衡随遣唐使来华，从此爱上了中国文化，与盛唐诗人王维、李白、储光羲、赵骅、包佶等友善。

---

① 陈伯海主编：《唐诗汇评》(上)，浙江教育出版社 1995 年版，第 330 页。

② 张进、侯雅文等主编：《王维资料汇编》(四)，中华书局 2014 年版，第 1348 页。

③ 高萍：《王维应制诗与盛唐帝都文化》，梁瑜霞、师长泰主编：《王维研究》(第五辑)，江苏大学出版社 2011 年版，第 83—93 页。

④ 段文杰、樊锦诗主编：《中国敦煌壁画全集·敦煌盛唐》(六)，天津人民美术出版社 2006 年版，第 58 页。

⑤ 高建新：《跨越茫茫海洋的对话——唐朝中日文化及诗人交往述论》，《文学地理学》第 5 辑，中山大学出版社 2016 年版，第 361—386 页。

天宝十二年（753），已入唐37年的晁衡回国时在琉球遭遇大风，漂流至安南，同船者多有死者，有传言说晁衡遇难，李白写《哭晁卿衡》诗痛悼：“明月不归沉碧海，白云愁色满苍梧。”以“明月”作比，足见出晁衡在长安友人心目中的地位。《李太白诗醇》评此诗说：“是闻安倍仲麻吕覆没讹传时之诗也，而诗词绝调，惨然之情，溢于楮表。”[①]幸免于难的晁衡辗转回到长安，仍在朝廷任职，后官至安南节度使，终老于唐朝，享年72岁，葬在长安。[②]王维此诗之序最能见出唐王朝的强盛及王维身处盛世的自豪：

> 我开元天地大宝圣文神武应道皇帝，大道之行，先天布化，乾元广运，涵育无垠。若华为东道之标，戴胜为西门之候，岂甘心于邛杖？非徼贡于苞茅。亦由呼韩来朝，舍于蒲陶之馆；卑弥遣使，报以蛟龙之锦。牺牲玉帛，以将厚意；服食器用，不宝远物。百神受职，五老告期，况乎戴发含齿，得不稽颡屈膝？海东国日本为大，服圣人之训，有君子之风。正朔本乎夏时，衣裳同乎汉制。历岁方达，继旧好于行人；滔天无涯，贡方物于天子。司仪加等，位在王侯之先；掌次改观，不居蛮夷之邸。我无尔诈，尔无我虞。彼以好来，废关弛禁。上敷文教，虚至实归。故人民杂居，往来如市。[③]

诗序说唐玄宗先天而行，涵育教化，功德无量。中日彼此尊重，友好往来，建立了良好的关系。储光羲写给晁衡的诗说：“万国朝天中，东隅道最长。”（《洛中贻朝校书衡，朝即日本人也》）同来朝贡，与同在一块陆地上的西方诸国不同，海上的日本前来中国的路途最为艰辛和遥远。即便如此，从贞观四年（630）开始，日本就不断遣使入唐，俯下身来从文字、制度、风俗向唐王朝全面学习，最终强大了自己，所以诗人夸赞说：“海东国日本为大，服圣人之训，有君子之风。”诗曰：

① 陈伯海主编：《唐诗汇评》（上），浙江教育出版社1995年版，第736页。
② 王晓秋：《中日文化交流史话》，商务印书馆1996年版，第44—51页。
③ 陈铁民：《王维集校注》（二），中华书局1997年版，第318页。

积水不可极，安知沧海东。九州何处远，万里若乘空。
向国惟看日，归帆但信风。鳌身映天黑，鱼眼射波红。
乡树扶桑外，主人孤岛中。别离方异域，音信若为通。

通过对海上险恶景象的描绘，诗人对晁衡的惜别牵挂之情溢于言表。此诗一出，受到后世广泛好评。《唐诗选注》云："神境俱到，送日本诗无有过之者。"《唐诗选脉会通评林》云："句字葩流，直与蜃楼龙藏争奇。"《五七言今体诗钞》云："奇警称题。"《唐风怀》云："四句雄绝古今，五六亦工妙。"《唐贤三昧集笺注》云："正大雄浑。"[①] 晁衡启程回国之时，有《衔命还国作》一诗答长安友人：

衔命将辞国，非才忝侍臣。天中恋明主，海外忆慈亲。
伏奏违金阙，骓骖去玉津。蓬莱乡路远，若木故园邻。
西望怀恩日，东归感义辰。平生一宝剑，留赠结交人。[②]

对于晁衡来说，一头是恩重如山的唐朝廷，一头是养育自己的年迈父母，两头都放不下，归与不归，思心徘徊。全诗感情真挚，读罢令人动容。1979 年，西安市人民政府在西安兴庆公园建成"阿倍仲麻吕纪念碑"，以纪念晁衡为中日友好做出的可贵贡献。纪念碑的左侧刻着晁衡的《望乡》诗："翘首望东天，神驰奈良边。三笠山顶上，想又皎月圆"，[③] 右侧刻着李白的《哭晁卿衡》诗，背面是晁衡的生平介绍。

三、情系丝路

王维不仅描绘长安城万国来朝的雄伟景象，也描绘"丝绸之路"上的重镇如凉州、居延、阳关的遥远、辽阔和苍凉。开元二十五年（737）

① 陈伯海主编：《唐诗汇评》（上），浙江教育出版社 1995 年版，第 324 页。

② （清）彭定求等编：《全唐诗》（十一），中华书局编辑部点校，中华书局 1999 年版，第 8456 页。

③ 陈尚君教授不认为此诗为晁衡原作："晁衡《望乡》，原出《古今和歌集》卷九，原为和文，录文为今人所译，故删去。"陈尚君辑校：《全唐诗补编》（上），中华书局 1992 年版，第 635 页。

秋，王维由长安赴河西节度使幕府为监察御史兼节度判官，在河西四郡之一的凉州生活了不到一年的时间，第二年五月便回到了长安。[①]凉州是“丝绸之路”的咽喉要地，山河险固，战略地位异常重要。其间，王维有多首雄浑之作，如《凉州赛神》云：

凉州城外少行人，百尺烽头望虏尘。健儿击鼓吹羌笛，共赛城东越骑神。

烽头，烽火台，一作“峰头”。凉州地处边远，行人寂寥，战士们守望在百尺高的烽墩上，警惕着敌人来犯。城中的战士击鼓、吹羌笛，参加赛神活动。赛神，指赛神会，用仪仗、箫鼓、杂戏迎神，集会酬祭。张籍《江村行》说：“一年耕种长苦辛，田熟家家将赛神。”越骑神，指主射骑之神。《资治通鉴 · 唐纪十》载，贞观十年（636），“年二十为兵，六十而免。其能骑射者为越骑，其余为步兵”，胡三省注曰：“越骑者，言其劲勇能超越也。”[②]“百尺烽头望虏尘”一句，在寥廓的空间呈现出只有“丝绸之路”上才有的雄伟景象。同时所作《凉州郊外游望》一诗，记述的则是当地的风俗：

野老才三户，边村少四邻。婆娑依里社，箫鼓赛田神。
洒酒浇刍狗，焚香拜木人。女巫纷屡舞，罗袜自生尘。

诗题下注：“时为节度判官，在凉州作。”诗描述了边地居民神社祭祀的情景。舞姿婆娑，在箫鼓声声中，为数不多的边地居民正在乡里的土地祠里祭祀田神（“赛田神”）。把酒洒在用刍草编成的狗上，焚香拜谒木神；巫祝、巫婆由于长时间地跳舞，脚上的罗袜落满了尘土。从凉州向西北越过合黎山口，就可以抵达巴丹吉林沙漠北缘的古居延，也是“丝绸之路”的孔道，《出塞》描写的即是居延一带壮阔的自然风光及唐军的骁勇：

① 陈铁民：《王维新论》，北京师范学院出版社 1990 年版，第 11 页。
② （宋）司马光：《资治通鉴》（十三），中华书局 2011 年版，第 6237 页。

居延城外猎天骄，白草连天野火烧。暮云空碛时驱马，秋日平原好射雕。护羌校尉朝乘障，破虏将军夜渡辽。玉靶角弓珠勒马，汉家将赐霍嫖姚。

《全唐诗》卷一八二云：“题下一有‘作’字，时为御史监察塞上作。”[①]居延，汉武帝时置县，属张掖郡，故址在今内蒙古额济纳旗北境，是古代西北地区的军事重镇，北接大漠，东南邻巴丹吉林沙漠北缘，南面直通河西走廊，地形平坦开阔，戈壁、沙漠广布无际，居延泽与其周围的群山构成北部的天然屏障，是通往河西、西域的交通要冲，在唐代国防中有不可替代的重要地位。全诗借汉喻唐，境界壮阔，充满了英雄主义气概。王夫子说：“意写张皇边事，吟之不觉。”[②]浩瀚的大漠、辽阔的平原正是战马驰骋、将士用武的绝佳之地。《诗薮 · 内编》卷五云：“‘居延城外’，甚有古意。”[③]《唐诗镜》评说此诗“三四妙得景色，极其雄浑，而不见雄浑之迹。诗至雄浑而不肥，清瘦而不削，斯为至矣”。[④]“古意”的产生，与居延悠久深厚的历史文化及作为古“丝绸之路”上的重镇分不开；而“雄浑”风格的呈现，也与居延所处特殊的自然环境分不开。《诗源辨体》卷十六也说：“摩诘七言律亦有三种：有一种宏赡雄丽者，有一种华藻秀雅者，有一种淘洗澄净者。如‘欲笑周文’‘居延城外’‘绛帻鸡人’等篇，皆宏赡雄丽者也。”[⑤]同是描绘自然景色，后日辋川之作的秀深雅丽，在居延先呈现的却是“宏赡雄丽”的风格。又如《送韦评事》云：

欲逐将军取右贤，沙场走马向居延。遥知汉使萧关外，愁见孤城落日边。

---

① （清）彭定求等编：《全唐诗》(二)，中华书局编辑部点校，中华书局 1999 年版，第 1297 页。

② （明）王夫之：《唐诗评选》，陈书良校点，上海古籍出版社 2011 年版，第 181 页。

③ （明）胡应麟：《诗薮》，中华书局 1962 年版，第 84 页。

④ 陈伯海主编：《唐诗汇评》(上)，浙江教育出版社 1995 年版，第 333 页。

⑤ （明）许学夷：《诗源辩体》，杜维沫校点，人民文学出版社 1987 年版，第 161 页。

右贤，右贤王，汉时匈奴贵族有左贤王、右贤王之号，诗中代指敌人。居延虽是英雄用武之地，却也让人愁绪满怀，汉代的苏武、李陵均是从居延的遮虏塞进入漠北匈奴领地的，王维曾有《李陵咏》诗，感叹李陵的悲剧遭遇：

长驱塞上儿，深入单于垒。旌旗列相向，箫鼓悲何已。
日暮沙漠陲，战声烟尘里。将令骄虏灭，岂独名王侍。
既失大军援，遂婴穹庐耻。

《诗式》评《送韦评事》诗说：“四句纯系用事，盖送韦而用汉将军事也。首句二句，言欲立功于外，故向塞上去。三句忽转，言出关远适，满目皆愁，孤城落日，写出十分愁思，却从对面看出。”[①] 王维描写居延一带绝美风光的作品中，最著名的当属《使至塞上》：

单车欲问边，属国过居延。征蓬出汉塞，归雁入胡天。
大漠孤烟直，长河落日圆。萧关逢候骑，都护在燕然。

这是诗人在赴河西节度幕府慰问戍边将士途经居延一带时所作。“居延”之称，首次出现在《史记·李将军列传》中：李陵“尝深入匈奴二千余里，过居延，视地形”。居延，汉唐以来一直是北部边防重镇，是守护河西四郡及“丝绸之路”的屏障和桥头堡。《旧唐书·玄宗本纪下》云：开元二十五年（737），“三月乙卯，河西节度使崔希逸自凉州南率众入吐蕃界二千余里。己亥，希逸至青海西郎佐素文子觜，与贼相遇，大破之，斩首二千余级”，[②] 唐玄宗命王维以监察御史身份出塞宣慰。因为身份特殊，王维自然会到居延塞。[③] 诗中的“大漠”，指的是巴丹吉林沙漠；“长河”指的是弱水即今内蒙古阿拉善盟的额济纳河；“孤烟直”，清人赵殿成注曰：“《埤雅》云：‘古之烽火，用狼粪，取其烟直

① 陈伯海主编：《唐诗汇评》（上），浙江教育出版社 1995 年版，第 353 页。
② （后晋）刘昫等：《旧唐书》（一），中华书局 1975 年版，第 208 页。
③ 高建新：《居延及唐诗中的居延》，《唐代文学研究》第 15 辑，广西师范大学出版社 2014 年版，第 195—224 页。

而聚，虽风吹之，不斜。’或谓塞外多回风，其风迅急，袅烟沙而直上。亲见其景者，始知‘直’字之佳。”[①] 还有一种解释：“内蒙古接近河套一带，从秋初到春末，经常为高气压中心盘踞之地，晴朗无风，近地面温度特高，向上则急剧下降。烟在由高温到低温的空气中愈飘愈轻，又无风力搅乱，故凝聚不散，直上如缕。”[②] 笔者认为，“孤烟”指的是平安火，对此有专文论述。[③] 金色的巴丹吉林沙漠浩瀚无际，一炷燧火青烟悠悠直上；远去的弱水（今额济纳河）与天相连之处，是冉冉落下的一轮浑圆艳丽的落日。诗人以如椽之笔勾勒出一幅立体的、充满动感的边塞风光图，融豪逸之气于“大漠”“胡天”的景物描写之中，形成雄浑壮美的诗境，强烈的叹赏之情溢于言表。诗人选取了西北最壮阔的自然意象入诗，展示的不只是风光，更是诗人浩荡的胸襟。

四、关注西北

王维关注西北、关注唐代边防，因为他知道那是国家命脉之所在、安危之所系。王维在 21 岁时就写出了《燕支行》，通篇洋溢着充沛的爱国热情和坚定的立功壮志。

> 画戟雕戈白日寒，连旗大旆黄尘没。叠鼓遥翻瀚海波，鸣笳乱动天山月。麒麟锦带佩吴钩，飒沓青骊跃紫骝。拔剑已断天骄臂，归鞍共饮月支头。

燕支，焉支山，绵延于龙首山与祁连山之间。西汉元狩二年（前121）春，霍去病抗击匈奴，“转战六日，过焉支山千有余里，合短兵，杀折兰王，斩庐胡王。”(《史记·卫将军骠骑列传》)[④] 王维后来在河西任职期间，身处交通要塞和边防前线，更有自己的关注和思考，写下了一系列与“丝绸之路”有关的诗作。《陇西行》云：“十里一走马，五里

---

① （清）赵殿成：《王右丞集笺注》（上），中华书局 1961 年版，第 156 页。

② 朱东润主编：《中国历代文学作品选》（中编，第一册），上海古籍出版社 2002 年版，第 41 页。

③ 高建新：《“大漠孤烟直，长河落日圆”新解》，《内蒙古大学学报》2017 年第 1 期。

④ （汉）司马迁：《史记》（九），中华书局 1959 年版，第 2929 页。

一扬鞭。都护军书至，匈奴围酒泉。关山正飞雪，烽戍断无烟。”《陇头吟》云：“陇头明月迥临关，陇上行人夜吹笛。关西老将不胜愁，驻马听之双泪流。”《老将行》云：“誓令疏勒出飞泉，不似颍川空使酒。贺兰山下阵如云，羽檄交驰日夕闻。”诗中提到的酒泉、陇头（陇山）、陇上（陇上诸郡县）、疏勒、贺兰山，皆为“丝绸之路”上的要地，有重要的边防意义。这些诗作内容厚重，感情深长，传递出将士守护“丝绸之路”的勇敢和艰辛。

作于天宝六年（747）前的《送李补阙充河西支度营田判官序》一文，在勉励李补阙有所作为的同时，表达了对西北地理、军事的深刻认识：

> 汉张右掖，以备左衽，西遮空道，北护居延，然犬戎夜猎于山外，匈奴射雕于塞下，岁或有之。我散骑常侍曰王公，勇能尽敌，礼可用兵，读黄石书，杀白马将。入备顾问，载以乘舆副车；出命专征，赐以内栈文马。将军幕府，请命介于本朝；天子琐闱，辍谏官以从士。补阙李公，家世龙门，词场虎步。五经在笥，一言蔽《诗》。广屯田之蓄，度长府之羡，以赡边人，以弱敌国。然后驰檄识匿，略地昆仑。使麾下骑，刃楼兰之腹；发外国兵，系郅支之颈。五单于遁逃于漠北，杂种羌不近于陇上。子之行也，不谓是乎？拜首汉庭，驱传而出。穷塞砂碛以西极，黄河混沌而东注。胡风动地，朔雁成行，拔剑登车，慷慨而别！①

河西，唐方镇名，景云二年（711）置河西节度使，为唐玄宗时边防十节度经略使之一，治凉州（今甘肃武威），另设副使治甘州（今甘肃张掖），主要管辖河西走廊，包括肃州（今甘肃酒泉）、瓜州（今甘肃瓜州）、沙州（今甘肃敦煌），②皆为“丝绸之路”上的重镇。张右掖，即张掖，河西四郡之一，战略地位重要。张掖北向过合黎山、巴丹吉林

---

① 陈铁民：《王维集校注》（三），中华书局1997年版，第845页。

② 谭其骧主编：《中国历史大辞典·历史地理》，上海辞书出版社1996年版，第565页。

沙漠即为居延，发源于祁连山的张掖河（今称黑河）流经居延大漠一段称弱水（今称额济纳河），最后汇入居延泽（今称噶顺淖尔）。空道，即孔道，交通大道。文章结尾“胡风动地，朔雁成行，拔剑登车，慷慨而别”四句，写边地景、写赴命之人，皆真切生动，可思可见。又如《送张判官赴河西》云：

单车曾出塞，报国敢邀勋。见逐张征虏，今思霍冠军。
沙平连白雪，蓬卷入黄云。慷慨倚长剑，高歌一送君。

诗表达了建功立业的理想。“单车曾出塞”与《使至塞上》首句“单车欲问边”义同。张征虏，三国时张飞，曾为征虏将，诗中借指猛将。霍冠军，霍去病，西汉名将，被汉武帝封为冠军侯，是一位罕见的少年军事天才。《史记·表一〇》云：“元狩二年（前 121），冠军侯霍去病为骠骑将军，击胡至祁连。合骑侯敖为将军，出北地。”[①]“沙平连白雪，蓬卷入黄云”两句，寥廓荒凉，是“丝绸之路”沿线入目所见景色。结尾两句描绘的英雄姿态，只有盛唐人才能如此潇洒地呈现出来。手握长剑，慷慨高歌，背景是白雪覆盖的沙海、呼啸的北风将蓬草卷入黄云飘浮的空中。作于“安史之乱”前的《送元二使安西》（一题作《渭城曲》），是写“丝绸之路”的经典之作：[②]

渭城朝雨浥轻尘，客舍青青柳色新。劝君更尽一杯酒，西出阳关无故人。

诗题中的安西，在今新疆库车附近，是唐代安西都护府治所所在。《元和郡县图志·陇右道下·沙州》（卷四十）云：“阳关，在（敦煌）县西六里。以居玉门关之南，故曰阳关。本汉置也，谓之南道，西趣鄯善、莎车。”[③]一出阳关，就进入了茫茫的西域。阳关之西是库木塔格沙

① （汉）司马迁：《史记》（三），中华书局 1959 年版，第 1138 页。

② 高建新：《诗与音乐绘画的会通——从王维〈送元二使安西〉到〈阳关三叠〉〈阳关图〉》（上、下），《文史知识》2018 年第 3—4 期。

③ （唐）李吉甫：《元和郡县图志》（下），中华书局 1983 年版，第 1026 页。

漠和罗布泊，道路危险艰难。《唐诗别裁》卷十九：“阳关在中国外，安西更在阳关外。言阳关已无故人矣，况安西乎？此意须微参。”[①]一程远于一程，一程难于一程。

无论西出还是东归，阳关都是一个牵扯人心的地方。杨柳青青，骤雨初停，友人就要启程了，王维在有“西出长安第一渡”之称的渭水边上的“咸阳古渡”与友人元二饯别。[②]武宗时，日本僧人圆仁从五台山下来，一路南下至长安，“南行卅五里，到高陵县（今西安市高陵区）渭桥。渭水阔一里许，桥阔亦尔。”[③]王维的目光从水路移至陆路，由眼前之景一程一程地向前推移，直至河西走廊的尽头——阳关与遥远的西域。诗的打动人心之处，在于以口语一般的诗句暗示了西出阳关潜藏的巨大危险，从而表达了对故人的深切担忧和无限牵挂。《瓯北诗话》卷十一：

> 人人意中所有，却未有人道过；一经说出，便人人如其意之所欲出，而易于流播，遂足传当时而名后世。如李太白“今人不见古时月，今月曾经照古人”，王摩诘“劝君更尽一杯酒，西出阳关无故人”，至今犹脍炙人口，皆是先得人心之所同然也。[④]

人心的柔软处一经触碰，就会有诗情汩汩流淌，再以平常语出之，便是一等好诗。《杂曲歌辞·渭城曲》(《全唐诗》卷二七）载：“《渭城》，一曰《阳关》，本送人使安西诗，后遂被于歌。”[⑤]崔仲容《赠歌姬》云：“渭城朝雨休重唱，满眼阳关客未归。”谭用之《江馆秋夕》

---

① （清）沈德潜：《唐诗别裁》，中华书局 1964 年版，第 111 页。

② 据咸阳古渡遗址博物馆介绍，王维是在咸阳的渭河渡口（西渭桥）送别友人元二的。这里是唐代“丝绸之路”西出长安的第一渡口，明人称之为“咸阳古渡”，是“关中八景”之一，具体地址在今陕西咸阳市渭城区渭阳东路的渭水北岸。2013 年，咸阳市人民政府斥资 2000 万元在古渡原址上兴建，2016 年落成，笔者于 2018 年 4 月 17 日前往参观。

③ ［日］圆仁著、白化文等校注：《入唐求法巡礼记校注》，中华书局 2019 年版，第 329 页。

④ （清）赵翼：《瓯北诗话》，霍松林、胡主佑校点，人民文学出版社 1963 年版，第 171 页。

⑤ （清）彭定求等编：《全唐诗》(一)，中华书局编辑部点校，中华书局 1999 年版，第 393 页。

云："谁人更唱阳关曲，牢落烟霞梦不成。"[①] 牢落，犹寥落，孤单寂寞。寻常的离别，因《阳关曲》的响起而夜不能寐。

五、"不敢觅和亲"

王维出仕之后，主要生活在首都长安。长安是多民族汇聚的繁华之地，所以有机会见到通过"丝绸之路"进入长安的胡人、胡姬。《过崔驸马山池》云："画楼吹笛妓，金椀酒家胡。""脱貂贳桂醑，射雁与山厨。"贳（shì），赊。"酒家胡"，即侍酒的胡姬，在长安胡人开的酒店中侍酒的胡族女子，多来自西域。诗说，酒席中有歌姬吹笛，胡姬侍酒，客人不惜金貂换酒，以图一醉。《晋书·阮孚传》载："迁黄门侍郎、散骑常侍。尝以金貂换酒，复为所司弹劾，帝宥之。"[②] 后以"脱貂"形容放任不羁。胡姬侍酒，这在当时也是一种时尚，李白诗中多有描写。王维诗中多次出现"胡"字，有"胡天""胡地""胡马""胡床""胡麻"等，表明他对北方游牧文化及西域文化的关注。

更多的时候，王维是从"丝绸之路"带给国家的开放与繁盛之中获得启悟，维持足够强大的国力，是应对一切挑战的法宝。如作于开元二十六年（738）至天宝六年（747）期间的《奉和圣制送不蒙都护兼鸿胪卿归安西应制》云：

> 上卿增命服，都护扬归旆。杂虏尽朝周，诸胡皆自郐。
> 鸣笳瀚海曲，按节阳关外。落日下河源，寒山静秋塞。
> 万方氛祲息，六合乾坤大。无战是天心，天心同覆载。[③]

不（fōu）蒙，蕃将之姓，指夫蒙灵察（chá），时任安西节度使兼鸿胪卿。夫蒙，古代西羌族之姓，疑夫蒙灵察为羌人。安西节度使，亦称安西四镇节度使，玄宗时十节度使之一。开元六年（718），升安西都护兼四镇经略大使置，治龟兹（今新疆库车），领龟兹、疏勒、于阗、

① 北京大学古籍文献研究所：《全宋诗》（一），北京大学出版社 1991 年版，第 45 页。
② （唐）房玄龄：《晋书》（五），中华书局 1974 年版，第 1364 页。
③ 陈铁民：《王维集校注》（一），中华书局 1997 年版，第 247 页。

焉耆四镇及诸军、守捉等，负责西域的军事防守及保证“丝绸之路”的畅通，责任重大。上卿，朝中大臣，指不蒙兼任鸿胪卿。命服，天子按等级赐予的制服。归旆，犹回师。朝周，指朝觐唐天子。自郐（kuài），自小，指来自边鄙之地。郐，周代诸侯国名，在今河南省密县东北。按节，停挥马鞭，表示徐行或停留。河源，黄河的发源地，是古人认为的建功之地。《三国志·魏书·乌丸鲜卑东夷传》云：“汉氏遣张骞使西域，穷河源，经历诸国。”[①] 江淹《杂体诗三十首·左记室思咏史》云：“当学卫霍将，建功在河源。”[②] 氛祲（jìn），雾气，指预示灾祸的云气，比喻战乱、叛乱。天心，天意。诗写夫蒙灵察返归安西的豪壮场面。夫蒙灵察受命于朝廷，以羌人身担要职，体现了唐王朝的强大，诸胡尽来朝贡，不再自以为大，虚心接受王化，归附于大唐。夫蒙灵察一行浩浩荡荡，鸣笳大漠之上，行进在阳关之西，在帅旗飘扬中向七千里外的治所龟兹进发，一路宣扬国威，落日映照下的黄河、高耸于秋山之巅的塞垒更显壮观。去除战乱，让天下重归于和平与安宁，正合当今天子的心愿。“瀚海”“阳关”“落日”“河源”“寒山”“秋塞”，是“丝绸之路”沿线所见之景。全诗境界开阔，气魄雄伟，属于典型的盛唐之作。又如作于“安史之乱”前的《送刘司直赴安西》云：

绝域阳关道，胡沙与塞尘。三春时有雁，万里少行人。
苜蓿随天马，蒲萄逐汉臣。当令外国惧，不敢觅和亲。

阳关是通向西域的门户，“阳关道”就等同于“丝绸之路”。在漫长遥远的阳关道上，入目的唯有胡沙与塞尘。三春时分不时有大雁飞过，万里长的路程绝少见到行人。《唐诗直解》评说此诗：“起便酸楚，中俱实境实事。”[③] 虽说酸楚，但酸楚中却有着悲壮和坚定的信念。“苜蓿”“蒲萄”句说，随着“丝绸之路”的开通，西域的物产也源源不断地进入了内地。结尾两句气概不凡，令人振奋。诗人说，因为国家强

① （晋）陈寿：《三国志》（三），中华书局1959年版，第840页。
② （明）胡之骥：《江文通集汇注》，中华书局1984年版，第148页。
③ 陈伯海主编：《唐诗汇评》（上），浙江教育出版社1995年版，第305页。

大了，历史上一再重演的和亲之事也该就此断绝了吧，这也是唐人一再表达的思想。宋之问《赠严侍御》云：“当闻汉雪耻，羞共虏和亲。”王之涣《凉州词二首》其二云：“汉家天子今神武，不肯和亲归去来。”孙逖《送李补阙摄御史充河西节度判官》云：“西戎虽献款，上策耻和亲。”献款，归顺，投诚。唐朝建国之初，由于国力还不够强大，曾向东突厥称臣，岁送金帛子女，饱受欺凌。东突厥启民可汗第三子颉利可汗，“初嗣立，承父兄之资，兵马强盛，有凭陵中国之志。高祖以中原初定，不遑外略，每优容之，赐与不可胜计，颉利言辞悖傲，求请无厌。”(《旧唐书·突厥传上》)[①]太宗励精图治，最终打败了东突厥，擒获了颉利可汗，一雪昔日之耻。《唐诗选脉会通评林》评王维此诗云：

> 陆时雍曰：“三、四清警自在。”周敬曰：“结语壮。与《送平澹然》诗同调。”黄家鼎曰：“惨淡。”周珽曰：“唐时吐蕃强盛，每争安西。中国常与之和亲，以公主嫁吐蕃，大损国威。故此诗结励刘司直，当别建远谟，俾夷人畏服，勿敢希蹈前图，致重国耻，通篇典雅醇正，音合大调。”[②]

盛唐人有对国家前途的自信，所以敢说硬气的话，而且掷地有声，不容置疑。同作于“安史之乱”前的《送平澹然判官》，表达的也是这样的思考：

> 不识阳关路，新从定远侯。黄云断春色，画角起边愁。
> 瀚海经年到，交河出塞流。须令外国使，知饮月氏头。

定远侯，指班超，东汉明帝时奉命出使西域长达30年。交河，在今新疆吐鲁番西北，唐贞观十四年（640）置交河县，今存交河故城遗址，2014年成为《世界遗产名录》“丝绸之路：长安—天山廊道的路网”中的一处遗址。古阳关路途遥远漫长，难以识别，姑且追随先行者的足

---

① （后晋）刘昫等：《旧唐书》（十六），中华书局1975年版，第5155页。
② 张进、侯雅文等主编：《王维资料汇编》（二），中华书局2014年版，第832页。

迹向前吧。漫天黄云遮断了春色，画角撩起了无尽的愁绪。浩瀚沙漠须经年才能穿越，蜿蜒的交河一直流出塞外。即使遥远艰难如此，唐王朝也决计像汉朝一样，打通“丝绸之路”，继续治理西域。那些觊觎唐王朝、企图犯边者，就此可以打住了。月氏，大月氏。《史记·大宛列传》载：

> 大月氏在大宛西可二三千里，居妫水北。其南则大夏，西则安息，北则康居。行国也，随畜移徙，与匈奴同俗。控弦者可一二十万，故时强，轻匈奴。及冒顿立，攻破月氏，至匈奴老上单于，杀月氏王，以其头为饮器。始月氏居敦煌、祁连间，及为匈奴所败，乃远去。[①]

行国，游牧之国。匈奴一直是汉王朝的心腹之患，张骞最初出使西域的目的，就是要和大月氏联合起来夹击匈奴，后未果。诗的结句“须令外国使，知饮月氏头”，意涵丰富，豪气干云，提振了全诗的气脉。《唐诗直解》云：“壮怀磊落，尾联略见振作”，《唐贤三昧集笺注》云：“收亦最重，此极神旺。顾云：‘筹边意雄浑’”，[②]与“当令外国惧，不敢觅和亲”表达是同样的意思。唐文化是一种“有脊梁”的文化，唐王朝强大的国力，足可以震慑、压制敌国，使其不再敢恣意妄为，提出无理要求。王维通过阳关、黄云、画角、瀚海、交河与发生在西域的前代典实叠加映衬，连缀成一条独属于“丝绸之路”上的悠长风景线。再如《送宇文三赴河西充行军司马》云：

> 《横吹》杂繁笳，边风卷塞沙。还闻田司马，更逐李轻车。
> 蒲类成秦地，莎车属汉家。当令犬戎国，朝聘学昆邪。

《古今注·音乐第三》（卷中）云：“《横吹》，胡乐也。张博望入西域，传其法于西京，唯得《摩诃》《兜勒》二曲。李延年因胡曲更造新

① （汉）司马迁：《史记》（十），中华书局1975年版，第3161—3162页。
② 陈伯海主编：《唐诗汇评》（上），浙江教育出版社1995年版，第305页。

声二十八解，乘舆以为武乐。后汉以给边将军。和帝时，万人将军得用之。”[①] 田司马，指汉武帝时的田广明，曾以郎官身份担任天水郡（治所在今甘肃通渭西北）司马。《汉书·田广明传》载：“田广明，字子公，郑人也。以郎为天水司马，功次迁河南都尉，以杀伐为治。”[②] 李轻车，李广从弟李蔡，为轻车将军，击匈奴有功，事迹见《史记·李将军列传》。蒲类，西域古国名，地在今新疆东部的巴里坤附近。莎车，西域古国名，今新疆莎车县。犬戎，古族名，戎人的一支，殷周时主要分布于今陕西泾渭流域一带，为周朝西边强大的外患，这里泛指西部的少数民族。朝聘，诸侯定期朝拜天子。昆邪（hún yé），汉朝时匈奴部落之一，分布于今甘肃省武威、张掖一带，后降汉。诗一开始就描绘出一幅胡乐声声、西风卷黄沙的边塞图景，接着说宇文三如任天水司马的天广明一样，前往河西节度使幕府任行军司马。在强大唐军的进击中，西域之国如蒲类、莎车尽归唐朝，最终使周边的国家像当年的昆邪朝贡汉王朝一样朝贡唐王朝。许学夷认为，王维的“横吹杂繁笳”“不识阳关路”等篇，“皆整栗雄厚者也”；“风劲角弓鸣”“绝域阳关道”等篇，“皆一气浑成者也”。[③] 王维的这一类诗再次证明了王国维先生的论断：“自来西域之地，凡征伐者自东往，贸易者自西来，此事实也。”（《西胡考下》）[④] 东往西来，是为了讨伐还是贸易，这是我们研究“丝绸之路”必须注意的。一般而言，东往的多为守边将士及赴任边疆的官员，如唐诗中多有以“送……赴安西”为题的诗作；西来的多为朝贡的使节和商胡，或负有使命，或为了赚取商业利润。

王维是在“安史之乱”爆发五年多之后的上元二年（761）七月去世的，一生经历主要在开元、天宝时代，所以对“丝绸之路”的兴盛有强烈的个人感受。明人王鏊《震泽长语》卷下评王维诗说：“摩诘以淳古澹泊之音，写山林闲适之趣，如辋川诸诗，真一片水墨不着色画。及

① 上海古籍出版社编：《汉魏六朝笔记小说大观》，上海古籍出版社 1999 年版，第 239 页。

② （汉）班固：《汉书》（十一），中华书局 1962 年版，第 3663 页。

③ （明）许学夷：《诗源辩体》，杜维沫校点，人民文学出版社 1987 年版，第 161 页。

④ 王国维：《观堂集林》（上），河北教育出版社 2001 年版，第 386 页。

其铺张国家之盛，如‘九天阊阖开宫殿，万国衣冠拜冕旒’‘云里帝城双凤阙，雨中春树万人家’，又何其伟丽也！”[①]《唐诗摘钞》评“云里帝城”诗说：“风格秀整，气象清明。一脱初唐板滞之习。盛唐何尝不应制？应制诗何尝不妙？”[②] 王维诗是从“盛世”角度记述和描写“丝绸之路”的，内容宏富，气调高扬，境界开阔，有盛唐气象，[③] 所谓“草木蔓发，春山可望”(《山中与裴秀才迪书》)，与其水墨画般的辋川之作形成了鲜明对照，是我们了解中国封建社会鼎盛时期的社会政治状况及身处其中的士人文化心态的宝贵资料，值得认真梳理和深入研究。

---

① 张进、侯雅文等主编：《王维资料汇编》(一)，中华书局 2014 年版，第 367 页。
② 陈伯海主编：《唐诗汇评》(上)，浙江教育出版社 1995 年版，第 327 页。
③ 高建新：《五十年来“盛唐气象”研究述评》，《文学遗产》2010 年第 3 期。

第五章 “明月出天山，苍茫云海间”

——李白笔下的“丝绸之路”

唐王朝的鼎盛时期，也是唐代“丝绸之路”的繁荣时期。李白（701—762）熟悉“丝绸之路”及西域文化，深刻感受到时代为个人带来的自豪。《警世通言》第九卷《李谪仙醉草吓蛮书》[①]描写李白才情惊人，借酒为玄宗起草国书，宣扬大唐的文明和强盛，吓退了前来挑衅的渤海国使者：

> 大唐开元皇帝，诏谕渤海可毒：自昔石卵不敌，蛇龙不斗。本朝应运开天，抚有四海，将勇卒精，甲坚兵锐。颉利背盟而被擒，弄赞铸鹅而纳誓；新罗奏织锦之颂，[②]天竺致能言之鸟，[③]波斯献捕鼠之蛇，[④]

---

① （明）冯梦龙：《警世通言》（上），严敦易校注，人民文学出版社 1956 年版，第 110 页。

② 《旧唐书·东夷传》载，高宗“永徽元年（650），真德大破百济之众，遣其弟法敏以闻。真德乃织锦作五言《太平颂》以献之”。见《旧唐书》（十六），中华书局 1975 年版，第 5336 页。

③ 《汉书·武帝纪》载，“夏，马生余吾水中。南越献驯象、能言鸟。”颜师古注曰，能言鸟“即鹦鹉也。今陇西及南海并有之。万震《南州异物志》云有三种，一种白，一种青，一种五色。交州以南诸国尽有之。白及五色者，其性尤慧解，盖谓此也”。见《汉书》（一），中华书局 1962 年版，第 176 页。又，《新唐书·西域传上》载，“开元时，中天竺遣使者三至；南天竺一，献五色能言鸟。”见《新唐书》（二十），中华书局 1975 年版，第 6239 页。又，《旧唐书·音乐志二》载，“所谓能言鸟，即吉了也。”见《旧唐书》（四），中华书局 1975 年版，第 1062 页。

④ 《旧唐书·西戎传》载，贞观十六年（642），罽宾国“遣使献褥特鼠，喙尖而尾赤，能食蛇，有被蛇螫者，鼠辄嗅而尿之，其疮立愈”。见《旧唐书》（十六），中华书局 1975 年版，第 5309 页。

拂菻进曳马之狗，[1]白鹦鹉来自诃陵，[2]夜光珠贡于林邑；[3]骨利干有名马之纳，[4]泥婆罗有良酢之献。[5]无非畏威怀德，买静求安。

作者冯梦龙饱读诗书，学识渊博，熟悉唐代“丝绸之路”朝贡的历史，因此有了这段既展现李白卓越才情又有充分事实依据的文字。可毒，可毒夫，渤海国靺鞨族君主的称号。颉利，东突厥首领颉利可汗，姓阿史那氏，贞观四年（630）被俘，押至长安。弄赞，唐初吐蕃首领。铸鹅，指弃宗弄赞（松赞干布）铸高七尺、可贮酒三斛的金鹅以献太宗、贺征讨高丽。

李白关于“丝绸之路”的书写，主要包括三个方面的内容。一是实写所见所闻，如汗血马、胡姬、胡僧、胡人以及“丝绸之路”上的物产；二是诗意地描写与“丝绸之路”密切关联的行役、相思、别离；三是传达有关边塞战争、边塞立功的思考。这三个方面的内容均围绕“丝绸之路”及西域展开，相互联系又各有侧重，体现了李白的疆域观、战争观及开放的思想、浓重的家国情怀。

---

① 《旧唐书·西戎传》载，武德七年（624），高昌“文泰又献狗雄雌各一，高六寸，长尺余，性甚慧，能曳马衔烛，云本出拂菻国。中国有拂菻狗，自此始也”。见《旧唐书》（十六），中华书局1975年版，第5294页。

② 《贞观政要·贡赋第三十三》载，“贞观中，林邑国贡白鹦鹉，性辩慧，尤善应答，屡有苦寒之言。太宗愍之，付其使，令还出于林薮。”见（唐）吴兢撰、谢保成集校：《贞观政要集校》，中华书局2009年版，第457—458页。

③ 《旧唐书·南蛮西南蛮传》载，贞观四年（630），林邑王“范头黎遣使献火珠，大如鸡卵，圆白皎洁，光照数尺，状如水精，正午向日，以艾蒸之，即火燃”。见《旧唐书》（十六），中华书局1975年版，第5270页。

④ 《新唐书·天文志一》载，“铁勒、回纥在薛延陀之北，去京师六千九百里。其北又有骨利干，居瀚海之北，北距大海，昼长而夜短，既夜，天如曛不瞑，夕胹羊髀才熟而曙，盖近日出没之所。”见《新唐书》（三），中华书局1975年版，第813页。骨利干地近北极，其天象类似俄罗斯圣彼得堡的“白昼”。又，《旧唐书·太宗本纪下》载，贞观二十一年（647）：“骨利干国遣使贡名马。”见《旧唐书》（一），中华书局1975年版，第60页。又，《旧唐书·北狄传》载，“骨利干北距大海，去京师最远，自古未通中国。贞观中遣使来朝贡，遣云麾将军康苏密往慰抚之，仍列其地为玄阙州。俄又遣使随苏密使入朝，献良马十匹。太宗奇其骏异，为之制名，号为‘十骥’。”见《旧唐书》（十六），中华书局1975年版，第5349页。

⑤ 《唐会要》卷一百载，泥婆罗国献“酢菜，状如菜，阔而长，味如美鲜”。见《唐会要》（下），上海古籍出版社2006年版，第2134页。酢（cù），酢菜，今称榨菜。

一、“胡姬招素手”

长安胡风浓郁，又是“丝绸之路”的起点，会聚了来自世界各地的使节、僧人、商胡、留学生、歌唱家、舞蹈家及各种手艺人，特别引人注目的是来自西域的胡姬。

天宝元年（742），胸怀壮志的李白由玉真公主推荐，应诏入京，供奉翰林。在长安生活期间，李白时常光顾胡人酒肆，亲身感受了胡姬的热情和魅力，多次在诗中不加掩饰地表达了自己的好感。《少年行二首》其二云：“五陵年少金市东，银鞍白马度春风。落花踏尽游何处？笑入胡姬酒肆中。”[①]《白鼻騧》云：“银鞍白鼻騧，绿地障泥锦。细雨春风花落时，挥鞭直就胡姬饮。”《前有一樽酒行二首》其二云：“琴奏龙门之绿桐，玉壶美酒清若空。催弦拂柱与君饮，看朱成碧颜始红。胡姬貌如花，当垆笑春风。笑春风，舞罗衣，君今不醉欲安归。”看朱成碧，把红的看成绿的，形容醉眼昏花不辨五色。春风和煦，落花缤纷，在盛唐浪漫的时代氛围中，有美丽多情、才艺俱佳的胡姬侍酒，更令诗人心旷神怡、热血涌动，[②]李白那种狂放不羁、自然纯真的个性也适合在这样浪漫诗意的环境中获得充分释放。中唐张祜有《白鼻騧》云：“为底胡姬酒，长来白鼻騧。摘莲抛水上，郎意在浮花。”人们时常骑着白鼻騧来胡姬酒肆饮酒，有时却是醉翁之意不在酒。李白《醉后赠王历阳》云：

> 书秃千兔毫，诗裁两牛腰。笔踪起龙虎，舞袖拂云霄。
> 双歌二胡姬，更奏远清朝。举酒挑朔雪，从君不相饶。

王历阳，王姓历阳县令。李白赞美王历阳擅长书法、吟诗成卷，大如牛腰，又有胡姬奏乐演唱，诗人与王历阳酒兴浓郁，醉赏雪景，流

---

① 郁贤皓：《李太白全集校注》（二），凤凰出版社 2015 年版，第 686 页。本文所引李白作品，除特别注明之外，均出自此版本，不再另注。

② 高建新：《酒入诗肠句不寒——古代文人生活与酒》，内蒙古大学出版社 2016 年版，第 168 页。

连忘返。“远清朝”，当指乐曲名。朱谏《李诗辨疑》云：“‘远清朝’义疑，或曰曲名，未知是否。”①李白《送裴十八图南归嵩山二首》其一云：

何处可为别，长安青绮门。胡姬招素手，延客醉金樽。
临当上马时，我独与君言。风吹芳兰折，日没鸟雀喧。
举手指飞鸿，此情难具论。同归无早晚，颍水有清源。

青绮门，即青门，亦省作“青绮”，长安古城门名。《三辅黄图·都城十二门》云：“长安城东出南头第一门曰霸城门，民见门色青，名曰青城门，或曰青门……《庙记》曰：霸城门，亦曰青绮门。”②此地多有胡人酒肆，唐人常在此送别友朋。骆宾王《送郭少府探得忧字》云：“当歌凄别曲，对酒泣离忧。还望青门外，空见白云浮。”③王维《送从弟蕃游淮南》云：“送归青门外，车马去骎骎。惆怅新丰树，空余天际禽。”骎骎（qīn qīn），马跑得很快。李白的好友岑参有多首诗描述在青绮门胡人酒肆送别的情形。如《青门歌送东台张判官》云：

青门金锁平旦开，城头日出使车回。青门柳枝正堪折，路傍一日几人别。东出青门路不穷，驿楼官树灞陵东。花扑征衣看似绣，云随去马色疑骢。胡姬酒垆日未午，丝绳玉缸酒如乳。灞头落花没马蹄，昨夜微雨花成泥。

在飞花满天、杨柳青青的暮春时节，日未过午，岑参与友人已在青门的胡姬酒肆把酒话别，斟酌着如乳的美酒，淡淡的感伤也溢上心头。友人向灞陵东去，宿雨未干，落花遍地，奔驰的马蹄很快就没在花成泥之中了。

《唐国史补》卷上载：“李白在翰林多沉饮。玄宗令撰乐词，醉不可

① 安旗主编：《李白全集编年笺注》（三），中华书局 2015 年版，第 1542 页。
② 《影印文渊阁四库全书》（第四六八册），（台湾）商务印书馆 1983 年发行，第 7 页。
③ （唐）骆宾王著、（清）陈熙晋笺注：《骆临海集笺注》，上海古籍出版社 1985 年版，第 87 页。

待，以水沃之，白稍能动，索笔一挥十数章，文不加点。后对御引足令高力士脱靴，上命小阉排出之。”[①] 李白作为盛唐超凡才情与傲岸个性的代表，显然为时人激赏。《旧唐书 · 文苑传下》云：

白既嗜酒，日与饮徒醉于酒肆。玄宗度曲，欲造乐府新词，亟召白，白已卧于酒肆矣。召入，以水洒面，即令秉笔，顷之成十余章，帝颇嘉之。尝沉醉殿上，引足令高力士脱靴，由是斥去。[②]

李白喜欢胡姬，喜欢到胡姬酒肆饮酒，其“沉饮”“醉于酒肆”，推想有不少回是在长安城东青绮门的胡姬酒肆中。李白在《答湖州迦叶司马问白是何人》诗中自称“青莲居士谪仙人，酒肆藏名三十春”。在胡姬酒肆放情饮酒，欣赏来自西域的音乐、歌舞，体现了盛唐诗人浪漫生活的一个方面，显示了当时社会风气的开放。

李白躬逢开元、天宝之盛，充分感受到时代的朝气与活力。他在长安生活期间喜欢胡风浓郁的地方如胡人酒肆，诗多次写到侍酒的胡姬。[③] 李白喜欢胡姬和胡姬侍酒，除了胡姬与美酒不可抵御的魅力之外，也可能与其西域胡人身份有关，有地域、民族与文化上的心理认同。陈寅恪先生在《李太白氏族之疑问》一文中认为：

（李白）其父之所以名客者，始由西域之人其姓名不通于华夏，因以胡客呼之，遂取以为名，其实非自称之本名也。夫以一元非汉姓之家，忽来从西域，自称其先世于隋末由中国谪居于西突厥旧疆之内，实为一必不可能之事。其人之本为西域胡人，绝无疑义矣。[④]

詹瑛先生在《李白家世考异》一文中说，李白的豪侠与同时代魏颢描述的“眸子炯然，哆如饿虎”(《李翰林集序》)[⑤] 的相貌声音，均与中

① （唐）李肇：《唐国史补》，上海古籍出版社 1979 年版，第 16 页。
② （后晋）刘昫等：《旧唐书》(十五)，中华书局 1975 年版，第 5053 页。
③ 高建新：《李白笔下的胡姬》，《光明日报》2017 年 2 月 7 日。
④ 陈寅恪：《金明馆丛稿初编》，上海古籍出版社 1980 年版，第 279 页。
⑤ 金涛声、朱文彩：《李白资料汇编》(唐宋之部 · 上)，中华书局 2007 年版，第 11 页。

原文人大不相同，"意者白之家世或本商胡，入蜀之后，以多资渐成豪族，而白幼年所受教育，则中西语文兼而有之。如此于其胡性之中，又加之以诗书及道家言，乃造成白诗豪放飘逸之风格。李诗之所以不可学者其在斯乎？"[①] 不过语气没有陈寅恪先生那么肯定。

二、"此僧本住南天竺"

胡姬之外，李白也关注通过"丝绸之路"进入长安和中原的西域僧人。[②] 如作于肃宗上元年间（760—761）的《上云乐》云：

> 金天之西，白日所没。康老胡雏，生彼月窟。巉岩容仪，戌削风骨。碧玉炅炅双目瞳，黄金拳拳两鬓红。华盖垂下睫，嵩岳临上唇。不睹诡谲貌，岂知造化神。

戌削（xū xuē），衣着合体。炅炅（jiǒng jiǒng），明亮貌。黄金拳拳，黄颜色的头发卷曲。来自西域的康国老人文康相貌奇异，容颜清瘦、骨骼高耸，碧绿的眼睛光亮有神，诡谲的相貌简直就是造化的奇迹。华盖，指眉。嵩岳，嵩山，指如山一样高的鼻子。高鼻（尖鼻）、碧眼（绿眼），是西域胡人重要的相貌特点。李端《胡腾儿》云："胡腾身是凉州儿，肌肤如玉鼻如锥。"陆岩梦《桂州筵上赠胡予女》云："眼睛深却湘江水，鼻孔高于华岳山。"李贺《龙夜吟》："鬈发胡儿眼睛绿，高楼夜静吹横竹。"吕岩《七言》其八十三云："白头老子眉垂地，碧眼胡儿手指天。"卢注《酒胡子》云："鼻何尖，眼何碧，仪形本非天地力。"《僧伽歌》则记述诗人与来自南天竺僧人僧伽的交往：

> 真僧法号号僧伽，有时与我论三车。问言诵咒几千遍，口道恒河沙复沙。此僧本住南天竺，为法头陀来此国。戒得长天秋月明，心如世上青莲色。意清净，貌棱棱，亦不减，亦不增。瓶中千年舍

① 詹瑛：《李白诗论丛》，作家出版社 1957 年版，第 24 页。

② 高建新：《"雪岭金河独向东，吴山楚泽意无穷"——略说唐诗中的西域僧人》，《铜仁学院学报》2021 年第 3 期。

利骨，手中万岁胡孙藤。嗟予落魄江淮久，罕遇真僧说空有。一言散尽波罗夷，再礼浑除犯轻垢。

僧伽，唐代高僧，俗姓何，自称中亚何国（今乌兹别克斯坦）人。龙朔初入唐，于泗州建寺，后居长安荐福寺，世称其为观音大士化身。《宋高僧传》卷十八“唐泗州普光王寺僧伽传”云：

释僧伽者，葱岭北何国人也。自言俗姓何氏，亦犹僧会本康居国人，便命为康僧会也。然合有胡梵姓名，名既梵音，姓涉华语。详其何国，在碎叶国东北，是碎叶附庸耳。伽在本土，少而出家。为僧之后，誓志游方。始至西凉府，次历江淮，当龙朔初年也。登即隶名于山阳龙兴寺，自此始露神异。①

三车，佛教修行的三种境界。恒河，南亚大河，发源于喜马拉雅山脉南坡，印度人视为圣河。李白之外，《全唐诗》有三处写及恒河。张谓《送僧》云：“深心大海水，广愿恒河沙。”刘长卿《齐一和尚影堂》云：“一灯长照恒河沙，双树犹落诸天花。”贯休《山居诗二十四首》其二十四云：“若买山资言不及，恒河沙劫用无穷。”沙复沙，言数量多至无法算计。空有，佛教语，空指法性，有指幻相，谓相反相成的真俗两谛。②《后汉书·西域传论》云：“详其清心释累之训，空有兼遣之宗，道书之流也。”李贤注：“清心谓忘思虑也。释累谓去贪欲也。不执著（zhuó）为空，执著为有。”③李芳民教授说：“‘落魄江湖’，很可能是指其天宝三年（744）春由待诏翰林被‘赐金放还’以后事。由于离开长安，由庙堂而处江湖，苦闷难遣，便冀望从佛教中寻求解脱，遗憾的是很少遇到像僧伽这样与之展开佛理探讨与交流的僧人。”④

关于这首《僧伽歌》，还有一段公案，宋代学者董逌不认为此诗是李白所作，依据是《宋高僧传》卷十八记载的僧伽入灭时间不能与李白

---

① （宋）赞宁：《宋高僧传》（下），范祥雍点校，中华书局 1987 年版，第 448 页。

② 罗竹风主编：《汉语大词典》（中），汉语大词典出版社 1997 年版，第 4900 页。

③ （南朝）范晔：《后汉书》（十），中华书局 1965 年版，第 2933 页。

④ 李芳民：《论李白对佛教的接受及其文学表现》，《清华大学学报》2021 年第 3 期。

的生平扣合：

> 中宗孝和帝景龙二年（708），遣使诏赴内道场。帝御法筵言谈，造膝占对休咎，契若合符。仍褒饰其寺曰普光王。四年（710）庚戌，示疾。敕自内中往荐福寺安置。三月二日，俨然坐亡，神彩犹生，止瞑目耳。俗龄八十三，法腊罔知。在本国三十年，化唐土五十三载。帝惨悼黯然。①

据此，董逌指出，僧伽入灭之时，李白年仅七岁，因此不可能与僧伽有交集。《僧伽歌》说僧伽与李白“论三车”，亦绝无可能。《广川书跋》卷十载：

> 《僧伽传》，蒋颖叔作，钟离景伯书，庐江刘良以示余考之。僧伽，本天竺人，龙朔初至中国，景龙四年（710）入灭，盖年八十三矣，此以旧传。韩退之诗知其瑰奇，不可少贬。其谓李太白尝以诗与师“论三车”者，此则误也。诗鄙近，知非太白所作。世以昔人类在集中，信而不疑，且未尝深求其言而知其不类。余与之校其年，始知之。太白死在代宗元年（762），上距大足二年（702）壬寅为六十年而白生。当景龙四年，白生七岁，固不与僧伽接。然则其诗为出世俗而复不考岁月，此殆涅其服者托白以为重，而儒者信之，又增异也。龙朔元年（661）至景龙四年（710），以唐历校之，为五十年，知僧伽在西方时三十三年矣。余以旧传知之。（《四库全书·子部·艺术类》）②

韩愈《送僧澄观》诗题下注：“《李邕泗州普光王寺碑》云：僧伽者，龙朔中西来，尝纵观临淮，发念置寺。既成，中宗赐名普光王寺。以景龙四年三月二日示灭于京，后澄观建僧伽塔于泗州。”诗曰：

> 浮屠西来何施为，扰扰四海争奔驰。构楼架阁切星汉，夸雄斗

---

①（宋）赞宁：《宋高僧传》（下），范祥雍点校，中华书局1987年版，第449页。

②《影印文渊阁四库全书》（第八一三册），（台湾）商务印书馆1983年发行，第440页。

丽止者谁。

僧伽后出淮泗上，势到众佛尤恢奇。越商胡贾脱身罪，珪璧满船宁计资。[①]

僧伽被唐中宗尊为“国师”，备受推崇拥戴。究其原因，与当时观音崇拜的社会风气有密切关系。号称“观音之化身”的僧伽“化唐土五十三载”，随着观音崇拜的盛行，渐渐成为唐宋时期人们顶礼膜拜的神圣偶像，侧面反映了佛教的世俗化和本土化。[②]后人伪托《僧伽歌》为李白作品以广其影响，亦有可能。

三、“幽州胡马客”

《幽州胡马客歌》是李白北上幽燕之作，作于天宝十载（751），这年李白“秋至南阳访元丹丘。旋归梁，乃北游塞垣”。[③]诗描写幽州“胡马客”身怀绝技，武艺高强，也描写了西北游牧民族的风俗、习尚以及战争带来的灾难。

幽州胡马客，绿眼虎皮冠。笑拂两只箭，万人不可干。
弯弓若转月，白雁落云端。双双掉鞭行，游猎向楼兰。
出门不顾后，报国死何难。天骄五单于，狼戾好凶残。
牛马散北海，割鲜若虎餐。虽居燕支山，不道朔雪寒。
妇女马上笑，颜如赪玉盘。翻入射鸟兽，花月醉雕鞍。
旄头四光芒，争战若蜂攒。白刃洒赤血，流沙为之丹。
名将古谁是？疲兵良可叹。何时天狼灭？父子得闲安。

幽州，古九州之一。《尔雅·释地》云：“燕曰幽州，自易水至北狄。”[④]今中国河北省、辽宁省南部一带。玄宗先天二年（713）设置幽

---

① （清）彭定求等编：《全唐诗》（五），中华书局编辑部点校，中华书局1999年版，第3836页。

② 介永强：《唐代胡僧僧伽生平事迹考索》，《史学集刊》2016年第5期。

③ 詹瑛：《李白诗文系年》，人民文学出版社1984年版，第81页。

④ 周祖谟：《尔雅校笺》，江苏教育出版社1984年版，第88页。

州节度使，天宝元年（742）改为范阳郡。诗人在谴责匈奴“狼戾好凶残”的同时，又赞美居住在河西走廊焉支山下的西北游牧民族女性的飒爽英姿：“妇女马上笑，颜如赪玉盘。翻入射鸟兽，花月醉雕鞍。”赪（chēng），红色，浅红色。妇女尚且如此，男子们更是武艺高强。

李白此诗的感情复杂，在反战的同时充满了对和平的企盼。《唐宋诗醇》评说：“明皇喜事边功，宠任番将。天宝十年（751），高仙芝败于大食，安禄山败于契丹。是诗之作，必刺禄山也。‘出门不顾后，报国死何难’，诘之也。‘名将古谁是？疲兵良可叹’，叹之也。言切而意悲矣。”[①] 此前崔颢就写过《雁门胡人歌》，见出唐人对北方边地少数民族生活的关注：

> 高山代郡东接燕，雁门胡人家近边。解放胡鹰逐塞鸟，能将代马猎秋田。山头野火寒多烧，雨里孤峰湿作烟。闻道关西无斗战，时时醉向酒家眠。

关西，指函谷关或潼关以西的地区。关西，一作“辽西”。诗“写代北一带胡、汉杂居地区胡人的生活习俗及风物风情，题材新颖，纯用白描，是一首别开生面的边塞诗”。[②]《唐贤三昧集笺注》云：“边境之状如见。”[③]

比起中原汉人，胡人更擅长音乐舞蹈，有艺术天赋。唐朝流行的胡人乐器、乐曲、乐舞，多是通过“丝绸之路”进入长安的，引起李白关注。《上云乐》描述来自康国的文康多才多艺：“能胡歌，献汉酒。跪双膝，并两肘。散花指天举素手，拜龙颜，献圣寿。”并，一本作“立”。胡歌，当指胡地的献酒歌。“跪双膝，并两肘”，属于纯粹的胡地、胡人礼节。《谷山笔麈》卷十四载：

> 李白诗云：“脱君帽，为君笑。”初不知其解，及观《北史》：

① 陈伯海主编：《唐诗汇评》（上），浙江教育出版社1995年版，第596页。
② 刘学锴：《唐诗选注评鉴》（一），中州古籍出版社2019年版，第299页。
③ 陈伯海主编：《唐诗汇评》（上），浙江教育出版社1995年版，第366页。

魏主欲诛尔朱荣，荣女为后，怀娠，乃声言皇子生，遣城阳王徽驰骑告荣，荣方与元天穆博，徽脱荣帽，欢舞盘旋。以是知脱帽欢舞，本夷俗也。①

《资治通鉴·梁纪十》载："荣方与上党王天穆博，徽脱荣帽，欢舞盘旋。"胡三省注："唐李太白诗云：'脱君帽，为君笑。'脱帽欢舞，盖夷礼也。"②李白《扶风豪士歌》："抚长剑，一扬眉，清水白石何离离。脱吾帽，向君笑，饮君酒，为君吟。""脱吾帽"，《文苑英华》作"脱君帽"。③扶风，贞观八年（634）改沣川县置，属岐州，治所即今陕西扶风县，西近胡地，胡风浓郁。

李白写到了"丝绸之路"和唐代西北边塞上常见的乐器，如羌笛、横笛、玉笛，④孟浩然《凉州词》其二云："异方之乐令人悲，羌笛胡笳不用吹。坐看今夜关山月，思杀边城游侠儿。"羌笛，羌族簧管乐器，双管并在一起，每管各有六个音孔，上端装有竹簧口哨，竖着吹。《清溪半夜闻笛》云："羌笛梅花引，吴溪陇水情。寒山秋浦月，肠断玉关声。"玉关，玉门关。《司马将军歌》云："羌笛横吹阿亸回，向月楼中吹落梅。将军自起舞长剑，壮士呼声动九垓。"阿亸（ā duǒ）回，笛曲名。《升庵诗话》卷六"阿亸回"云：

太白诗："羌笛横吹《阿亸回》"，番曲名。《张祜集》有《阿滥堆》，盖飞禽名。明皇御玉笛采其声翻为曲子，即此也。番人无字，止以声传，故随中国所书，人各不同耳，难以意求也。⑤

落梅，落梅花，笛曲名。羌笛双管并在一起，为竖吹之笛，诗言"横吹"，未知其意，或指军乐《横吹曲》，以接将军舞剑句。《夜别张

① （明）于慎行：《谷山笔麈》，吕景琳点校，中华书局 1997 年版，第 155 页。
② （宋）司马光：《资治通鉴》（十），中华书局 2011 年版，第 4872 页。
③ 郁贤皓：《李太白全集校注》（二），凤凰出版社 2015 年版，第 819 页。
④ 高建新：《唐诗中的北方游牧民族乐器——以羯鼓和羌笛为研究对象》，《民族文学研究》2017 年第 2 期。
⑤ 丁福保辑：《历代诗话续编》（中），中华书局 1983 年版，第 748 页。

五》云：“听歌舞银烛，把酒轻罗裳。横笛弄秋月，琵琶弹陌桑。”玉笛，是横笛的美称，李白诗中多有胡人吹玉笛的描写，《九日登山》云：“胡人叫玉笛，越女弹霜丝。”《观胡人吹笛》云：“胡人吹玉笛，一半是秦声。”《猛虎行》载：“溧阳酒楼三月春，杨花漠漠愁杀人。胡雏绿眼吹玉笛，吴歌白纻飞梁尘。丈夫相见且为乐，槌牛挝鼓会众宾。”胡雏，胡儿，他本作“胡人”。一部唐代艺术史，半部来自西域及北方游牧地区。

四、“天马白银鞍”

通过“丝绸之路”进入中原的中亚物产丰富。其中最受人瞩目的是产自大宛国的汗血马，也称天马。《史记·大宛列传》云：汉武帝“得乌孙马好，名曰‘天马’。及得大宛汗血马，益壮，更名乌孙马曰‘西极’，名大宛马曰‘天马’云”。[①] 中国从此拥有最优良的马种，用以改良军马，军队的战斗力大为加强，唐代国防深受其益。天马有高贵的血统，健美的体型，超乎寻常的速度，因此深受朝廷上下欢迎，被用作官马，供皇家和高级官员骑乘。

李白对天马非常熟悉，据李肇《翰林志》记载，翰林初入院，“拜恩讫，候就宴，又赐衣一副、绢三十匹，飞龙司借马一匹。”[②] 按照待遇规定，李白供奉翰林，可以借一匹有汗血马血统的厩马供其骑乘。对此李白在诗中时常提及并深以为傲。《驾去温泉后赠杨山人》云：“幸陪鸾辇出鸿都，身骑飞龙天马驹。”《答杜秀才五松见赠》云：“敕赐飞龙二天马，黄金络头白玉鞍。”《送窦司马贬宜春》云：“天马白银鞍，亲承明主欢。斗鸡金宫里，射雁碧云端。”《江夏赠韦南陵冰》云：“昔骑天子大宛马，今乘款段诸侯门。”款段，行走迟缓的劣马。《书情题蔡舍人雄》云：“愧无横草功，虚负雨露恩。迹谢云台阁，心随天马辕。”对昔日骑乘天马、出入皇城的怀念，也是对一段最可能实现“奋其智能，愿

① （汉）司马迁：《史记》（十），中华书局 1975 年版，第 3170 页。
② 《影印文渊阁四库全书》（第五九五册），（台湾）商务印书馆 1983 年发行，第 299 页。

为辅弼，使寰区大定，海县清一”(《代寿山答孟少府移文书》)[1]理想的生活的怀念。

正因为近距离地频繁接触天马，最后又被迫离开天马、走向浪迹天涯的生活体验，使李白能够写出《天马歌》这样内容厚重、风格苍凉的诗篇。

> 天马来出月支窟，背为虎文龙翼骨。嘶青云，振绿发，兰筋权奇走灭没。腾昆仑，历西极，四足无一蹶。鸡鸣刷燕晡秣越，神行电迈蹑慌惚。天马呼，飞龙趋，目明长庚臆双凫。尾如流星首渴乌，口喷红光汗沟朱。曾陪时龙跃天衢，羁金络月照皇都。逸气校稜凌九区，白璧如山谁敢沽？回头笑紫燕，但觉尔辈愚。……天马奔，恋君轩，駷跃惊矫浮云翻。万里足踯躅，遥瞻阊阖门。不逢寒风子，谁采逸景孙？白云在青天，丘陵远崔嵬。盐车上峻坂，倒行逆施畏日晚。伯乐剪拂中道遗，少尽其力老弃之。愿逢田子方，恻然为我悲。虽有玉山禾，不能疗苦饥。严霜五月凋桂枝，伏枥衔冤摧两眉。请君赎献穆天子，犹堪弄影舞瑶池。

天马虎文龙骨，姿态雄奇，体力超强，速度惊人。“腾昆仑，历西极，四足无一蹶”，是自诩；“曾陪时龙跃天衢，羁金络月照皇都”，是对昔日长安翰林院生活的追忆。此诗大约作于离开翰林院之后，诗人借天马抒怀，充满了留恋与悲悼之情。元代萧士赟评说：“此篇盖为逸群绝伦之士不遇知己者叹，亦自伤其不用于世，而求知于人也欤。”胡震亨说：“《汉郊祀》《天马》二歌，皆以歌瑞应太白所拟，则以马之老而见弃自况，思蒙收赎，似去翰林后所作。”[2]李白对天马的认同和赞美，缘于对自我遭遇的悲愤与叹惋。天马的命运，实际上是李白命运的形象写照。李白长安被“赐金放还”(《新唐书·文艺传中》)，[3]也确实如同大鹏折翅、天马坠地，彻底堵塞了他的仕进之路。《赠崔咨议》一诗也是

① 郁贤皓：《李太白全集校注》(七)，凤凰出版社2015年版，第3637页。
② 詹瑛：《李白诗文系年》，人民文学出版社1984年版，第51页。
③ (宋)欧阳修、宋祁：《新唐书》(十八)，中华书局1975年版，第5763页。

以天马自喻，期待有所作为：

> 騄骥本天马，素非伏枥驹。长嘶向清风，倏忽凌九区。
> 何言西北至，却走东南隅。世道有翻覆，前期难预图。
> 希君一剪拂，犹可骋中衢。

騄（lù）骥，骏马。剪拂，洗涤拂拭，喻推崇。中衢，四通八达的大路。江油太白祠有朱炳先撰、李健吾书楹联：“此地是翰林故居，名并花潭，自古词人多入蜀；有唐乃诗家盛世，公真仙境，自来天马爱行空。”[①] 盛赞李白诗才纵横，如天马行空。花潭，百花潭，在成都市西郊，潭北有杜甫草堂，联中代指杜甫。

李白关注来自大宛国的天马，也关注来自“丝绸之路”的西域物产。《白胡桃》云：“红罗袖里分明见，白玉盘中看却无。疑是老僧休念诵，腕前推下水晶珠。”《客中行》云：“兰陵美酒郁金香，玉碗盛来琥珀光。”白胡桃，当指胡桃之皮色白者。胡桃、水晶、琥珀，皆为外来之物。郁金是一种进口香料。《周书·异域传下》云：波斯“出白象、师子、大鸟卵、珍珠、离珠、颇黎、珊瑚、琥珀、瑠璃、玛瑙、水晶、瑟瑟、金、银”。[②]《寄远十二首》其十云：“寄书白鹦鹉，西海慰离居。”西海，指西域。[③] 白鹦鹉，原产海南诸国，聪慧灵巧，能学人语。《旧唐书·南蛮西南蛮传》云：贞观五年（631），林邑“又献五色鹦鹉。太宗异之，诏太子右庶子李百药为之赋。又献白鹦鹉，精识辩慧，善于应答。太宗悯之，并付其使，令放还于林薮”。[④]《旧唐书·东夷传》云：

> （新罗国）贞观五年（631），遣使献女乐二人，皆鬒发美色。太宗谓侍臣曰：“朕闻声色之娱，不如好德。且山川阻远，怀土可知。近日林邑献白鹦鹉，尚解思乡，诉请还国。鸟犹如此，况人情

① 笔者于2017年7月21日访四川江油市李白纪念馆及青莲乡李白故居。
② （唐）令狐德棻等：《周书》（三），中华书局1971年版，第920页。
③ 郁贤皓：《李太白全集校注》（七），凤凰出版社2015年版，第3294页。
④ （后晋）刘昫等：《旧唐书》（十六），中华书局1975年版，第5270页。

乎！朕愍其远来，必思亲戚，宜付使者，听遣还家。”①

林邑，南海古国名，故地在今越南中部，地处“海上丝绸之路”要冲。《册府元龟 · 外臣部十五 · 朝贡三》（卷九七〇）云：贞观二十一年（647），“二月，陀洹国献白鹦鹉，毛羽皓素，头上有红毛数十茎，垂与翅齐；并五色鹦鹉各一，及婆律膏。”② 婆律膏，即龙脑香。陀洹（tuó huán）国，南海古国，《旧唐书 · 南蛮西南蛮传》云：“陀洹国，在林邑西南大海中，东南与堕和罗接，去交址三月余日行。”③《明皇杂录 · 逸文》云：

> 开元中，岭南献白鹦鹉，养之宫中，岁久，颇聪慧，洞晓言词，上及贵妃皆呼为“雪衣女”。性既驯扰，常纵其饮啄飞鸣，然亦不离屏帏间。上令以近代词臣诗篇授之，数遍便可讽诵。上每与贵妃及诸王博戏，上稍不胜，左右呼“雪衣娘”，必飞入局中鼓舞，以乱其行列，或啄嫔御及诸王手，使不能争道。④

驯扰，驯服柔顺。嫔御，嫔妃。元人陈樵《白鹦鹉》一诗说：“开元白鹦鹉，长在玉墀边。宫树栖应熟，胡书读未全。音余西域语，梦入广南天。莫把宫中事，偷归外国传。”⑤ 玉墀，宫殿前的石阶。

李白诗还写到了“海上丝绸之路”东段之国日本列岛、朝鲜半岛。李白《放后遇恩不沾》云：“东风日本至，白雉越裳来。”白雉，羽毛白色的野鸡，诗中当指白鹦鹉。越裳，南海古国名。《高句丽》云：“金花折风帽，白马小迟回。翩翩舞广袖，似鸟海东来。”或认为，“此诗似是写高句丽伎人的舞蹈。”⑥ 折风，古冠名。《北史 · 高丽传》：“人皆头著折风，形如弁，士人加插二鸟羽。贵者，其冠曰苏骨，多用紫罗为之，

---

① （后晋）刘昫等：《旧唐书》（十六），中华书局 1975 年版，第 5335 页。

② （宋）王钦若等编纂：《册府元龟》（十一），周勋初等校订，凤凰出版社 2006 年版，第 11231 页。

③ （后晋）刘昫等：《旧唐书》（十六），中华书局 1975 年版，第 5272 页。

④ （唐）郑处海：《明皇杂录》，田廷柱点校，中华书局 1994 年版，第 58 页。

⑤ （清）顾嗣立：《元诗选》（初集中），中华书局 1987 年版，第 1486 页。

⑥ 郁贤皓：《李太白全集校注》（二），凤凰出版社 2015 年版，第 701 页。

饰以金银。服大袖衫、大口袴、素皮带、黄革履。”① 海东，渤海之东，高句丽所在之地。乾陵章怀太子墓壁画《客使图》中的高句丽使者，穿戴与《北史》中的记述相符。

五、“长驱静铁关”

李白政治抱负高远，一生关心国家的前途和盛衰，期盼政治清明、国家强盛，这使他始终关注边疆，关注“丝绸之路”及发生在西北的边塞战争，诗中出现的“天山”“楼兰”“玉门”“玉关”“金微山”“铁关”“武威”“张掖”“酒泉”“葱河道”“条支”等，皆为河西走廊及“丝绸之路”上的地名，是汉唐以来的边防重地，李白也借此抒发了建功立业的理想，如《塞下曲六首》其一云：

五月天山雪，无花只有寒。笛中闻折柳，春色未曾看。
晓战随金鼓，宵眠抱玉鞍。愿将腰下剑，直为斩楼兰。

在遥远的边塞，春虽到来但寒冷依旧，将士严阵以待，面对强敌。楼兰，西域古国，故址在今新疆鄯善，是汉唐“丝绸之路”的必经之地，战略地位重要。“斩楼兰”，就是要消灭敌人，开辟通道，与李白《出自蓟北门行》“画角悲海月，征衣卷天霜。挥刃斩楼兰，弯弓射贤王”一样，体现的都是保家卫国的英雄情怀。②《唐诗成法》云：“雪入春则无花，前言塞下寒苦如此。五、六言其苦更甚。两层逼出‘直为斩楼兰’，言外见庶不再来塞下受此苦也，意甚含蓄。”③ 与此诗有异曲同工之妙的是《从军行二首》其二云：

从军玉门道，逐虏金微山。笛奏梅花曲，刀开明月环。
鼓声鸣海上，兵气拥云间。愿斩单于首，长驱静铁关。

玉门，玉门关。金微山一带是汉与匈奴的战场，唐诗中常以金微山

① （唐）李延寿：《北史》（十），中华书局 1974 年版，第 3115 页。
② 高建新：《唐诗中的楼兰》，《光明日报》2021 年 3 月 22 日。
③ 陈伯海主编：《唐诗汇评》（上），浙江教育出版社 1995 年版，第 598 页。

指北部边塞。虞世南《从军行二首》其二云："烽火发金微，连营出武威。孤城塞云起，绝阵虏尘飞。"崔泰之《奉和圣制送张尚书巡边》云："关山绕玉塞，烽火映金微。"金微山，今称阿尔泰山，[①] 位于今中国新疆北部和蒙古国西部，西北延伸至俄罗斯境内。安旗先生、郁贤皓先生认为金微山在今蒙古国肯特省境内，[②] 似与金微山实地所在不相符。肯特省在今蒙古国东北境，唐设金微都护府于此。唐贞观年间，以铁勒卜骨部地置金微都督府，即以此山得名。铁关，铁门关，在今新疆库尔勒市北 8 公里处，是天山南麓与昆仑山北坡交会的交通要冲，"丝绸之路"西行必经之地。《塞下曲六首》其二云：

天兵下北荒，胡马欲南饮。横戈从百战，直为衔恩甚。
握雪海上餐，拂沙陇头寝。何当破月氏，然后方高枕。

北荒，北方荒远之地。崔融《从军行》："关头落月横西岭，塞下凝云断北荒。""握雪"句，用苏武牧羊北海、"天雨雪，武卧啮雪与旃毛并咽之，数日不死"(《汉书·苏武传》)典故，[③] 写士兵生活之艰苦。只有消灭敌人，才能高枕无忧。《塞上曲》表达的是边境和平的企盼：

大汉无中策，匈奴犯渭桥。五原秋草绿，胡马一何骄。
命将征西极，横行阴山侧。燕支落汉家，妇女无华色。
转战渡黄河，休兵乐事多。萧条清万里，瀚海寂无波。

中策，中等计策，指倾其兵力驱逐入侵之敌。《汉书·匈奴传下》云："当周宣王时，猃允内侵，至于泾阳，命将征之，尽境而还。其视戎狄之侵，譬犹蚊虻之螫，驱之而已。故天下称明，是为中策。"[④] 王琦注《塞上曲》云："此篇盖追美太宗武功之盛而作也。""太白本以唐之

① 谭其骧主编：《中国历史大辞典·历史地理》，上海辞书出版社 1996 年版，第 533 页。
② 安旗主编：《李白全集编年笺注》(一)，中华书局 2015 年版，第 487 页。又，郁贤皓：《李太白全集校注》(二)，凤凰出版社 2015 年版，第 723 页
③（汉）班固：《汉书》(八)，中华书局 1962 年版，第 2463 页。
④（汉）班固：《汉书》(十一)，中华书局 1997 年出版，第 3824 页。

初年，与颉利和好为非是，而不可直言，故借汉以喻，而叹其失御戎之策也。”[①]《胡无人》是开元、天宝年间为征讨西北胡人入侵而作，[②]全诗慷慨激昂、豪气干云：

严风吹霜海草凋，筋干精坚胡马骄。汉家战士三十万，将军兼领霍嫖姚。流星白羽腰间插，剑花秋莲光出匣。天兵照雪下玉关，虏箭如沙射金甲。云龙风虎昼交回，太白入月敌可摧。敌可摧，旄头灭，履胡之肠涉胡血。悬胡青天上，埋胡紫塞旁。胡无人，汉道昌，陛下之寿三千霜。但歌大风云飞扬，安得猛士兮守四方。

诗写唐军同仇敌忾，勇猛无比，誓死杀敌，同时写出了战争的残酷。《资治通鉴·汉纪三十九》云：永元三年（91），“窦宪以北匈奴微弱，欲遂灭之，二月，遣左校尉耿夔、司马任尚出居延塞，围北单于于金微山，大破之，获其母阏氏、名王以下五千余级，北单于逃走，不知所在，出塞五千余里而还，自汉出师所未尝至也。封夔为粟邑侯。”[③]冷兵器时代的战争充满了血腥，让人惊悚。

李白诗中多有关于西北的描写。《赠郭将军》云：“将军少年出武威，入掌银台护紫微。”《江夏赠韦南陵冰》云：“君为张掖近酒泉，我窜三巴九千里。”《捣衣篇》云：“万里交河水北流，愿为双燕泛中洲。”《送程刘二侍郎兼独孤判官赴安西幕府》云：“天外飞霜下葱海，火旗云马生光彩。”《古风五十九首》其六云：“昔别雁门关，今戍龙庭前。惊沙乱海日，飞雪迷胡天。”又，其十三云：“胡关饶风沙，萧索竟终古。木落秋草黄，登高望戎虏。荒城空大漠，边邑无遗堵。”诗中的“武威”“张掖”“酒泉”“交河”“葱海”“龙庭”“胡天”“胡关”“大漠”“边邑”，皆与河西走廊、“丝绸之路”、西域相关，可见李白的关切。

① （清）王琦注：《李太白全集》，中国书店1997年版，第143—144页。
② 郁贤皓：《李太白全集校注》（一），凤凰出版社2015年版，第347页。
③ （宋）司马光：《资治通鉴》（四），中华书局2011年版，第1557—1558页。

六、“总是玉关情”

在关注边疆、颂扬边塞立功理想的同时，李白能够体味普通人的情感与内心世界，善于通过传统的行役、离别、相思题材表达对发生在“丝绸之路”上的边塞战争的关注，体现了一种很浓的家国情怀。如《学古思边》，抒发闺中人对征夫的深长的思念之情：

衔悲上陇首，肠断不见君。流水若有情，幽哀从此分。
苍茫愁边色，惆怅落日曛。山外接远天，天际复有云。
白雁从中来，飞鸣苦难闻。足系一书札，寄言叹离群。
离群心断绝，十见花成雪。胡地无春晖，征人行不归。
相思杳如梦，珠泪湿罗衣。

陇首，即陇山，西北边塞之地。含悲走上陇头遥望却不见征夫，思妇不由得肝肠寸断，泪水涟涟。《李太白诗醇》卷五评说：“秀艳缠绵，声声哀怨，如流水之幽咽于陇畔。”[①] 作于天宝年间的《独不见》拟思妇口吻，抒发了与远在西北边塞征戍的丈夫长久离别的悲伤：

白马谁家子，黄龙边塞儿。天山三丈雪，岂是远行时。
春蕙忽秋草，莎鸡鸣曲池。风摧寒梭响，月入霜闺悲。
忆与君别年，种桃齐蛾眉。桃今百余尺，花落成枯枝。
终然独不见，流泪空自知。

天山雪深，岂可远行！一种关切由衷而出。《唐宋诗醇》评此诗说：“‘喓喓草虫，趯趯阜螽’‘卉木萋止，女心悲止’，思妇之言，《三百篇》具矣，幽怨凄清，宛然可听。”[②]“枯枝”句中含有不尽的辛酸，隐喻思妇从满怀热望到失望的过程。诗人在表达对思妇不幸遭遇同情的同时，又在作于同一时期的《塞下曲六首》其五中表达了自己的劝慰：

---

① 郁贤皓：《李太白全集校注》(七)，凤凰出版社 2015 年版，第 3339 页。
② 陈伯海：《唐诗汇评》(上)，浙江教育出版社 1995 年版，第 593—594 页。

塞虏乘秋下，天兵出汉家。将军分虎竹，战士卧龙沙。
边月随弓影，胡霜拂剑花。玉关殊未入，少妇莫长嗟。

虎竹，是调兵的信物。龙沙，也称白龙堆，敦煌西的沙漠，泛指西北沙漠之地，代指战场。既已出征，使命在身，少妇不必叹息玉门关难以进入（回到内地）。言外之意，就是叹息也不会有结果。在这类作品中，《子夜吴歌·秋歌》一诗最为婉转深挚、旖旎多情：

长安一片月，万户捣衣声。秋风吹不尽，总是玉关情。
何日平胡虏？良人罢远征。

秋风中一直牵念着在玉门关守边的丈夫，祈祷战争早日结束，丈夫平安归来。《姜斋诗话》卷下云：“情、景名为二，而实不可离。神于诗者，妙合无垠。巧者则有情中景，景中情。景中情者，如‘长安一片月’，自然是孤栖忆远之情。”[①]《唐诗直解》云：“不恨朝廷黩武，但言胡虏未平，深得风人之旨。”《说诗晬语》云：“诗贵寄意，有言在此而意在彼者。李太白《子夜吴歌》本闺情语，而忽冀罢征。”[②]《唐诗别裁》卷二云：“不言朝家之黩武，而言胡虏之未平，立言温厚。”[③]

詹瑛先生《李白游踪图》描述，[④]李白24岁“仗剑去国，辞亲远游”（《上安州裴长史书》），出蜀后，一生浪迹，南来北往，最北去过河北道的幽州、河东道的雁门关，最西去过关内道的扶风。李白虽然自称陇西成纪人，却没有去过河西走廊，更不用说西域，但这不妨碍李白了解陇西，描写西域及河西走廊上的人文地理、风光景物，表达对无休止的边塞战争的看法。如脍炙人口的《关山月》云：

明月出天山，苍茫云海间。长风几万里，吹度玉门关。
汉下白登道，胡窥青海湾。由来征战地，不见有人还。

① 丁福保辑：《清诗话》（上），上海古籍出版社1978年版，第11页。
② 陈伯海：《唐诗汇评》（上），浙江教育出版社1995年版，第616—617页。
③ （清）沈德潜：《唐诗别裁》，中华书局1964年版，第33页。
④ 詹瑛：《李白诗论丛》，作家出版社1957年版，第119页。

戍客望边色，思归多苦颜。高楼当此夜，叹息未应闲。

古文献中的天山，即今甘肃、青海间的祁连山山脉。《史记·卫将军骠骑列传》云："骠骑将军逾居延至祁连山，捕首虏甚多。"《史记索隐》曰："小颜云：'即天山也。匈奴谓天（为）祁连。'"① 祁连山东西绵延近1000公里，宽200—300公里。山系西北高、东南低，绝大部分海拔3500—5000米，最高峰为疏勒南山的团结峰，海拔5827米。东部的湟水和大通河中下游谷地及北坡的山麓地带适于农业和畜牧业。② 郁贤皓先生说："匈奴人称天为祁连，又祁连山与今新疆境内的天山相连，故称。"③ 其实，祁连山与天山并不相连。祁连山东起武威市天祝中部的乌鞘（shāo）岭，西止敦煌西南100余公里的阿克塞县境的当金山山口。祁连山因在河西走廊之南，又称南山。亦有学者认为祁连山"即今之天山，横亘于新疆中部，唐代又称白山、折罗漫山"。④ 白登，今山西大同东白登山。汉高祖刘邦曾亲率大军与匈奴在此地交战，被困七日。这首诗从大处着笔，开头四句如泼墨画一样，气势磅礴，描绘出西北及河西走廊一带高远壮阔的自然风光，给人无限的遐想。《李太白诗醇》云："'天山'亦若'云海'，皆虚境。若以某处山名实之，谓与'玉门关'不远，即曲为解，亦相去万里矣。"⑤ 祁连山空间上的巨大为诗带来了奇高的境界和非凡的气象，人心为之一振。对万家团圆的和平生活的期盼，引发了李白对统治者穷兵黩武的抨击。如《战城南》云：

去年战，桑干源；今年战，葱河道。洗兵条支海上波，放马天山雪中草。万里长征战，三军尽衰老。匈奴以杀戮为耕作，古来唯见白骨黄沙田。秦家筑城备胡处，汉家还有烽火燃。烽火燃不息，征战无已时。野战格斗死，败马号鸣向天悲。乌鸢啄人肠，衔飞上挂枯树枝。士卒涂草莽，将军空尔为。乃知兵者是凶器，圣人不得

---

① （汉）司马迁：《史记》（九），中华书局1959年版，第2931页。

② 《中国大百科全书·中国地理》，中国大百科全书出版社1993年版，第374、375页。

③ 郁贤皓：《李太白全集校注》（一），凤凰出版社2015年版，第358页。

④ 薛天纬：《李白诗选》，人民文学出版社2017年版，第87页。

⑤ 陈伯海主编：《唐诗汇评》（上），浙江教育出版社1995年版，第584页。

已而用之。

桑干源，桑干河，今永定河上游。葱河，葱岭河，有南北两条，南名叶尔羌河，北名喀什葛尔河。条支，一般认为在今伊拉克两河流域，东面濒临波斯湾。天山，今新疆天山。① 战线拉得越长，战争持续的时间越久，带来的灾难和死亡也会越多。萧士赟评此诗说：“开元、天宝中，上好边功，征伐无时，此诗盖以讽也。”②《唐宋诗醇》卷二云：“古词云：‘战城南，死郭北，野死不葬乌可食。’又云：‘愿为忠臣安可得！’白诗亦本其意，而语尤惨痛，意更切至，所以刺黩武而戒穷兵者深矣。”③ 结尾诗人化用《老子·第三十一章》之语：“兵者，不祥之器，非君子之器，不得已而用之。恬淡为上。胜而不美。”④ 强调战争的残酷性，不可以轻易使用。

李白的“丝绸之路”书写，视野开阔，内容丰富，风格多样，取得了杰出成就。究其原因，主要有以下几点。

一是时代开放，西域文化对中原文化影响日渐深入。李白生活的盛唐，大气磅礴，多种文化并存，“丝绸之路”是唐王朝多元文化的象征，李白深受影响。葛景春教授认为：“李白是唐代诗人中身上最具有西域和丝路文化色彩的诗人之一。他的西域文化色彩不仅表现在他的诗歌中，更体现在他的家世的西域文化背景上。”⑤ 李白熟悉西域文化，包括西域文字。《寄远十二首》其十云：“鲁缟如玉霜，笔题月氏书。”月氏书，用月氏文字写的信，由此推测李白能用西蕃少数民族文字书写。⑥

二是可能有的西域胡人血统。⑦ 李白自觉主动关注“丝绸之路”，关注西域的地理、物产、风俗等，有其民族、地域与文化心理上的认同。

① 郁贤皓：《李太白全集校注》(一)，凤凰出版社 2015 年版，第 240—241 页。
② （清）王琦注：《李太白全集》，中国书店 1996 年版，第 89 页。
③ 郁贤皓：《李太白全集校注》(一)，凤凰出版社 2015 年版，第 243 页。
④ 冯达甫：《老子译注》，上海古籍出版社 1991 年版，第 74 页。
⑤ 葛景春：《论李白诗歌中的丝路文化色彩》，《中州学刊》2017 年第 6 期。
⑥ 郁贤皓：《李太白全集校注》(七)，凤凰出版社 2015 年版，第 3293 页。
⑦ 高建新：《“胡气”与盛唐诗》，《苏州大学学报》2009 年第 3 期。

陈寅恪先生认定李白“本为西域胡人”。(《李太白氏族之疑问》)[①] 詹瑛先生也认为“白之家世或本商胡”。(《李白家世考异》)[②] 可能有的西域胡人血统，为李白诗带来了狂放不羁、飞扬激荡的个性风采。李白超越常人的气质、言行不是中原汉族作家所能具备的。

三是“中夜四五叹，常为大国忧”(《经乱离后天恩流夜郎忆旧游书怀赠江夏韦太守良宰》) 的担当和责任。与盛唐人一样，李白主动选择高尚的社会角色，渴望有所作为，大济苍生，植根于盛世的理想在对国家前途的关注中不断得到深化，尤其体现在对“丝绸之路”畅通的关注以及对边塞战争的持续、系统的思考上。

① 陈寅恪:《金明馆丛稿初编》，上海古籍出版社 1980 年版，第 279 页。

② 詹瑛:《李白诗论丛》，作家出版社 1957 年版，第 24 页。

第六章 “轮台风物异，地是古单于”

——岑参笔下的西域

盛唐诗人岑参（约715—770）一生两次进入西域，前后长达5年，对唐代“丝绸之路”、河西走廊及西域的描写具有典范意义。[①]唐代的西北北疆诗人中没有人比岑参走得更远更多，时间更长，诗作更多。西域的许多地方，是岑参第一次写入诗中。岑参是抱着“功名只向马上取，真是英雄一丈夫”(《送李副使赴碛西官军》)[②]的壮士情怀走进西域的，不经意间却成为唐诗风骨的有力展示。郑振铎先生称赞岑参说：“唐诗人咏边塞诗颇多，类皆捕风捉影。他却自句句从体验中来，从阅历里出。”[③]薛天纬教授说：“岑参写边地风物，相当严肃地遵守了写实的原则。若写未亲历之地，他在诗中即有明示。”[④]如写热海，诗人没有亲历，于是用“侧闻”一词。这样的写实精神，使岑参诗具有特殊的价值，成为了解研究唐代西域的重要史料。

一、遥远壮阔的西域

岑参第一次进入西域是天宝八年（749）春至天宝十年（751）夏。三十多岁的岑参远赴安西，任安西节度使高仙芝幕僚，从河西走廊一路西行，少有绿洲，所见多为沙漠戈壁。《碛西头送李判官入京》云：“一身从远使，万里向安西。汉月垂乡泪，胡沙费马蹄。”《过碛》云：“黄沙碛里客行迷，四望云天直下低。为言地尽天还尽，行到安西更向西。”

---

① 高建新：《“唐诗之路”与岑参的西域之行》，《唐都学刊》2020年第2期。

② 廖立：《岑嘉州诗笺注》（上），中华书局2004年版，第369页。本章所引岑参诗及其编年，均出自此版本。

③ 郑振铎：《插图本中国文学史》（二），人民文学出版社1957年版，第324—325页。

④ 薛天纬：《高适岑参诗选评·导言》，三秦出版社2010年版，第18页。

《碛中作》云："走马西来欲到天，辞家见月两回圆。今夜不知何处宿，平沙万里绝人烟。"《安西馆中思长安》云："绝域地欲尽，孤城天遂穷。""碛西头""度碛""碛里""碛中"之"碛"，指包括莫贺延碛在内的西北沙漠。《通典·边防八·西戎四》（卷一九二）云：焉耆"东去交河城今郡九百里，西去龟兹九百里，皆沙碛"。[①] 通向西域的道路坎坷艰难，但阻挡不住诗人西行的脚步。

严耕望先生认为，从长安出发至西域的唐人中，行程能详考者，莫过于玄奘与岑参。"岑参由长安踰陇坂、大震关、分水驿，经渭州、临州、兰州，至凉州，又经肃州、玉门关，度莫贺延碛至西州，亦曾到沙州；西州又西经银山、焉耆、铁门关，至安西。"[②] 西州，今新疆吐鲁番南。沙州，今敦煌。按照廖立先生的研究，岑参是出阳关之后，西行至蒲昌海（今罗布泊），再沿塔里木河行至安西。[③] 第一次从气候温和、风景秀丽的长安沿着河西走廊西行，再进入西域，直到龟兹。路途之遥远艰辛、气候之寒冷多变、自然环境之恶劣难当，连诗人自己也感到震惊。《河西春暮忆秦中》云："凉州三月半，犹未脱寒衣。"《登凉州尹台寺》云："胡地三月半，梨花今始开。"《过酒泉忆杜陵别业》云："昨夜宿祁连，今朝过酒泉。黄沙西际海，白草北连天。"《寄宇文判官》云："西行殊未已，东望何时还。终日风与雪，连天沙复山。"黄沙无际，北风凄厉，白草翻飞，是一路上所见。天宝八年作于赴安西途中的《初过陇山途中呈宇文判官》，写到的景象更是让人心惊。诗云：

前月发安西，路上无停留。都护犹未到，来时在西州。
十日过沙碛，终朝风不休。马走碎石中，四蹄皆血流。

诗题中有"陇山"出现，以见行路之艰难。西州，太宗灭高昌，以其地置西昌州，后改名西州，辖境相当于今天吐鲁番市及托克逊、鄯善

① （唐）杜佑：《通典》（五），王文锦等校点，中华书局 1988 年版，第 5222 页。
② 严耕望：《唐代交通图考》（二），上海古籍出版社 2007 年版，第 426 页。
③ 廖立：《岑参赴西域时间路途考补》，《河南大学学报》1995 年第 4 期。

等县地，地扼天山南北孔道，为“丝绸之路”上中西交通要冲，[①]自然环境十分险恶，沙海四围，冬天奇寒，夏季酷热。长时间行走在碎石之中，马蹄已经被磨穿，鲜血直流。《唐诗别裁》说“马走”两句“亦称惊绝”。[②]惊绝，让人十分惊恐。严耕望先生认为岑参诗所写沙碛，“盖指伊州西州间之大患鬼魅碛而言，即大患鬼魅碛是也。”[③]此前玄奘曾经行此地至高昌。

褚遂良《谏戍高昌疏》云：“高昌涂路，沙碛千里，冬风冰冽，夏风如焚，行人去来，遇之多死。”[④]岑参写于天宝十年（751）的《武威送刘单判官赴安西行营便呈高开府》诗，一开头即写西域的壮阔：“热海亘铁门，火山赫金方。白草磨天涯，胡沙莽茫茫。”这是唐人第一次将热海写入诗中。热海，即今吉尔吉斯斯坦境内的伊塞克湖，湖长178公里，最宽60公里，面积6236平方公里，湖岸线长597公里，平均水深278米，最深668米（一作702米），湖水主要靠雪水补给。[⑤]2015年10月，中国李白学会会长薛天纬教授亲临伊塞克湖考察：

> 湖面一望无际，像大海一样浩渺。水波十分平静，东边天际的早霞映照着湖水，霞光红得发紫甚至发黑，像挂在天水之间一幅巨大的油画，绚烂而浓重的色彩令人心醉。我们踏着木栈道向湖心走去，已经走出很远，其实还在湖边。环顾四周，西面和南面都是巍峨的雪山，使人意识到自己面对的是一个高山湖泊。[⑥]

19世纪俄国探险家普尔热瓦尔斯基（1839—1888）一生钟情伊塞

---

① 谭其骧主编：《中国历史大辞典·历史地理》，上海辞书出版社1996年版，第290、778页。

② 陈伯海：《唐诗汇评》（上），浙江教育出版社1995年版，第790页。

③ 严耕望：《唐代交通图考》（二），上海古籍出版社2007年版，第490页。

④ （清）董诰等编：《全唐文》（一），上海古籍出版社1990年版，第664页。

⑤ 《中国大百科全书·世界地理》，中国大百科全书出版社1990年版，第708页。

⑥ 薛天纬：《从长安到天山——丝绸之路访唐诗》，北京大学出版社2020年版，第229页。

克湖，认为是比里海、咸海、黑海、地中海更清澈、湛蓝的大海，[①] 而且遗嘱死后葬在伊塞克湖畔云：

> 碧蓝的湖面向西方延伸，一望无垠；湖水向右面也延伸得很远。前边耸立着天山山脉，像一堵高大的墙壁，构成了右岸，在岸边重峦叠嶂，均是雪峰，好像戴上了一副花环。越是向西，这个雪白的花环越接近碧蓝的湖面，而在它的尽头，雪峰仿佛要沉没在伊塞克湖的波涛之中。[②]

伊塞克湖碧波荡漾，与周围的天山雪峰相辉相映，壮阔无与伦比。当年玄奘西行取经，也曾路经伊塞克湖。《大唐西域记》卷一云：

> 山行四百余里至大清池，或名“热海”，又谓“咸海”。周千余里，东西长，南北狭。四面负山，众流交凑，色带青黑，味兼咸苦，洪涛浩汗，惊波汩淴。龙鱼杂处，灵怪间起，所以往来行旅，祷以祈福。水族虽多，莫敢渔捕。[③]

出了凌山（勃达岭）之后，“丝绸之路”向西到达咸海之前，伊塞克湖是旅人看到的最大水面。《大慈恩寺三藏法师传》卷二云：

> 出山后至一清池（清池亦云热海。见其对凌山不冻，故得此名，其水未必温也），周千四五百里。东西长南北狭。望之森然。无待激风而洪波数丈。循海西北行五百余里至素叶城。[④]

“热海亘铁门”中的铁门，指的是故址在今乌兹别克斯坦苏里汗达里省杰尔宾特西北之恰克恰里山口，地处热海西南，为古代中亚南北交

---

① 杜根成、丘陵：《普尔热瓦尔斯基传》，中国民族摄影艺术出版社 2002 年版，第 311 页。

② ［俄］尼·费·杜勃罗文：《普尔热瓦尔斯基传》，吉林大学外语系俄语专业翻译组译，商务印书馆 1978 年版，第 395 页。

③ 季羡林等：《大唐西域记校注》（上），中华书局 2000 年版，第 69 页。

④ （唐）慧立、彦悰：《大慈恩寺三藏法师传》，孙毓棠等点校，中华书局 1983 年版，第 27 页。

通要道，玄奘西行曾经此地。[①]《大唐西域记》卷一“羯霜那国”有详细的记载：

> 从此西南行二百余里入山，山路崎岖，溪径危险，既绝人里，又少水草。东南山行三百余里，入铁门。铁门者，左右带山，山极峭峻，虽有狭径，加之险阻。两傍石壁，其色如铁。既设门扉，又以铁锢，多有铁铃，悬诸户扇，因其险固，遂以为名。出铁门至睹货逻国故地。南北千余里，东西三千余里。东厄葱岭，西接波刺斯，南大雪山，北据铁门，缚刍大河中境西流。[②]

羯霜那国，西域古国，也称史国，地在今乌兹别克斯坦撒马尔罕一带，地处中亚腹地，地势东高西低，是“丝绸之路”上的枢纽。睹货逻，即吐火罗。《隋书·西域传》云：“吐火罗国，都葱岭西五百里，与挹怛杂居。都城方二里。胜兵者十万人，皆习战。其俗奉佛。”[③]挹怛（yì dá），中亚古国，在乌浒河南二百余里。铁门是史国与吐火罗的分界。在今乌兹别克斯坦南部杰尔宾特附近，为史国及吐火罗之分界。其地当南北交通要冲，左右巉峭，石色如铁，中具铁门，形势险要，故有是称。《大慈恩寺三藏法师传》卷二也有相同的记载：

> 又西南三百余里，至羯霜那国。又西南二百里入山，山路深险，才通人步，复无水草。山行三百余里，入铁门。峰壁狭峭而崖石多铁矿，依之为门，扉又鍱铁，又铸铁为铃，多悬于上，故以为名，即突厥之关塞也。出铁门至睹货逻国。[④]

有论者认为此文中的铁门就是岑参《题铁门关楼》“铁关天西涯，极目少行客”、《银山碛西馆》“银山碛口风似箭，铁门关西月如练”诗中的铁门关，而“热海与铁门关相去颇远”，由此得出了“岑参边塞诗

---

① 冯志文等编著：《西域地名词典》，新疆人民出版社 2002 年版，第 454 页。

② 季羡林等：《大唐西域记校注》（上），中华书局 2000 年版，第 98、100 页。

③（唐）魏征等：《隋书》（六），中华书局 1973 年版，第 1853 页。

④（唐）慧立、彦悰：《大慈恩寺三藏法师传》，孙毓棠等点校，中华书局 1983 年版，第 30 页。

中的地名往往用得不严密，此处不必拘泥”的结论，[①]实在是冤枉了岑参！岑参《武威送刘单判官赴安西行营便呈高开府》一诗开头四句说：“热海亘铁门，火山赫金方。白草磨天涯，湖沙莽茫茫。”热海横亘于铁门之北，火焰山映红了西方；茂盛的白草直与远天相连，沙海茫茫，一望无际。从这四句看，岑参对西域一带的山川地貌相当熟悉。岑参是在河西走廊上的武威送别友人的，诗人视域辽阔，极目天山之西的热海、铁门，再由西向东移动，回到了天山东南的交河、高昌一带。诗接下来写道：

曾到交河城，风土断人肠。寒驿远如点，边烽互相望。
赤亭多飘风，鼓怒不可当。有时无人行，沙石乱飘扬。
夜静天萧条，鬼哭夹道傍。地上多髑髅，皆是古战场。
置酒高馆夕，边城月苍苍。

从诗题看，写此诗时岑参已从西域回到了武威，他把自己在西域的经历见闻写进了诗中。交河，故址在今新疆吐鲁番西北5公里处，自西汉至后魏，车师前国都于此，450年为高昌所并。贞观十四年（640），太宗灭高昌，后改置交河县。[②]历史上的交河见证了唐帝国“都护府”等边疆管理模式的有效实行，展现了“丝绸之路”沿线有关城市文化、建筑技术、佛教东传及多民族文化的交流与传播。再由温暖的长安初到西域，在诗人的眼里，此地的风俗、地理环境与中原迥异，令人悲伤，难以适应。交河城狂风怒吼，沙石飞扬，少有行人，又是古战场，间有鬼哭之声，惨淡月色映照下的是满地的白骨。赤亭，赤亭口，亦名赤亭道口，地名，在今新疆鄯善县东北七克台镇附近，唐置赤亭守捉于此。岑参《送李副使赴碛西官车》云：“火山六月应更热，赤亭道口行人绝。”碛西，莫贺延碛之西。诗人描绘的西域寂寞荒远，入目所见使

① 陈铁民、侯忠义：《岑参集校注》，上海古籍出版社2004年版，第119页。此观点又见孙钦善、陈铁民等编：《高适岑参诗选》，人民文学出版社1985年版，第120页。

② 谭其骧主编：《中国历史大辞典·历史地理》，上海辞书出版社1996年版，第336页。

人心惊胆战。这样的景象让诗人在震撼的同时也眼界大开，诗境大开。

交河、高昌地处吐鲁番盆地，地势低凹闭塞，高程多在海平面以下，最低处艾丁湖，湖底海拔 -155 米，是中国陆地上最低的地方。吐鲁番盆地属于“温暖带极端干旱的沙漠”，“西北气流越天山下沉，增温作用强烈，形成焚风，加上地面辐射的热量不易散发，故夏季特别炎热。”[①] 年降水量仅 16.6 毫米，蒸发量却达 3821.5 毫米，是中国的极热之地，素有“火州”之称。著名火焰山自西向东横贯盆地中部，岑参称之“火山”，在诗中多次描写。《武威送刘判官赴碛西行军》云：“火山五月行人少，看君马去疾如鸟。”《火山云歌送别》：“缭绕斜吞铁关树，氛氲半掩交河戍。迢迢征路火山东，山上孤云随马去。”《使交河郡，郡在火山脚，其地苦热无雨雪，献封大夫》云：“暮投交河城，火山赤崔巍。九月尚流汗，炎风吹沙埃。何事阴阳工，不遣雨雪来。”位于吐鲁番盆地以西的交河属于典型的地堑盆地，绝少雨雪，本身像一个常年燃烧的巨大火炉，即使农历九月也让人汗流浃背。唐人中，只有岑参一人亲临火山、描写火山。在《经火山》一诗中岑参又说：

火山今始见，突兀蒲昌东。赤焰烧虏云，炎氛蒸塞空。
不知阴阳炭，何独燃此中。我来严冬时，山下多炎风。
人马尽汗流，孰知造化功。

蒲昌，唐西州蒲昌县，今新疆鄯善县，在吐鲁番盆地以东。虏，西北边地；阴阳炭，古人认为阴阳二气化生万物。贾谊《鹏鸟赋》云：“且夫天地为炉兮，造化为工；阴阳为炭兮，万物为铜。”[②] 在《火山云歌送别》中，岑参又写道：“火山突兀赤亭口，火山五月火云厚。火云满山凝未开，飞鸟千里不敢来”，诗人在北庭生活期间，曾多次目睹了火焰山的壮丽景象。据记者报道，2018 年 6 月 25 日 16 时，吐鲁番火焰山景区巨型“金箍棒”温度计测得实时地表温度为 83℃，此温度是截

① 任美锷：《中国自然地理纲要》(修订版)，商务印书馆 1982 年版，第 344、347 页。
② (梁)萧统编、(唐)李善注：《文选》(二)，上海古籍出版社 1986 年版，第 604 页。

至目前火焰山地区测得的最高地表温度。当日有二千五百多名游客在景区感受高温旅游。[①] 从岑参诗中可知，吐鲁番盆地的炎热气候1200多年来并无太大变化。高昌、交河一带地形特殊，气候变化难测，夏季酷热，深秋即大雪飘飞。《送崔子还京》云：

匹马西从天外归，扬鞭只共鸟争飞。送君九月交河北，雪里题诗泪满衣。

诗人身在绝域的交河送别友人回长安，自然是心生感慨、艳羡不已。《诗式》说："四句言交河地寒，九月见雪，嘉州自伤羁旅，故泪满衣。"[②] 远赴安西，一去就是三年。天宝十年（751），岑参从安西返归长安途中作《临洮客舍留别祁四》云："无事向边外，至今仍不归。三年绝乡信，六月未春衣。"

二、气候极端的西域

经历了千难万险从安西回到长安后，岑参仍任微官，十分郁闷。三年之后，40岁的岑参于天宝十三年（754）第二次进入西域。四月从长安出发，六月至北庭，成为安西、北庭节度使封常清的幕僚（廖立《岑参年谱》）。[③] 行前，有第一次西域经历的岑参有了心理准备。《发临洮将赴北庭留别》云：

闻说轮台路，连年见雪飞。春风曾不到，汉使亦应稀。
白草通疏勒，青山过武威。勤王敢道远，私向梦中归。

轮台，指北轮台。疏勒，疏勒城，在今新疆喀什。岑参去北庭，由瓜州北出玉门关（唐关在今安西东双塔堡附近），有《玉门关盖将军歌》一诗云："玉门关城迥且孤，黄沙万里白草枯。"经五烽至伊州（今新疆

① 张小宓：《83℃！新疆吐鲁番昨日迎来今夏地表最高温》，《新疆晨报》2018年6月26日。

② 陈伯海：《唐诗汇评》（上），浙江教育出版社1995年版，第831页。

③ 廖立：《岑嘉州诗笺注》（下），中华书局2004年版，第905页。

哈密），再西去北庭。在赴北庭途中，岑参写下了《日没贺延碛作》云：

沙上见日出，沙上见日没。悔向万里来，功名是何物。[①]

贺延碛，莫贺延碛，《元和郡县图志·陇右道下·伊州》（卷四十）云：伊州（伊吾）“西南至西州七百三十里。东南取莫贺碛路至瓜州九百里。正南微东至沙州七百里”。[②]莫贺延碛是新疆东部和河西走廊西端连接带上戈壁分布最集中、类型最复杂的地方，穿越常有生命危险。穿越莫贺延碛一无所见，唯有满目黄沙。日日置身于沙海之中，已见懊悔之意。

岑参到了北庭，果然和预料的一样，北庭的气候、自然环境迥异于内地，也与曾经生活过的西州大不一样，西州是酷热，这里是奇寒。《北庭贻宗学士道别》云：“二庭近西海，六月秋风来”；“孤城倚大碛，海气迎边空。四月犹自寒，天山雪濛濛”。《北庭作》云：“孤城天北畔，绝域海西头。秋雪春仍下，朝风夜不休。”北庭，唐方镇名，属陇右道，因为治所在北庭都护府，节度使例兼北庭都护，故通称北庭，治金满县（今新疆吉木萨尔县北破城子），统辖西北伊、西、庭三州及北庭都护府境内诸军、镇、守捉。杜甫《近闻》云：“崆峒五原亦无事，北庭数有关中使。”贞元六年（790），其地没入吐蕃。[③]“丝绸之路”北路经过北庭，杜甫《秦州杂诗二十首》其十九云：“风连西极动，月过北庭寒。”西极，极西，西方极远之地。

岑诗以自己的切实经历描写了北庭的荒寒寂寥，距离中原有万里之遥，《赴北庭度陇思家》云：“西向轮台万里余，也知乡信日应疏。”需要说明的是，唐代西域境内有两个轮台，一个是汉轮台，另一个是唐轮台，一个在天山南，另一个在天山北。汉轮台也称南轮台，《史记·大宛列传》称“仑头”：“仑头有田卒数百人，因置使者护田积粟，

① 陈铁民、侯忠义：《岑参集校注》，上海古籍出版社2004年版，第174页。

② （唐）李吉甫：《元和郡县图志》（下），贺次君点校，中华书局1983年版，第1029页。

③ 谭其骧主编：《中国历史大辞典·历史地理》，上海辞书出版社1996年版，第224页。

以给使外国者。”[1] 故址在今新疆轮台县东南 15 公里布古尔，曾是西域三十六国之一，地处天山南麓中段、塔里木盆地北缘，是唐代“丝绸之路”中道上的重镇，汉代属于西域都护府管辖。汉武帝太初四年（前 101），贰师将军李广利率军伐大宛、夺取汗血马之后在轮台屯田，设置使者校尉，代表朝廷处理西域事务。[2] 汉武帝晚年颁布《轮台罪己诏》（见《汉书 · 西域传下》）中的轮台和岑参诗“尝读《西域传》，汉家得轮台”(《登北庭北楼呈幕中诸公》) 之轮台指的均是汉轮台。另一个轮台是唐轮台，也称北轮台，在唐代“丝绸之路”北道上，地处天山北麓、准噶尔盆地南缘，故址在今新疆昌吉县、米泉县至乌鲁木齐市南郊之乌拉泊古城一带。太宗贞观年间（627—649）在北庭都护府辖境内置轮台县，其后又在县置轮台州及都护府，德宗贞元年间（785—805）为吐蕃所据，[3] 岑参北庭诗作中的轮台指的是北轮台。[4] 实地考察之后，薛天纬教授说：“可以确定，岑参诗中的轮台，就是指吉木萨尔县境内的全国重点文物保护单位‘北庭故城’。”(《八月梨花何处开——岑参诗“轮台”考辨》) [5] 岑参又有《轮台即事》一诗，作于天宝十四年（755）。诗曰：

> 轮台风物异，地是古单于。三月无青草，千家尽白榆。
> 蕃书文字别，胡俗语音殊。愁见流沙北，天西海一隅。

北轮台一带曾属于匈奴，风物与内地殊异。因气候寒冷，三月尚无青草，家家户户周围看到的都是耐寒耐旱的白皮榆树。[6] 因为不通当地的语言文字，不适应当地的风俗，更增添了诗人的异域之感。不论想看不想看，入目的都是茫茫沙漠，仿佛到了天之尽头。这里的“流沙”，指北轮台北面的古尔班通古特沙漠，位于天山北麓、准噶尔盆地中央。

---

① （汉）司马迁：《史记》(十)，中华书局 1959 年版，第 3179 页。
② 贺灵：《西域历史文化大辞典》，新疆人民出版社 2012 年版，第 741 页。
③ 冯志文等编著：《西域地名词典》，新疆人民出版社 2002 年版，第 285 页。
④ 薛天纬：《岑参诗与唐轮台》，《文学遗产》2005 年第 5 期。
⑤ 薛天纬：《八里桥畔论唐诗》，凤凰出版社 2020 年版，第 173 页。
⑥ 廖立：《岑嘉州诗笺注》(下)，中华书局 2004 年版，第 489 页。

岑参作于至德元年（756）秋的《首秋轮台》一诗说：

> 异域阴山外，孤城雪海边。秋来唯有雁，夏尽不闻蝉。
> 雨拂毡墙湿，风摇毳幕膻。轮台万里地，无事历三年。

诗中阴山为天山的别称，岑参《热海行送崔侍御还京》“侧闻阴山胡儿语，西头热海水如煮”中之“阴山”，亦指天山，[①]唐代“丝绸之路”的北道与中道经过天山的北麓与南麓。初秋天山外的北轮台已是一片凄寒，唯见大雁，不闻蝉鸣，加上风雨中的“毡墙”“毳幕”，给人强烈的异域之感，此时的岑参来到北庭已经三年（754—756）。北轮台夏季炎热，冬季寒冷，多飓风，飞沙走石。《走马川行奉送封大夫出师西征》云：“君不见走马川行雪海边，平沙莽莽黄入天。轮台九月风夜吼，一川碎石大如斗，随风满地石乱走”，描写北轮台一带的极端气候。洪亮吉《北江诗话》卷五评此诗说：“诗之奇而入理者，其惟岑嘉州乎。”

> 尝以己未冬杪，谪戍出关，祁连雪山，日在马首，又昼夜行戈壁中，沙石吓人，没及髁膝。而后知岑诗“一川碎石大如斗，随风满地石乱走”之奇而实确也。大抵读古人之诗，又必身亲其地，身历其险，而后知心惊魄动者，实由于耳闻目见得之，非妄语也。[②]

冬杪（miǎo），冬末。洪亮吉（1746—1809）认为，只有亲历其地后才能知晓其诗之真切。嘉庆四年（1799）八月，洪亮吉因痛陈时弊落职被流放新疆伊犁，有很深的西域生活体验。清人毛先舒《诗辩坻》卷三说：“嘉州《轮台》诸作，奇姿杰出，而风骨浑劲，琢句用意，俱极精思，殆非子美、达夫所及。”[③]毛先舒认为，岑参北轮台之作皆是亲历，风骨凛然，精思独具，即使杜甫、高适（字达夫）这样的大家、名家也不能与之比肩。作于北轮台的《轮台歌奉送封大夫出师西征》，颂

---

① 谭其骧主编：《中国历史大辞典·历史地理》，上海辞书出版社1996年版，第371页。

② （清）洪亮吉：《北江诗话》，陈迩冬点校，人民文学出版社1983年版，第86页。

③ 郭绍虞：《清诗话续编》（一），富寿荪校点，上海古籍出版社1983年版，第47页。

赞唐军军容盛壮、士气高昂云：

轮台城头夜吹角，轮台城北旄头落。羽书昨夜过渠黎，单于已在金山西。戍楼西望烟尘黑，汉兵屯在轮台北。上将拥旄西出征，平明吹笛大军行。四边伐鼓雪海涌，三军大呼阴山动。虏塞兵气连云屯，战场白骨缠草根。剑河风急雪片阔，沙口石冻马蹄脱。亚相勤王甘苦辛，誓将报主静边尘。古来青史谁不见，今见功名胜古人。

北轮台控扼天山之北的广大区域，是兵家必争之地。渠黎，汉时西域国名，在今新疆轮台县东南，其地与南轮台相连。金山，今新疆北部的博格达山。全诗悲壮激昂，气势豪雄，无人企及。“雪片阔”“马蹄脱”极言天气之寒冷，非亲历不可得。“战场白骨缠草根”，触目惊心，写战争频繁、残酷，暗示此地由来是战场，元好问《岐阳三首》其二云：“野蔓有情萦战骨”，[①] 显然受到了岑诗的启发。在北庭期间，岑参《白雪歌送武判官归京》不仅吟出了“忽如一夜春风来，千树万树梨花开”的千古绝唱，又有《天山雪歌送萧治归京》一诗，描绘当地奇异的气候：

天山有雪常不开，千峰万岭雪崔嵬。北风夜卷赤亭口，一夜天山雪更厚。能兼汉月照银山，复逐胡风过铁关。交河城边飞鸟绝，轮台路上马蹄滑。晻霭寒氛万里凝，阑干阴崖千丈冰。将军狐裘卧不暖，都护宝刀冻欲断。正是天山雪下时，送君走马归京师。雪中何以赠君别，惟有青青松树枝。

晻霭（ǎn ǎi），隐蔽幽暗。诗以动人的笔触描绘天山雪景，依依别情自然熔铸在壮丽的雪景之中，有《白雪歌送武判官归京》的意境与韵味，可称姊妹篇，属于洪亮吉《北江诗话》卷五说的“诗奇而入理”

① 狄宝心：《元好问诗编年校注》（二），中华书局 2011 年版，第 548 页。

者：“诗奇而入理，乃谓之奇。若奇而不入理，非奇也。”①赤亭口、银山、铁关（铁门关）、交河、轮台，均为唐代“丝绸之路”西域段的要冲。虽说气候极端，岑参在北庭期间却也看到了在内地看不到的壮美的游牧图景，《北庭西郊候封大夫受降回军献上》云：

胡地苜蓿美，轮台征马肥。大夫讨匈奴，前月西出师。
甲兵未得战，降虏来如归。橐驼何连连，穹帐亦累累。

在表达《孙子兵法·谋攻》“不战而屈人之兵”②的自豪之余，诗人起首就写“胡地苜蓿美”，深有用意。因为“苜蓿美”，所以“征马肥”。苜蓿，一般指紫花苜蓿，多年生草本，富含维生素，再生能力强，至今仍是世界公认的顶级牧草，有“牧草之王”之称。轮台，指北轮台，唐代“丝绸之路”北线上的重镇。苜蓿，则是张骞凿空西域后引进中原的。诗含蓄地赞美了汉代拓土开疆的历史功绩。“橐驼”“穹帐”句展现的是西域游牧民族的生活图景，巍峨绵延的天山下，有数不清的骆驼，数不清的毡帐，由此见出此地的广阔和富饶。

岑参是在至德元年（756）岁末东归长安的。③两次西域之行，锻炼了岑参，成就了他的诗歌，唐人中写西域、写“丝绸之路”、写天山南北的奇特物产如优钵罗花（雪莲），没有人能超过岑参，所以郑振铎说：“岑参是开、天时代最富于异域情调的诗人。”④陆游《跋岑嘉州诗集》说：

予自少时，绝好岑嘉州诗。往往山中，每醉归，倚胡床睡，辄令儿曹诵之，至酒醒，或熟睡，乃已。尝以为太白、子美之后，一人而已。今年自唐安别驾来摄犍为，既画公像斋壁，又杂取世所传公遗诗八十余篇刻之，以传知诗律者，不独备此邦故事，亦平生素

---

① （清）洪亮吉：《北江诗话》，陈迩冬点校，人民文学出版社1983年版，第86页。
② 中国人民解放军军事科学院：《孙子兵法新注》，中华书局1981年版，第21页。
③ 周祖撰主编：《中国文学家大辞典》（唐五代卷），中华书局1992年版，第376页。
④ 郑振铎：《插图本中国文学史》（二），人民文学出版社1957年版，第324页。

意也。乾道癸巳（1173）八月三日，山阴陆某务观题。[1]

诵传岑参诗、描绘岑参像，崇敬之情溢于言表。陆游如此喜好岑参，最重要的原因就在于岑参诗有英雄气，敢于走向万里边疆，有对异域文化与风光景物亲切具体的感受，其作品有其他诗人所不能及的奇峭之美，是唐诗风骨的重要构成。杜甫《九日寄岑参》云："岑生多新诗，性亦嗜醇酎。"岑参诗不落俗套，自成格调。"新诗"之"新"，就是新奇：奇情、奇语，奇景、奇境。同时代的殷璠在《河岳英灵集》卷中评岑参诗"参诗语奇体峻，意亦造奇"。[2] 后人评价岑参诗也多集中在了风骨与奇、壮之上。《唐诗品》云："嘉州诗一以风骨为主，故体裁峻整，语亦造奇。"《唐音癸签》云："岑词胜意，句格壮丽。"《诗薮》云："高、岑并工起语，岑尤奇峭。"《石洲诗话》云："嘉州之奇峭，入唐以来所未有。又加以边塞之作，奇气益出。风会所感，豪杰挺生。"《诗学渊源》云："其诗辞意清切，迥拔孤秀，多出佳境。"[3] 西域之行也部分成就了他的仕途，代宗时曾任嘉州（今四川乐山）刺史，世称"岑嘉州"。岑参诗"奇"的得来，与两次由河西走廊进入西域的经历密不可分。

三、神奇的优钵罗花

天宝十五年（756），一个特殊的机缘，第二次进入西域的岑参在北庭见到了一种名叫优钵罗花的神奇植物，并写下了《优钵罗花歌并序》。岑参在诗序中说，自己在佛经中曾读到有关优钵罗花的记载，但并未见到过真的优钵罗花。他说自己公事之外多有闲暇，"乃于府庭内栽树种药，为山凿池，婆娑乎其间，足以寄傲。"就在种树种草、堆山开池、徘徊其中、像陶渊明一样"倚南窗以寄傲"之时，有交河小吏进献优钵罗花，自称是在天山之南获得的。

岑参仔细端详优钵罗花："其状异于众草，势巃嵸如冠弁，嶷然上

① 《陆游集》（五），中华书局 1976 年版，第 2229 页。

② 王克譲：《河岳英灵集注》，巴蜀书社 2006 年版，第 201 页。

③ 陈伯海：《唐诗汇评》（上），浙江教育出版社 1995 年版，第 787—789 页。

耸，生不傍引；攒花中拆，骈叶外包，异香腾风，秀色媚景。”岑参发现此花与众草不同，孤高挺拔，其状如冠，不斜生旁引；花蕊团集，花瓣开展，叶片两两相对。虽生在边僻之地，却香气馥郁、独有姿色，在日光照耀下更显得可爱。诗人在赞赏优钵罗花的同时又不禁感慨地说：“尔不生于中土，僻在遐裔，使牡丹价重，芙蓉誉高，惜哉！”如此高贵的花不生长在赏者如云的内地，却偏偏生长在荒寂僻远的边地，为牡丹、荷花的价高誉重、人见人夸提供了机会，实在令人惋惜。然而，“夫天地无私，阴阳无偏，各遂其生，自物厥性，岂以偏地而不生乎？岂以无人而不芳乎？”天地是无私的、阴阳是不会偏袒的，这样万物就可以按照自己的天性生长，存续自己的质性。不会因为所处地方的荒寂僻远而不生长，也不会因为无人欣赏而不芬芳。诗人浮想联翩、睹物伤怀：“适此花不遭遇交河小吏，终委诸山谷，亦何异怀才之士，未会明主，摈于林薮耶！”优钵罗花如果不碰上交河小吏，最终只能委弃于冰冷的荒山之中，就像“怀才之士”不能遭逢圣明之主一样，在山林草野中寂寞地耗尽一生。岑参于是感而为歌，在赞赏高贵美丽的优钵罗花的同时，也抒发了自己心中的无限悲慨：

> 白山南，赤山北。其间有花人不识，绿茎碧叶好颜色。叶六瓣，花九房。夜掩朝开多异香，何不生彼中国兮生西方。移根在庭，媚我公堂。耻与众草之为伍，何亭亭而独芳。何不为人之所赏兮，深山穷谷委严霜。吾窃悲阳关道路长，曾不得献于君王。

在天山之南、火焰山之北，有一种不为人知的、名为优钵罗的花。优钵罗花绿茎碧叶，颜色姣好。有六瓣叶片，九个花房。夜里闭合，清晨开放，散发着奇异的芬芳。岑参不禁问道，这么神奇的花卉，为什么不生长在中原却偏偏生长在西域？优钵罗花耻与众草为伍，亭亭玉立，芳华幽独。是什么原因不被众人欣赏？最终落得个委弃深山穷谷，一任严霜摧损。诗人感叹“吾窃悲阳关道路长，曾不得献于君王”，优钵罗花的命运与自己的遭遇何其相似，通过敦煌的阳关一旦进入遥远的西域，再想回到长安，不仅道路艰难漫长，而且遥遥无期。堪与中原受重的牡丹、江南垂青的荷花媲美的优钵罗花，只因生长在西域，竟落到了如此的境地。纵观诗人坎坷的仕途，英雄无用武之地，人生理想难以实现，其遭遇正如生长在荒寂边地的优钵罗花，所以见了优钵罗花，诗人不能不动情，不能不心生感慨，甚至是同病相怜，移情于花。

岑参诗序说“尝读佛经，闻有优钵罗花”。这里的佛经指的可能是《华严经》，全称《大方广佛华严经》，是大乘佛教的主要经典。丁福保《佛学大词典》云：

> 优钵罗（植物）Utpala，又作乌钵罗，沤钵罗，优钵剌。花名。译曰青莲花，黛花，红莲花。《慧苑音义》上曰：“优钵罗，具正云尼罗乌钵罗，尼罗（Nila）者，此云青。乌钵罗者，花号也。其叶狭长，近下小圆，向上渐尖，佛眼似之，经多为喻，其花茎似藕，稍有刺也。”《玄应音义》三曰：“优钵剌，又作沤钵罗，此译云黛花也。”《法华玄赞》一曰：“优钵罗者，此云红莲花。”《大日经疏》十五曰：“优钵罗花，有赤白二色，又有不赤不白者，形如泥卢钵罗花。”①

《慧琳音义》卷二十五云：“优钵罗花，此云青色莲花是也。”“拘物头花，此云黄赤莲花也。”“波头摩花，此云赤莲花，其花茎有毛刺者也。”“分陀利花，此云白色莲花也。”② 在各类莲花中，优钵罗花狭长的叶子酷似佛眼，是典型的佛国之花，为人敬仰。优钵罗花，梵语的音译，一般译作青莲花或红莲花，即生长在西域的雪莲花。当时雪莲花虽未能像汗血马、葡萄、石榴、苜蓿一样进入中原，却在中国文学中被第一次写到。中原人通过岑参的诗第一次知道了这种远在天边的神奇植物。为李白诗作注的清人王琦说：“青莲花，出西域，梵语谓之优钵罗花，清净香洁，不染纤尘，李白自号，疑取此义。”（《李太白年谱》）③ 王

① 丁福保：《佛学大词典》（下），上海书店出版社1991年版，第2758页。

② （唐）慧琳：《一切经音义》（中），徐时仪校注，上海古籍出版社2008年版，第930页。

③ （清）王琦：《李太白全集》，中国书店1996年版，第811页。

琦认为，李白来自西域的碎叶城（在今吉尔吉斯斯坦托克马克城西南），故其自号青莲，此青莲并非江南常见的多年生水生草本花卉——荷花（或称“水芙蓉”），而是雪莲。岑参细致具体地描述了生长在西域的稀有高山植物——雪莲，这在唐人文献中是极其罕见的。

岑参诗中的优钵罗花，再具体说就是今天的“天山雪莲”，因状如荷花，亦称“雪荷花”。通常生长在海拔2800—4000米的雪线以下，能在石缝、砾石中扎根，不畏冰天雪地，生命力顽强，每年的七八月份开花，花如拳大，花蕊紫色，外包着白玉色或淡绿色的半透明膜片，新疆、西藏、云南均有分布。清代医药学家赵学敏《本草纲目拾遗·花部》卷七说：

> 雪荷花（雪芝、雪里花）产伊犁西北及金川等处大寒之地，积雪春夏不散，雪中有草，类荷花，独茎亭亭，雪间可爱。戊戌（1778年）春，予于史太守处亲见之，较荷花略细，其瓣薄而狭，长可三四寸，绝似笔头，云浸酒则色微红。①

《本草纲目拾遗》卷七又引朱枫《柑园小识》曰：“雪莲生西藏，藏中积雪不消，暮春初夏，生于雪中，状如鸡冠，花叶逼肖，花高尺许，雌雄相并而生，雌者花圆，雄者花尖，色深红，性大热，能除冷疾。”雪莲花属菊科多年生草本，根茎粗壮，叶子为长椭圆形，花色多深红，是一种名贵的高山植物，有极好的药用价值，可止血，补肾气不足，治风湿、雪盲、牙痛。

雪莲花是随着岑参远行万里进入西域而呈现在世人面前的，但在后来的中国古代文学作品中描写的并不多，倒是纪昀《阅微草堂笔记》卷三《滦阳消夏录三》中有一段神奇的记载：

> 塞外有雪莲，生崇山积雪中，状如今之洋菊，名以莲耳。其生必双，雄者差大，雌者小。然不并生，亦不同根，相去必一两丈。

---

①（清）赵学敏：《本草纲目拾遗》，刘从明校注，中医古籍出版社2017年版，第250页。

> 见其一，再觅其一，无不得者。盖如兔丝茯苓，一气所化，气相属也。凡望见此花，默往探之则获。如指以相告，则缩入雪中，杳无痕迹，即劚雪求之亦不获。草木有知，理不可解。土人曰："山神惜之。"其或然欤？此花生极寒之地，而性极热。盖二气有偏胜，无偏绝，积阴外凝，则纯阳内结。①

劚（zhú），挖掘。纪昀以聊斋笔法，描述了传说中的雪莲花。雪莲花虽然"其生必双"，但"不并生，亦不同根，相去必一两丈。见其一，再觅其一，无不得者"。雪莲花仿佛精灵一般，孤高独立，绝不攀附依傍，一株与另一株之间有清晰的距离，而且厌喧嚣，喜宁静，一听人大声说话，指指点点，便会"缩入雪中，杳无痕迹"，即使用铁制工具挖掘，也不可得，真有点儿像蒲松龄《黄英》中描绘的"菊精"。

对于这样的奇花，唐代文学家几无涉及。直至晚唐，也只有贯休诗中有两处提到了优钵罗花。《闻迎真身》云："可怜优钵罗花树，三十年来一度春。"《道情偈三首》其三云："优钵罗花万劫春，频犁田地绝纤尘。"但诗人着眼点并不在花本身，而在阐扬佛理。着眼于花本身来描述天山雪莲，岑参是第一人，所以宋人叶茵《优钵罗花》诗说："九房六瓣瑞天山，香色清严入坐寒。不悟岑参题品意，后人衹作佛花看。"②叶茵认为，岑参以优钵罗花入诗，寄寓了深深的身世之感，后人不能只把它当作佛花来看。明人郎瑛在《七修类稿·事物类》（卷四十六）中说："尝闻佛家有优钵罗花，《本草》《尔雅》诸所不载，意为幻言也。""昨读《岑嘉州集》，有《优钵罗花歌》，则又知其实有此花。"③早在1260年前，岑参就已经让雪莲花静静地盛开在了唐诗里，开得美丽而忧伤，淡然而有意味，不仅在文学史上，而且在植物学史上亦有特殊的意义。

① （清）纪昀：《阅微草堂笔记》，上海古籍出版社1980年版，第50页。

② 北京大学古文献研究所：《全宋诗》（六十一），北京大学出版社1998年版，第38251页。

③ （明）郎瑛：《七修类稿》，上海书店出版社2009年版，第482、483页。

第七章 “驼马由来拥国门”

——杜甫、张惟俭笔下的“丝绸之路”朝贡

王贞白《长安道》说：“晓鼓人已行，暮鼓人未息。梯航万国来，争先贡金帛。”梯航，“梯山航海”的省语，谓长途跋涉。唐代“丝绸之路”畅通，尽管路途遥远，各国、各地区、各部族的人们还是争相进入长安朝贡，与唐朝友好交往。朝贡是基本的外交礼节，也与唐王朝的强大和繁盛及其奉行的开放的国策密不可分。杜甫（712—770）的青壮年时期是在开元（713—741）、天宝（742—755）度过的，他目睹了唐王朝的繁荣及“丝绸之路”为国家带来的生机与活力，知道“丝绸之路”是国家的命脉，所以特别关注它的畅通与否。晚年所作《喜闻盗贼蕃寇总退口号五首》，其三、其四展现的正是“丝绸之路”达到全盛之后“万国”来朝、争相与唐王朝交往的盛况，赞扬了唐王朝敞放胸怀，面对整个世界的大国气派。稍后于杜甫的中唐诗人张惟俭，《全唐诗》存其诗《赋得西戎献白玉环》一首，是对杜诗的补充和丰富。

一、跨越万水千山

唐代宗大历三年（768）春天，思乡心切的杜甫从白帝城乘船出瞿塘峡，适江陵，开始了晚年的漂泊之旅。这是诗人一生最后的三年。在漂泊途中，诗人依旧关怀着国家前途与百姓命运，当他得知来犯的吐蕃全面撤退，激动地写下了《喜闻盗贼蕃寇总退口号五首》，追忆了以“丝绸之路”为开放象征的唐王朝的全盛时期，表达了对经历“安史之乱”后的国家中兴的热情祈盼。其三是这样写的：

> 崆峒西极过昆仑，驼马由来拥国门。

逆气数年吹路断，蕃人闻道渐星奔。[①]

这首诗只有短短的28字，但含蕴深厚，字字玑珠，需作细致深入的解读。[②]诗的前两句说，从崆峒山往西再往西，一直越过天险昆仑山，就是牵引驼马拥入国门的西域商胡的所来之处，描写的是“丝绸之路”开通之后，“万国”争相来朝的盛况。杜甫《赠田九判官》云：“崆峒使节上青霄，河陇降王款圣朝。”崆峒，山名。在今甘肃平凉市城西12公里处，峰林耸峙，怪石嶙峋，主峰海拔2123.3米，唐属陇右道肃州福禄县，是古“丝绸之路”西出关中之要道，有“西来第一山”之称，唐诗对它多有描述。骆宾王《边庭落日》云：“河流控积石，山路远崆峒。”[③]高适《赴彭州山行之作》云：“峭壁连崆峒，攒峰叠翠微。”许棠《边城晚望》云：“迢迢河外路，知直去崆峒。”秦都关中，以黄河以东地区为河外。《资治通鉴·周赧王四年》云：“韩献宜阳；梁效河外。”胡三省注：“河外，秦盖以河东为河外，梁则以河西为河外。”[④]贯休《蜀王登福感寺塔三首》其二云：“南照微明连莽苍，峨嵋拥秀接崆峒。”崆峒山危崖突兀，幽壑纵横，杜甫《自京赴奉先县咏怀五百字》云：“群冰从西下，极目高崒兀。疑是崆峒来，恐触天柱折”，更是以崆峒山随波浪而涌来、来势凶猛、折断天柱为喻，担忧唐王朝发生剧变。西极，极西，西方极远之地，汉唐中国人所知的极西之地就是大秦，即罗马帝国。[⑤]翻过了昆仑山一直向西，经过中亚、西亚，通过里海、黑海、地中海就到了大秦。屈原《离骚》云：“朝发轫于天津，夕余至乎西极。”[⑥]杜甫《秦州杂诗二十首》其十九云：“风连西极动，月过北庭

---

① 萧涤非主编：《杜甫全集校注》（九），人民文学出版社2014年版，第5408页。

② 高建新：《唐代丝路繁盛的文学写照——以杜甫〈喜闻盗贼蕃寇总退口号五首〉（其三）为考察中心》，万明、杜常顺主编：《中外关系史视野下的丝绸之路与西北民族》，中国社会科学出版社2018年版，第209—218页。

③ （唐）骆宾王著、（清）陈熙晋笺注：《骆临海集笺注》，上海古籍出版社1985年版，第127页。

④ （宋）司马光：《资治通鉴》（一），中华书局2011年版，第94页。

⑤ 周伟洲、丁景泰主编：《丝绸之路大辞典》，陕西人民出版社2006年版，第129页。

⑥ （宋）洪兴祖：《楚辞补注》，中华书局1983年版，第44页。

寒。”崔融《拟古》云：“河水日东注，河源乃西极。”“西极”虽然有地理想象的成分，却也表明了古人对天下的探究、对遥远异域的追慕。

昆仑，昆仑山山脉，横贯中国西部，西起帕米尔高原东部，横贯新疆、西藏之间东伸延至青海境内，分为三支，北为塔里木盆地，南为藏北高原，最南支入川与岷山接全长约 2500 公里，海拔 500—7000 米。仅是中段，就有海拔 6000 米以上的大山 8 座，如乌孜塔格海拔 6250 米，琼木孜塔格海拔 6920 米。[①] 昆仑山脉西窄东宽，最宽处达 350 公里，最窄处 150 公里，总面积达 50 多万平方公里。昆仑山山势雄伟，峰顶终年积雪，形成冰川。冰川融水是中国几条主要大河的源头，包括长江、黄河、澜沧江、怒江、塔里木河，昆仑山脉因此被尊为“万山之宗”“万河之母”，[②] 对此唐人有许多描写，齐己《祈真坛》云：“昆仑纵广一万二千里，中有五色云霞五色水。”吴融《偶书》云：“芳树绿阴连蔽芾，长河飞浪接昆仑。”李峤《河》云：“河出昆仑中，长波接汉空。”孟郊《泛黄河》云：“谁开昆仑源，流出混沌河。”韩愈《杂诗四首》其三云：“昆仑高万里，岁尽道苦邅。”杜甫也在数首诗中写到了昆仑山，《秦州杂诗二十首》其十云：“云气接昆仑，涔涔塞雨繁。”《白水县崔少府十九翁高斋三十韵》云：“昆仑崆峒颠，回首知不隔。”《后苦寒行二首》其一云：“南纪巫庐瘴不绝，太古以来无尺雪。蛮夷长老怨苦寒，昆仑天关冻欲折。”高入云天，纵横万里，水流丰沛，云气苍茫，奇寒无比，是唐人笔下的昆仑山。

杜甫的这首诗在众多的地名中特别选择了昆仑山，意在说明不管自然环境多么恶劣、路途多么遥远艰难，甚至冒着生命危险，都不能阻挡西域使节、商胡、胡僧执着前来的脚步。这从另外一个方面说明了唐王朝具有不可抗拒的巨大吸引力。对于西域诸国来说，没有和这个当时世界上最大的文明古国交往，是外交上的巨大损失；对于胡商个人来说，没有进入中原，没有去过长安，从商经历是不完美的，更不要说贩运丝

---

① 任美锷主编：《中国自然地理纲要》，商务印书馆 1982 年版，第 362 页。

② 《中国大百科全书·中国地理》，中国大百科全书出版社 1993 年版，第 281—282 页。

绸可能带来的惊人利润。“交通的日益发达使得商人们能够通过草原、戈壁、沙漠、雪山、丛林、大海等任何一种自然环境而开辟途径，而且在它们之间还开辟蹊径。这样，使得唐代丝绸贸易成为一种网络式流通。”①

驼马，骆驼和马，指牵引着骆驼、马通过“丝绸之路”进来的各国商队、使节。骆驼，有“沙漠之舟”的美誉，善于在极端的气候条件下长途跋涉，是“丝绸之路”上最重要的运载牲畜。由来，从来，历来，自始以来，实指从张骞凿空西域，“丝绸之路”开通以来，国门前就人山人海，其势如堵。海外不同风俗的国家，经过几重翻译，不远万里来中国进献方物、请求接见者，多到了数不清的程度。“拥”字意味深厚，有拥堵、拥挤之意，又指争先恐后、生怕误过、同一时间聚集在一起。国门，指国家的边关口岸，亦指通关入境。“拥国门”，指争相进入国门之内。

“丝绸之路”开通与延伸对于唐王朝的强大和繁盛的重要作用不言而喻，“丝绸之路”的阻断也就意味着唐王朝的衰落，所以诗人接下来说“逆气数年吹路断”就语气沉痛，含有愤懑。“逆”，与“顺”相对，如逆流；“逆气”，即违逆不顺之气，这里指吐蕃倒行逆施，不顾唐蕃曾经的友好交往，悍然入侵河陇地区。开元二十三年（735），玄宗《敕吐蕃赞普书》（张九龄撰写）云：“所结亲好，不是近年，文成公主已来，亦重叠矣。中间或绝或继，终是旧好存焉。”同年玄宗还有《敕金城公主书》（张九龄撰写）云：“异域有怀，连年不舍，骨肉在爱，固是难忘。彼使近来，且知安善，又闻赞普情义，是事叶和，亦当善执柔谦，永以为好。”② 对于吐蕃而言，“逆”还有对唐朝的背叛之意。松赞干布统一了西藏高原之后，于唐初遣使来唐，迎娶文成公主（625—680）入藏，还选派了一批贵族子弟到长安学习。在松赞干布的倡导下，吐蕃贵族开始用内地运来的丝绸裁制衣服。高宗时又给吐蕃送去桑苗、蚕种，

① 赵丰：《唐代丝绸与“丝绸之路”》，三秦出版社 1992 年版，第 52 页。

② 熊飞：《张九龄集校注》（中），中华书局 2008 年版，第 659、629 页。

并派去一批擅长养蚕、酿酒、烧陶、造纸的工匠，极大地促进了吐蕃的经济文化发展。[①]中宗朝又有金城公主（698—739）入藏，嫁给吐蕃赞普赤德祖赞，在藏生活了三十余年。“数年”，指唐代宗宝应元年（762）吐蕃乘机攻陷了甘陇地区，占据了数年，甚至一度进入长安；“吹路断”，指吐蕃阻断了由甘陇通往西域的“丝绸之路”，主要是河西走廊一带；“吹”，合拢嘴唇用力出气，与“逆气”相统一。比杜甫晚出生67年的中唐诗人元稹（779—831）有《西凉伎》一诗，描写了“丝绸之路”被“逆气”“吹断”前后的情形：

吾闻昔日西凉州，人烟扑地桑柘稠。蒲萄酒熟恣行乐，红艳青旗朱粉楼。楼下当垆称卓女，楼头伴客名莫愁。乡人不识离别苦，更卒多为沉滞游。哥舒开府设高宴，八珍九酝当前头。前头百戏竞撩乱，丸剑跳踯霜雪浮。狮子摇光毛彩竖，胡腾醉舞筋骨柔。大宛来献赤汗马，赞普亦奉翠茸裘。一朝燕贼乱中国，河湟没尽空遗丘。开远门前万里堠，今来蹙到行原州。去京五百而近何其逼，天子县内半没为荒陬，西凉之道尔阻修。连城边将但高会，每听此曲能不羞？[②]

西凉州，即凉州，是“丝绸之路”上的重镇，是当时东西方物质交流的主要驿站和商埠、往来商旅的必经之地。“安史之乱”前，凉州富庶安宁，一片和平景象：美酒芬芳，酒楼林立；百戏竞演，热闹非凡。大宛国（今乌兹别克斯坦费尔干纳盆地一带）来献汗血马，吐蕃王赞普也奉上翠茸裘。西凉的狮子舞与从西域传来的胡腾舞，演技高超，分外引人注目。“安史之乱”后河陇陷落，凉州一片萧条，昔日的繁华不复重见，原本广阔的疆域迅速缩小，边防线不断后移，以至于逼近首都长安。白居易《西凉伎》一诗在“平时安西万里疆，今日边防在凤翔”句后自注：“平时开远门外立堠云：去安西九千九百里。以示戍人不为万

① 王仲荦：《隋唐五代史》（上），上海人民出版社2003年版，第297页。

② （清）彭定求等编：《全唐诗》（六），中华书局编辑部点校，中华书局1999年版，第4628页。

里之行，其实就盈数也。”[①] 开远门曾直通万里之外的安西，如今的边疆却收缩到凤翔（西距长安不足 200 公里）、原州（今宁夏固原一带）。贾岛《寄沧州李尚书》云：“青冢骄回鹘，萧关陷吐蕃。”吐蕃甚至分三道入川，欲取成都为东府。杜甫《入奏行赠西山检察使窦侍御》云：“吐蕃凭陵气颇粗，窦氏检察应时须。”凭陵，侵陵，进逼。陈寅恪先生认为，“‘安史之乱’后，吐蕃盗据河湟以来，迄于宪宗元和之世，长安君臣虽有收复失地之计图，而边镇将领终无经略旧疆之志意。此诗人所以同深愤慨，而元白二公此篇所共具之历史背景也。”[②]《新五代史·四夷附录第三》云：

> 安禄山之乱，肃宗起灵武，悉召河西兵赴难。而吐蕃乘虚攻陷河西、陇右，华人百万皆陷于虏。文宗时，尝遣使者至西域，见甘、凉、瓜、沙等州城邑如故，而陷虏之人见唐使者，夹道迎呼，涕泣曰：“皇帝犹念陷蕃人民否？”其人皆天宝时陷虏者子孙，其语言稍变，而衣服犹不改。[③]

即使陷于吐蕃多年，人民依然思念着唐王朝，渴望回去。诗的结尾“蕃人闻道渐星奔”一句十分耐人寻味。蕃人，即生活在青藏高原上的吐蕃部族，在玄宗开元（713—741）时代非常强盛，与唐王朝的关系时好时坏。闻道，听说，即听到唐军收复了河陇之地的消息。渐，慢慢地，一点一点地；星奔，如流星飞逝，形容疾速。何焯说：“此言吐蕃乘乱陷我河湟之地，今为中国所破，庶几其远徙也。”[④] 由于吐蕃的入侵，“丝绸之路”被隔断了数年，西域各国争相来朝，贡献方物的繁盛景象不见了。如今，敌人如流星般疾速退去，“丝绸之路”终于可以再次开通，唐都长安也变得比过去安全了，由此诗人表达了自己的喜悦及对国家前途的乐观与自信，同时自然地点了诗题——《喜闻盗贼蕃寇总

---

① 朱金城：《白居易集笺注》（一），上海古籍出版社 1988 年版，第 210 页。
② 陈寅恪：《元白诗笺证稿》，上海古籍出版社 1978 年版，第 226 页。
③ （宋）欧阳修：《新五代史》（三），中华书局 1974 年版，第 913—914 页。
④ 萧涤非主编：《杜甫全集校注》（九），人民文学出版社 2014 年版，第 5408 页。

退》。仇兆鳌评说："此记吐蕃判服不常也。驼马入贡，往时归顺，自逆命数年，而今乃奔散，喜之也。"(《杜诗详注》卷二十一)[①]大历元年(766)，杜甫曾有《近闻》一诗云：

> 近闻犬戎远遁逃，牧马不敢侵临洮。渭水逶迤白日净，陇山萧瑟秋云高。崆峒五原亦无事，北庭数有关中使。似闻赞普更求亲，舅甥和好应难弃。

诗题注："永泰元年(767)，郭子仪与回纥约，共击吐蕃。次年二月，吐蕃来朝，诗纪其事。"[②]关中，函谷关以西，今陕西中部地区，代指长安。诗人为唐军击败吐蕃、河陇一带重归和平安宁感到振奋，赞普再次求亲，传统的舅甥关系应该继续保持下去。德宗建中四年(783)正月，陇右节度使张镒与吐蕃大相尚结赞盟于清水(今甘肃清水)，暂息兵戈。盟文曰："与吐蕃赞普，代为婚姻，固结邻好，安危同体，甥舅之国，将二百年。其间或因小忿，弃惠为雠，封疆骚然，靡有宁岁。"(《旧唐书·吐蕃传下》)[③]不过，这已经是杜甫去世13年后的事情了。

二、朝贡与回馈

"丝绸之路"的繁盛，促进了沿途各国、各地区人口激增，商业、手工业及畜牧业的繁荣发展。当时多达百余个国家从四面八方拥入长安，献纳贡品，表达对唐王朝的友好态度。这正是杜甫《喜闻盗贼蕃寇总退口号五首》其四写作的时代文化背景：

> 勃律天西采玉河，坚昆碧碗最来多。旧随汉使千堆宝，少答胡王万匹罗。[④]

诗的前两句是说，勃律国在唐王朝的西边，于阗国有玉河盛产美

---

① (清)仇兆鳌注:《杜诗详注》(四)，中华书局1979年版，第1858页。
② 彭定求等编:《全唐诗》(四)，中华书局编辑部点校，中华书局1999年版，第2338页。
③ (后晋)刘昫等:《旧唐书》(十六)，中华书局1975年版，第5247页。
④ 萧涤非主编:《杜甫全集校注》(九)，人民文学出版社2014年版，第5409页。

玉，历来是朝贡的最贵重的礼物；坚昆不远万里来到中原，带得最多的礼物一向是珍稀的碧碗。

勃律，又作波伦、钵罗、钵露罗等，在今克什米尔西北巴尔提斯坦，是连接西域、印度、吐蕃的交通要冲，战略地位重要。《资治通鉴·唐纪二十八》云："勃律，唐之西门，勃律亡则西域皆为吐蕃矣。"[①]《旧唐书·西戎传》云："又有勃律国，在罽宾、吐蕃之间。开元中频遣使朝献。八年，册立其王苏麟陀逸之为勃律国王，朝贡不绝。二十二年，为吐蕃所破。"[②]7世纪后半叶，因吐蕃侵逼，勃律分为大勃律、小勃律，在原巴尔提斯坦者称大勃律，西迁至今克什米尔吉尔吉特者称小勃律。慧超《往五天竺国传·小勃律国》云："贫多富少，山川狭小，田种不多。其山憔杌，元无树木及于诸草。"[③]憔杌（qiáo wù），指山光秃秃、不生草木。这是一片贫瘠的土地，却地处"丝绸之路"要冲，军事战略地位重要。《新唐书·西域传下》云：

> 大勃律，或曰布露。直吐蕃西，与小勃律接，西邻北天竺、乌苌。地宜郁金。役属吐蕃。万岁通天逮开元时，三遣使者朝，故册其君苏弗舍利支离泥为王。死，又册苏麟陀逸之嗣王，凡再遣大首领贡方物。
>
> 小勃律去京师九千里而羸，东少南三千里距吐蕃赞普牙，东八百里属乌苌，东南三百里大勃律，南五百里箇失蜜，北五百里当护密之娑勒城。王居孽多城，临娑夷水。其西山颠有大城曰迦布罗。开元初，王没谨忙来朝，玄宗以儿子畜之，以其地为绥远军。国迫吐蕃，数为所困，吐蕃曰："我非谋尔国，假道攻四镇尔。"久之，吐蕃夺其九城，没谨忙求救北廷，节度使张孝嵩遣疏勒副使张思礼率锐兵四千倍道往，没谨忙因出兵，大破吐蕃，杀其众数万，复九城。诏册为小勃律王。遣大首领察卓那斯摩没胜入谢。[④]

① （宋）司马光：《资治通鉴》（十四），中华书局2011年版，第6871页。
② （后晋）刘昫等：《旧唐书》（十六），中华书局1975年版，第5310页。
③ （唐）慧超著、张毅笺释：《往五天竺国传笺释》，中华书局2006年版，第69页。
④ （宋）欧阳修、宋祁：《新唐书》（二十），中华书局1975年版，第6251页。

万岁通天（696—697），武则天的年号。开元五年（717），唐玄宗《册勃律国王文》云：“咨尔勃律国王苏弗舍利支离泥，卿历代酋渠，执心忠肃，遥申诚款，克修职贡。”“命尔为勃律国王，尔宜善始令终，长奉正朔，宁人保国，庆及苗裔。”[①] 小勃律远离长安，但交通战略地位重要，所以唐王朝一直以优礼待之。《新唐书 · 食货志三》云：“贞观、开元后，边土西举高昌、龟兹、焉耆、小勃律，北抵薛延陀故地，缘边数十州戍重兵。”[②]“唐王朝和‘丝绸之路’南道各国，从安西四镇入葱岭后必须经过勃律等国才能进入印度。吐蕃要进入安西四镇，也得经过这条天然通道。所以吐蕃一直力图役属勃律，而唐朝也多次帮助勃律抵御吐蕃。”[③]《新唐书 · 吐蕃传上》云：开元十年（722），吐蕃进攻小勃律国云：

其王没谨忙诒书北庭节度使张孝嵩曰：“勃律，唐西门。失之，则西方诸国皆墮吐蕃，都护图之。”孝嵩听许，遣疏勒副使张思礼以步骑四千昼夜驰，与谨忙兵夹击吐蕃，死者数万，多取铠仗、马羊，复九城故地。始勃律王来朝，父事帝。还国，置绥远军以扞吐蕃，故岁常战。[④]

后来没谨忙去世，其子、其兄继位后又相继去世，之后苏失利之成为小勃律王。《新唐书 · 西域传下》云：“苏失利之立，为吐蕃阴诱，妻以女，故西北二十余国皆臣吐蕃，贡献不入，安西都护三讨之无功。”唐王朝肯定不能眼看自己的“西门”被吐蕃把持。天宝六年（747），唐安西副都护高仙芝远征小勃律。“平其国。于是拂菻、大食诸胡七十二国皆震恐，咸归附。执小勃律王及妻归京师，诏改其国号归仁，置归仁军，募千人镇之。帝赦苏失利之不诛，授右威卫将军，赐紫袍、黄金带，使宿卫。”[⑤] 对于小勃律的征服，有敲山震虎、杀鸡儆猴的效用。在

① （清）董诰等编：《全唐文》（一），上海古籍出版社 1990 年版，第 181 页。
② （宋）欧阳修、宋祁：《新唐书》（五），中华书局 1975 年版，第 1373 页。
③ （唐）慧超著、张毅笺释：《往五天竺国传笺释》，中华书局 2006 年版，第 65 页。
④ （宋）欧阳修、宋祁：《新唐书》（十九），中华书局 1975 年版，第 6083 页。
⑤ （宋）欧阳修、宋祁：《新唐书》（二十），中华书局 1975 年版，第 6251—6252 页。

唐朝的进逼之下，在一个时期吐蕃势力从勃律被逐出。此后，吐蕃与唐王朝为争夺勃律又发生了数次战争，直至“安史之乱”起，勃律为吐蕃占据。[①] 遍检《全唐诗》，只有杜诗中出现了“勃律”一词一次，由此可见杜甫对唐王朝及其与周边地区、国家关系的高度关注，慧眼独具。

玉河，水名，即今新疆的和田河，唐时属西域于阗国，今新疆和田一带，历史上盛产美玉。《梁书·诸夷传》云：“于阗国，西域之属也。”“其地多水潦沙石，气温，宜稻、麦、蒲桃。有水出玉，名曰玉河。”[②]《新五代史·四夷附录三》云：“河源所出，至于阗分为三：东曰白玉河，西曰绿玉河，又西曰乌玉河。三河皆有玉而色异，每岁秋水涸，国王捞玉于河，然后国人得捞玉。”[③] 范成大《闻威州诸羌退听边事已宁少城筹边楼阑槛修葺亦毕工作诗寄权制帅高子长》诗说：“勃律天西元采玉，蓬婆雪外昨分弓。”[④] 蓬婆（péng pó），山名，在今四川省茂县西南，地势险要。

历史上，于阗就盛产美玉，名闻遐迩。赵翼《于阗玉歌》云：“白作截肪青蔚蓝，莹泽皆如水新沃。觚棱初晓肃奏进，光映朝霞炫人目。”（《瓯北集》卷八）[⑤] 觚棱（gū léng），殿堂上最高的地方。于阗玉品质优异，白玉细腻如羊脂，青玉澄澈如碧空，明亮有光泽如水洗过一般。朝贡的美玉放在殿堂最高处，光彩照人，烂若朝霞。于阗玉是身份地位的标志，尤为中原贵族女性看重。《晋书·舆服志》云：“贵人、夫人、贵嫔，是为三夫人，皆金章紫绶，章文曰贵人、夫人、贵嫔之章。佩于阗玉。”[⑥]《宋书·礼志》云：“贵嫔、夫人、贵人，金章，文曰贵嫔、夫人、贵人之章。紫绶，佩于阗玉。”[⑦]《隋书·礼仪志》云：“贵妃、贵

---

① 周伟洲、丁景泰主编：《丝绸之路大辞典》，陕西人民出版社2006年版，第12—13页。

② （唐）姚思廉：《梁书》（三），中华书局1973年版，第813、814页。

③ （宋）欧阳修：《新五代史》（三），中华书局1974年版，第918页。

④ （宋）范成大：《范石湖集》（上），上海古籍出版社1981年版，第264页。

⑤ （清）赵翼：《瓯北集》（上），李学颖、曹光甫点校，上海古籍出版社1997年版，第140页。

⑥ （唐）房玄龄等：《晋书》（三），中华书局1974年版，第774页。

⑦ （梁）沈约：《宋书》（二），中华书局1974年版，第507页。

嫔、贵姬，是为三夫人，金章龟纽，紫绶，佩于阗玉，兽头鞶。”[①] 鞶（pán），佩玉的皮带。于阗玉礼仪地位特殊，常被后代诗人提及。欧阳修《菱溪大石》云：“又云汉使把汉节，西北万里穷昆仑。行经于阗得宝玉，流入中国随河源。”[②] 周端臣《西京少年行》云：“常骑大宛马，多佩于阗玉。”（《江湖后集》卷三）[③] 贝琼《行路难》云：“采玉于阗河，问君勃律何。”（《清江诗集》卷四）[④] 王世贞《于阗采花歌》则反用其意：“人生颜色得坚牢，何必勃律河中三尺玉。”（《弇州四部稿》卷六）[⑤] 由于价值特殊，西域商胡常以于阗玉换取唐王朝的丝绸。元人马祖常《河湟书事二首》其二说：“波斯老贾度流沙，夜听驼铃识路赊。采玉河边青石子，收来东国易桑麻”，[⑥] 描绘的正是这一历史事实。

坚昆，古部族名，居匈奴之北，又称鬲昆、隔昆、结骨、纥骨、居勿，在今叶尼塞河上游。《新唐书 · 回鹘传下》云：“坚昆，本强国也，地与突厥等。”[⑦] 叶尼塞河位于亚洲北部，是西西伯利亚平原与中西伯利亚高原的分界，也是西伯利亚河流中水量最丰盈的河流以及流入北冰洋的最大的河流。元人于立《题胡环瘦马图》云：“坚昆此去几万里，荒草黄云连白沙。得到单于台下日，暖风开遍地椒花。”[⑧] 坚昆汉初被匈奴冒顿单于征服，受其统治。公元前 1 世纪中叶，匈奴呼韩邪单于降汉，郅支单于发兵西破坚昆，占据其地。《酉阳杂俎 · 境异》云：“坚昆部落非狼种，其先所生之窟在曲漫山北。”“其人发黄，目绿，赤髭髯。”[⑨] 坚昆，唐时称黠戛斯（xiá jiá sī），《新唐书 · 回鹘传下》：黠戛斯“南依贪

① （唐）魏徵等：《隋书》（一），中华书局 1973 年版，第 237 页。

② 《欧阳修全集》（上），中国书店 1986 年版，第 21 页。

③ 《影印文渊阁四库全书》（第一三五七册），（台湾）商务印书馆 1983 年发行，第 743 页。

④ 《影印文渊阁四库全书》（第一二二八册），（台湾）商务印书馆 1983 年发行，第 224 页。

⑤ 《影印文渊阁四库全书》（第一二七九册），（台湾）商务印书馆 1983 年发行，第 70 页。

⑥ （清）顾嗣立编：《元诗选》（初集上），中华书局 1987 年版，第 709 页。

⑦ （宋）欧阳修、宋祁：《新唐书》（十九），中华书局 1975 年版，第 6149 页。

⑧ （清）顾嗣立编：《元诗选》（三集），中华书局 1987 年版，第 712 页。

⑨ （唐）段成式：《酉阳杂俎》，方南生点校，中华书局 1981 年版，第 45 页。

漫山，地夏沮洳，冬积雪”。[①]沮洳（jù rù），低湿之地。曲漫山，又称贪漫山，唐黠戛斯部的南界，地在今俄罗斯西伯利亚南部萨彦岭。中唐诗人赵嘏有《送从翁中丞奉使黠戛斯六首》，记述与黠戛斯的关系。碧碗，亦作碧盌、碧椀，指琉璃碗，色彩丰富，晶莹剔透，唐时是珍贵器皿。杜甫《郑驸马宅宴洞中》云：“春酒杯浓琥珀薄，冰浆碗碧玛瑙寒。”唐彦谦《叙别》云：“翠盘擘脯胭脂香，碧碗敲冰分蔗浆。”蔗浆，甘蔗汁。

直到宋元时代，坚昆碧碗依旧为诗人津津乐道。欧阳修《渔家傲》其六云：“傍帘乳燕双飞去，碧碗敲冰倾玉处。”[②]杨万里《送丘宗卿帅蜀三首》其二云：“酒挥勃律天西椀，鼓卧蓬婆雪外城。”[③]王恽《题常仁卿运使西觐记行二首》其二云：“碧碗坚昆异，黄金甲第高。”[④]直到明代，贝琼《谢贾齐臣惠碧盌》诗中仍有“万里坚昆来碧碗，青莲十叶类天成”（《清江诗集》卷七）的描写。[⑤]《东京梦华录·食店》（卷四）云：“吾辈入店，则用一等琉璃浅稜椀，谓之‘碧椀’，亦谓之‘造羹’。”[⑥]或许朝贡的碧碗渐渐流入民间，汴京又是北宋的首都。

“旧随汉使千堆宝，少答胡王万匹罗。”旧，过去。汉使，指来自中原的使节。《史记·大宛列传》云：

> 汉使还，而后发使随汉使来观汉广大，以大鸟卵及黎轩善眩人献于汉。及宛西小国驩潜、大益，宛东姑师、扜罙、苏薤之属，皆随汉使献见天子。天子大悦。[⑦]

张骞出使乌孙国，派遣副使至安息国，随后西域各国争相跟随汉使

---

① （宋）欧阳修、宋祁：《新唐书》（十九），中华书局1975年版，第6147页。

② 唐圭璋编：《全宋词》（一），王仲闻参订，中华书局1999年版，第174页。

③ （清）吴之振等选，（清）管庭芬、蒋光熙补：《宋诗钞》（三），中华书局1986年版，第2285页。

④ （清）顾嗣立编：《元诗选》（初集上），中华书局1987年版，第474页。

⑤ 《影印文渊阁四库全书》（第一二二八册），（台湾）商务印书馆1983年发行，第253页。

⑥ （宋）孟元老撰：《东京梦华录》，邓之诚注，中华书局1982年版，第128页。

⑦ （汉）司马迁：《史记》（十），中华书局1959年版，第3173页。

进入长安，领受中国的地大物博、文明昌盛。扜罙（yū mí），亦作“扜弥”“宁弥”等，西域古国。黎轩，大秦。眩人，魔术师。千堆宝，指贡品数量之多、品种之丰富。胡王，是对西域各国国王或少数民族首领的称呼。《洛阳伽蓝记》卷三云：“永桥南道东有白象、狮子二坊。白象者，永平二年（59），乾陀罗国胡王所献，背设五彩屏风，七宝坐床，容数人，真是异物。”“狮子者，波斯国胡王所献也。”[①] 乾罗国，犍陀罗国，亦作健驮罗、建驮罗，历史上的西域古国小月氏国，[②] 地在今巴基斯坦白沙瓦及与之毗连的阿富汗东部一带。罗，轻薄有稀孔的丝织品，是丝绸中的上品。《新唐书 · 地理志五》记载的各地贡品中就有瓜子罗、孔雀罗、宝花罗、花纹罗、单丝罗、春罗、段罗等种种，唐人诗亦多有关于罗的描写。长孙无忌《新曲二首》其一云：“玉佩金钿随步远，云罗雾縠逐风轻。”王建《织锦词》云：“锦江转涸贡转多，宫中尽著单丝罗。”元稹《离思五首》其三云：“红罗著压逐时新，吉了花纱嫩曲尘。”又，《会真诗三十韵》云：“罗绡垂薄雾，环佩响轻风。”又，《寄吴士矩端公五十韵》云：“短发予近梳，罗衫紫蝉翼。”万匹罗，指所赐丝绸数量之多。赵次公说：“旧日以千堆宝随汉使入贡，而中国所答者特万匹罗尔。夫以蛮夷入贡之多，而中国赐遗之不费，自非服化从义而然乎。”（《杜诗先后解》）[③]《册府元龟 · 外臣部十六 · 朝贡第四》（卷九七一）云：

（开元七年）四月，契丹松漠都督李婆固遣使献马十匹，九姓同罗都督末啜曳遣使献野马胯皮甲，吐火罗叶护及俱密国并遣使朝贡。己卯，诃毗施国捺塞使吐火罗大首领罗摩娑罗献狮子及五色鹦鹉。帝以其远蕃脩贡，加宴劳，赐锦彩五百匹。

十二年（724）二月，契丹遣使涅礼来贺正，并献方物。奚遣大首领李奚奴等十人，渤海靺鞨遣其臣贺作庆，新罗遣其臣金武勋，勃律遣大首领苏磨罗来贺正。各赐帛五十匹，放还蕃。

---

① （北魏）杨衒之：《洛阳伽蓝记》，杨勇校笺，中华书局 2006 年版，第 145 页。
② （唐）慧超著、张毅笺释：《往五天竺国传笺释》，中华书局 2006 年版，第 72 页。
③ 萧涤非主编：《杜甫全集校注》（九），人民文学出版社 2014 年版，第 5410 页。

> 七月，吐火罗国遣使献胡药、乾陀婆罗等三百余品。尸利佛誓国王遣使俱摩罗献侏儒二人，僧祇女一人，杂乐人一部及五色鹦鹉。授摩罗折冲，赐帛百匹，放还蕃。①

折冲，武官名。玄宗对远道前来朝贡的使者一般都要赐帛，少则几十匹，多则上百匹。《敕勃律国王（苏·没谨忙）书》（张九龄撰写）云："卿兄麻来兮及首领已下各量与官赏，具如别敕。今赐物三百匹，银盂瓶、银盘各一，衣一副，并金钿带七事，至宜领处。"②可做杜诗"万匹罗"的注脚。苏·没谨忙，小勃律国王；麻来兮，苏·没谨忙之兄，后立为国王。这两句诗说，旧日西域各国带着无数的宝物随汉使入贡中原王朝，中原王朝慷慨酬答，一出手就是万匹罗，由此体现了大国的慷慨和富裕，表达了与西域各国友好往来的真诚愿望。《汉书·匈奴传下》记载呼韩邪单于甘露三年（前51）正月朝汉宣帝于甘泉宫云：

> 汉宠以殊礼，位在诸侯王上，赞谒称臣而不名。赐以冠带衣裳，黄金玺盭绶，玉具剑，佩刀，弓一张，矢四发，佩刀，弓一张，矢四发，棨戟十，安车一乘，鞍勒一具，马十五匹，黄金二十斤，钱二十万，衣被七十七袭，锦绣绮縠杂帛八千匹，絮六千斤。
>
> 明年，两单于俱遣使朝献，汉待呼韩邪使有加。明年，呼韩邪单于复入朝，礼赐如初，加衣百一十袭，锦帛九千匹，絮八千斤。以有屯兵，故不复发骑为送。③

呼韩邪单于，匈奴单于，于宣帝甘露二年（前52）率众归附西汉，次年率部南迁于汉光禄塞（故址在今内蒙古乌拉特前旗明安乡）下，愿意为汉防守受降城。元帝即位，将宫女王昭君嫁给他。元寿二年（前1），呼韩邪单于子乌珠留若鞮（dī）单于来朝，汉哀帝"加赐衣

① （宋）王钦若等编纂：《册府元龟》（十一），周勋初等校订，凤凰出版社2006年版，第11238、11239页。

② 熊飞：《张九龄集校注》（中），中华书局2008年版，第679页。

③ （汉）班固：《汉书》（十一），中华书局1962年版，第3798—3799页。

三百七十袭，锦绣缯帛三万匹，絮三万斤”。①

《汉书·张骞李广利传》云：奉汉武帝之命，张骞第二次出使西域，“将三百人，马各二匹，牛、羊以万数，赍金币帛直数千钜万，多持节副使，道可便遣之旁国。”“大宛诸国发使随汉使来，观汉广大，以大鸟卵及犛靬眩人献于汉，天子大悦。而汉使穷河源，其山多玉石，采来，天子案古图书，名河所出山曰昆仑云。”“初置酒泉郡，以通西北国。因益发使抵安息、奄蔡、犛靬、条支、身毒国。”颜师古注：“自安息以下五国皆西域胡也。犛靬，即大秦国也。”②安息，安息帝国，位于汉朝通往罗马帝国的“丝绸之路”中间，与汉王朝、罗马帝国、贵霜帝国同为当时亚欧四大强国。奄蔡，西域古国，又称阿兰国，在里海、黑海之间，从事游牧，西与大秦接，东南与康居国相连。身毒国，亦译作天竺，古印度。大秦国，一般指罗马帝国；395年罗马帝国分裂，以后中国古代文献中的大秦指东罗马帝国。《旧唐书·西戎传》云：“贞观十七年（643），拂菻王波多力遣使献赤玻璃、绿金精等物，太宗降玺书答慰，赐以绫绮焉。”③杜甫这首诗是对《汉书》《旧唐书》记述历史史实的形象描述。

三、恢宏的历史画卷

《喜闻盗贼蕃寇总退口号五首》其三、其四不仅内容厚实、时代特点鲜明，在写作上也极具特色。如其三中诗人有意采用倒叙手法，以获得出其不意的表达效果。起首二句“崆峒西极过昆仑，驼马由来拥国门”，在巧思中藏有智慧。诗说，从崆峒山往西再往西，越过了天堑昆仑山脉还得向西，那就是牵引驼马拥入国门的西域商胡与使节的所来之处。正常的语序应该是，牵引驼马拥入国门的商胡，是从崆峒山往西的昆仑山脉那边来的。诗人先由东说到西，再由西说到东，含蓄地点出东是“丝绸之路”的起点是长安，西则翻越葱岭，从中亚向西一直可以通

① （汉）班固：《汉书》（十一），中华书局1962年版，第3817页。

② （汉）班固：《汉书》（九），中华书局1962年版，第2692、2696、2694页。

③ （后晋）刘昫等：《旧唐书》（十六），中华书局1975年版，第5314页。

到大秦（东罗马帝国），中间当然还有数不清的神秘古国，仅是汉武帝时的西域就有多个国家。《汉书·西域传上》云：“西域以孝武时始通，本三十六国，其后稍分至五十余，皆在匈奴之西，乌孙之南。”①这也是诗人说的“方丈三韩外，昆仑万国西”(《奉赠太常张卿二十韵》)。东海中有方丈、蓬莱、瀛洲三座仙山，昆仑山西面有上万个国家。“崆峒西极过昆仑”一句别有意味，正如宋人赵次公说：“崆峒在西郡之西，而昆仑又在崆峒西极之西，今公此句，诗人广大其言，谓其从化之地远也。”②由于汉唐的持续开拓和不懈努力，“丝绸之路”串连起来的是整个亚欧大陆（旧大陆），由此展示了一个极其辽远阔大的空间，任人驰骋想象。由这两句诗可以知晓，杜甫不仅盛赞“丝绸之路”的开拓之功，而且谙熟“丝绸之路”的具体线路与走向。

这两首诗中的每一字、每一词的使用都很讲究，都有丰富的蕴涵，包含了大量耐人咀嚼的文化信息。如其三中的“由来”一词，有由来已久、从发生到目前仍在延续之意，同时把读者带向遥远的历史时空，追溯久已开拓的汉唐“丝绸之路”。《汉书·西域传上》云：

> 汉兴至于孝武，事征四夷，广威德，而张骞始开西域之迹。其后骠骑将军击破匈奴右地，降浑邪、休屠王，遂空其地，始筑令居以西，初置酒泉郡，后稍发徙民充实之，分置武威、张掖、敦煌，列四郡，据两关焉。自贰师将军伐大宛之后，西域震惧，多遣使来贡献，汉使西域者益得职。③

汉的兴盛始自汉武帝，张骞凿空西域，“丝绸之路”由此开通，开始了与西域频繁密切的往来。“拥国门”极具表现力，写出了各国使节、商人熙熙攘攘，纷纷通关过境、通过河西走廊拥入长安的情景。其四中的“少答”一词的使用也很讲究。少（shǎo），表示程度，相当于稍微、略微；“少答”，即略微酬答。浦起龙《读杜心解》云：“言少酬其

---

① （汉）班固：《汉书》(十二)，中华书局1962年版，第3871页。

② 萧涤非主编：《杜甫全集校注》(九)，人民文学出版社2014年版，第5408页。

③ （汉）班固：《汉书》(十二)，中华书局1962年版，第3873页。

礼，亦必万匹。”杨伦《杜诗镜铨》云：“少酬亦必万匹，正言朝廷报礼之重，以绥远夷，冀其复循旧好也。”[①]“少答胡王万匹罗”，表明汉唐王朝是诚心诚意、不打折扣地与西域各民族交往的。

汉武帝建元二年（前139），张骞开通西域，到唐太宗贞观元年（627）已有766年的时光。“丝绸之路”上文明古国逐渐为中原王朝所熟悉，成为中原王朝探寻资鉴的对象。如《史记》、《汉书》、《后汉书》、新旧《唐书》记载的大秦国、大食国、波斯国、天竺国，还有石国、康国、楼兰国、精绝国、莎车国、疏勒国、车师国（姑师国）、高昌国、大月氏国、罽宾国、吐火罗等。杜甫诗歌以精微至极的语言展现了从大汉到盛唐悠悠800年的恢宏的历史画卷，巧妙地暗牵起“丝绸之路”沿线上数不清的国家、地区、民族，真正是尺幅千里，芥子须弥。杜甫展现的“丝绸之路”壮阔的历史画卷，充分展示了唐王朝的强盛及唐中后期遭遇的曲折和困境，可以帮助我们认识“安史之乱”后的中唐社会现实及与吐蕃等各民族的关系，是陈寅恪先生推重的“以诗证史”“诗史互证”的珍贵材料。

四、张惟俭及其《赋得西戎献白玉环》

张惟俭，生卒年不详，生平事迹见柳宗元《先君石表阴先友记》云：“张式，南阳人。张莒，常山人。张惟俭，宣城当涂人。皆善言谑。式至河南尹。莒，邓州刺史。惟俭，和州刺史。”[②]《全唐诗》卷二八一云：“张惟俭，宣城当涂人，大历六年（771）进士第，官和州刺史。诗一首。”[③]由此可知，张惟俭是代宗朝（762—779）人，比杜甫晚几十年。中唐著名诗人李嘉祐有《送张惟俭秀才入举》（《全唐诗》卷二〇六）一诗，有助于了解张惟俭的生平。

清秀过终童，携书访老翁。以吾为世旧，怜尔继家风。

---

① 萧涤非主编：《杜甫全集校注》（九），人民文学出版社2014年版，第5410页。

② 《柳宗元集》（一），中华书局1979年版，第304—305页。

③ （清）彭定求等编：《全唐诗》（五），中华书局编辑部点校，中华书局1999年版，第3187页。

淮岸经霜柳，关城带月鸿。春归定得意，花送到东中。

入举，赴举，指赴京参加进士考试。终童，汉武帝时人终军，字子云，济南人。少好学，有异才，年十八选为博士弟子。后奉命赴南越（今两广地区）说南越王入朝被杀，年二十余，世谓之“终童”，事迹见《汉书·终军传》，[①] 后以“终童”称颂年少有为。老翁，李嘉祐自称。世旧，世交旧谊。东中，泛指晋室南渡后浙江会稽一带。诗说，张惟俭清异秀出，胜过当年的终军，携书（有“温卷”之意）来访，勤奋好学，继承家风，来年一定能在春试中获得成功，美名传遍江南。

张惟俭诗仅存《赋得西戎献白玉环》一首，颂扬唐王朝开放的国策带来的四海统一、国家强盛兴旺、人心所向。诗云：

当时无外守，方物四夷通。列土金河北，朝天玉塞东。
自将荆璞比，不与郑环同。正朔虽传汉，衣冠尚带戎。
幸承提佩宠，多愧琢磨功。绝域知文教，争趋上国风。

古人与朋友分题赋诗，分到题目称为“赋得”。西戎，是古代中原汉人对西方少数民族的统称，即以戎作为对西方所有非华夏各族的泛称。《旧唐书·西戎传》将党项、高昌、吐谷浑、焉耆、龟兹、疏勒、于阗、泥婆罗（尼泊尔）、天竺（古印度）、罽宾（地在今克什米尔地区）、康国（今乌兹别克斯坦共和国撒马尔罕一带）、婆斯（波斯）、拂菻（东罗马帝国）、大食（阿拉伯），统称为西戎。环，环佩，中央有孔的圆形佩玉。白玉环，指珍贵的玉器。《三国志·魏书·乌丸鲜卑东夷传》云：“自虞暨周，西戎有白环之献，东夷有肃慎之贡，皆旷世而至，其遐远也如此。”[②] 肃慎，古民族名，居于中国东北地区。《册府元龟·外臣部十六·朝贡第四》（卷九七一）云：开元二十八年（740）十月，“康国遣使献宝香炉及白玉环、玛瑙、水晶眼药瓶子。”[③] 诗题说，

---

① （汉）班固：《汉书》（九），中华书局 1962 年版，第 2821 页。

② （晋）陈寿：《三国志》（三），中华书局 1959 年版，第 840 页。

③ （宋）王钦若等编纂：《册府元龟》（十一），周勋初等校订，凤凰出版社 2006 年版，第 11242 页。

西戎多国向唐王朝进贡珍贵的玉器，以示友好，点明这首诗创作的缘由。唐人周存《西戎献马》云：“天马从东道，皇威被远戎。”诗记述的是西方诸国与唐王朝往来友好、不时进献方物的历史事实。天马（汗血马）沿着“丝绸之路”一路向东进入中原，唐帝国的声威远播当时的西方世界。

诗开始两句“当时无外守，方物四夷通”说，唐王朝实行开放政策，交通畅达，方物来自四面八方的国家。无外守，对外不设置禁止通关的把守，指国门大开，往来通畅。方物，各地所产的物品。《尚书·周书·旅獒》云：“明王慎德，四夷咸宾。无有远迩，毕献方物惟服食器用。”孔颖达疏曰：“天下万国，无有远近，尽贡其方土所生之物，惟可以供服食器用者。言不为耳目华侈。”(《尚书正义》卷十三）①慎德，注重道德修养。方土，泛指各地方。华侈，豪华奢侈。《汉书·五行志下之上》云：“昔武王克商，通道百蛮，使各以方物来贡。”②四夷，东夷、西戎、南蛮、北狄的总称，这里指世界各国。唐王朝的强大得益于开放的国策，并在开放中成就伟业，彪炳千秋。魏徵《奉和正日临朝应诏》云：

百灵侍轩后，万国会涂山。岂如今睿哲，迈古独光前。
声教溢四海，朝宗引百川。锵洋鸣玉佩，灼烁耀金蝉。
淑景辉雕辇，高旌扬翠烟。庭实超王会，广乐盛钧天。
既欣东日户，复咏南风篇。愿奉光华庆，从斯亿万年。

百灵，百神。轩后，又称轩皇、轩黄、轩羲、轩辕，即黄帝，传说中的中原各族的共同祖先，居于五帝之首。黄帝统一了北方各部落，相传文字、医学、养蚕、舟车，均创始于黄帝时，后世尊黄帝为“人文始祖”。李白的《飞龙引二首》其一云：“登鸾车，侍轩辕，遨游青天中，其乐不可言。”四海，四海之内，指四邻各族的居住之地。《尔雅·释

① （清）阮元校刻：《十三经注疏》(上)，中华书局 1980 年版，第 194 页。
② （汉）班固：《汉书》(五)，中华书局 1962 年版，第 1463 页。

地》云："九夷、八狄、七戎、六蛮，谓之四海。"①迈古，超越古代。光前，光前裕后，光耀祖宗而恩泽流传及于后世，以此称颂太宗功业伟大。朝宗，古代诸侯春、夏朝见天子，后泛称臣下朝见帝王。引百川，谓天下归于一宗如百川注入大海。锵洋，金玉碰击发声。淑景，春光。庭实，陈列于朝堂的贡献物品。王会，诸侯、四夷或藩属朝贡天子的聚会。钧天，即"钧天广乐"，指天上的音乐，仙乐。南风，亦作"南熏""南薰"，指《南风》歌，相传为虞舜所作。歌曰："南风之薰兮，可以解吾民之愠兮。南风之时兮，可以阜吾民之财兮。"②诗说，唐王朝的开放和繁盛，吸引了周边众多的国家，万国争相执玉来朝的盛况甚至超越了当年大禹的涂山盟会。太宗的圣明，亘古未有。

"列土金河北，朝天玉塞东"两句说，唐王朝国土面积广大，北至金河以北、玉门关以西的各国也争相来朝。列土，分封土地。金河，今内蒙古呼和浩特市南。《唐会要》卷七十三"单于都护府"云："天宝四载（745）十月，单于都护府置金河县。"③朝天，觐见天子。玉塞，玉门关，代指边关。从太宗、高宗到玄宗，唐王朝不断拓土开疆，加强边防，疆域北抵金河以北，安北都护府一度设在哈尔和林（今蒙古国乌兰巴托西南）。向西越过葱岭，行政统辖直达今天的中亚、西亚，在大宛（今乌兹别克斯坦塔什干）、康居、昆墟（今阿富汗北部偏西境）、条支、修鲜（即罽宾）、波斯（今伊朗高原），均设有都督府、都护府；安东都护府、熊津都督府、鸡林州都督府均设在今天的朝鲜半岛。④诗人怀念"偃武修文，中国既安，四夷自服"（《资治通鉴·唐纪九》）⑤的太宗朝、"承平岁久，自开远门至番界一万二千里，居人满野，桑麻如织"（《明皇杂录·辑佚》）⑥的玄宗朝，认为那才是真正意义上的盛世。太宗、玄宗朝国家统一安定，敞开国门与四方交通，"东至于海，南及五岭，皆

---

① 周祖谟：《尔雅校笺》，江苏教育出版社 1984 年版，第 94 页。
② 逯钦立辑校：《先秦汉魏晋南北朝诗》（上），中华书局 1983 年版，第 2 页。
③ （宋）王溥：《唐会要》（下），上海古籍出版社 2006 年版，第 1552 页。
④ 谭其骧主编：《中国历史地图集》（五），中国地图出版社 1982 年版，第 32—33 页。
⑤ （宋）司马光：《资治通鉴》（十三），中华书局 2011 年版，第 6197 页。
⑥ （唐）郑处海：《明皇杂录》，田廷柱点校，中华书局 1994 年版，第 66 页。

外户不闭，行旅不赍粮，取给于道路。”(《资治通鉴·唐纪九》)[①]即便看似荒远的金河之北也分封土地，玉门关以东的僻远之邦也入国朝贡，和平、富裕、繁荣的景象随处可见，一如礼部员外郎沈既济所言：“至于开元、天宝之中，上承高祖、太宗之遗烈，下继四圣治平之化，贤人在朝，良将在边，家给户足，人无苦窳，四夷来同，海内晏然。”(《通典·选举三·历代制下》卷十五)[②]窳(yǔ)，病。[③]四海晏然，人人丰衣足食，一派和平安宁景象。

“自将荆璞比，不与郑环同”两句说，西戎所献白玉环如荆璞一样完美无缺，珍贵异常，与当年晋人所看重的郑环不能同日而语，何况白玉环本身包含了进献者的一片真情。荆璞，即和氏璧，亦称荆璧、荆玉。《韩非子·和氏》云：

> 楚人和氏得玉璞楚山中，奉而献之厉王，厉王使玉人相之，玉人曰：“石也。”王以和为诳，而刖其左足。及厉王薨，武王即位，和又奉其璞而献之武王。武王使玉人相之，又曰：“石也。”王又以和为诳，而刖其右足。武王薨，文王即位，和乃抱其璞而哭于楚山之下，三日三夜，泣尽而继之以血。王闻之，使人问其故，曰：“天下之刖者多矣，子奚哭之悲也?”和曰：“吾非悲刖也，悲夫宝玉而题之以石，贞士而名之以诳，此吾所以悲也。”王乃使玉人理其璞而得宝焉，遂命曰“和氏之璧”。[④]

这是一个鲜血淋漓的悲惨故事，后用以献和氏璧比喻一片赤诚。郑环，出于《左传·昭公十六年》云：晋国的韩宣子有一玉环，另一半在郑国商人手里，韩宣子向郑国国君请求得到，相国子产不愿意给，说：“非官府之守器也，寡君不知。”[⑤]后以“郑环”指珍贵的玉器。庾信

---

① (宋)司马光：《资治通鉴》(十三)，中华书局 2011 年版，第 6196—6197 页。
② (唐)杜佑：《通典》(一)，王文锦等校点，中华书局 1988 年版，第 358 页。
③ 宗福邦等主编：《故训汇纂》，商务印书馆 2003 年版，第 587 页。
④ 陈奇猷校注：《韩非子集释》(上)，上海人民出版社 1974 年版，第 238 页。
⑤ 杨伯峻：《春秋左传注》(四)，中华书局 2009 年版，第 1378 页。

《新月》云："郑环唯半出，秦钩本独悬。"[①] 半出，即为玦，玦是半环形有缺口的佩玉，两玦合成谓之环。王国维先生说："环者，完也。对玦而言，阙其一则为玦。玦者，缺也。"(《说环玦》)[②]"郑环"一词的使用，见出诗人用语之精微。

"正朔虽传汉，衣冠尚带戎"二句内涵丰富，指出了"胡"文化对唐文化的影响。正朔，年始曰"正"，月初曰"朔"，一年的第一天称正朔，后亦指历法。汉初沿袭秦代制度，以十月为岁首。武帝太初元年（前 104），制定新历法，改以建寅之月即正月为岁首，沿用至清代。改正朔，表示王者受命于天，与前代不相袭。《史记·太史公自序》云："汉兴五世，隆在建元，外攘夷狄，内修法度，封禅，改正朔，易服色。"[③] 建元（前 140—前 135），汉武帝的第一个年号。沈佺期《答魑魅代书寄家人》云："喜逢今改旦，正朔复归唐。"窦常《奉送职方崔员外摄中丞新罗册使》云："便随琛赆入，正朔在中华。"琛赆（chēn jìn），献贡的财货。张惟俭这两句诗说，唐王朝的历法（包括文化传统）虽传自于汉朝，但唐人的风俗好尚（包括衣冠）却明显地受到北方游牧民族的影响。唐人推崇"胡"文化，好胡食、胡乐、胡服。《安禄山事迹》卷下云："天宝初，贵游士庶好衣胡服，为豹皮帽，妇人则簪步摇，衩衣之制度，衿袖窄小。"[④] 出土于新疆阿斯塔那唐墓，被日本私人收藏的《胡服美人图》可见唐代妇女穿着胡服之情形。图中舞伎面颊丰腴，额描花钿，穿花团窠锦袖翻领大衣。[⑤] 胡文化的阳刚大气、淋漓畅快、摒弃苛细，深得唐人之心，也与向上的时代要求相一致。这从一个侧面也证明了唐文化的开放和大度。

"幸承提佩宠，多愧琢磨功"两句说，西戎所献白玉环有幸获得手提胸佩的亲近，也不白费朝觐者花了许多功夫的精心打磨。多愧，多亏，幸亏，含有庆幸之意。琢磨，雕琢和磨制玉石。《贞观政要·政体

① （清）倪璠：《庾子山集注》(一)，许逸民校点，中华书局 1980 年版，第 377 页。
② 王国维：《观堂集林》(上)，河北教育出版社 2003 年版，第 95 页。
③ （汉）司马迁：《史记》(十)，中华书局 1959 年版，第 3303 页。
④ （唐）姚汝能：《安禄山事迹》，曾贻芬点校，中华书局 2006 年版，第 107 页。
⑤《中国名画鉴赏大系·人物》(一)，九州出版社 2002 年版，第 64 页。

第二》云：“玉虽有美质，在于石间，不值良工琢磨，与瓦砾不别。若遇良工，即为万代之宝。”[1]无论玉的质性如何，如不打磨，就不会成为真正意义上的玉器。“琢磨功”，表明了西戎对用作礼物的白玉环的郑重和用心。

结尾“绝域知文教，争趋上国风”两句说，由于中华文化的巨大影响和魅力，即使是隔绝难通的边远地方，也渴望来到唐王朝，争相向文明大国学习。庾信《燕射歌辞·徵调曲六首》其六云：

> 克宽则昆虫内向，彰信则殊俗宅心。苇桥有月支抱马，上苑有乌孙学琴。赤玉则南海输赆，白环则西山献琛。无劳凿空于大夏，不待蹶角于蹛林。[2]

输赆，进献礼物。蹶角，扣头。蹛（dài）林，匈奴秋社之处，借指匈奴。这也是德宗朝的毛涣“万里求文教，王春怆别离”（《送最澄上人还日本国》）所要表达的。绝域，遥远难通之地。历史上的西戎并不和东方的中国交通，由于西域的凿空和丝绸之路的开通，从汉朝开始交往渐渐增多。唐王朝建立之后，西戎不断前来献纳贡品（“脩贡”），有百国之多。东至朝鲜半岛，南至海南诸国真腊，西至波斯、大食、吐蕃、坚昆，北至突厥、契丹、靺鞨。文教，本指文化和教育，这里指中华文化，包括诸子百家。上国风，大国风范。上国，外藩对朝廷或附庸国、宗主国的称呼，这里指唐王朝。“绝域”“争趋”两句诗是对全诗的总结和提高，以精练准确的语言指出了唐文化对“胡”文化产生的深刻影响，是丝绸之路畅通、繁盛带来的结果。当时，天竺、扶南、西凉、龟兹、疏勒、康国、高昌以及高丽、日本等，竞相与世界上最强大的唐王朝频繁交往，并从中获取文化上的养分以发展壮大自己。

张惟俭的这首诗是大唐繁盛的缩影，“上国风”如描如绘，可感可见，读来至今让人振奋不已。它告诉人们，无论古代还是今天，开放是

---

① （唐）吴兢撰、谢保成集校：《贞观政要集校》，中华书局2009年版，第37页。

② （清）倪璠：《庾子山集注》（二），许逸民校点，中华书局1980年版，第496页。

强国的必由之路。要想赢得世界的尊重，就必须有大国风范，必须吸收其他民族的优秀文化成果并将其融入自己的血肉之中，使开放成为基本国策，坚持到底，绝不动摇。

第八章 “昆仑家住海中州”

——张籍笔下的“昆仑儿”

唐王朝的开放、强盛及“丝绸之路”再次贯通并达到繁荣的顶点令世界瞩目。来自青藏高原的、西域的、中亚的、西亚的、南亚的、南海地区的、印度洋地区的、阿拉伯半岛的、朝鲜半岛的、日本列岛的人们争相进入长安和中原，与唐王朝友好交往，以领受东方古老的文明与当时世界最先进的文化。《册府元龟·外臣部十五·朝贡第三》（卷九七〇）云：

> （贞观）十七年（643）正月朔，薛延陀、百济、高丽、新罗、吐谷浑、康国、女国，闰六月，堕和罗国，十一月，吐蕃、薛延陀、新罗、婆罗门、同娥、西蕃处般啜等国，各遣使献方物。是年拂菻王波多力遣使献赤颇黎、绿颇黎、石绿、金精等物，陀洹国遣使来朝。十八年（644）正月朔，吐谷浑、薛延陀、吐蕃、高丽、百济、新罗、康国、于阗，三月，火辞弥国，十二月，摩罗游国，各遣使献方物。[①]

“贞观之治”奠定了唐王朝强大的根基。同娥，同俄设，即沙钵罗咥（dié）利失可汗，唐时西突厥首领。陀洹（tuó huán）国，南海古国，在林邑西南大海中。火辞弥国，属于《新唐书·西域传下》说的“远小国”：“火辞弥，与波斯接。贞观十八年（644），与摩罗游使者偕

---

① （宋）王钦若等编纂：《册府元龟》（十一），周勋初等校订，凤凰出版社2006年版，第11230页。

朝。”[①] 摩罗游国，即末罗瑜，在今印度尼西亚苏门答腊岛占碑附近。[②]《册府元龟 · 外臣部十六 · 朝贡第四》（卷九七一）云：

> 唐玄宗先天元年（712）八月，吐蕃遣使朝贡。九月，突骑施守忠，十月，突厥汝陀金山，十一月，突厥十姓，十二月，吐蕃、新罗，并遣使来朝。二年（713）正月，突厥，二月，新罗、室韦、吐蕃、处月、突厥、焉耆、于阗，六月，南天竺、新罗，各遣使朝贡。凡夷狄朝贡，太上皇皆御门楼以见之。开元元年（713）十二月，靺鞨王子来朝，奏曰：“臣请就市交易，入寺礼拜。”许之。林邑国王建多达摩遣使献象五头，帝降书谓之曰：“卿国在海南，远通朝贡，所献方物古，深达款诚，今赐卿马两匹，宜知朕意。”[③]

室韦，东北地区以狩猎为主的游牧部落，源出古东胡，原地在今嫩江、黑龙江，后向西至额尔古纳河流域，唐以其地置室韦都督府。《唐会要》卷九十六云：“室韦者，契丹之别种，附于突厥。”“武德八年（625），遣使朝贡。开元、天宝中，每数十岁一遣使来朝，及贡貂皮等物。贞元八年（792）闰十二月。室韦都督和解热素等一十人来朝贡。”[④] 处月，西突厥别部，唐以其地置都督府。《新唐书 · 地理志七下》云：“金满州都督府。永徽五年（654）以处月部落置为州，隶轮台。龙朔二年（662）为府。”[⑤]

各国不计远近，或陆路或海上，遣使朝贡，前后不绝。在进入唐王朝的诸多外来民族中，以来自南海的“昆仑儿”最为神秘，也最引人关注。

---

① （宋）欧阳修、宋祁：《新唐书》（二十），中华书局 1975 年版，第 6259 页。

② 史为乐主编：《中国历史地名大辞典》（下），中国社会科学出版社 2005 年版，第 2877 页。

③ （宋）王钦若等编纂：《册府元龟》（十一），周勋初等校订，凤凰出版社 2006 年版，第 11237 页。

④ （宋）王溥：《唐会要》（下），上海古籍出版社 2006 年版，第 2037、2039 页。

⑤ （宋）欧阳修、宋祁：《新唐书》（四），中华书局 1975 年版，第 1131 页。

一、来自南海的“昆仑儿”

“昆仑儿”，南北朝以来的史籍已有记载。《北史 · 林邑传》云：“其人深目高鼻，发拳色黑。俗皆徒跣，以幅巾缠身，冬月衣袍。妇人椎髻。施椰叶席。”[①]《隋书 · 南蛮传 · 林邑》也有完全相同的记载。《旧唐书 · 南蛮西南蛮传》云：“自林邑以南，皆卷发黑身，通号为‘昆仑’。”“真腊国，在林邑西北，本扶南之属国，‘昆仑’之类。”[②]林邑，又作占城、战波、摩诃瞻波，南海古国名，故地在今越南中部，由于地处“海上丝路”要冲，往来船舶多经其国。唐人对林邑并不陌生，义净《大唐西域求法高僧传》卷下云：

> 法振禅师者，荆州人也。景行高尚，唯福是修。濯足禅波，栖心戒海。法侣钦肃，为导为归。讽诵律经，居山居水。而思礼圣迹，有意西遄，遂共同州僧乘悟禅师、梁州僧乘如律师，学穷内外，智思钩深，其德不孤，结契游践。于是携二友，出三江，整帆匕景之前，鼓浪诃陵之北，巡历诸岛，渐至羯荼。未久之间，法振遇疾而殒，年可三十五六。既而一人斯委，彼二情疑，遂附舶东归，有望交阯。覆至瞻波（原注：林邑国也），乘悟又卒。[③]

匕景，又作“比景”，今越南横山以南。《新唐书 · 地理志上》云：“初以隋林邑郡置林州，比景郡置匕州，又更名匕州曰南景州。贞观二年（628）绥怀林邑，乃侨治驩州之南境，领比景、朱吾二县，并置由文县。”[④]诃（hē）陵，南海古国。羯荼（jié tú），古国名，一般认为在今马来西亚马来亚的吉打地区，唐代海路至印度途中多经此国。[⑤]交阯，

---

① （唐）李延寿：《北史》（十），中华书局 1974 年版，第 3158 页。

② （后晋）刘昫等：《旧唐书》（十六），中华书局 1975 年版，第 5270、5271 页。

③ （唐）义净著、王邦维校注：《大唐西域求法高僧传校注》，中华书局 1988 年版，第 206 页。

④ （宋）欧阳修、宋祁：《新唐书》（四），中华书局 1975 年版，第 1114 页。

⑤ 周伟洲、丁景泰主编：《丝绸之路大辞典》，陕西人民出版社 2006 年版，第 726 页。

亦作“交趾”，汉代设置交趾郡，辖境主要在今越南北部红河流域。[①]唐诗中亦多有关于林邑的描写。柳宗元《柳州寄京中亲故》云：“林邑山连瘴海秋，牂牁水向郡前流。”[②]元稹《和李校书新题乐府十二首》其六云：“建中之初放驯象，远归林邑近交广。”韩翃《别李明府》云：“罗山道士请人送，林邑使臣调象骑。”林邑东临南海，是唐人关注最多的与大海相接的地方之一。

关于“昆仑儿”来源、语言、相貌、穿戴及习俗，除了史籍的有关记载，中唐诗人张籍《昆仑儿》一诗描绘得最为形象生动、细致具体：

> 昆仑家住海中州，蛮客将来汉地游。言语解教秦吉了，波涛初过郁林州。金环欲落曾穿耳，螺髻长拳不裹头。自爱肌肤黑如漆，行时半脱木绵裘。[③]

诗的一开始先介绍“昆仑儿”的来处及其来中国的目的。昆仑，指“昆仑儿”。张籍之外，还有两首唐诗写到了“昆仑儿”。一首是顾况《杜秀才画立走水牛歌》云：“昆仑儿，骑白象，时时锁著师子项。奚奴跨马不搭鞍，立走水牛惊汉官。江村小儿好夸骋，脚踏牛头上牛领。”另一首是崔涯《嘲妓》其一云：“虽得苏方木，犹贪玳瑁皮。怀胎十个月，生下昆仑儿。”前者写“昆仑儿”的矫健武勇，能驯白象、狮子等大型兽类，水性极好；后者把肌肤黝黑的婴儿戏称为“昆仑儿”，说明唐人对来自异域的“昆仑儿”不仅不陌生，而且心怀好感。海中州，水中的陆地，指海岛。州，一作“洲”。[④]昆仑，是唐人对海南诸国人的泛称。蛮客，蛮地之人，指南方的客商。将，带，带领。汉地，犹汉土，指中国的汉族地区。这两句诗说，“昆仑儿”的家远在大海包围的洲岛

---

① 谭其骧主编：《中国历史大辞典·历史地理》，上海辞书出版社1996年版，第337页。

② （清）彭定求等编：《全唐诗》（六），中华书局编辑部点校，中华书局1999年版，第3953页。

③ 徐礼节、余恕诚：《张籍集系年校注》（中），中华书局2011年版，第533—534页。本文所引张籍诗，均出自此书，不再另注。

④ （元）方回：《瀛奎律髓汇评》（下），李庆甲集评校点，上海古籍出版社2005年版，第1452页。

之上，在南方客商带领下来到中国游览。

颔联描写“昆仑儿”奇特的语音及其经行之处。解，能，能够；教，通“效”，模仿，仿效。[①]秦吉了，鸟名，也称了哥、吉了、结辽、结料，与八哥相似，嘴脚皆红，通体黑色，两眼后有黄肉冠，因产于秦中，故名。《北户录·赤白吉了》卷一云：“某年，普宁有廉州民，获赤、白吉了各一头，献于刺史者。其赤者寻卒；白者久而能言，凡笑语悉皆教人，斯珍禽也。”[②]《旧唐书·南蛮传》云：林邑国“有结辽鸟，能解人语”。[③]《旧唐书·音乐志二》云：

> 《鸟歌万岁乐》，武太后所造也。武太后时，宫中养鸟能人言，又常称万岁，为乐以象之。舞三人，绯大袖，并画鸜鹆，冠作鸟像。今案岭南有鸟，似鸜鹆而稍大，乍视之，不相分辨，笼养久，则能言，无不通，南人谓之吉了，亦云料。开元初，广州献之，言音雄重如丈夫，委曲识人情，慧于鹦鹉远矣，疑即此鸟也。《汉书·武帝本纪》书南越献驯象、能言鸟。注《汉书》者，皆谓鸟为鹦鹉。若是鹦鹉，不得不举其名，而谓之能言鸟。鹦鹉，秦、陇尤多，亦不足重。所谓能言鸟，即吉了也。北方常言，鸜鹆逾岭乃能言，传者误矣。岭南甚多鸜鹆，能言者非鸜鹆也。[④]

鸜鹆（qú yù），八哥的别名。因为此鸟善于模仿人言，因而受到了人们的喜爱。李白《自代内赠》云：“安得秦吉了？为人道寸心。”白居易《秦吉了》云：“秦吉了，出南中，彩毛青黑花颈红。耳聪心慧舌端巧，鸟语人言无不通。”又，《双鹦鹉》云：“始觉琵琶弦莽卤，方知吉了舌参差。”元稹《和乐天送客游岭南二十韵》云：“冠冕中华客，梯航异域臣。果然皮胜锦，吉了舌如人。”林景熙《秦吉了》云：“尔禽畜于

① 宗福邦等主编：《故训汇纂》，商务印书馆2003年版，第961页。

② （唐）段公路撰、（唐）崔龟图注、（唐）陆心源撰校勘记：《北户录》，见《丛书集成初编》（第三〇二一册），商务印书馆1936年版，第5页。

③ （后晋）刘昫等：《旧唐书》（十六），中华书局1975年版，第5270页。

④ （后晋）刘昫等：《旧唐书》（四），中华书局，1975年版，第1061—1062页。

人，性巧作人语。”[①] 均说秦吉了羽毛美丽，聪慧灵巧，善于模仿人的语言。郁林州，唐乾封元年（666）改郁州置，治石南县（今广西玉林市石南镇），天宝元年（742）改为郁林郡，乾元元年（758）复改为郁林洲，辖境相当于今广西玉林市西北、贵港市东南地。[②] 这两句诗说，“昆仑儿”语音艰涩，如同秦吉了模仿人说话，让人觉得新鲜；越过波涛汹涌的大海，“昆仑儿”经过郁林郡后终于要进入中原大地了。

颈联描写“昆仑儿”的习俗及装束、发型。金环，金制的耳环。落，垂落下来，往下坠。穿耳，为戴耳环而在耳垂上穿孔，是西域僧人及诸多少数民族的习俗，至今犹存，张籍《蛮中》云：“铜柱南边毒草春，行人几日到金麟。玉镮穿耳谁家女，自抱琵琶迎海神。”赵抃《岁日示众》云：“穿耳胡僧曾说破，梅花落尽柳生烟。”[③] 马祖常《绝句七首》其六云：“翡翠明珠载画船，黄金腰带耳环穿。自言家住波斯国，只种珊瑚不种田。”[④]《旧唐书·南蛮传》云：

> 婆利国，在林邑东南海中洲上。其地延袤数千里，自交州南渡海，经林邑、扶南、赤土、丹丹数国乃至焉。其人皆黑色，穿耳附珰。[⑤]

螺髻，海螺形的发髻。拳，卷曲。拳，一作“卷”。(《全唐诗》卷三八五）[⑥]《北史·真腊传》云：“真腊国在林邑西南”“人形小而色黑，妇人亦有白者。悉拳发垂耳，性气捷劲。”[⑦]《隋书·南蛮传·真腊》有相同的记载。[⑧] 真腊，东南亚古国名，其地包括今柬埔寨、老挝及越南

① 北京大学古文献研究所:《全宋诗》(六十九)，北京大学出版社 1998 年版，第 43475 页。

② 史为乐主编:《中国历史地名大辞典》(下)，中国社会科学出版社 2005 年版，第 1504 页。

③ 北京大学古文献研究所:《全宋诗》(六)，北京大学出版社 1992 年版，第 4245 页。

④ （清）顾嗣立编:《元诗选》(初集上)，中华书局 1987 年版，第 714 页。

⑤ （后晋）刘昫等:《旧唐书》(十六)，中华书局 1975 年版，第 5270—5271 页。

⑥ （清）彭定求等编:《全唐诗》(六)，中华书局编辑部点校，中华书局 1999 年版，第 4350 页。

⑦ （唐）李延寿:《北史》(十)，中华书局 1974 年版，第 3162 页。

⑧ （唐）魏徵等:《隋书》(六)，中华书局 1973 年版，第 1836 页。

南部。裹头，以巾包头，杜甫《兵车行》：“去时里正与裹头，归来头白还戍边。”韩愈《寄卢仝》云：“一奴长须不裹头，一婢赤脚老无齿。”这两句诗说，“昆仑儿”戴的金耳环沉重得快要坠下来，卷曲的头发像螺髻一样任其散露，不习惯以巾包头。

尾联描写“昆仑儿”黝黑的肤色与穿衣特点。“黑如漆”，指如黑漆一样油亮的肤色，这是“昆仑儿”让人好奇的重要原因。计有功《唐诗纪事》卷十引唐人苏颋《咏昆仑奴子》诗两句云：“指如十挺墨，耳似两张匙。”[①]贯休也以“黑如漆”形容北方胡儿，《塞上曲二首》其一云：“锦袷胡儿黑如漆，骑羊上冰如箭疾。”《全唐诗续拾》卷六十收有一首《北方歌》云：“北方玄武身本黑，家乡体住昆仑国。”[②]皮肤黝黑的“昆仑儿”的家乡是昆仑国。《太平广记》卷一九二《墨君和》引《刘氏耳目记》称“昆仑儿”为“墨昆仑”，其状貌是“眉目棱岸，肌肤若铁”。[③]“黑如漆”，是“昆仑儿”最为显著的特点，以至于历史上的一些肌肤黑者，往往被戏称为“昆仑”。《晋书·后妃传下》云：孝武文李太后出身微贱，“时后为宫人，在织坊中，形长而色黑，宫人皆谓之昆仑。”[④]《旧五代史·周书·慕容彦超传》云：兖州节度使慕容彦超“尝冒姓阎氏，体黑麻面，故谓之阎昆仑”。[⑤]《梦溪笔谈·杂志一》（卷二十四）云：漳州行人落水后复出，“举体黑如昆仑。”[⑥]半脱，半穿半脱。木绵，即木棉，一种生长于热带的高大乔木，花朵艳丽，其果实外表有丝质纤维，可纺织成布，《本草纲目·木之三·木绵》（卷三十六）有具体记述。[⑦]木绵裘，用木棉纤维制成的衣服。这两句诗说，“昆仑儿”欣赏自己漆黑油亮的肌肤，行走时半脱半穿着用木棉纤维制成的外衣。元代方回评张籍此诗说：“此所谓‘昆仑儿’，即今黑厮也。”（《瀛

---

① 王仲镛：《唐诗纪事校笺》（二），中华书局2007年版，第344页。

② 陈尚君辑校：《全唐诗补编》（下），中华书局1992年版，第1777页。

③ （宋）李昉：《太平广记》（二），上海古籍出版社1990年版，第271页。

④ （唐）房玄龄等：《晋书》（四），中华书局1974年版，第981页。

⑤ （宋）薛居正等：《旧五代史》（五），中华书局1976年版，第1716页。

⑥ （宋）沈括：《梦溪笔谈》，岳麓书社1998年版，第203页。

⑦ （明）李时珍：《本草纲目》（下），王育杰整理，人民卫生出版社1999年版，第1755—1756页。

奎律髓·远外类》卷三十八）[①]

因为“螺髻长拳”“肌肤黑如漆”，有学者推测“昆仑儿”可能来自非洲，“应指东非各地之土人，亦即我国载籍之‘昆仑奴’‘鬼奴’等。”[②]张星烺先生坚持认为，“昆仑奴为非洲黑人，既已考定，毫无疑义。昆仑奴与马来半岛之昆仑国无关系也。马来半岛及南洋各岛有内格里托斯人（Negritos）与非洲黑人相同。昆仑国之名，或即由此而起。然其人数甚微，为马来人所驱，匿居深山中，不可多见。”[③]又说，西方史籍中也未见阿拉伯人掠内格里托斯人为奴的记载。聊备一说。也有学者认为：“中国古代海上通商贸易诸国，与天竺（即印度）与南洋诸国均属十分密切者，而‘昆仑奴’之来历，总不出于天竺与南洋。”[④]

二、昆仑国与“昆仑奴”

昆仑，既指人种，也指国家和地区。《册府元龟·外臣部十五·朝贡第三》（卷九七〇）云：贞观十二年（638）六月，“独和罗国遣使贡方物，南方荒外昆仑之类也。”[⑤]独和罗，亦作“堕和罗”。《旧唐书·南蛮西南蛮传》云：

> 堕和罗国，南与盘盘、北与迦罗舍佛、东与真腊接，西邻大海。去广州五月日行。贞观十二年（638），其王遣使贡方物。二十三年（649），又遣使献象牙、火珠，请赐好马，诏许之。[⑥]

堕和罗国与昆仑国一样，也是南海古国，地在今泰国湄南河下游地区。[⑦]近人丁福保说：“昆仑子”“又曰昆仑奴，昆仑国之黑人也。晋道

---

① （元）方回：《瀛奎律髓汇评》（下），李庆甲集评校点，上海古籍出版社2005年版，第1452页。

② 杨博文：《诸蕃志校释》，中华书局2000年版，第128页。

③ 张星烺编注：《中西交通史料汇编》（二），华文出版社2018年版，第448页。

④ 楚瑶：《昆仑奴指黑人及其来源》，《台州学院学报》2009年第4期。

⑤ （宋）王钦若等编纂：《册府元龟》（十一），周勋初等校订，凤凰出版社2006年版，第11229页。

⑥ （后晋）刘昫等：《旧唐书》（十六），中华书局1975年版，第5273页。

⑦ 周伟洲、丁景泰主编：《丝绸之路大辞典》，陕西人民出版社2006年版，第725页。

安色黑，故人呼曰‘昆仑子’，又云‘漆道人’”；昆仑则是“南海诸国之总称，如今之爪哇及附近诸岛皆是也。《寄归传》一曰：‘唯昆仑卷头体黑。’《宋高僧传》一曰：‘附昆仑船，离南海，至诃陵国界，遇大黑风。’此昆仑皆指南海诸国，非昆仑山也”。[①]《汉语大词典》这样解释“昆仑”：“我国古代泛称今中印半岛南部及南洋诸岛以至东非之人为昆仑。”[②]《寄归传》，指义净《南海寄归内法传》，书中有关于“昆仑”的记述：

> 诸国周围，或可百里，或数百里，或可百驿。大海虽难计里，商舶惯者准知。良为掘伦初至交、广，遂使揔唤昆仑国焉。唯此昆仑，头卷体黑，自余诸国，与神洲不殊。赤脚敢曼，揔是其式，广如《南海录》中具述。[③]

义净在海外生活二十余年，其所经行及盘桓的海南诸国正是“昆仑儿”生活的地方，如停留了四年的室利佛逝国（今印度尼西亚苏门答腊），故其所记真实可信。揔（zǒng），通“总”。掘伦，《慧琳音义》卷八十一作“堀（kū）伦”：“即昆仑，语讹转也。”又，卷八十一云：“敢曼，梵语也。遮形丑之下裳，如此方之裈裤，一幅物，亦不裁缝，横缠于腰下，名曰合曼也。”[④]敢曼，流行于东南亚的一种布裙，一幅布不加裁缝，横缠于腰下，今称“莎笼”。《梁书·诸夷传》云：婆利国，“其国人披古贝如帊，及为都缦。”[⑤]“敢曼”当与“都缦”同义。《南史·夷貊传上》云：

> （林邑国）其国俗，居处为阁，名曰干阑。门户皆北向。书树叶为纸。男女皆以横幅古贝绕腰以下，谓之干漫，亦曰都漫。穿

---

① 丁福保：《佛学大辞典》（下），上海书店出版社1991年版，第1922页。

② 罗竹风主编：《汉语大词典》（中），汉语大词典出版社1997年版，第2983页。

③ （唐）义净著、王邦维校注：《南海寄归内法传校注》，中华书局2020年版，第20页。

④ （唐）慧琳：《一切经音义》（下），徐时仪校注，上海古籍出版社2008年版，第1938页。

⑤ （唐）姚思廉：《梁书》（三），中华书局1973年版，第796页。

耳贯小环。贵者著革屣，贱者跣行。自林邑、扶南以南诸国皆然也。①

夷貊（mò），古代对东方和北方民族之称，亦泛指各少数民族，包括南海诸国，与中原文化、习俗迥异。《旧唐书·南蛮西南蛮传》云：

（婆利国）男子皆拳发，被古贝布，横幅以绕腰。风气暑热，恒如中国之盛夏。谷一岁再熟。有古贝草，缉其花以作布，粗者名古贝，细者名白毡。贞观四年（630），其王遣使随林邑使献方物。②

一说，古贝为树名。《通典·边防四·南蛮下》（卷一八八）云：林邑国出产古贝，“古贝者，树名也，其华成时如鹅毳，抽以绩纺作布，洁白与纻布不殊，亦染成五色，织为斑布也。”③《新唐书·南蛮传下》云：“环王，本林邑也，一曰占不劳，亦曰占婆。直交州南，海行三千里。”“王衣白氎，古贝斜络臂，饰金琲为缨，鬈发，戴金华冠如章甫。妻服朝霞，古贝短裙，冠缨如王。”④朝霞，用以裹身的一幅整布。辽宁博物馆藏唐代“釉陶昆仑俑”的装束就是这样的：一幅未经裁缝的布横缠于腰间，拉出一头斜披于右肩上，一头挽于腰间下垂。这样看来，不独昆仑国着“敢曼”装，它是东南亚及海南诸国的普遍装束。

《唐会要》卷九十八“殊柰国”云：“殊柰，昆仑人也，在林邑南，去交趾海行三月余日。习俗、文字与婆罗门同。绝远，未尝朝中国，贞观二年（628）十月，始至朝贡。”⑤殊柰，南海古国名，其地理位置说法不一，有今斯里兰卡、马来半岛、菲律宾诸说。⑥朝贡，当然是代表国家的。昆仑国的使臣越洋跨海、不远万里来到长安，唐王朝也确实把

① （唐）李延年：《南史》（六），中华书局1975年版，第1949页。
② （后晋）刘昫等：《旧唐书》（十六），中华书局1975年版，第5271页。
③ （唐）杜佑：《通典》（五），王文锦等校点，中华书局1988年版，第5090页。
④ （宋）欧阳修、宋祁：《新唐书》（二十），中华书局1975年版，第6297、6298页。
⑤ （宋）王溥：《唐会要》（下），上海古籍出版社2006年版，第2080页。
⑥ 周伟洲、丁景泰主编：《丝绸之路大辞典》，陕西人民出版社2006年版，第726页。

昆仑当作国家来看待。《旧唐书·礼仪三》云：开元十三年（725）十一月，唐玄宗从洛阳来到泰山，举行封禅大典，五湖四海的宾朋前来朝贺云：

> 玄宗御朝觐之帐殿，大备陈布。文武百僚，二王后，孔子后，诸方朝集使，岳牧举贤良及儒生、文士上赋颂者，戎狄夷蛮羌胡朝献之国，突厥颉利发，契丹、奚等王，大食、谢飏、五天十姓，昆仑、日本、新罗、靺鞨之侍子及使，内臣之番，高丽朝鲜王，百济带方王，十姓摩阿史那兴昔可汗，三十姓左右贤王，日南、西竺、凿齿、雕题、牂柯、乌浒之酋长，咸在位。①

从各地赶来参加庆典的国家和地区中，就有包括大食、昆仑、日本、新罗、靺鞨等在内的侍子。侍子，诸侯或属国的国君遣子入朝陪侍天子、学习文化者，也有取信于中原王朝的含义在内，敦煌壁画如98窟《维摩诘经变图》中有昆仑国王子的形象。②《后汉书·光武帝纪下》云：建武二十一年（45），“其冬，鄯善王、车师王等十六国皆遣子入侍奉献，愿请都护。帝以中国初定，未遑外事，乃还其侍子，厚加赏赐。”③

朝贡之外，昆仑国与唐王朝还有频繁的贸易往来。《旧唐书·王方庆传》云：“广州地际南海，每岁有昆仑乘舶以珍物与中国交市。旧都督路元睿冒求其货，昆仑怀刃杀之。方庆在任数载，秋毫不犯。”④不惜杀人以守护自己财富的昆仑人还是相当彪悍的。舶，航海的大船，能装载更多的货物，可以满足大宗的商品贸易。广州与南海相接，与泉州一样，是“海上丝路”贸易的重要港口，昆仑人每年都会带着财富越海而来，与唐王朝交易。鉴真法师赴日本传法，其弟子撰有《行纪》，记鉴真之言：“749年时，广州珠江之中，有婆罗门、波斯、昆仑船舶无

---

① （后晋）刘昫等：《旧唐书》（三），中华书局1975年版，第900页。

② 段文杰、樊锦诗主编：《中国敦煌壁画全集·敦煌五代·宋》（九），天津人民美术出版社2006年版，第8页。

③ （南朝）范晔：《后汉书》（一），中华书局1965年版，第73页。

④ （后晋）刘昫等：《旧唐书》（九），中华书局1975年版，第2897页。

数。”[①]749 年，唐玄宗天宝八年。昆仑人所在的南海，也是“海上丝路”的重要节点，是通向印度洋必经的海路，东西方海上贸易无论如何是绕不过南海的。

从文献记载看，“昆仑奴”进入中原的时间较早。《资治通鉴·宋纪十一》云：宋孝武帝（430—464）“又宠一昆仑奴”，胡三省注曰：“昆仑奴者，言其状似昆仑国人也，昆仑国在林邑南。”[②]后来“昆仑奴”入朝历代不绝，尤以唐朝为甚。直到宋太宗时期，大食国来朝，带的随从还是“昆仑奴”。大食国，阿拉伯。《文献通考·四裔考十六·大食》云：“太平兴国二年（977），遣使贡方物。其从者目深体黑，谓之‘昆仑奴’。”[③]唐宋时期，强盛起来的大食国开疆拓土，曾劫掠昆仑人为奴。张星烺先生认为，“唐代之昆仑奴，皆由阿拉伯人输入中国。阿拉伯人用黑奴，可详见其国著名小说《天方夜谈》。”[④]

据此，笔者认为“昆仑儿”“昆仑奴”是两个概念，二者为属种关系，“昆仑儿”是属概念，“昆仑奴”是种概念，前者包含了后者。“昆仑儿”中有一部分或被当作贡品，或被劫掠到异国他乡，被迫做了奴隶，即“昆仑奴”。也就是说，不是所有的“昆仑儿”都是“昆仑奴”，“昆仑奴”只是“昆仑儿”中的一部分。《丝绸之路大辞典》对“昆仑奴”的解释是，“中国古代对皮肤黑色奴婢的称呼。从 3 世纪以来，今东南亚诸国及非洲等地黑肤色的人，因各种原因被掠卖至中国为奴，故有此名。”[⑤]张籍在诗中称“昆仑儿”而不说“昆仑奴”，是有其道理的。“蛮客将来汉地游”是说“昆仑儿”是在南方客商带领下来中原游览的，而不是来做奴隶的。从张籍另外诗作的描写中可以看出，诗人对今天广东、广西沿海地区的地理、风俗、物产非常熟悉。《送蛮客》云：“柳叶瘴云湿，桂丛蛮鸟声。知君却回日，记得海花名。”《送南迁客》云：

---

① ［法］费琅：《昆仑及南海古代航行考·苏门答剌古国考》，冯承钧译，中华书局 2002 年版，第 11 页。

② （宋）司马光：《资治通鉴》（九），中华书局 2011 年版，第 4133 页。

③ （元）马端临：《文献通考》（下），中华书局 1986 年版，第 2663 页。

④ 张星烺编注：《中西交通史料汇编》（二），华文出版社 2018 年版，第 448 页。

⑤ 周伟洲、丁景泰主编：《丝绸之路大辞典》，陕西人民出版社 2006 年版，第 729 页。

“海国战骑象，蛮州市用银。”《岭外逢故人》云：“过岭万余里，旅游经此稀”；“海上见花发，瘴中唯鸟飞”。《送郑尚书出镇南海》云：“蛮声喧夜市，海色浸潮台。”《送郑尚书赴广州》云：“海北蛮夷来舞蹈，岭南封管送图经。”《送侯判官赴广州从军》云：“海花蛮草连冬有，行处无家不满园。”《送海客归旧岛》云：“竹船来桂浦，山市卖鱼须。”海花，海石花，又名石花菜，是海藻的一种，生长在海中岩石上。鱼须，当指一种海鱼（如鲨鱼）之须，可以用来作簪。[①]这一类在临海之地才会有的物产，非亲历难以写出。

由“昆仑儿”变为“昆仑奴”，一个重要原因是唐朝作为当时世界的经济文化中心，与许多国家和地区有商贸往来，一部分“昆仑儿”被当作商品进行交易、输入中国而成为奴隶，刘克庄《再和》所谓“效牵酷肖渥洼马，献宝远致昆仑奴”。[②]渥洼马，来自渥洼之水的马，指汗血马，原产于大宛国（今中亚费尔干纳盆地）。刘诗将“渥洼马”与“昆仑奴”并举，将二者都看作域外输入之物。另外，“昆仑儿”常被当作“贡品”，被诃陵等国进献给唐王朝，也是“昆仑儿”变为“昆仑奴”的一个原因，这在正史中多有记载，称之为“僧祇僮”“僧祇女”“僧祇奴”。《旧唐书·南蛮·西南蛮传》“诃陵国”云：

> 大历三年（768）、四年（769）皆遣使朝贡。元和十年（815），遣使献僧祇僮五人、鹦鹉、频伽鸟并异种名宝。以其使李诃内为果毅，诃内请回授其弟，诏褒而从之。十三年（818），遣使进僧祇女二人、鹦鹉、玳瑁及生犀等。[③]

《新唐书·南蛮传下》“诃陵”“室利佛逝”（今苏门答腊）条下也有大致相同的记载：“元和八年（813），献僧祇奴四、五色鹦鹉、频伽鸟等”；“咸亨至开元间，数遣使者朝，表为边吏侵掠，有诏广州慰抚。

① 徐礼节、余恕诚：《张籍集系年校注》（上），中华书局2011年版，第228页。

② 北京大学古文献研究所：《全宋诗》（五十八），北京大学出版社1998年版，第36681页。

③ （后晋）刘昫等：《旧唐书》（十六），中华书局1975年版，第5273页。

又献侏儒、僧祇女各二及歌舞”。[1] 频伽鸟，又称“迦陵频伽”“好声鸟”，一种产自印度的神鸟。《慧苑音义》下卷云：“迦陵频伽，此云妙音鸟，此鸟本出雪山，在壳中即能鸣，其音和雅，听者无厌。”[2] 果毅，隋唐时的武官名。

朝廷之外，豪贵之家以蓄养“昆仑奴”为时尚，事实上也促进了“昆仑儿”向“昆仑奴”身份的转变。《旧唐书·孔巢父传》云：孔巢父的侄子孔戣“刚正清俭，在南海，请刺史俸料之外，绝其取索。先是帅南海者，京师权要多托买南人为奴婢，戣不受托。至郡，禁绝卖女口”。[3] 这些来自南海的奴婢当中，有一部分就是“昆仑奴”。豪贵之家热衷蓄养“昆仑奴”的一个原因是“昆仑奴”忠诚无比，誓死不渝。《广志绎·江南诸省》（卷四）云：

> 番舶有一等人名“昆仑奴”者，俗称“黑鬼”，满身如漆，止余两眼白耳。其人止认其所衣食之主人，即主人之亲友皆不认也。其生死惟主人所命，主人或令自刎其首，彼即刎，不思当刎与不当刎也。其性带刀好杀，主人出，令其守门，即水火至死不去，他人稍动其扃鐍则杀之，毋论盗也。又能善没，以绳系腰，入水取物，买之一头，值五六十金。[4]

这些乘海船不远万里来到中国的“昆仑奴”，恪尽职守，忠诚到了六亲不认的程度，当然会受到主人的信任和宠爱。出于同样的原因，唐人烧制、凿刻了各种以“昆仑奴”为形象的明器作为陪葬，还有一部分把“昆仑奴”的形象绘画在墓壁上，希望死后依旧能够得到“昆仑奴”的忠诚守护。

在进入中原为奴的外来者中，唐宋史籍中常提到的“僧祇奴”，其义同于“昆仑奴”。《慧琳音义》卷八十一“昆仑语”云：

---

① （宋）欧阳修、宋祁：《新唐书》（二十），中华书局 1975 年版，第 6302、6305 页。

② 丁福保：《佛学大辞典》（下），上海书店出版社 1991 年版，第 1636 页。

③ （后晋）刘昫等：《旧唐书》（十三），中华书局 1975 年版，第 4098 页。

④ （明）王士性：《五岳游草·广志绎》，周振鹤点校，中华书局 2006 年版，第 293 页。

（昆仑）南海洲岛中夷人也。甚黑，裸形，能驯伏猛兽犀象等种类数般，即有僧祇、突弥、骨堂、閤蔑等，皆鄙贱人也。国无礼义，抄劫为活，爱啖食人，如罗刹恶鬼之类也。言语不正，异于诸蕃。善入水，竟日不死。[①]

因为居住在海岛上，“善入水”，指能长时间深潜水，这是“昆仑奴”的绝技之一，有如现代“蛙人”，对此《太平广记》多有记述。卷二三二《周邯》云：

唐周邯自蜀沿流，尝市得一奴，名曰水精，善于探水，乃昆仑白水之属也。邯疑瞿塘之深，命水精探之。移时方出，云：“其下有关，不可越渡，但得金珠而已。”每遇深水潭洞，皆命奴探之，多得宝物。[②]

卷四〇五《李德裕》云：李德裕为官多年，一度为相，富有珍宝，“及李南迁，悉于思溪沉溺，使昆仑没取之。”[③] 卷四六四《鳄鱼》云：“故太尉相国李德裕贬官潮州，经鳄鱼滩，损坏舟船，平生宝玩，古书图画，一时沉失，遂召舶上昆仑取之，见鳄鱼极多，不敢辄近，乃是鳄鱼之窟宅也。”[④]

有论者认为，《一切经音义》中的“僧祇”即“僧祇奴”，是中国古代对黑人的称呼，义同于“昆仑奴”。[⑤]《文献通考·四裔考九·诃陵》（卷三三二）云：“大历中，诃陵使者三至。元和八年（813），献僧祇奴四、五色鹦鹉、频伽鸟等。”[⑥] 诃陵，诃陵国。《裴铏传奇·孙恪》云：“碧玉环者，本诃陵胡人所施。”[⑦] 一般认为，诃陵国故地在今爪哇岛中

① （唐）慧琳：《一切经音义》（下），徐时仪校注，上海古籍出版社 2008 年版，第 1945 页。

② （宋）李昉：《太平广记》（二），上海古籍出版社 1990 年版，第 505 页。

③ （宋）李昉：《太平广记》（四），上海古籍出版社 1990 年版，第 63 页。

④ （宋）李昉：《太平广记》（四），上海古籍出版社 1990 年版，第 425 页。

⑤ 周伟洲、丁景泰主编：《丝绸之路大辞典》，陕西人民出版社 2006 年版，第 729 页。

⑥ （元）马端临：《文献通考》（下），中华书局 1986 年版，第 2607 页。

⑦ （唐）裴铏：《裴铏传奇》，周楞伽辑注，上海古籍出版社 1980 年版，第 3 页。

部谏义里或马打兰一带，[①]是“海上丝路”所经的重要地区，曾多次向唐王朝朝贡。“社婆”，《文献通考·四裔考九·诃陵》作“杜婆”。[②]南宋周去非《岭外代答》卷三“昆仑层期国”云：

> 西南海上有昆仑层期国，连接大海岛，常有大鹏飞，蔽日移晷，有野骆驼，大鹏遇则吞之。或拾鹏翅，截其管堪作水桶。又有骆驼鹤身，项长六七尺，有翼能飞，但不高耳，食杂物，炎火或烧赤热铜铁与之食，及产大象牙、犀角。又，海岛多野人，身如黑漆，卷发，诱以食而擒之，动以千万，卖为蕃奴。(《四库全书·史部·地理类·杂记之属》)[③]

昆仑层期国，非洲古国名，故地在今东非马达加斯加岛及东非沿岸。[④]旧考认为“昆仑”为阿拉伯语 Komr 对音，今非洲东部马达加斯加岛之土称。[⑤]“‘僧耆’‘层期’原义为波斯语 zanj 的音译，意为黑人。”[⑥]“‘层期’与唐末史籍中‘僧祇奴’的‘僧祇’，都是 zāngi 的对音。‘僧祇奴’皆来自非洲的东岸，故‘昆仑层期’应为 Madagascar 的‘僧祇’，亦是指马达加斯加岛而言。”[⑦]南宋地理学家赵汝适《诸蕃志》卷上“海上杂国”云：“昆仑层期国”人，“身如黑漆，虬发，诱以食而擒之，转卖与大食国为奴，获价甚厚。托以管钥，谓其无亲属之恋也。”[⑧]《异域志》卷上云：昆仑层期“其国地极热，在西南海上，接海岛”，“有野人身如墨漆，卷发，国人布食诱捉，卖与蕃商作奴，尚货利也”。[⑨]后来《马可波罗行纪》第一八六章“僧只拨儿岛”称“僧只人”，

① 周伟洲、丁景泰主编：《丝绸之路大辞典》，陕西人民出版社 2006 年版，第 726 页。

② （元）马端临：《文献通考》（下），中华书局 1986 年版，第 2607 页。

③ 《影印文渊阁四库全书》（第五八九册），（台湾）商务印书馆 1983 年发行，第 413 页。

④ 参见史为乐主编：《中国历史地名大辞典》（下），中国社会科学出版社 2005 年版，第 1528 页。

⑤ （元）周致中：《异域志》，陆峻岭校注，中华书局 1981 年版，第 22 页。

⑥ 周伟洲、丁景泰主编：《丝绸之路大辞典》，陕西人民出版社 2006 年版，第 729 页。

⑦ 贺灵主编：《西域历史文化大词典》，新疆人民出版社 2012 年版，第 691 页。

⑧ （宋）赵汝适著、冯承钧校注：《诸蕃志校注》，中华书局 1956 年版，第 72 页。

⑨ （元）周致中：《异域志》，陆峻岭校注，中华书局 1981 年版，第 22 页。

即“僧祇”云：

体皆黑色，裸无衣服，仅遮其丑处而已。卷发黑如胡椒。口大，鼻端上曲，唇厚，眼大而红，俨同鬼魔；丑恶之甚，世上可怖之物，似无逾于此者。①

这些被转卖给大食国的“僧祇奴”，有一部分是通过“海上丝路”进入当时中国的。“僧祇奴”的不幸命运，与他们在本国悲惨的处境与非人的地位有关。《中国印度见闻录》卷二“关于僧祇”一节这样写道：

僧祇是一个幅员辽阔的地方。那里全部的物产，只有当地人作为主食的玉米、甘蔗和一些木材。所产砂糖是黑色的。在僧祇，诸王割据，互相抗衡。各王手下都有一批绰号叫“穿鼻子”的兵丁，他们是经过王的允许而穿鼻带环的；鼻环上，拴着一条铁链。在两军对垒的时候，他们行进在军队的前列，但有人随后牵着各条铁链子的末端。若是后面的人拉紧链条，阻止他们前进，这时敌对的双方就会有人出面进行交涉。如果讲和停战，他们还要保留在原地，链条也照旧牢牢地缠在他们的脖子上。如果打了起来，他们既不得冲锋陷阵，也不得逾越雷池一步，只能坐以待毙。②

当然，也不排除其中的想象成分。从文献记载来看，“昆仑儿”主要来自海南诸国，《慧琳音义》卷八十一“昆仑语”云：昆仑“时俗语便亦曰骨论”。③《文献通考·四裔考九·三佛齐》云：“三佛齐国，盖南蛮之别种，与占城为邻，间于真腊、阇婆之间，所管十五州”，“乐有小琴、小鼓，昆仑奴踏曲为乐”。④三佛齐国，唐代的末罗瑜国，地在今印

① 《马可波罗行纪》，冯承钧译，商务印书馆 2012 年版，第 419 页。

② 《中国印度见闻录》（卷二），[日] 藤本胜次译注，黄倬汉译，中华书局 1983 年版，第 128—129 页。

③ （唐）慧琳：《一切经音义》（下），徐时仪校注，上海古籍出版社 2008 年版，第 1945 页。

④ （元）马端临：《文献通考》（下），中华书局 1986 年版，第 2610 页。

度尼西亚苏门答腊岛。[①]“昆仑儿”属于今天的马来人种，肤色介于黄种人与非洲黑人之间，大致分布于今天的中南半岛南部与南太平洋群岛。杜荀鹤《赠友人罢举赴交趾辟命》：“舶载海奴镮硾耳，象驼蛮女彩缠身”，诗中“海奴”指的就是“昆仑奴”。硾，一作“锤”。“镮硾耳”，意同张籍诗“金环欲落曾穿耳”。美国学者薛爱华教授认为：

> 从印度群岛输入的奴隶被称作“昆仑奴”，所谓“昆仑奴”就是来自“Kurung Bnam”（山帝）地面的奴隶。而“Kurung Bnam”则是使用了柬埔寨国家的古名。[②]

“僧祇奴”则主要来自非洲的东海岸，是人类分类学说中的尼格罗人种，即黑色人种。校注《诸蕃志》的冯承钧先生认为：“‘层期’与‘僧祇’皆是Zangi之同名异译。”“唐书、宋史中之‘僧祇奴’，殆皆来自非洲东岸，然不能确定为何地也。”[③]僧祇“亦译作‘僧耆’‘层期’，或以为专指非洲东岸的黑种人。昔大食人名非洲东岸之地曰‘僧祇拔儿’，今尚有一小部地存其旧名，即桑给巴尔岛。‘僧祇拔儿’犹言黑人之地”。[④]“僧祇拔儿”，亦即《马可波罗行纪》说的“僧只拔儿”。当时的中原人把“昆仑儿”“僧祇奴”看成野蛮人，抢劫，有蛮力，能驯服野兽，善潜水，这些特性当然适合为奴。也有学者认为，从唐朝开始，史籍中记载的“昆仑奴”“僧祇奴”，指的就是黑人奴隶，他们绝大部分属于东南亚及南亚地区卷发黑身的矮黑人种（尼格里托人），极小部分属于东部非洲尼格罗人种。唐宋元时期黑人奴隶主要分布在关中、广东、四川等地，服役于宫廷和富豪之家。[⑤]

---

① 周伟洲、丁景泰主编：《丝绸之路大辞典》，陕西人民出版社2006年版，第726页。

② ［美］薛爱华：《撒马尔罕的金桃——唐代舶来品研究》，吴玉贵译，社会科学文献出版社2016年版，第137页。

③（宋）赵汝适著、冯承钧校注：《诸蕃志校注》，中华书局1956年版，第72页。

④ 史为乐主编：《中国历史地名大辞典》（下），中国社会科学出版社2005年版，第2801页。

⑤ 肖忠纯、苏红：《僧祇奴、昆仑奴简论——唐宋元时期的黑人奴隶》，《渤海大学学报》2007年第3期。

三、出土文物中的“昆仑儿”

关于“昆仑儿”的体貌特征，除了张籍、苏颋的诗作与史书的相关记载，北宋地理学家朱彧《萍洲可谈》卷二的记述最为细致有趣：

> 广中富人，多蓄“鬼奴”，绝有力，可负数百斤。言语嗜欲不通，性淳不逃徙，亦谓之“野人”。色黑如墨，唇红齿白，发卷而黄，有牝牡，生海外诸山中。食生物，采得时与火食饲之，累日洞泄，谓之“换肠”。缘此或病死，若不死，即可蓄。久蓄能晓人言，而自不能言。有一种近海野人，入水眼不眨，谓之“昆仑奴”。[①]

朱彧（生卒年不详），乌程人，少依其母胡氏生活在常州，后随父亲朱服在广州生活过一段时间，曾到南海见过苏轼。朱服（1048—？），字行中，为人刚直清正，《宋史》（卷三四七）有传，是《北山酒经》作者朱肱之兄。《萍洲可谈》多记朱彧与其父朱服的见闻，广州地近南海，是“海上丝路”的第一大港，多有来自南海的商船，其中就有随船而来的“昆仑儿”，所以朱彧的记述是可信的。鬼奴，亦即“昆仑奴”；火食，熟食。在宋人眼中，“昆仑奴”依旧是野蛮人，可以像动物一样驯养，从中见出“昆仑奴”境遇的悲惨。《太平广记》中也有一些记载，但多数是以“昆仑儿”作类比，属于小说家言。卷三六一《裴休贞》云：“怪依灯影中，状若昆仑，齿大而白，长五尺。”[②]卷四八二《留仇国》云：“留仇中男夫壮者”，“人形短小，似昆仑。”[③]

幸运的是，诗文、史籍之外，陕西、河南、新疆、辽宁等地出土了为数不多的昆仑人陶俑、刻石、墓画，提供了关于“昆仑儿”的直观形象，可以补充印证书面文献的记载。如中国国家博物馆 2018 年 9 月举办的“大唐风华”展览展出了 1985 年陕西长武县郭村唐墓出土的“昆仑儿”，名之为“彩绘黑人立俑”并附有说明：

---

① （宋）朱彧：《萍洲可谈》，李伟国点校，中华书局 2007 年版，第 135 页。

② （宋）李昉等：《太平广记》（三），上海古籍出版社 1990 年版，第 575 页。

③ （宋）李昉等：《太平广记》（四），上海古籍出版社 1990 年版，第 526 页。

> 此俑卷发，厚唇，袒胸露腹，颈戴项链，皮肤黝黑。身缠红带，从臀部缠绕至背披于两肩。赤足，左手紧握高举，右手握拳屈于腰间。除陶俑外，唐墓壁画中也多有此类形象，一般称之为“昆仑奴”。昆仑这个名称早在三国时已有记载，指色黑之人，并非指人类学上的黑种人。在唐代，昆仑又是对南海诸国人的泛称。在这个广大区域中的居民大多是黄种人，不过肤色较深。但因唐代与横跨亚非的帝国大食的交流颇多，也不排除有从非洲地区过来的黑种人的可能性。①

也有论者认为，“除深目、高鼻、髯须的西域人外，唐墓里还有典型的非洲黑人形象：黑发卷曲成细螺旋状，唇红眼白，面部无须，嘴唇较厚，皮肤黑色”。② 陕西历史博物馆展出的陕西礼泉县唐墓出土的“昆仑儿”，名之为“彩绘釉陶卷发俑”；咸阳市底张湾唐墓出土的“昆仑儿”，名之为“彩绘黑人俑”；辽宁博物馆展出的朝阳市唐墓出土的“昆仑儿”，名之为“釉陶昆仑俑”；西安大唐西市博物馆藏有唐长安城西市遗址出土的石质“昆仑奴形镇”，“昆仑奴”为跪卧形，头发卷曲，张嘴，双目圆睁，凸显“镇”之内涵；洛阳博物馆也有“昆仑儿”陶俑展出，名之为“彩绘胡人俑”，展品没有相关的说明。1994 年，陕西富平唐墓墓室北壁西侧出土“昆仑奴驭牛图”，③ 高 160 厘米，宽 180 厘米，壁画中的“昆仑奴”厚唇，皮肤棕黑色，头发蓬松卷曲，颈部带有小铃铛项圈，上身披斜帛带，下身穿束口短裤，带有手钏与脚镯，正在奋力牵牛，相貌与各地出土的“昆仑奴”俑近似。陕西西安大唐西市博物馆展出了一幅临摹“昆仑奴牵牛车图”，是唐昭陵李震墓中的壁画。画中的“昆仑奴”赤脚，上身穿红色翻领衫，下身着红色半腿裤，形貌虽与

① 中国国家博物馆 2018 年 9 月“大唐风华”展览。此次展览由中国国家博物馆与陕西省委宣传部、陕西省文物局联合主办，陕西历史博物馆承办，为期 2 个月：2018 年 9 月 4 日—11 月 3 日。

② 孙振华：《中国古代雕塑史》，中国青年出版社 2011 年版，第 123 页。

③ 李来玉：《昆仑奴驭牛图——“梦回大唐”系列》，《中国社会科学报》2015 年 2 月 10 日。

传统的“昆仑奴”俑大相径庭，却与《太平广记》卷十六《张老》引《续玄怪录》的记述相合：“令其男义方访之，到天坛山南，适遇一昆仑奴，驾黄牛耕田。”[①]

由此来看，“昆仑奴”职责不仅是看家护院，有时又成为耕田的劳力。从出土陶俑的造型、动作上看，部分“昆仑儿”还擅长杂技表演，能攀杆而上，如北京中国国家博物馆收藏的唐代“黑人杂技俑”、[②]新疆博物馆收藏的唐代“黑人百戏俑”，后者是1966年吐鲁番市阿斯塔那唐墓336号墓出土的。这些“昆仑儿”的共同特点是，圆脸，头发卷曲、多为螺髻，露肩或半露肩，上衣多半穿半脱，有长带披肩、绕至腰间后呈下垂状，跣足，脚趾粗大，与张籍诗中的描绘大体一致。从形貌体质上看，这些出土于中国境内的“昆仑儿”陶俑，不像是今天非洲的尼格罗人种。至于命名的不统一，表明考古界、文博界对“昆仑儿”“昆仑奴”的认识仍处在研究探索之中。此外，“昆仑奴”的形象还出现在了敦煌榆林窟的壁画中，如25窟西壁北侧《文殊变》壁画中的“牵狮子昆仑奴”、西壁南侧《普贤变》壁画中的“牵白象昆仑奴”，[③]均为中唐时期作品，是顾况“昆仑儿，骑白象，时时锁着师子（狮子）项”诗的形象展现。“昆仑奴”居于画面下方的中间，肤色黝黑，神情专注，不仅显示了高超的驯兽技艺，也说明其地位在提升、影响在不断扩大，已经进入宗教艺术中。这些壁画色彩鲜丽，笔法细腻，人物造型生动。

张籍（约766—约830），中唐诗人，苏州人，后迁居和州乌江（今安徽和县）。贞元十三年（797）北游汴州，与韩愈结识，对其人生产生了重要影响。贞元十五年（799）长安进士及第，元和元年（806）调补太常寺太祝（正九品上）。据《诗源指诀》记载，“张籍取杜甫诗一帙，焚取灰烬，副以膏蜜，频饮之，曰：‘令吾肝肠从此改易’”，[④]可见其对杜甫的追慕。张籍博闻，一生游历甚广，早年寓居陆路“丝绸之路”起

① （宋）李昉：《太平广记》（一），上海古籍出版社1990年版，第92页。

② 孙振华：《中国古代雕塑史》，中国青年出版社2011年版，第123页。

③ 段文杰、樊锦诗主编：《中国敦煌壁画全集·敦煌中唐》（七），天津人民美术出版社2006年版，第68页。

④ （后唐）冯贽：《云仙散录》，张力伟点校，中华书局1998年版，第153页。

点之一的洛阳长达半载，后又游鄂、湘、赣、岭南，再北上游蓟北一带。其诗作内涵丰富，不事藻饰雕琢，风格朴素自然，《旧唐书》本传说张籍“性诡激，能为古体诗，有警策之句，传于时”；“以诗名当代，公卿裴度、令狐楚，才名如白居易、元稹，皆与之游，而韩愈尤重之”。[①] 白居易《读张籍古乐府》赞誉说：“风雅比兴外，未尝著空文。”民生之外，张籍关注西北边地、东南沿海的风土人情及中西文化交流，多写自己的旅行所见。

张籍《昆仑儿》一诗别开生面，是《全唐诗》中唯一一首以“昆仑儿”为题的作品，对“昆仑儿”的来处、语音、装束、发型、肤色与穿衣特点，都作了具体的描绘，是了解“昆仑儿”及唐代“海上丝路”贸易的珍贵文献。其特殊的文化意义在于：首先是促进了唐人地域观念的改变，将唐人的目光由陆地引向海洋。我们知道，唐诗提到的“海上丝路”沿线的具体可考的地名、国名、族名就有郁林、南海、交趾、林邑、安南、扶南、师子国、诃陵国、骠国、新罗、高丽、高句丽、三韩、鸡林、扶桑、日本等，当然也包括南海的昆仑国、“昆仑儿”。由此表明，唐人的目光不再局限于传统的中原王朝的疆域，他们看世界的眼光更为辽阔，胸怀更为宽广。其次是为后世文学特别是小说戏剧创作提供了新鲜的题材。张籍《昆仑儿》之后，“昆仑奴”一直是小说戏剧创作的热门题材，晚唐裴铏《昆仑奴》以生花妙笔塑造了一位名叫磨勒的有勇有谋、武功高强的“昆仑奴”形象，自言凡遇事“远近必能成之”。[②] 他以自己的胆识和智慧成就了一段美好姻缘，一改史籍记载中“昆仑奴”鄙陋卑微的传统形象，读后令人难忘。由此“昆仑奴”磨勒的故事为元、明、清戏剧家不断演绎，元代杨景言有《磨勒盗红绡》杂剧（已佚）及戏文，明代梅鼎祚有《昆仑奴剑侠成仙》杂剧，梁辰鱼有《红绡妓手语情传》杂剧。即使放在塑造了无数鲜明生动的人物形象的中国戏剧史上，唐传奇中的“昆仑奴”形象也是独一无二、光彩照

① （后晋）刘昫等：《旧唐书》（十三），中华书局 1975 年版，第 4204 页。
② （唐）裴铏：《裴铏传奇》，周愣伽辑注，上海古籍出版社 1980 年版，第 6 页。

人的。

张籍之后，宋诗中虽然也写到“昆仑儿”“昆仑奴”，但多为推测想象之辞，缺少生动的细节描绘，且作者多为释子，以诗参禅，理胜于情。释子淳《颂古一〇一首》其五十六云：“昨夜昆仑闲说梦，白头生得黑头儿。”释子淳《丹霞第三代安禅师》云：“半夜昆仑儿，两手扶银碗。”①释怀深《偈一二〇首》其三九：“铁额昆仑儿，通身黑如漆。”②释正觉《偈颂二〇五首》其一八〇云：“直下沧溟取明月，吾家自有昆仑奴。”③王质《题观政池桥》云：“玉龙蟠底抱奇宝，獠奴试可呼昆仑。”④獠（liáo）奴，詈词，旧指作为家奴的僚人。范成大《霜后纪园中草木十二绝》其十一云：“抱枝昆仑奴，犹解御魑魅。”⑤

宋诗中的“昆仑儿”“昆仑奴”缺少血肉，符号化特征十分明显。这从一个方面说明宋诗的作者少有机会亲见“昆仑儿”，更不用说近距离接触了，借此也可知宋代的开放程度及中西文化交流是不能与唐代相比的。

四、“应驮白练到安西”

“丝绸之路”是一条由丝绸贸易推动的古代中国经中亚通往南亚、西亚及欧洲、北非的陆上商贸与文化通道。斯文·赫定说：“中国人把西安经陕西和甘肃乃至长城西端门户嘉峪关的这条伟大的商路，称为‘皇家驿道’。由此继续西行至喀什的这段路仍称为‘天山南路’，新疆省天山以南的地区也沿用这一名称。”“中国内地沿这条‘皇家驿道’出口的商品中，无论在数量或地位上，都没有哪一样能与华美的丝绸相媲

① 北京大学古文献研究所：《全宋诗》（二十一），北京大学出版社 1995 年版，第 13847、13849 页。

② 北京大学古文献研究所：《全宋诗》（二十四），北京大学出版社 1998 年版，第 16116 页。

③ 北京大学古文献研究所：《全宋诗》（三十一），北京大学出版社 1998 年版，第 19758 页。

④ 北京大学古文献研究所：《全宋诗》（四十六），北京大学出版社 1998 年版，第 28816 页。

⑤（宋）范成大：《范石湖集》（下），上海古籍出版社 1981 年版，第 434 页。

美。两千年前，中国丝绸是世界贸易中最受崇尚、最受欢迎的商品。”①

汉代由官方开辟的“丝绸之路”到了唐朝更加宽阔，丝路贸易的繁盛达到了顶峰。漫长的道路上，商胡脚步匆匆，驼队络绎不绝，驼铃声音清脆，展开了一幅壮丽开阔、令人神往的画面。中唐诗人张籍《凉州词三首》其一云：

> 边城暮雨雁飞低，芦笋初生渐欲齐。无数铃声遥过碛，应驮白练到安西。

边城，指临近边界或国境的城市，如河西走廊上的凉州、张掖、酒泉、瓜州、敦煌。张祜《昭君怨二首》其一云：“万里边城远，千山行路难。”韦承庆《折杨柳》云：“万里边城地，三春杨柳节。”芦笋，芦苇的嫩芽，形似竹笋而细小。元稹《早春寻李校书》云：“带雾山莺啼尚小，穿沙芦笋叶才分。”方干《春日》云：“虽将细雨催芦笋，却用东风染柳丝。”诗说，春日傍晚，雨丝飘洒，遥远的边城上空雁群低旋，沙漠湖泊中初生的芦笋生长旺盛，争相展放枝叶。满载着中原丝绸的一支支驼队，绵延无尽，脚步坚实稳健，在叮咚的驼铃声中正行进在浩瀚的沙漠戈壁上，要抵达大唐的西部边陲——安西。安西，唐方镇名。景云元年（710）以安西都护兼四镇经略大使，开元六年（718）始称四镇节度使。其后以治安西都护府（治今新疆库车），节度使例兼安西都护，故亦称安西或安西四镇，统辖龟兹、于阗、疏勒、焉耆四镇。至德二年（757）改为镇西，大历二年（767）复为安西。全盛时期，濛池都护府（辖境为碎叶川以西到咸海的中亚一带）、昆陵都护府（辖境约当今巴尔喀什湖东至新疆准噶尔盆地及伊犁河流域一带）皆隶属安西都护府，统辖自今阿尔泰山西至咸海（一说里海）所有游牧部族和葱岭东西，东起银山，西包有阿姆河两岸诸城国。②

① ［瑞典］斯文·赫定：《丝绸之路》，江红、李佩娟译，新疆人民出版社 2010 年版，第 223、222 页。

② 谭其骧主编：《中国历史大辞典·历史地理》，上海辞书出版社 1996 年版，第 355、364—365 页。

根据严耕望先生的研究，长安西至安西交通繁荣，全程驿站不绝，“其间行程七千里，急行一月可达”，[①]这是骑马的速度。如果是驼队，时间就要长一些。骆驼长距离骑乘，每天可行程30—35公里，[②]按照这个速度，从长安到安西至少需要三个半月或更长的时间。这首诗的后两句含蕴尤其丰富，“无数铃声遥过碛”，将听觉与视觉打通，描绘出一幅广阔悠远的有声音的图画。铃声，指商队驼铃声；遥过碛，从诗人的视角展开，说驮着白练的一支支驼队远远地在一望无际的沙漠上不停地行进，一走就是几个月。岑参《过碛》云：“黄沙碛里客行迷，四望云天直下低。”碛，沙漠，不生草木的沙石地。“无数铃声”写出了驼队众多、驼铃声密集与清脆悠长，在旷野中回响。张籍这首诗情景宛然，有声有色，可描可绘，句句皆画，展现了大唐疆域的辽阔与“丝绸之路”贸易的繁盛，带给人无限的遐思，是唐人直接描写“丝绸之路”为数不多的名作。[③]

唐王朝的建立，为社会带来了和平安宁，人口增多，物价不断下降，百姓安居乐业，生活富足，周围少数民族来归附者多达百余万人。《新唐书·食货志一》云：

> 贞观初，户不及三百万，绢一匹易米一斗。至四年（630），米斗四五钱，外户不闭者数月，马牛被野，人行数千里不赍粮，民物蕃息，四夷降附者百二十万人。是岁，天下断狱，死罪者二十九人，号称太平。此高祖、太宗致治之大略，及其成效如此。高宗承之，海内艾安。太尉长孙无忌等辅政，天下未见失德。数引刺史入阁，问民疾苦。即位之岁，增户十五万。[④]

贞观十四年（640），太宗平定高昌，以其地置安西都护府，治西州，“丝绸之路”畅通，由此带来了丝绸贸易的兴盛。到了玄宗开元

---

① 严耕望：《唐代交通图考》（二），上海古籍出版社2007年版，第421页。

② 赵兴绪：《骆驼的生态生理及繁殖》，甘肃科学技术出版社1995年版，第76页。

③ 高建新：《展开在“丝绸之路”上的文学景观——再读张籍〈凉州词三首〉其一》，《临沂大学学报》2016年第6期。

④（宋）欧阳修、宋祁：《新唐书》（五），中华书局1975年版，第1344页。

时期，道路四通八达，经济更加繁荣，物价不断下降。《通典·食货七·历代盛衰户口》（卷七）云：

至十三年（725）封泰山，米斗至十三文，青、齐谷斗至五文，自后天下无贵物。两京米斗不至二十文，面三十二文，绢一匹二百一十二文。东至宋、汴，西至岐州，夹路列店肆待客，酒馔丰溢。每店皆有驴赁客乘，倏忽数十里，谓之驿驴。南诣荆、襄，北至太原、范阳，西至蜀川、凉府，皆有店肆，以供商旅。远适数千里，不持寸刃。①

岐州，北魏太和十一年（487）置，治雍城镇（今陕西凤翔县东五里），辖境相当于今陕西周至、麟游、陇县、宝鸡、太白等市县地。凉府，凉州。范阳，三国魏黄初七年（226）改涿郡置，属幽州，治涿县（今河北涿州市）。天宝元年（742）改幽州置，治蓟县（今北京西南）。《汉书·食货志上》云："食，谓农殖嘉谷可食之物；货，谓布帛可衣。""食足货通，然后国实民富，而教化成。"② 开元之后，唐王朝更加繁荣，物质丰富，价格低廉，出行更为安全。从南到北、从东到西，都有店铺、旅舍，为商人、旅客提供了极大便利，丝绸贩运的条件更加完善。段晴教授说：

唐统一西域后，丝路畅通，沿途安谧，对中亚商胡采取优惠政策，有力地促进了东西经济文化交流，繁荣了丝路沿线城镇的市场，特别对西、庭、伊等州府经济发展带来了有利条件。时丝绸长途贩运，商贾获利颇丰，自然不同地段情况也有差异。开元、天宝盛世，物价便宜，在长安一匹绢值 210 文钱，大练价格相当，至河西一般中等价格大练每匹 460 文，大生绢每匹 465 文，长途贩运加价，这是正常的情形。③

---

① （唐）杜佑：《通典》（一），王文锦等校点，中华书局 1988 年版，第 152 页。

② （汉）班固：《汉书》（四），中华书局 1962 年版，第 1117 页。

③ 段晴：《唐代西域的丝路贸易与西州商品经济的繁盛》，《新疆社会科学》2007 年第 3 期。

大练，粗帛。历史上的西域各族就擅长经商，西州、伊州、庭州及中亚如碎叶城、怛逻私（亦作“怛逻斯”）城，更是“商胡杂居”(《新唐书 · 西域传上》)，[①] 世代以经商为业。从中原长途贩运丝绸到西域地区，可以获得一倍以上的丰厚利润。

中原各地出土了众多的骆驼俑，是“丝绸之路”贩运的实物证明。在陕西历史博物馆、西安博物院、咸阳博物馆、洛阳博物馆的展品中，屡见骆驼驮丝的三彩俑，皆形象逼真，令人遥想。陕西历史博物馆藏唐代“彩绘釉陶载物骆驼俑”，高 48 厘米、长 53 厘米。驼峰之间置驼架，上垫圆形花毯，横搭着一个绘有红、蓝色云纹的驮囊，驮囊两边靠上部分挂着两捆麻花状的生丝，驮囊正中挂着一口黑色的平底铁锅。驮囊两侧挂着扁壶、刀、箭囊等日用品，驮囊边上还挂着一只头向上的长尾雉鸡、一只头向下的兔子等猎物。有意思的是驼峰中间靠后右侧有一只可爱的小猴子，面朝前方，可能是骆驼主人的宠物，用以做伴，排遣漫漫“丝绸之路”的寂寞。西安博物院藏唐代“三彩釉陶载物卧驼俑”，高 29.1 厘米，长 45 厘米，双峰间衬着鞍鞯，上面搭有成匹的丝绢和两根洁白的象牙，两侧悬挂着凤首壶、八棱白色磁盘。虽然曲跪卧地，但仍在昂首嘶鸣，显示出对远方和行走的渴望。洛阳博物馆藏唐代“绿釉载丝骆驼”“三彩骆驼”。前者长 49.5 厘米、高 59 厘米，造型古拙，沉稳有力，头、颈、前腿有浓密的驼毛，驼背两峰、两侧有驮货夹板，上有驮包和成捆的生丝。后者更有特色。骆驼高 88 厘米、长 78 厘米，体型高大，神气十足，呈向前行进状，颈向上弯曲，头昂扬，正在张口嘶鸣，双峰间搭有兽面驮囊，囊的前后有丝绢，丝绢两头分别系有小口瓶、凤首壶、干粮和干肉块儿。由此可知路途之遥远。这两峰色彩鲜艳、造型优美的驮丝骆驼，生动形象地再现了唐代“丝绸之路”贸易的情形，印证了张籍诗的描述。甘肃博物馆藏“三彩胡人牵马俑”“三彩胡人牵驼俑”，秦安县叶家堡唐墓出土，均为陶胎，施褐红色釉。前者人高 76 厘米，马高 73 厘米；后者人高 76 厘米，驼高 93.4 厘米。胡人高

① （宋）欧阳修、宋祁：《新唐书》(二十)，中华书局 1975 年版，第 6233 页。

鼻，八字须，双手紧握，作牵驼马状。秦安县在天水市北面，是从长安经过定西、金城（今兰州）进入河西走廊的必经之路，是胡人在河西地区“丝绸之路”上贸易活动的证明。

1927年5月，瑞典探险家斯文·赫定率领着由中外学者组成的“西北科学考察团”，从内蒙古包头出发，沿着古代“草原丝绸之路”向西北进发。在从额济纳旗（古居延）前往新疆哈密的途中，12月5日夜里，赫定一行遇见了一支庞大的驼队，从归化前往巴里坤和奇台，共有1200峰骆驼和九十多个人，是七个业主联合起来贩运布匹、茶叶、香烟和日杂用品的。虽然队伍庞大，但他们的组织却井井有条。[①] 归化，今呼和浩特。巴里坤、奇台，均在今新疆境内。需知这夜的气温是零下21.4摄氏度，驼队需顶风冒雪，在冰天雪地中前行，路途的艰难可想而知。这个长途跋涉近两千公里的驼队绵延数公里，蔚为壮观。由此可推想唐代“丝绸之路”的盛况。斯文·赫定说：

> 这些上天造就的商人，多少世纪以来就是这样生存和奔走在这块大地上；他们的商队生活，一如苍茫的往昔，可追溯到神话时代，即有文字记载以前的远古时代，在响彻亚洲广漠空间的阵阵驼铃声的伴随下，他们一步一步前进着，本质没有丝毫改变：仍是一样的人，一样的骆驼，一样的原野，一样的天气……[②]

正是这些商队，在看不到尽头的“丝绸之路”上，怀着无与伦比的执着和坚忍，一代接着一代，穿越茫茫的戈壁沙海，为中西商贸和文化交流作出了不可磨灭的巨大贡献，由此构成了最动人心魄的文学景观。

1933年11月一个寂静的冬夜，再次沿着“草原丝绸之路”考察的瑞典探险家斯文·赫定，又在百灵庙（今内蒙古达尔罕茂明安联合旗政府所在地）听到了阵阵驼铃声，认为那是“长伴着旅人商贾展开了一幅

---

① ［瑞典］斯文·赫定：《横渡戈壁沙漠》，李述礼、张鸣译，新疆人民出版社2010年版，第83页。

② ［瑞典］斯文·赫定：《丝绸之路》，江红、李佩娟译，新疆人民出版社2010年版，第52页。

幅多姿多彩、震撼人心的沙漠生活图景”。[①] 这段生动的描述，可视作“无数铃声”的注脚。驼队由长安或洛阳出发，一路向西北进发，途中要穿越茫茫无际的沙漠戈壁，如今天的腾格里沙漠、巴丹吉林沙漠、罗布泊、塔克拉玛干沙漠等，风餐露宿，备尝艰辛。骆驼是穿越沙海的永不沉没之舟。大漠中“无数铃声”奏响的是雄伟壮阔的贸易与文化交流进行曲。

有论者认为，张籍《凉州词三首》(其一)“记叙的正是当年中国丝绸经过河西、新疆运往印度、波斯，乃至希腊、罗马的盛况。它告诉人们，现在被淡忘的古‘丝绸之路’，当年是骏马奔驰，明驼驰足的国际贸易大道”。[②] 驼队的铃声回响在浩瀚的大漠里，运驮的白练直抵大唐的西域地区，其所指示的正是斯文·赫定所言：“丝绸成了连接不同民族的纽带，并出现了一条条无穷无尽的商路。”[③] 中华文明获得了更加广泛的传播，古代中国尤其是汉唐两大王朝由此变得更加强大，更具世界影响力。

① [瑞典] 斯文·赫定:《丝绸之路》，江红、李佩娟译，新疆人民出版社 2010 年版，第 32 页。

② 丝路:《无数铃声遥过碛》,《新疆师范大学学报》1985 年第 1 期。

③ [瑞典] 斯文·赫定:《丝绸之路》，江红、李佩娟译，新疆人民出版社 2010 年版，第 226 页。

第九章　“琉璃钟，琥珀浓”

——李贺诗中的“丝绸之路”舶来品释证

“丝绸之路”的畅通造就了唐代社会的开放和繁盛、精神生活与物质生活的多彩多姿，西方的奇珍异宝自汉代以来就通过陆路与海上“丝绸之路”源源不断输入中原。《后汉书·李恂传》云：“后复征拜谒者，使持节领西域副校尉。西域殷富，多珍宝，诸国侍子及督使贾胡数遗恂奴婢、宛马、金银、香罽之属，一无所受。”[①]《三国志·吴书·薛综传》云：“贵致远珍名珠、香药、象牙、犀角、玳瑁、珊瑚、琉璃、鹦鹉、翡翠、孔雀、奇物，充备宝玩，不必仰其赋入，以益中国也。”[②]《洛阳伽蓝记》卷四云：河间王“琛常会宗室，陈诸宝器，金瓶、银瓮百余口，瓯檠盘盒称是。自余酒器，有水晶钵、琉璃碗、赤玉卮数十枚，做工奇妙，中土所无，皆从西域而来”。[③]这些外来的奇珍异宝到了唐代更加丰富，其中一大部分已经融入唐人的日常生活。

李贺（790—816）生活在“安史之乱”后的中唐，吐蕃入侵关陇，并长期占据河西走廊，“丝绸之路”被阻断，杜甫称“逆气数年吹路断”（《喜闻盗贼蕃寇总退口号五首》其三），陆游称“天宝胡兵陷两京，北庭安西无汉营”（《五月十一日夜且半，梦从大驾亲征，尽复汉唐故地，见城邑人物繁丽，云西凉府也，喜甚，马上作长句，未终篇而觉，乃足成之》）。[④]但初唐和盛唐时期的外来物品犹存，依旧影响着当时人的生活与审美观，体现在李贺诗中，有汗血马、犀株、象床、蛟胎、鱼须

① （南朝）范晔：《后汉书》（六），中华书局1965年版，第1683页。
② （晋）陈寿：《三国志》（五），中华书局1959年版，第1252页。
③ （北魏）杨衒之：《洛阳伽蓝记》，杨勇校笺，中华书局2006年版，第179页。
④ 钱仲联：《剑南诗稿校注》（二），上海古籍出版社2005年版，第970页。

笏、珊瑚、琉璃、琥珀、石榴、葡萄酒、香料以及各种乐器等几大类、十几种。

一、动 物

由西域进入中原的动物，以包括汗血马在内的骏马最具代表性。早在汉武帝时代，汗血马作为军马被引进中原，显著提高了汉军骑兵的活动半径与进攻速度。霍去病迂回千里、北击匈奴，汗血马功不可没。《资治通鉴·唐纪十二》云：贞观十五年（641），太宗“又命使者多赍金帛，历诸国市良马”。[①] 唐朝继续引进汗血马，极大地提高了唐军的战斗力。

李贺《马诗二十三首》其二十二云：“汗血到王家，随鸾撼玉珂。”[②] 又，《瑶华乐》云：“穆天子，走龙媒，八辔冬珑逐天回。”鸾，銮舆，天子所乘的车。玉珂，缀在马络头上的玉。穆天子，指周穆王，周游天下，曾西征犬戎。八辔，指八匹马。冬珑，銮舆上的铃。王琦《李长吉歌诗汇解》卷二云：“冬珑，辔声。逐天回，与天之行相逐而回转，言其速也。”[③] 汗血马是通过“丝绸之路”从西域进入长安的帝王之家的，奔驰时玉珂碰撞，声音清脆。汗血，汗血马，又称“天马”“宛马”“龙媒”，是产自中亚的大宛国（今费尔干纳盆地）的骏马。[④]《晋书·苻坚传上》云：

> 先是，梁熙遣使西域，称扬坚之威德，并以缯彩赐诸国王，于是朝献者十有余国。大宛献天马千里驹，皆汗血、朱鬣、五色、凤膺、麟身，及诸珍异五百余种。[⑤]

梁熙，十六国时略阳（治今甘肃天水东北）人，氐族，前秦苻坚时

① （宋）司马光：《资治通鉴》（十三），中华书局 2011 年版，第 6281—6282 页。

② 叶葱奇疏证：《李贺诗集》，人民文学出版社 1959 年版，第 93 页。本文所引李贺诗，除特别注明之外，均出自此版本，不再另注。

③ （清）王琦等：《三家评注李长吉歌诗》，上海古籍出版社 1998 年版，第 147 页。

④ 高建新：《唐代文学中的“汗血马”》，《海南师范大学学报》（社会科学版）2014 年第 10 期。

⑤ （唐）房玄龄等：《晋书》（九），中华书局 1974 年版，第 2900 页。

任中书令。建元中，率骑十三万攻前凉，凉主张天锡降，遂为西中郎将、凉州刺史等，领护西羌校尉，镇姑臧（今甘肃武威），遣使西域，获汗血马。

汗血马声名显赫，古来共称。《史记·大宛列传》云："大宛在匈奴西南，在汉正西，去汉可万里。其俗土著，耕田，田稻麦。有蒲陶酒。多善马，马汗血，其先天马子也。"①《汉书·礼乐志二》云："天马徕，龙之媒。游阊阖，观玉台。"应劭曰："言天马者乃神龙之类，今天马已来，此龙必至之效也。""阊阖，天门。玉台，上帝之所居。"②龙之媒，龙媒，指骏马。张正见《上之回》云："龙媒蹑影驶，玉辇御云轻。"隋炀帝《杨叛儿》云："龙媒玉珂马，凤轸绣香车。"③凤轸（zhěn），华美的车乘。上有凤凰雕饰，因称。杜甫《昔游》："有能市骏骨，莫恨少龙媒。"又，《沙苑行》云："龙媒昔是渥洼生，汗血今称献于此。"又，《赠崔十三评事公辅》云："飘飘西极马，来自渥洼池。"李群玉《骆马》云："由来渥洼种，本是苍龙儿。"渥洼，水名，在今敦煌市南湖乡，旧传为天马所生之地。西极马、渥洼种，指代天马。《史记·大宛列传》云：汉武帝"得乌孙马好，名曰'天马'。及得大宛汗血马，益壮，更名乌孙马曰'西极'，名大宛马曰'天马'"。④司马光《天马歌》云："大宛汗血古共知，青海龙种骨更奇。"⑤王世贞《将军行》云："前驱碧眼儿，惯骑大宛驹。"(《弇州山人四部稿》卷六)⑥碧眼儿，指中亚胡人。

李贺《马诗二十三首》其十二云："批竹初攒耳，桃花未上身"，桃花，指骏马毛色鲜明如桃花。未上身，指马驹毛色尚未齐。《齐民要术·养牛马驴骡》云：骏马"耳欲得小而促，状如斩竹筒"。⑦赞美马驹的耳朵如同削成尖锐形状的竹筒。杜甫《房兵曹胡马》云：

---

① （汉）司马迁：《史记》(十)，中华书局1975年版，第3160页。

② （汉）班固：《汉书》(四)，中华书局1962年版，第1061页。

③ 逯钦立辑校：《先秦汉魏晋南北朝诗》(下)，中华书局1983年版，第2467、2663页。

④ （汉）司马迁：《史记》(十)，中华书局1975年版，第3170页。

⑤ 北京大学古籍文献研究所：《全宋诗》(九)，北京大学出版社1992年版，第6023页。

⑥ 《影印文渊阁四库全书》(第一二七九册)，(台湾)商务印书馆1983年发行，第74页。

⑦ （北魏）贾思勰：《齐民要术》，农业出版社1963年版，第79页。

胡马大宛名，锋棱瘦骨成。竹批双耳峻，风入四蹄轻。

所向无空阔，真堪托死生。骁腾有如此，万里可横行。

“竹批双耳”，是包括汗血马在内的骏马的形体标志之一。李之仪《李伯时马赞》云：“竹批双耳，风激四蹄。振尾顿鬣，会于一时。”[①]戴复古《题曾无疑飞龙饮秣图》云：“云巢示我良马图，一骑欲水一骑刍。竹批双耳目摇电，毛色纯一骨相殊。”[②]骏马不仅体形俊俏，速度快，能远距离驰骋，而且有一副尖锐的耳朵。[③]

历史上的骏马多为胡马，产自“丝绸之路”沿线，如河西走廊、西域，即所谓的“胡地”。《新唐书·兵志》云：“其后突厥款塞，玄宗厚抚之，岁许朔方军西受降城为互市，以金帛市马，于河东、朔方、陇右牧之。既杂胡种，马乃益壮。”[④]款塞，叩塞门，谓外族前来通好。《册府元龟·外臣部十五·朝贡第三》（卷九七十）云：武则天长安三年（703），“十一月，突厥遣其大臣移力贪汗献名马千匹，并方物”[⑤]。

李贺《马诗二十三首》其十六云：“唐剑斩隋公，拳毛属太宗。莫嫌金甲重，且去捉飘风。”拳毛，拳毛騧（guā），是西北骏马的代表“昭陵六骏”之一，[⑥]从西域波斯马种的优良群马中精选出来的，[⑦]汗血马之属，体力好，速度快，能征善战，曾为太宗平定天下立下奇功。太宗《六马图赞》云：“拳毛騧：黄马黑喙，平刘黑闼时乘。前中六箭，背二箭。赞曰：月精按辔，天驷横行。弧矢载戢，氛埃廓清。”[⑧]刘黑闼，

---

① 北京大学古籍文献研究所：《全宋诗》（十七），北京大学出版社1991年版，第11214页。

② 北京大学古籍文献研究所：《全宋诗》（五十四），北京大学出版社1991年版，第33471页。

③ 谢成侠：《中国养马史》（修订版），农业出版社1991年版，第37页。

④ （宋）欧阳修、宋祁：《新唐书》（五），中华书局1975年版，第1338页。

⑤ （宋）王钦若等编纂：《册府元龟》（十一），周勋初等校订，凤凰出版社2006年版，第11234页。

⑥ 高建新：《唐诗中的骏马及“昭陵六骏”》，《内蒙古大学学报》（哲学社会科学版）2015年第1期。

⑦ 王崇人：《古都西安》，陕西人民美术出版社1981年版，第109页。

⑧ （清）董诰等编：《全唐文》（一），上海古籍出版社1990年版，第48页。

衡水人，隋末地方割据势力。载戢（jí），把武器收藏起来。氛埃，指战乱。杜甫《韦讽录事宅观曹将军画马图》云：“昔日太宗拳毛䯄，近时郭家师子花。”方扶南《李长吉诗集批注》卷二云：“因拳毛䯄而忆贞观之时，自天策开府，以至受禅，求才论道，正如得骏成功。”①韦庄《闻再幸梁洋》：“兴庆玉龙寒自跃，昭陵石马夜空嘶。”②《升庵诗话》卷十四“铁马汗常趋”云：

安禄山之乱，哥舒翰与贼将崔乾祐战，见黄旗军数百队，官军以为贼，贼以为官军，相持久之，忽不见。是日昭陵内石马皆汗流。杜诗：“玉衣晨自举，铁马汗常趋。”李义山亦云：“天教李令心如日，可待昭陵石马来。”③

李令，指李晟（shèng），中唐名将，平定淮西叛镇李希烈叛乱，收复长安。“安史之乱”起，连石刻的“昭陵六骏”都愿意再驮起主人奔赴前线，平定叛乱。

李贺《马诗二十三首》其十九云：“萧寺驮经马，元从竺国来。”萧寺，佛寺。李肇《唐国史补》卷中云：“梁武帝造寺，令萧子云飞白大书‘萧’字，至今一‘萧’字存焉。”④后因称佛寺为萧寺。竺国，天竺诸国。诗说，白马寺有驮经白马，是沿着“丝绸之路”从佛国而来。《魏书·释老志》云：

后孝明帝夜梦金人，项有白光，飞行殿庭，乃访群臣，傅毅始以佛对。帝遣郎中蔡愔、博士弟子秦景等使于天竺，写浮屠遗范。愔仍与沙门摄摩腾、竺法兰东还洛阳。中国有沙门及跪拜之法，自此始也。愔又得佛经《四十二章》及释迦立像。明帝令画工图佛像，置清凉台及显节陵上，经缄于兰台石室。愔之还也，以白马负经而至，汉因立白马寺于洛城雍门西。

① （清）王琦等：《三家评注李长吉歌诗》，上海古籍出版社 1998 年版，第 305 页。

② 聂安福：《韦庄集校注》，上海古籍出版社 2002 年版，第 152 页。

③ 丁福保辑：《历代诗话续编》（中），中华书局 1983 年版，第 930 页。

④ （唐）李肇：《唐国史补》，上海古籍出版社 1979 年版，第 38 页。

自洛中构白马寺，盛饰佛图，画迹甚妙，为四方式。凡宫塔制度，犹依天竺旧状而重构之，从一级至三、五、七、九。世人相承，谓之“浮图”，或云“佛图”。晋世，洛中佛图有四十二所矣。汉世沙门，皆衣赤布，后乃易以杂色。①

汉明帝夜梦神人，于是派人前往天竺，后使者驮经归来，明帝建洛阳白马寺，是为汉地最早的佛寺，堪称“祖庭”，时在东汉永平十一年（68）。《洛阳伽蓝记》卷四云：

白马寺，汉明帝所立也，佛入中国之始。寺在西阳门外三里御道南。帝梦金神长丈六，项背日月光明，胡人号曰佛。遣使向西域求之，乃得经像焉。时白马负经而来，因以为名。②

白马寺的建立，是佛教正式传入中原的标志。佛教沿着“丝绸之路”一路东传，是中西文化交流史上的大事，影响深远。李世民《焚经台》云：“青牛谩说函关去，白马亲从印土来。”“青牛”句指老子骑青牛出函谷关事迹。印土，指印度。《史记·老子韩非列传》云：“于是老子乃著书上下篇，言道德之意五千余言而去，莫知其所终。”《史记索引》引刘向《列仙传》：“老子西游，关令尹喜望见有紫气浮关，而老子果乘青牛而过也。”③后因以“青牛”指神仙道士之坐骑。“紫气东来”典亦出于此。灵彻上人《芙蓉寺》云：“经来白马寺，僧到赤乌年。”④赤乌，三国东吴孙权的年号（238—251）。王昌龄《东京府县诸公与綦毋潜李颀相送至白马寺宿》云：“月明见古寺，林外登高楼。南风开长廊，夏夜如凉秋。”东京，洛阳，唐之东都。许浑《白马寺不出院僧》云：“到院客长见，闭关人不知。寺喧听讲绝，厨远送斋迟。”张继《宿白马寺》云：“白马驮经事已空，断碑残刹见遗踪。萧萧茅屋秋风起，一夜雨声羁思浓。”“安史之乱”对洛阳破坏严重，时史思明叛军曾驻军白马寺，与

① （北齐）魏收：《魏书》（八），中华书局 1975 年版，第 3025—3026、3029 页。
② （北魏）杨衒之：《洛阳伽蓝记》，杨勇校笺，中华书局 2006 年版，第 171 页。
③ （汉）司马迁：《史记》（七），中华书局 1975 年版，第 2141 页。
④ 傅璇琮主编：《唐才子传校笺》（一），中华书局 1987 年版，第 618 页。

唐军对抗，之后白马寺又惨遭回纥涂炭。《旧唐书 · 回纥传》云："初，回纥至东京，以贼平，恣行残忍，士女惧之，皆登圣善寺及白马寺二阁以避之。回纥纵火焚二阁，伤死者万计，累旬火焰不止。"① 张继所见战乱后的白马寺"断碑残刹"，面目全非，早已不是王昌龄笔下的白马寺了。

李贺《感讽六首》其三云："杂杂胡马尘，森森边士戟。天教胡马战，晓云皆血色。"又，《摩多楼子》云："晓气朔烟上，趢趗胡马蹄。行人临水别，陇水长东西。"摩多楼子，乐府旧题，多写从军征戍之事。李白《摩多楼子》云："从戎向边北，远行辞密亲。借问阴山侯，还知塞上人。"（《全唐诗续补遗》卷三）② 趢趗（lù cù），步伐急促。胡马，泛指西北民族地区的骏马，主产于"丝绸之路"上的河西走廊。

胡人天生好战，一个重要的原因就是胡人有剽悍的骏马这样的战争利器，可以长途奔袭，所向披靡。刘孝威《思归引》云："胡地凭良马，怀骄负汉恩。"梁简文帝萧纲《陇西行三首》其一云："边秋胡马肥。云中惊寇入。"③ 陈子昂《答韩使同在边》云："汉家失中策，胡马屡南驱。"崔融《关山月》云："汉兵开郡国，胡马窥亭障。夜夜闻悲笳，征人起南望。"袁瓘《鸿门行》云："北风闻楚歌，南庭见胡马。胡马秋正肥，相邀夜合围。"李白《胡无人》云："严风吹霜海草凋，筋干精坚胡马骄。"杜甫《入衡州》云："兵革自久远，兴衰看帝王。汉仪甚照耀，胡马何猖狂。"戎昱《塞下曲六首》其二云："上山望胡兵，胡马驰骤速。黄河冰已合，意又向南牧。"依仗着强壮的胡马和高超的驭马技术，胡人肆意犯边抢掠、入侵中原，给汉唐国家安全带来巨大威胁。为此唐王朝也采取了措施，就是高价收购诸蕃之马，有多少要多少，借此削弱诸蕃的武备，强化唐军的战斗力。《旧唐书 · 王忠嗣传》云：

> 忠嗣之在朔方也，每至互市时，即高估马价以诱之，诸蕃闻之，竞来求市，来辄买之。故蕃马益少，而汉军益壮。及至河、

---

① （后晋）刘昫等：《旧唐书》（十六），中华书局 1975 年版，第 5204 页。

② 陈尚君辑校：《全唐诗补编》（上），中华书局 1992 年版，第 358 页。

③ 逯钦立辑校：《先秦汉魏晋南北朝诗》（下），中华书局 1983 年版，第 1868、1905 页。

陇，又奏请徙朔方、河东戎马九千匹以实之，其军又壮。[①]

王忠嗣（705—749），少年时其父战死于吐蕃，玄宗收养于宫中。及长，威武有方略，安边守塞不以攻伐为尚，后兼任河东、朔方、河西、陇右四镇节度使，控地万里。其生活的时代，正值唐王朝最为强大之时。《新唐书·王忠嗣传》云：“初，在朔方，至互市，辄高偿马直，诸蕃争来市，故蕃马浸少，唐军精。”[②]浸（jìn）少，渐少。高价买马要看国力，“安史之乱”使国家陷入危亡之境，后回纥逼迫唐王朝以丝绸大量易马，已成为朝廷巨大的负担。

二、食 物

“丝绸之路”改变唐人的日常生活是从西域物产大量进入中原开始的。石榴作为西域代表性植物与水果进入汉人千家万户，由此衍生出的石榴裙更为唐代年轻女性所喜爱，成为时尚。西域的葡萄酒丰富了唐人酒的种类，为饮酒带来了一种前所未有的浪漫情调。

（一）石榴

李贺《莫愁曲》云：“何人此城里，城角栽石榴。”又，《绿章封事》：“石榴花发满溪津，溪女洗花染白云。”《齐民要术·笔墨》引《博物志》曰：“张骞使西域还，得安石榴、胡桃、蒲桃。”[③]王翰《奉和圣制送张尚书巡边》云：“宁如凿空使，远致石榴花。”凿空使，指张骞。张骞凿空西域，大量物产沿“丝绸之路”进入中原。《封氏闻见记》卷七云：“汉代张骞自西域得安石榴、苜蓿之种，今海内遍有之。”[④]《酉阳杂俎续集·支植下》云：“大食勿斯离国，石榴重五六斤。”[⑤]《诸蕃志》卷上云：“勿斯里国，属白达国节制，国王白皙，打缠头，著番衫，穿

① （后晋）刘昫等：《旧唐书》（十），中华书局 1975 年版，第 3201 页。
② （宋）欧阳修、宋祁：《新唐书》（十五），中华书局 1975 年版，第 4554 页。
③ （北魏）贾思勰：《齐民要术》，农业出版社 1963 年版，第 174 页。
④ （唐）封演撰、赵贞信校注：《封氏闻见记校注》，中华书局 2016 年版，第 66 页。
⑤ （唐）段成式：《酉阳杂俎》，方南生点校，中华书局 1975 年版，第 288 页。

皂靴，出入乘马。”[1] 勿斯里，一作勿斯离，故址在今伊拉克北部底格里斯河西岸的摩苏尔。[2]

石榴，原产自古安息国，故称安石榴。安息，安息帝国，西亚伊朗地区古典时期的奴隶制帝国。《本草纲目·果之二·安石榴》(卷三十）云：

> 时珍曰：榴者，瘤也，丹实垂垂如赘瘤也。《博物志》云：“汉使张骞出使西域，得涂林安石国榴种以归，故名安石榴。”[3]

石榴为落叶灌木或小乔木，五月开花，果实为球形，呈褐色，熟时会自行裂开，种子多浆，可食。吴均《行路难五首》其二云：“青琐门外安石榴，连枝接叶夹御沟。”[4] 青琐门，汉代宫门名；御沟，流经御苑的沟渠。由此可见，安石榴引进之初，是种植在宫苑中的，而后才渐渐进入民间的。王筠《摘安石榴赠刘孝威》云：“中庭有奇树，当户发华滋。素茎表朱实，绿叶厕红蕤。”[5] 表，显示。厕，杂置。刘禹锡《百花行》云：“时节易晼晚，清阴覆池阁。唯有安石榴，当轩慰寂寞。”晼(wǎn）晚，指时令晚。元稹《感石榴二十韵》云：“何年安石国，万里贡榴花。迢递河源道，因依汉使槎。”从张骞初次出使西域到李贺生活的中唐是九百余年，石榴的种植更为普遍。

石榴是来自遥远西域的馈赠，不仅是美味的水果，其花、籽实还可以用来酿酒。梁元帝萧绎《咏石榴》云：

> 涂林未应发，春暮转相催。然灯疑夜火，连珠胜早梅。
> 西域移根至，南方酿酒来。叶翠如新剪，花红似故栽。
> 还忆河阳县，映水珊瑚开。

---

① （宋）赵汝适著、冯承钧校注：《诸蕃志校注》，中华书局1956年版，第67页。

② 钟兴麒编著：《西域地名考录》，国家图书馆出版社2008年版，第1014页。

③ （明）李时珍：《本草纲目》(中)，王育杰整理，人民卫生出版社1999年版，第1456页。

④ 逯钦立辑校：《先秦汉魏晋南北朝诗》(中)，中华书局1983年版，第1728页。

⑤ 逯钦立辑校：《先秦汉魏晋南北朝诗》(下)，中华书局1983年版，第2017页。

又，《刘生》云：“榴花聊夜饮，竹叶解朝酲。”朝酲（chéng），谓隔夜醉酒早晨酒醒后仍困惫如病。又，《古意》云：“樽中石榴酒，机上葡萄纹。”简文帝萧纲《执笔戏书》云：“玉案西王桃，蠡杯石榴酒。”① 蠡（lí）杯，用贝壳制成的酒杯。石榴色红如火，耀人眼目，移至南方，当地人用以酿酒，亦即石榴酒，属于果酒，颜色漂亮。《南史 · 夷貊传上》云：扶南国“其南界三千余里有顿逊国，在海崎上，地方千里。城去海十里”，“珍物宝货无不有，又有酒树似安石榴，采其花汁停瓮中，数日成酒”。② 顿逊国，亦称典孙、典逊，在今缅甸南端之丹那附近。采石榴花汁酿酒，或近似石榴酒。《齐民要术 · 笨麹并酒》云：

> 《博物志》胡椒酒法：以好春酒五升，干姜一两、胡椒七十枚，皆捣末；好美安石榴五枚，押取汁。皆以姜、椒末及安石榴汁，悉内着酒中，火暖取温。亦可冷饮，亦可热饮之。③

胡椒酒属于浸泡酒，是在原酒中掺入石榴汁，冷饮、热饮皆可，辛辣中有酸甜味。乔知之《倡女行》云：“石榴酒，葡萄浆，兰桂芳，茱萸香。愿君驻金鞍，暂此共年芳。”李峤《甘露殿侍宴应制》云：“御筵陈桂醑，天酒酌榴花。”桂醑（xǔ），桂花酒，亦泛指美酒。天酒，甘露，仙酒。王安石《寄李士宁先生》云：“渴愁如箭去年华，陶情满满倾榴花。”④ 诗中用以榴花代称石榴酒。石榴汁还是调味佳品。《齐民要术 · 羹臛法》云：“作胡羹法：用肋六斤，又肉四斤，水四升，煮；出肋，切之。葱头一斤，胡荽一两，安石榴汁数合，口调其味。”⑤ 胡羹，羊肉羹。羊肋，羊排骨。

盛开的石榴花也是可观可赏的对象。李贺《谣俗》云：“上林胡蝶小，试伴汉家君。飞向南城去，误落石榴裙。”韩愈《题张十一旅舍三

---

① 逯钦立辑校：《先秦汉魏晋南北朝诗》（下），中华书局 1983 年版，第 2047、2034、2053、1940 页。

② （唐）李延寿：《南史》（六），中华书局 1975 年版，第 1951 页。

③ （北魏）贾思勰：《齐民要术》，农业出版社 1963 年版，第 112—113 页。

④ 北京大学古籍文献研究所：《全宋诗》（十），北京大学出版社 1992 年版，第 6572 页。

⑤ （北魏）贾思勰：《齐民要术》，农业出版社 1963 年版，第 133 页。

咏·榴花》云："五月榴花照眼明，枝间时见子初成。可怜此地无车马，颠倒青苔落绛英。"[①] 李商隐《石榴》云："榴枝婀娜榴实繁，榴膜轻明榴子鲜。"石榴花花色艳丽，多为橙红色，红中透亮，动人心魄。石榴的籽实颗颗相依紧密，晶莹剔透，宛若红宝石。范成大《题蜀果图·石榴》云："日烘古锦囊，露浥红玛瑙。"[②] 烘，映照。

唐代年轻女子极为青睐的一种裙子，色如石榴花，不染其他颜色，穿着俏丽动人，这就是石榴裙。一说，石榴裙指大红色女裙，以色红艳如石榴花，故名。[③] 由石榴到石榴裙，则是"丝绸之路"舶来品由实用转向审美的重要标志。从诗歌描写看，这一转变从南朝梁代就已经开始。何思澄《南苑逢美人》云："风卷蒲萄带，日照石榴裙。"[④] 蒲萄带，织有葡萄纹的衣带。鲍泉《奉和湘东王春日》云："新落连珠泪，新点石榴裙。"隋无名氏《黄门倡歌》云："点黛方初月，缝裙学石榴。"[⑤] 这一时期穿石榴裙已蔚然成风。到了唐朝，这种审美转变表现得更为丰富多彩。杜审言《戏赠赵使君美人》云："红粉青娥映楚云，桃花马上石榴裙。"楚云，楚天之云，比喻女子秀美的发髻。桃花马，名马，毛色白中有红色斑点的马。武则天《如意娘》云："看朱成碧思纷纷，憔悴支离为忆君。不信比来长下泪，开箱验取石榴裙。"一条石榴裙，见证了武则天进宫之路的百转千回。张文成（张鷟）《游仙窟诗·又赠十娘》云："迎风帔子郁金香，照日裙裾石榴色。"（《全唐诗逸》卷下）[⑥] 帔子（pèi zǐ），披肩。郁金香，指用郁金制成的香料。配上轻柔的帔子，阳光照射下的石榴裙愈发艳丽耀眼。皇甫冉《同李苏州伤美人》云："玉佩石榴裙，当年嫁使君。"万楚《五日观妓》云："眉黛夺将萱草色，红裙妒杀石榴花。"白居易《官宅》云："红紫共纷纷，祗承老使君。移舟

---

① 钱仲联集释：《韩昌黎诗系年集释》（上），上海古籍出版社 1994 年版，第 383 页。

② （宋）范成大：《范石湖集》（下），上海古籍出版社 1981 年版，第 401 页。

③ 孙晨阳、张珂编著：《中国古代服饰辞典》，中华书局 2015 年版，第 442 页。

④ 逯钦立辑校：《先秦汉魏晋南北朝诗》（中），中华书局 1983 年版，第 1807—1808 页。

⑤ （宋）郭茂倩：《乐府诗集》（四），中华书局 1979 年版，第 1190 页。

⑥ ［日］上毛河世宁纂辑：《全唐诗逸》，见《全唐诗》（十三），中华书局编辑部点校，中华书局 1999 年版，第 10286 页。

木兰棹，行酒石榴裙。”以石榴裙代指行酒的侍女。元稹《石榴花》云：“寥落山榴深映叶，红霞浅带碧霄云。曲尘枝下年年见，别似衣裳不似裙。”[①]李元纮《相思怨》云：“望月思氛氲，朱衾懒更熏。春生翡翠帐，花点石榴裙。”常建《古兴》云：“石榴裙裾蛱蝶飞，见人不语颦蛾眉。”只要有娇艳的石榴裙出现，就会有一幅美不胜收的图画。

石榴裙是丝质曳地长裙，柔美轻盈，飘飘若举，娇红的颜色容易引人注目，穿者尽显风流妩媚之态。唐人在对石榴裙的描写之中，融入了鲜明的个人记忆与强烈的主观感情。古人对石榴裙的喜好一直延续着。韦骧《再咏黄石榴花二首》其二云：“佳人最爱石榴红，染作轻裙步履同。”[②]徐渭《燕京五月歌》其一云：“石榴花发街欲焚，蟠枝屈朵皆崩云。千门万户买不尽，剩与女儿染红裙。”[③]石榴裙如火焰般燃烧的颜色，自然让人难忘。

（二）葡萄酒

李贺《将进酒》云：“小槽酒滴真珠红。”小槽，制酒器中的一个部件，酒由此缓缓流出。真珠红，美酒名，又称珍珠红，酒液呈红色，葡萄酒之属。王琦《李长吉歌诗汇解》卷四云：“珍珠红，当是酒名。”[④]萨都剌《蒲萄酒美鲥鱼味肥赋葡萄歌》云：“扬州酒美天下无，小槽夜走蒲萄珠。”[⑤]从小槽流出来的是葡萄酒。《史记·大宛列传》云：“安息在大月氏西可数千里。其俗土著，耕田，田稻麦，蒲陶酒。”“宛左右以蒲陶为酒，富人藏酒至万余石，久者数十岁不败。”[⑥]宛，指大宛国。葡萄酒是发酵酒，随着“丝绸之路”的开通进入中原。江总《妇病行》云：“羞开翡翠帷，懒对蒲萄酒。”[⑦]《南部新书·丙卷》云：

① 周相录：《元稹集校注》（下），上海古籍出版社 2011 年版，第 1613 页。

② 北京大学古籍文献研究所：《全宋诗》（十三），北京大学出版社 1993 年版，第 8568 页。

③ 《徐渭集》（二），中华书局 1983 年版，第 356 页。

④ （清）王琦等：《三家评注李长吉歌诗》，上海古籍出版社 1998 年版，第 164 页。

⑤ （元）萨都剌：《雁门集》，上海古籍出版社 1982 年版，第 183 页。

⑥ （汉）司马迁：《史记》（十），中华书局 1975 年版，第 3162、3173 页。

⑦ 逯钦立辑校：《先秦汉魏晋南北朝诗》（下），中华书局 1983 年版，第 2571 页。

太宗破高昌，收马乳蒲桃种于苑中，并得酒法，仍自损益之，造酒成绿色，芳香酷烈，味兼醍醐，长安始识其味也。[①]

蒲桃，即葡萄。经过太宗的加工调制，葡萄酒变得更有味道，颜色也更美。李白《襄阳歌》云："鸬鹚杓，鹦鹉杯，百年三万六千日，一日须倾三百杯。遥看汉水鸭头绿，恰似葡萄初酦醅。"酦醅（pō pēi），重酿未滤的酒。刘禹锡《和令狐相公谢太原李侍中寄蒲桃》云："酝成千日酒，味敌五云浆。咀嚼停金盏，称嗟响画堂。"[②]"千日酒""五云浆"，美酒名。《搜神记》卷十九云："狄希，中山人也。能造'千日酒'，饮之千日醉。"[③]

与江南传统的米酒相比，西域的葡萄酒要珍贵得多。敦煌曲子《失调名·葡萄酒》云："葡萄酒金盏，差差差斟未满。"[④]鲍防《杂感》云："汉家海内承平久，万国戎王皆稽首。天马常衔苜蓿花，胡人岁献葡萄酒。"王翰《凉州词二首》其一云："蒲萄美酒夜光杯，欲饮琵琶马上催。"葡萄酒在唐朝依旧是珍稀饮品，一般人很难开怀畅饮。

李贺《将进酒》开头三句云："琉璃钟，琥珀浓，小槽酒滴真珠红。"是说琉璃杯里盛放着的是刚从酒槽中流出来的新鲜的葡萄酒，颜色如琥珀一样浓重艳丽。将葡萄酒盛在琉璃杯中，能最大限度呈现葡萄酒晶莹剔透的色泽之美，让葡萄酒充分散发出迷人的芬芳。葡萄酒、琉璃杯，展示的正是汉唐"丝绸之路"上最具代表性的舶来品。如油画一样的静物写生，带给人无限的遐思。面对美酒，又值暮春，自然产生"况是青春日将暮，桃花乱落如红雨。劝君终日酩酊醉，酒不到刘伶坟上土"的感喟。李清照《浣溪沙》云："莫许杯深琥珀浓，未成沉醉意先融，疏钟已应晚来风。"[⑤]酒的色泽可以激发浓浓的酒兴。

---

① （宋）钱易：《南部新书》，黄寿成点校，中华书局 2002 年版，第 32 页。

② 陶敏、陶红雨：《刘禹锡集校注》（上），岳麓书社 2003 年版，第 380 页。按，"千日酒"，《全唐诗》卷三六二作"十日酒"，见《全唐诗》（六），第 4100 页。

③ （晋）干宝：《搜神记》，汪绍楹校点，中华书局 1979 年版，第 235 页。

④ 任半塘编著：《敦煌歌辞总编》（上），上海古籍出版社 2006 年版，第 531 页。

⑤ 王学初：《李清照集校注》，人民文学出版社 1979 年版，第 14 页。

三、器 物

器物，本指尊彝之类。《周礼·秋官·大行人》云：“三岁壹见，其贡器物。”郑玄注：“器物，尊彝之属。”(《周礼注疏》卷三十七)[①]后为各种用具的统称。刘跂《题古器物铭赠得甫兼简诸友》云：“往者李龙眠，监河国城岸。家多古时器，罗列供客玩。”[②]李龙眠，北宋著名画家李公麟（1049—1106)，字伯时，号龙眠居士，与苏轼友善。李家陈列的供客人玩赏的“古时器”，今称“古玩”“古董”，具有文物性质。李贺诗中写到的蛟胎、鱼须笏、象床，即属于器物一类。

（一）蛟胎

李贺《春坊正字剑子歌》是一首豪情四溢的咏剑诗，充满少年英雄之气。春坊正字，太子东宫校书官。《唐诗别裁》卷八云：“从来写剑者，只形其利，此并传其神。末暗用汉祖斩白蛇事。”[③]诗以“三尺水”喻剑，其中写到了诗里不多见的“蛟胎”云：

> 先辈匣中三尺水，曾入吴潭斩龙子。隙月斜明刮露寒，练带平铺吹不起。蛟胎皮老蒺藜刺，鷿鹈淬花白鹇尾。直是荆轲一片心，分明照见春坊字。挼丝团金悬簏簌，神光欲截蓝田玉。提出西方白帝惊，嗷嗷鬼母秋郊哭。

蛟胎，用鲨鱼皮制成的剑鞘。南明屈士煌《赠剑》云：“蛟胎静啸匣雷鸣，长日摩挲为不平。”[④]蛟，通“鲛”。鲨鱼，古称“鲛鱼”。[⑤]蛟皮，即鲨鱼皮。[⑥]蒺藜刺，指鲨鱼皮表像蒺藜一样的珠文。鷿鹈（pì tí)，水鸟名，俗称油鸭，古人用其油脂涂抹刀剑，防止生锈。挼（ruó)，揉

① （清）阮元校刻：《十三经注疏》(上)，中华书局1980年版，第982页。

② 北京大学古籍文献研究所：《全宋诗》(十八)，北京大学出版社1995年版，第12188页。

③ （清）沈德潜：《唐诗别裁》，中华书局1964年版，第120页。

④ 中山大学中国古文献研究所编：《全粤诗》(二十一)，岭南美术出版社2017年版，第573页。

⑤ 徐中舒主编：《汉语大字典》，湖北辞书出版社1992年版，第1950页。

⑥ 《李贺诗集》，王友胜、李德辉校注，岳麓书社2003年版，第23页。

搓。簏簌（lù sù），丝编的剑络。一说，下垂貌。诗说，一旦把寒光闪闪、锋利无比的剑从用鲨鱼皮制成的剑鞘中抽出，截玉裁石，无所不能，白帝为之惊惧，鬼母为之哭泣。元稹《三叹三首》其一云："淬砺当阳铁，刻为干镆名。远求鸊鹈莹，同用玉匣盛。"当阳铁，古代当阳（今湖北当阳）所产铸刀之名铁。干镆（mò），干将莫邪，宝剑名。卫象《古词》云："鹊血雕弓湿未干，鸊鹈新淬剑光寒。"《唐诗品汇》卷三十五引刘云："虽笔画点缀簇密，而纵横用意甚丽。剑身剑室，纹理刻字，束带色杂，无一叠犯，乃不妨句意春容俯仰。'秋郊'语甚奇，不厌再言。"① 剑室，剑鞘。王琦《李长吉歌诗汇解》卷一云："以鲛鱼皮为剑室，其珠文历落，若蒺藜之刺。以鸊鹈膏淬剑刀，则光采艳发，如白鹇之尾。"② 鲛鱼皮，鲨鱼皮。鲨鱼是中大型海洋鱼类，凶猛异常，游速极快，不易捕获。《史记·秦始皇本纪》云：

> 还过吴，从江乘渡。并海上，北至琅邪。方士徐市等入海求神药，数岁不得，费多，恐谴，乃诈曰："蓬莱药可得，然常为大鲛鱼所苦，故不得至，愿请善射与俱，见则以连弩射之。"③

《史记·礼书》云："寝兕、持虎、鲛韅、弥龙，所以养威也。"《史记集解》徐广曰："鲛鱼皮可以饰服器，音交。韅者，当马腋之革，音呼见反。"《史记索隐》曰："寝兕，以兕牛皮为席。""持虎者，以猛兽皮文饰倚较及伏轼，故云持虎。""鲛韅，以鲛鱼皮饰韅。韅，马腹带也。"④ 韅（xiǎn），马腹下用来缚系马鞍的皮带。这样看来，用鲨鱼皮制成的蛟胎主要来自于南海诸国，当通过"海上丝绸之路"进入中原。

（二）鱼须笏

李贺《酒罢张大彻索赠诗时张初效潞幕》云："长鬣张郎三十八，天遣裁诗花作骨。往还谁是龙头人，公主遣秉鱼须笏。"长鬣（liè），长

---

① （明）高棅：《唐诗品汇》（上），上海古籍出版社 1982 年版，第 367 页。
② （清）王琦等：《三家评注李长吉歌诗》，上海古籍出版社 1998 年版，第 43 页。
③ （汉）司马迁：《史记》（一），中华书局 1975 年版，第 263 页。
④ （汉）司马迁：《史记》（四），中华书局 1975 年版，第 1162、1163 页。

须。花作骨，指其诗作文质兼美。龙头人，杰出者。鱼须笏，用鱼须做的或饰以鱼须的笏板。鱼须，指鲨鱼之类的海鱼之须。《礼记·玉藻》云：“笏，天子以球玉，诸侯以象，大夫以鱼须、文竹。”[①]球玉，美玉。《晋书·舆服志》云：“笏，古者贵贱皆执笏，其有事则缙之于腰带，所谓缙绅之士者，缙笏而垂绅带也。绅垂长三尺。笏者，有事则书之，故常簪笔，今之白笔是其遗象。”[②]《旧唐书·舆服志》云：“文武之官皆执笏，五品以上，用象牙为之，六品以下，用竹木。”[③]韦应物《答秦十四校书》云：“知掩山扉三十秋，鱼须翠碧弃床头。”[④]翠碧，指佩玉。皮日休《病中书情寄上崔谏议》云：“马足歇从残漏外，鱼须抛在乱书中。”王禹偁《馆中春值偶题》云：“坐闻鸡唱皇宫近，睡枕鱼须白日长。”[⑤]诗中的鱼须指的是笏板。

鱼须还可以用来做簪。《尚书大传》卷一云：“东海：鱼须、鱼目。南海：鱼革、珠玑、大贝。”郑玄注：“所贡物，鱼须，今以为簪。又，鱼目，今以杂珠。”[⑥]《后汉书·舆服志下》云：“公、卿、列侯、中二千石、二千石夫人，绀缯蔮，黄金龙首衔白珠，鱼须擿，长一尺，为簪珥。”[⑦]蔮（guó），通“帼”，头巾。一说假髻。擿（zhì），簪。因为不易捕获，汉唐以来的鲨鱼制品多是通过“海上丝绸之路”进入中国的。张籍《送海客归旧岛》云：

海上去应远，蛮家云岛孤。竹船来桂浦，山市卖鱼须。
入国自献宝，逢人多赠珠。却归春洞口，斩象祭天吴。[⑧]

海客，海商，从事海上贸易的人。陆龟蒙《雨中游包山精舍》云：

① 杨天宇：《礼记译注》（上），上海古籍出版社1997年版，第507页。
② （唐）房玄龄等：《晋书》（三），中华书局1974年版，第773页。
③ （后晋）刘昫等：《旧唐书》（六），中华书局1975年版，第1931页。
④ 陶敏、王友胜：《韦应物集校注》，上海古籍出版社1998年版，第341页。
⑤ 北京大学古籍文献研究所：《全宋诗》（十八），北京大学出版社1995年版，第699页。
⑥ 《影印文渊阁四库全书》（第六十八册），（台湾）商务印书馆1983年发行，第396页。
⑦ （南朝）范晔：《后汉书》（十二），中华书局1965年版，第3677页。
⑧ 徐礼节、余恕诚：《张籍集系年校注》（上），中华书局2011年版，第237页。

“海客施明珠，湘蕤料净食。”湘蕤，水草名。《旧五代史·方太传》云：“尝戍登州，劫海客，事泄，刺史淳于晏匿之，遇赦免。”[①]桂浦，当指今广西南部的港口。“浦”，一作“府”。天吴，水神名。国，指唐都长安。

（三）象床

李贺《恼公》云：“象床缘素柏，瑶席卷香葱。”又，《美人梳头歌》：“双鸾开镜秋水光，解鬟临镜立象床。”象床，以象牙制品装饰的床。王琦《李长吉歌诗汇解》卷二云：“《艺文类聚》：《汉武帝故事》曰：以象牙为床，缘素柏，谓以素柏缘其边际。”[②]《旧唐书·南蛮西南蛮传》云：“诃陵国，在南方海中洲上居，东与婆利、西与堕婆登、北与真腊接，南临大海。竖木为城，作大屋重阁，以棕榈皮覆之，王坐其中，悉用象牙为床。”[③]《新唐书·南蛮传下》云：“诃陵，亦曰社婆，曰阇婆，在南海中。东距婆利，西堕婆登，南濒海，北真腊。木为城，虽大屋亦覆以栟榈。象牙为床若席。”[④]《新唐书·五行志一》云：“武后时，嬖臣张易之为母臧作七宝帐，有鱼龙鸾凤之形，仍为象床、犀簟。”[⑤]嬖（bì）臣，受宠幸的近臣。犀簟（diàn），犀皮制的席。

汉唐以来，大象、象牙及象牙制品多自域外输入。《后汉书·孝和孝殇帝纪》云：永元“六年（94）春正月，永昌徼外夷遣使译献犀牛、大象”。[⑥]《后汉书·南蛮西南夷列传》云：“永初元年（107），徼外僬侥种夷陆类等三千余口举种内附，献象牙、水牛、封牛。”[⑦]《宋书·杜慧度传》云：“高祖践阼，进号辅国将军。其年，率文武万人南讨林邑，所杀过半，前后被抄略，悉得还本。林邑乞降，输生口、大象、金银、古贝等，乃释之。”[⑧]践阼（zuò），登基。《太平御览》卷八九〇引三国吴

① （宋）薛居正等：《旧五代史》（四），中华书局1976年版，第1244页。
② （清）王琦等：《三家评注李长吉歌诗》，上海古籍出版社1998年版，第92页。
③ （后晋）刘昫等：《旧唐书》（十六），中华书局1975年版，第5273页。
④ （宋）欧阳修、宋祁：《新唐书》（二十），中华书局1975年版，第6302页。
⑤ （宋）欧阳修、宋祁：《新唐书》（三），中华书局1975年版，第878页。
⑥ （南朝）范晔：《后汉书》（一），中华书局1965年版，第177页。
⑦ （南朝）范晔：《后汉书》（十），中华书局1965年版，第2851页。
⑧ （梁）沈约：《宋书》（八），中华书局1974年版，第2264页。

万震《南州异物志》云：

> 象之为兽，形体特诡。身倍数牛，目不逾狶。鼻为口役，望头若尾。驯良承教，听言则跪。素牙玉洁，载籍所美。服重致远，行如丘徙。①

狶（xī），古同“豨”，猪。载籍，书籍，典籍。王建《送郑权尚书赴南海》云：“戍头龙脑铺，关口象牙堆。”象牙是南海贸易的重要物品。“堆”，写出了在唐代兴旺的海上贸易中象牙的进口量巨大。

象床，是外来的稀罕之物，又是豪奢生活的象征，魏晋以来就为诗人关注。鲍照《代白纻舞歌辞四首》其二云：“象床瑶席镇犀渠，雕屏匼匝组帷舒。”② 犀渠，传说中的兽名。柳恽《咏席》云：“罗袖少轻尘，象床多丽饰。”③ 何逊《拟轻薄篇》云：“象床沓绣被，玉盘传绮食。”④ 绮食，美盛的食品。唐诗中亦有多篇写到象床，李峤《床》云：“传闻有象床，畴昔献君王。玳瑁千金起，珊瑚七宝妆。”王琚《美女篇》云：“屈曲屏风绕象床，萎蕤翠帐缀香囊。玉台龙镜洞彻光，金炉沉烟酷烈芳。”李白《赠从弟南平太守之遥二首》其一云：“承恩初入银台门，著书独在金銮殿。龙钩雕镫白玉鞍，象床绮席黄金盘。”张籍《宛转行》云：“华屋重翠幄，绮席雕象床。”权德舆《安语》云：“挥金得谢归里闾，象床角枕支体舒。”刘复《夏日》云：“银瓶绠转桐花井，沉水烟销金博山。文簟象床娇倚瑟，彩奁铜镜懒拈环。”博山，名贵香炉博山炉的简称。元稹《白衣裳二首》其一云：“雨湿轻尘隔院香，玉人初著白衣裳。半含惆怅闲看绣，一朵梨花压象床。”围绕象床的出现，多是普通人家难以见到的华丽名贵器物，如“瑶席”“绮席”“玉盘”“黄金盘”“龙镜”等等，充满了富贵气。

---

① （宋）李昉等：《太平御览》（八），夏剑钦等校点，河北教育出版社1994年版，第139页。

② 钱仲联增补集说校：《鲍参军集注》，上海古籍出版社1980年版，第217页。

③ 逯钦立辑校：《先秦汉魏晋南北朝诗》（中），中华书局1983年版，第1677页。

④ 李伯奇：《何逊集校注》，中华书局2010年版，第313页。

四、香 药

香料、药材是中西贸易的重要物品。由于一些香料植物、药用植物对生长的自然环境有特殊要求，如高温、湿热、多雨，因此地处热带的印度半岛（中南部）、东南亚及南海诸岛就成了珍稀香料、药材的主产地。汉唐以来，大宗香料、药材一直依靠进口，故“海上丝绸之路”又有“香料之路”之称。李贺诗写到的香料有沉香、龙脑香，药材有犀株。

（一）沉香

李贺《答赠》云：“沉香熏小象，杨柳伴啼鸦。”又，《屏风曲》云：“沉香火暖茱萸烟，酒觥绾带新承欢。”又，《贵公子夜阑曲》云：“袅袅沉水烟，乌啼夜阑景。”又，《莫愁曲》云：“归来无人识，暗上沉香楼。”小象，象形香炉。“杨柳”句用古乐府诗意，暗喻男女依恋。《乐府诗集》卷四十九“清商曲辞六”引隋代《杨判儿》云：“暂出白门前，杨柳可藏乌。欢作沉水香，侬作博山炉。”[①] 以香、香炉相互依存形容爱情，独特新颖。

沉香，即沉水香，也称沉木香，常绿乔木，主产于海南诸国，如交趾、真腊。《梁书·诸夷传》云：

> 扶南国，在日南郡之南，海西大湾中，去日南可七千里，在林邑西南三千余里。城去海五百里。有大江广十里，西北流，东入于海。其国轮广三千余里，土地洿下而平博，气候风俗大较与林邑同。出金、银、铜、锡、沉木香、象牙、孔翠、五色鹦鹉。[②]

日南郡，西汉元鼎六年（前 111）置，治西卷县（今越南平治天省广治西北广治河与甘露河合流处），辖境相当今越南中部。沉香木生长缓慢，凝结成香需要几十年甚至更长时间，因此珍贵异常。《通典·边防四·南蛮下》卷一八八云：

---

① （宋）郭茂倩：《乐府诗集》（三），中华书局 1979 年版，第 721 页。

② （唐）姚思廉：《梁书》（三），中华书局 1973 年版，第 787 页。

> （林邑）其国有金山，石皆赤色，其中生金，金夜则出飞，状如萤火。又出玳瑁、贝齿、古贝、沉木香。古贝者，树名也，其华成时如鹅毳，抽以绩纺作布，洁白与纻布不殊，亦染成五色，织为斑布也。沉木香，土人破断之，积以岁年，朽烂而心节独在，置水中则沉，故名曰沉香。次不沉者曰栈香也。[①]

在进入唐朝的诸多的香料中，沉香最受唐人喜好。既用作薰香，用以薰衣、薰物，净化空气，也制作用具，如沉香枕。李白《杨叛儿》云：“博山炉中沉香火，双咽一气凌紫霞。”韩翃《别李明府》云：“五侯焦石烹江笋，千户沉香染客衣。”李商隐《效徐陵体赠更衣》云：“轻寒衣省夜，金斗熨沉香。”杨凝《花枕》云：“席上沉香枕，楼中荡子妻。”薛蕴《赠郑女郎》云：“堂前锦褥红地炉，绿沉香榼倾屠苏。”榼（kē），盛酒器。屠苏，酒名。皇家甚至以沉香木为建材，以示奢华。《隋书·礼仪志一》云：“南郊明堂用沉香，取本天之质，阳所宜也。北郊用上和香，以地于人亲，宜加杂馥。”[②]《唐会要》卷二十七“行幸”云：唐懿宗“咸通十二年（871）五月。幸安国寺。赐讲经僧沉香高座”。[③]沉香香气浓烈，可入药，有行气平喘之功效。

（二）龙脑香

李贺《嘲少年》云：“青骢马肥金鞍光，龙脑入缕罗衫香。美人狭坐飞琼觞，贫人唤云天上郎。”又，《春怀引》云：“宝枕垂云选春梦，钿合碧寒龙脑冻。”龙脑香产自南海及印度半岛南部，从龙脑香树干的裂缝处采取干燥的树脂（龙脑香膏）进行加工，经水蒸气蒸馏升华，冷却后即成结晶体，洁白如冰。[④]《本草纲目·木之二·龙脑香》卷三十四云：

> 《西域记》云：西方抹罗矩吒国，在南印度境。有羯布罗香，

① （唐）杜佑：《通典》（五），王文锦等校点，中华书局1988年版，第5090页。
② （唐）魏徵等：《隋书》（一），中华书局1973年版，第109页。
③ （宋）王溥：《唐会要》（上），上海古籍出版社2006年版，第610页。
④ 江苏新医学院编：《中药大辞典》（上），上海科学技术出版社1986年版，第951页。

干如松株而叶异，花果亦异。湿时无香，木干之后，循理析之，中有香，状类云母，色如冰雪，即龙脑香也。时珍曰：龙脑香，南番诸国皆有之。叶廷珪《香录》云：乃深山穷谷中千年老杉树，其枝干不曾损动者，则有香。若损动，则气泄无脑矣。土人解作板，板缝有脑出，乃劈取之。大者成片如花瓣，清者名脑油。《江南异闻录》云：南唐保大中贡龙脑浆，云以缣囊贮龙脑，悬于琉璃瓶中，少顷滴沥成水，香气馥烈，大补益元气。按，此浆与脑油稍异，盖亦其类尔。《宋史》云：熙宁九年（1076），英州雷震，一山梓树尽枯，中皆化为龙脑。此虽怪异，可见龙脑亦有变成者也。①

屈大均《广东新语·货语》云："龙脑香，出佛打泥者良，来自番舶。"②佛打泥，南海古国名，在今印度尼西亚加里曼丹岛。龙脑的结晶体中医称"冰片"，有多种疗效，消炎镇痛效果明显。李时珍曰："疗喉痹，脑痛，鼻息，齿痛，伤寒舌出，小儿痘陷。通诸窍，散郁火。"

《隋书·南蛮传》云："赤土国，扶南之别种也。在南海中，水行百余日而达所都。土色多赤，因以为号。"大业三年（607），炀帝遣屯田主事常骏从南海郡出发前往赤土国，受到高规格的接待。"延骏升床，从者坐于地席，各以金钟置酒，女乐迭奏，礼遗甚厚。寻遣那邪迦随骏贡方物，并献金芙蓉冠、龙脑香。"③《旧唐书·经籍志上》著录常骏等撰《赤土国记》二卷。④赤土国，故地在今马来西亚马来半岛西北部吉打。

唐前诗中未见"龙脑"一词，唐诗中多有记述。敦煌曲子《内家娇·应奉君王》云："嫩脸红唇，眼如刀割，口似朱丹。浑身挂异种罗裳，更熏龙脑香烟。"⑤段成式《戏高侍御七首》其四云："欲熏罗荐嫌

① （明）李时珍：《本草纲目》（下），王育杰整理，人民卫生出版社 1999 年版，第 1618 页。

② （清）屈大均：《广东新语》（下），中华书局 1985 年版，第 420 页。

③ （唐）魏徵等：《隋书》（六），中华书局 1973 年版，第 1833、1835 页。

④ （后晋）刘昫等：《旧唐书》（六），中华书局 1975 年版，第 2016 页。

⑤ 任半塘编著：《敦煌歌辞总编》（上），上海古籍出版社 2006 年版，第 221 页。

龙脑，须为寻求石叶香。”罗荐，丝织席褥。缪岛云《游黄山怀古》云：“枯杉龙脑溢，阴洞石膏垂。”(《全唐诗补逸》卷十二）[①] 玄光《还丹口诀》云：“一两真龙脑，还要肥苏腻。白色真龙脑，苍色亦不是。”(《全唐诗续拾》卷五十四）[②] 戴叔伦《早春曲》云：“博山吹云龙脑香，铜壶滴愁更漏长。”长孙佐辅《古宫怨》云：“看笼不记熏龙脑，咏扇空曾秃鼠须。”鼠须，鼠须笔的省称。黄滔《马嵬二首》其二云：“龙脑移香凤辇留，可能千古永悠悠。”龙脑香进入唐诗与唐人的生活，与“丝绸之路”的畅通关系密切。

（三）**犀株**

李贺《恼公》云：“犀株防胆怯，银液镇心忪。”犀株，犀角，犀牛角。角计数以株为量，故称。银液，水银。心忪，心慌，害怕。王琦《李长吉歌诗汇解》卷二云：“《游宦纪闻》云：犀中最大者曰堕罗犀，一株有重七八斤者。《本草》云：犀角治心烦，止惊，镇肝，安五脏。”[③]《后汉书·西域传》云：“至桓帝延熹九年（166)，大秦王安敦遣使自日南徼外献象牙、犀角、玳瑁，始乃一通焉。”[④] 日南，日南郡，东汉属交州。东汉末年后，郡境渐为林邑国所有。

犀牛，是大型哺乳类动物，多生活在南亚、东南亚及非洲的温暖地区，汉唐以来通过“海上丝绸之路”进入中原。《汉书·平帝纪》云：元始“二年（2）春，黄支国献犀年”。应劭曰：“黄支在日南之南，去京师三万里。”师古曰：“犀状如水牛，头似猪而四足类象，黑色，一角当额前，鼻上又有小角。”[⑤]《后汉书·西域传》云：“条支国城在山上，周回四十余里。临西海，海水曲环其南及东北，三面路绝，唯西北隅通陆道。土地暑湿，出师子、犀牛、封牛、孔雀、大雀。大雀其卵如瓮。”[⑥] 条支，是张骞西使时的传闻之地，一般认为在今伊拉克两河流

① 陈尚君辑校：《全唐诗补编》(上)，中华书局 1992 年版，第 226 页。
② 陈尚君辑校：《全唐诗补编》(下)，中华书局 1992 年版，第 1607 页。
③ （清）王琦等：《三家评注李长吉歌诗》，上海古籍出版社 1998 年版，第 93 页。
④ （南朝）范晔：《后汉书》(十)，中华书局 1965 年版，第 2920 页。
⑤ （汉）班固：《汉书》(一)，中华书局 1962 年版，第 352 页。
⑥ （南朝）范晔：《后汉书》(十)，中华书局 1965 年版，第 2918 页。

域，汉魏以后，诗文常以条支指异域、远方。[1]《旧唐书·南蛮西南蛮传》云：林邑国“贞观初，遣使贡驯犀”。[2] 犀牛体格健壮，脾气暴躁，却可以驯化并表演节目，自然是一件奇事。白居易《驯犀》云：

驯犀驯犀通天犀，躯貌骇人角骇鸡。海蛮闻有明天子，驱犀乘传来万里。一朝得谒大明宫，欢呼拜舞自论功。五年驯养始堪献，六译语言方得通。

诗题下注：“贞元丙子岁（796），南海进驯犀，诏纳苑中，至十三年（797）冬大寒，驯犀死矣。”吕渭《忆长安·八月》云：“忆长安，八月时，阙下天高旧仪。衣冠共颁金镜，犀象对舞丹墀。更爱终南灞上，可怜秋草碧滋。”（《全唐诗》卷三〇七）[3] 阙下，宫阙之下。旧仪，犹古礼。衣冠，缙绅，官宦。开元十七年（729），百官以八月初五日为唐玄宗诞辰日，定此日为“千秋节”，天宝七年（748）改为“天长节”。《新唐书·礼乐志十二》云：

千秋节者，玄宗以八月五日生，因以其日名节，而君臣共为荒乐，当时流俗多传其事以为盛。其后巨盗起，陷两京，自此天下用兵不息，而离宫苑囿遂以荒堙，独其余声遗曲传人间，闻者为之悲凉感动。[4]

巨盗起，指发生“安史之乱”。“千秋节”这一天，群臣上贺，玄宗要在勤政楼下举行宴会，为群臣颁授铜镜，娱乐活动中还有各种动物的表演。《资治通鉴·唐纪三十四》云：

初，上皇每酺宴，先设太常雅乐坐部、立部，继以鼓吹、胡乐、教坊、府县散乐、杂戏；又以山车、陆船载乐往来；又出宫人

① 周伟洲、丁景泰主编：《丝绸之路大辞典》，陕西人民出版社 2006 年版，第 130 页。

② （后晋）刘昫等：《旧唐书》（十六），中华书局 1975 年版，第 5270 页。

③ （清）彭定求等编：《全唐诗》（五），中华书局编辑部点校，中华书局 1999 年版，第 3487 页。

④ （宋）欧阳修、宋祁：《新唐书》（二），中华书局 1975 年版，第 477 页。

> 舞《霓裳羽衣》；又教舞马百匹，衔杯上寿；又引犀、象入场，或拜，或舞。安禄山见而悦之，既克长安，命搜捕乐工，运载乐器、舞衣，驱舞马、犀、象皆诣洛阳。①

音乐之外，玄宗喜欢舞马、舞犀牛、舞象，自以为天下顺从，威及禽兽，却使国家陷入巨大的灾难之中，自己则窜身西蜀，惶惶如丧家之犬，为天下所笑。

五、珍　宝

“丝绸之路”沿线国家众多，各种珍宝应有尽有，是贸易的重要物质，其中又以地中海西的大秦国为最。《三国志·魏书·乌丸鲜卑东夷传》引《魏略·西戎传》云：

> 大秦多金、银、铜、铁、铅、锡、神龟、白马、朱髦、骇鸡犀、玳瑁、玄熊、赤螭、辟毒鼠、大贝、车渠、玛瑙、南金、翠爵、羽翮、象牙、符采玉、明月珠、夜光珠、真白珠、琥珀、珊瑚，赤白黑绿黄青绀缥红紫十种琉璃、璆琳、琅玕、水精、玫瑰、雄黄、雌黄、碧、五色玉、黄白黑绿紫红绛绀金黄缥留黄十种氍毹、五色毾㲪、五色九色首下毾㲪、金缕绣、杂色绫、金涂布、绯持布、发陆布、绯持渠布、火浣布、阿罗得布、巴则布、度代布、温宿布、五色桃布、绛地金织帐、五色斗帐、一微木、二苏合、狄提、迷迷、兜纳、白附子、薰陆、郁金、芸胶、薰草木十二种香。②

大秦国物产丰富异常，可谓应有尽有。《旧唐书·西戎传》云：“泥婆罗国，在吐蕃西。”“其王那陵提婆，身著真珠、玻璃、车渠、珊瑚、琥珀、璎珞，耳垂金钩玉珰，佩宝装伏突，坐狮子床，其堂内散花燃

① （宋）司马光：《资治通鉴》（十五），中华书局2011年版，第7112页。
② （晋）陈寿：《三国志》（三），中华书局1959年版，第861页。

香。”[①] 泥婆罗，今尼泊尔，在喜马拉雅山脉中段南麓，是中国西南通往印度次大陆（南亚次大陆）的必经之地。《太平御览》卷七五八引汉《古乐府》曰：“琉璃琥珀象牙槃。”[②] 所记之物均来自“丝绸之路”。《梁书·诸夷传》云：波斯国“亦有琥珀、马脑、真珠、玫瑰等，国内不以为珍”。[③] 由于不易获得，琉璃、玻璃、珊瑚、琥珀等，从“丝绸之路”开通进入中原以来就被视作珍宝。

（一）琉璃

李贺《将进酒》云：“琉璃钟，琥珀浓。”又，《恼公》云：“玳瑁钉帘薄，琉璃叠扇烘。”琉璃，亦作流离、留璃、瑠璃，是用铝和钠的硅酸化合物烧炼成的物体，多为青色和黄色，晶亮光华。琉璃梵语作“吠琉璃”，《慧琳音义》卷十一云：“吠琉璃，梵语，宝名也，字体无定，或作琉璃，上音留，下音离，天生神宝，青绿色，莹彻光明，非是人间炼石烟火之中所成瑠璃也。”又，卷二十七云：“琉璃，吠琉璃，或但云琉璃。”[④] 按此说法，琉璃亦为天然之物，聊备一说。应物《咏琉璃》云：“有色同寒冰，无物隔纤尘。象筵看不见，堪将对玉人。”[⑤] 西晋潘尼《琉璃碗赋》云：

> 览方贡之彼珍，玮兹碗之独奇，济流沙之绝险，越葱岭之峻危。其由来阻远，其所托也幽深，据重峦之亿仞，临洪溪之万寻。
>
> 光映日耀，圆成月盈。纤瑕罔丽，飞尘靡停。灼烁旁烛，表里相形。凝霜不足方其洁，澄水不能喻其清。刚坚金石，劲励琼玉。磨之不磷，涅之不浊。（《全晋文》卷九十四）[⑥]

---

① （后晋）刘昫等：《旧唐书》（十六），中华书局 1975 年版，第 5289 页。

② （宋）李昉等：《太平御览》（七），夏剑钦等校点，河北教育出版社 1994 年版，第 105 页。

③ （唐）姚思廉：《梁书》（三），中华书局 1973 年版，第 815 页。

④ （唐）慧琳：《一切经音义》（中），徐时仪校注，上海古籍出版社 2008 年版，第 689、973 页。

⑤ 陶敏、王友胜：《韦应物集校注》，上海古籍出版社 1998 年版，第 487 页。

⑥ （清）严可均校辑：《全上古三代秦汉三国六朝文》（二），中华书局 1958 年版，第 2000 页。

玻璃碗如此珍贵，是因为经过大漠，跨越葱岭，通过遥远的“丝绸之路”进入中原。韦琉璃如冰凌般透明，坚硬无比。琉璃是佛所称的“七宝”之一。《慧琳音义》卷二十五云：“七宝：一金、二银、三琉璃、四颇梨、五车渠、六赤真珠、七玛瑙也。”①

琉璃最初主要产自西域。《汉书·西域传》云：“罽宾地平，温和，有目宿，杂草奇木，檀、櫰、梓、竹、漆。种五谷、蒲陶诸果，粪治园田”；出“珠玑、珊瑚、虎魄、璧流离”。颜师古注：“孟康曰：‘流离青色如玉。’”师古曰：“《魏略》云：‘大秦国出赤、白、黑、黄、青、绿、缥、绀、红、紫十种流离。’孟言青色，不博通也。此盖自然之物，采泽光润，逾于众玉，其色不恒。今俗所用，皆销（冶）石汁，加以众药，灌而为之，尤虚脆不贞，实非真物。”② 由于广受欢迎，供不应求，大月氏人来京师洛阳推销人造琉璃，中国人自己也开始制造琉璃。《北史·西域传》云：

> 太武时，其国人商贩京师，自云能铸石为五色琉璃。于是采矿山中，于京师铸之，既成，光泽乃美于西方来者。乃诏为行殿，容百余人，光色映彻，观者见之，莫不惊骇，以为神明所作。自此，国中琉璃遂贱，人不复珍之。③

太武，太武帝拓跋焘（408—452），北魏第三位皇帝。其国，指大月氏。《北史·艺术下》云：“时中国久绝琉璃作，匠人无敢措意，稠以绿瓷为之，与真不异。”④ 稠，何稠，由北周入隋、唐，善营造与制作，堪称能工巧匠，用人工方法合成的琉璃，与真品无异。宋人程大昌《演繁露》卷三“流离”云：

> 中国所铸有与西域异者，铸之中国则色甚光鲜，而质则轻脆，

① （唐）慧琳：《一切经音义》（中），徐时仪校注，上海古籍出版社 2008 年版，第 930 页。

② （汉）班固：《汉书》（十二），中华书局 1962 年版，第 3885 页。

③ （唐）李延寿：《北史》（十），中华书局 1974 年版，第 3226—3227 页。

④ （唐）李延寿：《北史》（九），中华书局 1974 年版，第 2985 页。

沃以热酒，随手破裂。至其来自海舶者，制差朴钝，而色亦微暗，其可异者，虽百沸汤注之，与磁银无异，了不损动，是名番琉璃也。番流离之异于中国流离，其别盖如此。(《四库全书·子部·杂家类》)[①]

2014年10月，中国国家博物馆“丝绸之路文物展”曾展出波斯萨珊王朝的琉璃碗、琉璃瓶、琉璃高足杯，[②]质地粗朴，颜色暗绿，与《演繁露》所记类似。2016年12月，北京国家博物馆举办的“阿拉伯之路——沙特出土文物”展中也展出了多种沙特阿拉伯博物馆收藏的琉璃器皿。[③]

琉璃可制成各种器皿，以碗、钵、酒杯为多。《晋书·崔洪传》云：“洪口不言货财，手不执珠玉。汝南王亮常宴公卿，以琉璃钟行酒。酒及洪，洪不执。”[④]《南齐书·魏虏传》云：“坐施氍毹褥，前施金香炉，琉璃钵，金椀，盛杂食器。”[⑤]《梁书·诸夷传》云：“函内又有琉璃碗，内得四舍利及发爪，爪有四枚，并为沉香色。”[⑥]《南史·夷貊传下》云：“于阗者，西域之旧国也。梁天监九年（510），始通江左，遣使献方物。十三年（513），又献波罗婆步鄣。十八年（519），又献琉璃罂。”[⑦]罂（yīng），盛水酒的瓦器。

汉唐中多有诗人写及琉璃。鲍照《代淮南王》云：“服食炼气读仙经，琉璃作碗牙作盘，金鼎玉匕合神丹。”[⑧]陆琼《还台乐》云：“蒲萄四时芳醇，瑠璃千钟旧宾。”[⑨]张说《苏摩遮》云：“摩遮本出海西胡，

---

① 《影印文渊阁四库全书》(第八五二册)，(台湾)商务印书馆1983年发行，第88页。

② 中国国家博物馆“丝绸之路文物展”(2014年11月6日—2015年1月5日)，笔者于2014年12月25日前往参观。

③ 中国国家博物馆“阿拉伯之路——沙特出土文物”(2016年12月20日—2017年3月19日)展览，笔者于2017年2月16日前往参观。

④ (唐)房玄龄等：《晋书》(四)，中华书局1974年版，第1288页。

⑤ (梁)萧子显：《南齐书》(三)，中华书局1972年版，第986页。

⑥ (唐)姚思廉：《梁书》(三)，中华书局1973年版，第791页。

⑦ (唐)李延寿：《南史》(六)，中华书局1975年版，第1985页。

⑧ 钱仲联增补集说校：《鲍参军集注》，上海古籍出版社1980年版，第246页。

⑨ (宋)郭茂倩：《乐府诗集》(四)，中华书局1979年版，第1084页。

琉璃宝服紫髯胡。”岑参《成王挽歌》云：“漫作琉璃碗，淮王误合丹。”施肩吾《夜宴曲》云：“被郎嗔罚琉璃盏，酒入四肢红玉软。”琉璃用途多样，可制成碗、盅、盏等用具，还可以装饰舞衣，光彩照人。

由于琉璃色青如玉，常用以形容水色澄碧。上官婉儿《游长宁公主流杯池二十五首》其十五云：“玳瑁凝春色，琉璃漾水波。”岑参《与鲜于庶子泛汉江》云：“酒光红琥珀，江色碧琉璃。”杜甫《渼陂行》云：“岑参兄弟皆好奇，携我远来游渼陂。天地黤惨忽异色，波涛万顷堆琉璃。琉璃汗漫泛舟入，事殊兴极忧思集。”李涉《题水月台》云：“水似晴天天似水，两重星点碧琉璃。”苏轼《次韵周长官寿星院同饯鲁少卿》云：“琉璃百顷水仙家，风静湖平响钓车。”[①] 以琉璃展现波水之美，不仅有颜色，而且有质感，能充分调动读者的联想和想象。

（二）玻璃

李贺《秦王饮酒》云：“羲和敲日玻璃声，劫灰飞尽古今平。”玻璃，亦作颇黎、颇梨，梵语作“颇胝迦”，指天然水晶之类的宝石，有红、碧、紫等各种颜色。《慧琳音义》卷四云：

> 颇胝迦，梵语，宝名也。正梵音云飒破置迦，古译云是水精。此说非也，虽类水精，乃有紫、白、红、碧四色差别，莹净通明，宝中最上。红、碧最珍，紫、白其次，如好光明砂净无瑕点。云是千年冰化作者，谬说也。[②]

水精，即水晶。杜甫《丽人行》云：“紫驼之峰出翠釜，水精之盘行素鳞。”玻璃质地类似水晶，莹洁明澈，故古人误以为是古冰化成。又，《慧琳音义》卷二十七云：

> 颇梨，力私反，颇胝迦，此云水精，又云水玉，或云白珠。《大智度论》中此宝出山石窟中。一云过千年冰化为之。此言无据，

① （清）王文诰辑注：《苏轼诗集》（二），孔凡礼点校，中华书局 1982 年版，第 512 页。

② （唐）慧琳：《一切经音义》（上），徐时仪校注，上海古籍出版社 2008 年版，第 572 页。

西方暑热，土地无冰，多饶此宝，何物化焉？此但石类，处处皆有也。[①]

据此，玻璃为天然矿石之类，多出自西域。《周书·异域传下》云：波斯“出白象、狮子、大鸟卵、珍珠、离珠、颇黎、珊瑚、琥珀、琉璃、马脑、水晶、瑟瑟、金、银”。[②]《太平御览·珍宝》卷八〇八引《梁四公子记》云：“扶南大舶，从西天竺国来，卖碧颇黎镜，面广一尺五寸，重四十斤，内外皎洁。置五色物于其上，向明视之，不见其质。问其价，约钱百万贯。”又引《玄中记》云：“大秦国有五色颇黎，红色最贵。”又引《十洲记》云：“昆仑山上有红碧颇黎宫，名‘七宝堂’是也。”[③]《通典·边防九·西戎五》卷一九三云：“劫国，隋时闻焉。在葱岭中。”“大唐武德二年（619），遣使贡宝带、金锁、颇梨、水精杯各一，颇梨四百九十枚，大者如枣，小者如酸枣。”[④]《本草纲目·金石之八》卷八云：“玻璃，本作‘颇黎’。颇黎，国名也。其莹如水，其坚如玉，故名水玉，与水精同名。”“藏器曰：玻璃，西国之宝也。玉石之类，生土中。”[⑤]

唐代的玻璃多为西域各国进贡。《新唐书·西域传下》云：劫国“武德二年（619），遣使者献宝带、玻璃、水精杯”。贞观十七年（643），拂菻王“波多力遣使献赤玻璃、绿金精，下诏答赉”。吐火罗“开元、天宝间数献马、騳（lóu）、异药、乾陀婆罗二百品、红碧玻璃，乃册其君骨咄禄顿达度为吐火罗叶护、挹怛王”。[⑥]《旧唐书·高宗本纪

① （唐）慧琳：《一切经音义》（中），徐时仪校注，上海古籍出版社2008年版，第973页。

② （唐）令狐德棻等：《周书》（三），中华书局1971年版，第920页。

③ （宋）李昉等：《太平御览》（七），夏剑钦等校点，河北教育出版社1994年版，第484页。

④ （唐）杜佑：《通典》（五），王文锦等校点，中华书局1988年版，第5277、5278页。

⑤ （明）李时珍：《本草纲目》（上），王育杰整理，人民卫生出版社1999年版，第398页。

⑥ （宋）欧阳修、宋祁：《新唐书》（二十），中华书局1975年版，第6253、6261、6253页。

下》云：“支汗郡王献碧玻璃。”[①]“支汗郡王”当为“支汗那王”。《唐会要》卷九十九“吐火罗国”云：

开元七年（719），其叶护支汗那帝赊上表，献解支之人暮暗，请加试验。八年（720），献名马、騾及异药。至十二年（724），遣使献胡药、乾陀婆罗等二百余品。十七年（729），册其首领骨咄禄顿达度为叶护。其年。叶护遣使献须那伽帝释麦。十八年（730），遣使献红颇梨、碧颇梨，生马脑，金精及质汗等药。[②]

暮暗（àn），人名，《册府元龟·外臣部十六·朝贡第四》卷九七一作“慕阇（dū）”云：开元七年六月，“大食国、吐火罗国、南天竺国遣使朝贡。其吐火罗国支汗那王帝赊上表，献解天文人大慕阇：‘其人智慧幽深，问无不知。伏乞天恩，唤取慕阇亲问。’”[③]乾陀婆罗，西域产的一种香料。[④]

“玻璃”“颇黎”词，唐前诗中未见。唐人以“玻璃”“颇黎”入诗，多取其质地的光明莹洁。李白《上清宝鼎诗二首》其二云：“既死明月魄，无复玻璃魂。”（《全唐诗续拾》卷一四）[⑤]李白一生追求光明，为其儿女取名“明月奴”“玻璃”。[⑥]殷尧藩《早朝》云：“昨日钟山甘露降，玻璃满赐出宫瓢。”宫瓢，帝王宫中用的酒器。李商隐《饮席戏赠同舍》云：“唱尽阳关无限叠，半杯松叶冻颇黎。”松叶，指松叶酒。冻颇黎，指玻璃质地的酒杯。[⑦]温庭筠《春江花月夜词》云：“漏转霞高沧海西，

---

① （后晋）刘昫等：《旧唐书》（一），中华书局 1975 年版，第 99 页。

② （宋）王溥：《唐会要》（下），上海古籍出版社 2006 年版，第 2103—2104 页。

③ （宋）王钦若等编纂：《册府元龟》（十一），周勋初等校订，凤凰出版社 2006 年版，第 11238 页。

④ “乾陀婆罗”，《香乘》卷八“异香”作“乾陀罗耶香”：“西国使献香，名‘乾陀罗耶香’。汉制：不满斤不得受，使乃私去，着香如大豆许，涂宫门上，香自长安四面十里，经月乃散。”（明）周嘉胄：《香乘》，日月洲注，九州出版社 2014 年版，第 161 页。“着”，当为“著”字。

⑤ 陈尚君辑校：《全唐诗补编》（中），中华书局 1992 年版，第 867 页。

⑥ 王瑶：《李白》，上海人民出版社 1979 年版，第 3 页。

⑦ （清）冯浩：《玉溪生诗集笺注》（上），蒋凡标点，上海古籍出版社 1979 年版，第 529 页。

颇黎枕上闻天鸡。”又,《菩萨蛮》其二云:“水精帘里颇黎枕,暖香惹梦鸳鸯锦。”颇黎枕、水精帘,见住所之明洁华贵。皮日休《二游诗》其二云:“沼似颇黎镜,当中见鱼眨。”又,《初入太湖》云:“三万六千顷,千顷颇黎色。连空澹无颣,照野平绝隙。”无颣(lèi),指湖面平静无波。以颇黎形容太湖一碧万顷的水色,颇为新奇。苏轼《答王巩》云:“是家豪逸生有种,千金一掷颇黎盆。”[①] 颇黎盆珍稀异常,价值连城。与琉璃不同,玻璃属于天然水晶石之类,琉璃则多是人工合成的。

(三)珊瑚

李贺《贾公闾贵婿曲》云:“今朝香气苦,珊瑚涩难枕。”诗说,晋贾充(字公闾)的贵婿韩寿今朝忽然连香气都嫌难闻,珊瑚枕也嫌难枕,一心只想出去挟妓游宴。[②] 诗暗用“韩寿偷香”典故:韩寿美姿容,司空贾充的女儿喜欢韩寿,盗取家中的西域异香以赠。贾充察觉后拷问女儿的侍女,知女与寿暗中通情。贾充秘其事,遂以女妻寿。事迹见《世说新语·惑溺》。[③]

珊瑚,热带、亚热带海洋中的一种腔肠动物,其骨骼及分泌物堆积成珊瑚礁,种类繁多,全部海生,多产自西域及海南诸国。《慧琳音义》卷十八云:“珊瑚,上桑安反,下音胡。宝名也,出外国,生大海中,赤色蓥彻,形如鹿角,有枝距。大者高尺余,小者高数寸,名曰珊瑚树,或裁以为珠也。”又,卷二十五云:“珊瑚,桑寒反。《汉书》云:罽宾国出珊瑚。《说文》云:珊瑚,谓赤色宝。生于海底,或出山石中也。”[④] 珊瑚形状多样,色彩美丽,有白色、红色、桃红色及黑色等,质地略硬,可制成各种饰品。《后汉书·西域传》云:大秦“土多金银奇宝,有夜光璧、明月珠、骇鸡犀、珊瑚、虎魄、琉璃”。[⑤]《梁书·诸夷

---

① (清)王文诰辑注:《苏轼诗集》(三),孔凡礼点校,中华书局1982年版,第864页。

② 《李贺诗集》,叶葱奇疏注,人民文学出版社1980年版,第186页。

③ 龚斌撰:《世说新语校释》(下),上海古籍出版社2011年版,第1764页。

④ (唐)慧琳:《一切经音义》(中),徐时仪校注,上海古籍出版社2008年版,第813、937页。

⑤ (南朝)范晔:《后汉书》(十),中华书局1965年版,第2919页。

传》云：波斯国“咸池生珊瑚，长一二尺”。[①]《隋书·南蛮传》云：“婆利国，自交阯浮海，南过赤土、丹丹，乃至其国”，“海出珊瑚。有鸟名舍利，解人语”。[②]《新唐书·西域传下》云：波斯“产珊瑚，高不三尺”。[③]《太平广记》卷四〇三“珊瑚”条引《述异记》云：“郁林郡有珊瑚市，海客市珊瑚处也。珊瑚碧色，一株株数十枝，枝间无叶。大者高五六尺，尤小者尺余。蛟人云海上有珊瑚宫。”[④]《世说新语·汰侈》注引三国吴万震《南洲异物志》云：

珊瑚生大秦国，有洲在涨海中，距其国七八百里，名珊瑚树洲，底有盘石，水深二十余丈，珊瑚生于石上。初生白，软弱似菌。国人乘大船载铁网先没在水下。一年便生网目中。其色尚黄，枝柯交错，高三四尺，大者围尺余。三年色赤，便以铁钞发其根，系铁网于船，绞车举网，还，裁凿恣意所作。若过时不凿，便枯索虫蛊。其大者输之王府，细者卖之。[⑤]

这就是典故“铁网珊瑚”的语源，后用来比喻搜罗珍奇或网罗人才。梅尧臣《送韩子文寺丞通判瀛州》云：“常闻河间守，介直天下无。选才才且殊，铁网收珊瑚。珊瑚得亦难，铁网取亦劬。”[⑥]劬（qú），过分劳苦，勤劳。《新唐书·西域传下》云：

（拂菻）海中有珊瑚洲，海人乘大舶，堕铁网水底。珊瑚初生磐石上，白如菌，一岁而黄，三岁赤，枝格交错，高三四尺。铁发其根，系网舶上，绞而出之，失时不取即腐。[⑦]

拂菻，拜占庭帝国，即东罗马帝国，居于西海（地中海之西），有

① （唐）姚思廉：《梁书》（三），中华书局1973年版，第815页。
② （唐）魏徵等：《隋书》（六），中华书局1973年版，第1838页。
③ （宋）欧阳修、宋祁：《新唐书》（二十），中华书局1975年版，第6258页。
④ （宋）李昉等：《太平广记》（四），上海古籍出版社1990年版，第47页。
⑤ 龚斌撰：《世说新语校释》（下），上海古籍出版社2011年版，第1695页。
⑥ 北京大学古籍文献研究所：《全宋诗》（五），北京大学出版社1991年版，第3061页。
⑦ （宋）欧阳修、宋祁：《新唐书》（二十），中华书局1975年版，第6261页。

“海西国”之称，盛产珊瑚。屈大均《广东新语 · 货语》云：

> 珊瑚，水之木也。生海中磐石之上，初白如菌，一岁乃黄。海人以铁网先沉水底，俟珊瑚贯出其中，绞网得之。或以铁猫儿坠海中得之。在水直而耎，见风则曲而坚，得日光乃作鲜红、淡红二色。其五七株合成者，名珊瑚林，夜有光景，常烨烨欲然，南越王以为烽火树是也。状多如柏，亦曰烽火柏。或谓此物贵贱，并随真珠，大抵以树身高大、枝柯丛多、纹细纵而色殷红、如银砂而有光泽者为贵，色淡有髓眼者次之。其色善变，可以占灾祥。①

耎（ruǎn），古同“软”。因采自深海，珊瑚在古代异常珍贵。石崇与王恺用以斗富、斗狠的珊瑚，或许就来自大秦国。《世说新语 · 汰侈》云：

> 石崇与王恺争豪，并穷绮丽以饰舆服。武帝，恺之甥也，每助恺。尝以一珊瑚树高二尺许赐恺，枝柯扶疏，世罕其比。恺以示崇，崇视讫，以铁如意击之，应手而碎。恺既惋惜，又以为疾己之宝，声色甚厉。崇曰：“不足恨，今还卿。”乃命左右悉取珊瑚树，有三尺四尺、条干绝世，光彩溢目者六七枚，如恺许比甚众。恺惘然自失。②

石崇曾任南中郎将、南蛮校尉、荆州刺史等职，在荆州靠劫掠往来商队成为巨富，王恺即便有晋武帝这样的皇帝外甥也不能助其取胜。杜甫《送孔巢父谢病归游江东兼呈李白》云：“诗卷长留天地间，钓竿欲拂珊瑚树。”仇兆鳌注曰：“东游近海，故引珊瑚树。魏文帝诗：遥望大海涯，钓竿何珊珊。”又曰：

> 《西京杂记》云：积草池中有珊瑚树，高一丈二尺，一本三柯，上有四百六十二条，是南越王赵佗所献，号为烽火树，至夜光景常

---

① （清）屈大均：《广东新语》（下），中华书局 1985 年版，第 417 页。

② 龚斌撰：《世说新语校释》（下），上海古籍出版社 2011 年版，第 1695 页。

欲然。赵曰：珊瑚树生海底石上，故以“拂”言之也。[①]

到了唐代，珊瑚依旧属于珍稀之物，诗人多有歌咏。韦应物《咏珊瑚》云：“绛树无花叶，非石亦非琼。世人何处得，蓬莱石上生。”[②]含曦《酬卢仝见访不遇题壁》云：“鲸吞海水尽，露出珊瑚枝。海神知贵不知价，留向人间光照夜。”李白《玉壶吟》云：“朝天数换飞龙马，敕赐珊瑚白玉鞭。”杜甫《幽人》云：“洪涛隐语笑，鼓枻蓬莱池。崔嵬扶桑日，照耀珊瑚枝。”又，《奉同郭给事汤东灵湫作》云：“飘飘青琐郎，文采珊瑚钩。”珊瑚钩，用珊瑚所做的帐钩，比喻文章书画华丽珍贵。宋人张表臣有《珊瑚钩诗话》三卷。李商隐《碧城》其三云：“玉轮顾兔初生魄，铁网珊瑚未有枝。”又，《燕台四首·春》云：“愁将铁网罥珊瑚，海阔天翻迷处所。”罥（juàn），罩住。诗说，愁绪满怀，想用铁网挂取珊瑚的方式寻觅爱人的踪影，然而海阔天宽，最终还是无从得知。

（四）琥珀

李贺《将进酒》云：“琉璃钟，琥珀浓。”又，《南园十三首》其三云：“竹里缫丝挑网车，青蝉独噪日光斜。桃胶迎夏香琥珀，自课越佣能种瓜。”又，《残丝曲》云：“垂杨叶老莺哺儿，残丝欲断黄蜂归。绿鬓年少金钗客，缥粉壶中沉琥珀。”绿鬓年少，指男子。金钗客，指女子。缥粉，青白色。

琥珀，亦作虎珀、虎魄、琥魄，是由松柏等分泌的树脂变化形成的半透明固体，是一种特殊的化石，质脆，燃烧时有香气。《通典·边防四·南蛮下》卷一八八云：

（林邑国）多琥珀。松脂沦入地，千岁为茯苓，又千岁为琥珀。又云枫脂为之。琥珀在地，其上及旁不生草木，深者或八九尺，大如斛，削去皮成焉，初如桃胶，凝成乃坚。其金宝物产，大抵与交

① （清）仇兆鳌：《杜诗详注》（一），中华书局1979年版，第55页。

② 陶敏、王友胜：《韦应物集校注》，上海古籍出版社1998年版，第485页。

趾同。[1]

斛（hú），量器，一斛为十斗。《太平御览》卷八〇八引《典略》曰："大秦国多琥魄。"又引《博物志》曰："松脂沦入地中，千岁化为伏苓，千年化为琥珀。虎珀一名红珠。"[2] 伏苓，菌类植物名，寄生于山林松根，状如块球，中医用以入药。苏辙《次韵子瞻谪居三适 · 旦起理发》云："灵液流下田，伏苓抱长松。"[3] 琥珀主要来自西域及南海，是时间的结晶。韦应物《咏琥珀》云："曾为老茯神，本是寒松液。蚊蚋落其中，千年犹可觌。"[4] 蚊蚋（ruì），蚊虫。觌（dí），看见。《梁书 · 诸夷传》云：中天竺国"西与大秦、安息交市海中，多大秦珍物：珊瑚、琥珀、金碧珠玑、琅玕、郁金、苏合"。[5] 琥珀、珊瑚及各种香料，是海上丝路贸易的重要物品。

琥珀可制成各种饰品，萧子显《乌栖曲应令三首》其一云："握中清酒马脑钟，裾边杂佩琥珀龙。欲持寄君心不惜，共指三星今何夕。"[6] 琥珀还可制成枕头。徐陵《杂曲》云："只应私将琥珀枕，暝暝来上珊瑚床。"[7] 李白《白头吟二首》其一云："且留琥珀枕，或有梦来时。"李商隐《咏史》云："何须琥珀方为枕，岂得真珠始是车。"诗说，贤德之君看重的是人才而非琥珀枕、珍珠装饰的车。又，《偶题二首》其一云："水文簟上琥珀枕，傍有堕钗双翠翘。"描写所居之处富丽堂皇。琥珀亦可制成杯盏，陈元光《漳州新城秋宴》云："琥珀杯方酌，鲛绡席未尘。"杜甫《奉送魏六丈佑少府之交广》云："掌中琥珀钟，行酒双逶迤。新欢继明烛，梁栋星辰飞。"刘禹锡《刘驸马水亭避暑》云："琥珀盏红疑漏酒，水晶帘莹更通风。"羊士谔《腊夜对酒》云："琥珀杯中

---

① （唐）杜佑：《通典》（五），王文锦等校点，中华书局 1988 年版，第 5090 页。

② （宋）李昉等：《太平御览》（七），夏剑钦等校点，河北教育出版社 1994 年版，第 480、481 页。

③ 《苏辙集》（一），陈宏天、高秀芳点校，中华书局 1990 年版，第 325 页。

④ 陶敏、王友胜：《韦应物集校注》，上海古籍出版社 1998 年版，第 488 页。

⑤ （唐）姚思廉：《梁书》（三），中华书局 1973 年版，第 798 页。

⑥ 逯钦立辑校：《先秦汉魏晋南北朝诗》（中），中华书局 1983 年版，第 1818 页。

⑦ 逯钦立辑校：《先秦汉魏晋南北朝诗》（下），中华书局 1983 年版，第 2527 页。

物，琼枝席上人。乐声方助醉，烛影已含春。"冯延巳《抛球乐》云："歌阑赏尽珊瑚树，情厚重斟琥珀杯。"尹鹗《清平乐》其二云："酒倾琥珀杯时，更堪能唱新词。"美酒与名贵的饮酒器皿相得益彰。

琥珀为淡黄色、褐色或赤褐色，光泽美丽，可以用来形容酒的颜色。李白《客中行》云："兰陵美酒郁金香，玉碗盛来琥珀光。"又，《酬中都小吏携斗酒双鱼于逆旅见赠》云："鲁酒若琥珀，汶鱼紫锦鳞。"中都，唐县名，在今山东汶上县西。唐人欣赏有视觉美感、色如琥珀的酒。岑参《与鲜于庶子泛汉江》云："酒光红琥珀，江色碧琉璃。"又，《醉题匡城周少府厅壁》云："故人薄暮公事闲，玉壶美酒琥珀殷。"权德舆《放歌行》云："银烛煌煌夜将久，侍婢金罍泻春酒。春酒盛来琥珀光，暗闻兰麝几般香。"张说《城南亭作》云："北堂珍重琥珀酒，庭前列肆茱萸席。"王维《登楼歌》云："琥珀酒兮雕胡饭，君不御兮日将晚。"琥珀酒，谓色如琥珀之酒。[①]雕胡，茭白籽实，即菰（gū）米，煮熟为雕胡饭。白居易《荔枝楼对酒》云："荔枝新熟鸡冠色，烧酒初开琥珀香。欲摘一枝倾一盏，西楼无客共谁尝。"贯休《送吏部刘相公除东川》云："酒倾红琥珀，马控白骐驎。"琥珀温暖的颜色更容易激发饮者的酒兴。

六、乐　器

艺术是没有国界、族别的。唐代流行的舞蹈、音乐、乐器多数是从"丝绸之路"及北方游牧地区进入中原地区的，并为唐人敞开胸怀接受，不仅极大地丰富了中原原有的乐器种类及其音乐的表现力，也丰富了唐人的精神生活。李贺精通音乐，达到了专业水准。《旧唐书·李贺传》云："其乐府词数十篇，至于云韶乐工，无不讽诵。补太常侍协律郎。"[②]云韶，云韶院，唐教坊有宜春院、云韶院。协律郎，乐官名，专门负责调和音乐律吕，使之和谐。《新唐书·文艺传下》云："乐府数

① 陈铁民：《王维集校注》（二），中华书局1997年版，第386页。

② （后晋）刘昫等：《旧唐书》（十一），中华书局1975年版，第3772页。

十篇，云韶诸工皆合之弦管。为协律郎。”[①] 李贺生性敏感，艺术素养深厚，善于捕捉乐音，能将无形的乐音转化为生动的文学形象，诗写到的乐器有胡琴、琵琶、箜篌、觱篥，均来自“丝绸之路”。

（一）胡琴

李贺《感春》云：“胡琴今日恨，急语向檀槽。”胡琴，一种类似琵琶的弹拨乐器，并非后来的丝弦乐器如二胡之类。[②] 王琦《李长吉歌诗汇解》卷三云：“昔人谓琵琶即是胡琴，考岑参《白雪歌》云：‘中军置酒饮归客，胡琴琵琶与羌笛’，则胡琴、琵琶乃二物也。”“考唐时有五弦琵琶一器，如琵琶而小，北国所出。旧以木拨弹，乐工裴神符初以手弹，太宗悦甚，后人习为挡琵琶。唐人所谓胡琴，应是五弦琵琶耳。”[③] 王琦不能确证胡琴与琵琶到底是一种乐器还是两种乐器。檀槽，檀木制成的琵琶、琴等弦乐器上架弦的槽格，亦指琵琶等乐器。诗指的是胡琴。

根据唐人的记述，胡琴与琵琶当属于两种乐器，并非一种乐器的不同称谓。白居易对琵琶情有独钟，是唐代写琵琶最多的诗人。《酬周协律》云：“凿落愁须饮，琵琶闷遣弹。”《送春》云：“银花凿落从君劝，金屑琵琶为我弹。”凿落，以镌镂金银为饰的酒盏。《听琵琶妓弹略略》云：“四弦千遍语，一曲万重情。”《寄微之》云：“何处琵琶弦似语，谁家呙堕髻如云。”呙（guō）堕髻，即倭堕髻，古代妇女的一种发式，髻斜于一侧。《春听琵琶兼简长孙司户》云：“四弦不似琵琶声，乱写真珠细撼铃。”《赠杨使君》云：“银衔叱拨欺风雪，金屑琵琶费酒浆。”《琵琶》云：“弦清拨剌语铮铮，背却残灯就月明。”拨剌，拨弄。《吴宫辞》云：“坐对珠笼闲理曲，琵琶鹦鹉语相和。”《对酒五首》其五云：“眼前流例君看取，且遣琵琶送一杯。”最著名的作品是《琵琶行并序》，融入个人强烈的身世之感，愤懑悲慨，叹为绝唱。

---

① （宋）欧阳修、宋祁：《新唐书》（十八），中华书局 1975 年版，第 5788 页。

② 缪天瑞等主编：《中国音乐词典》，人民音乐出版社 1984 年版，第 159 页。

③ （清）王琦等：《三家评注李长吉歌诗》，上海古籍出版社 1998 年版，第 115、116 页。

白居易写到胡琴的诗有四首，《池边即事》云：“毡帐胡琴出塞曲，兰塘越棹弄潮声。”《筝》云：“赵瑟清相似，胡琴调不同。慢弹回断雁，急奏转飞蓬。”《醉歌》云：“罢胡琴，掩秦瑟，玲珑再拜歌初毕。”《九日宴集醉题郡楼兼呈周殷二判官》云：“胡琴铮鏦指拨刺，吴娃细丽眉眼长。”铮鏦（cōng），金属撞击声，形容乐音。白居易写琵琶就是琵琶，写胡琴就是胡琴，明明白白，并不需要以胡琴代指琵琶。刘景复《梦为吴泰伯作胜儿歌》云：“四弦拢撚三五声，唤起边风驻明月。”诗中特别提到“胡琴妓”：“有以轻绡画侍婢捧胡琴者，名为胜儿。”“适纳一胡琴妓，艺精而色丽。”（《全唐诗》卷八六八）[①] 可见当时有专以弹奏胡琴为业的艺伎。五代王仁裕《荆南席上咏胡琴妓二首》（一题作《奉使荆南高从诲筵上听弹胡琴》）其一云：“红妆齐抱紫檀槽，一抹朱弦四十条。”抹，用手指轻按，奏弦乐指法的一种。四十条，指十人每人一把四弦胡琴。从文献记载看，胡琴主要有三个特点。

一是胡琴是“弹”的，即通过拨弦演奏而非拉弦。《南部新书·乙卷》云：“天后时，太常丞李嗣真闻东夷三曲一遍，援胡琴弹之，无一声遗忘。”[②]《渑水燕谈录·谈谑》云：“冯吉，瀛王道之子，少学能文，而轻佻善谑，尤精胡琴。尝因家会，道命弹胡琴，曲终，赐之束帛以辱之。”[③] 张先《南乡子·送客过余溪听天隐二玉鼓胡琴》云：“曲项胡琴鱼尾拨，离人。入塞弦声水上闻。”[④]

二是胡琴演奏指法与琵琶大致相同，演奏时以拨子拨弦。刘禹锡《和杨师皋给事伤小姬英英》云：“见学胡琴见艺成，今朝追想几伤情。撚弦花下呈新曲，放拨灯前谢改名。”撚，用手指揉弄、拨弄琴弦。撚是演奏胡琴、琵琶、箜篌的基本指法。苏轼《采桑子》云：“停杯且听

① （清）彭定求等编：《全唐诗》（十三），中华书局编辑部点校，中华书局 1999 年版，第 9896 页。

② （宋）钱易：《南部新书》，黄寿成点校，中华书局 2002 年版，第 25 页。

③ （宋）王辟之：《渑水燕谈录》，韩谷点校，见上海古籍出版社编：《宋元笔记小说大观》（二），上海古籍出版社 1998 年版，第 1305 页。

④ 唐圭璋编：《全宋词》（一），中华书局 1999 年版，第 93 页。

琵琶语，细撚轻拢，醉脸春融。”①

三是胡琴有三弦者。《旧五代史 · 晋书 · 少帝本纪》云：“时帝自期年之后，于宫中间举细声女乐。及亲征以来，日于左右召浅蕃军校，奏三弦胡琴，和以羌笛，击鸣鼓，更舞迭歌，以为娱乐。”② 浅蕃，西南少数民族部落。《岭外代答》卷九“禽兽门”云：“南方诸蛮马，皆出大理国。罗殿、自杞、特磨岁以马来，皆贩之大理者也。龙、罗、张、石、方五部蕃族，谓之浅蕃，亦产马。”(《四库全书 · 史部 · 地理类 · 杂记之属》) ③

（二）琵琶

李贺《秦王饮酒》云：“龙头泻酒邀酒星，金槽琵琶夜枨枨。”秦王，秦始皇。龙头，刻有龙头的水勺。枨枨（chéng chéng），弦鸣声。又，《冯小怜》云：“湾头见小怜，请上琵琶弦。破得春风恨，今朝直几钱。”又，《恼公》云：“跳脱看年命，琵琶道吉凶。”跳脱，手镯。

按照唐人段安节《乐府杂录》的说法，琵琶“始自乌孙公主造，马上弹之，有直项者，曲项者”。④ 沈辽《戏赠伯泓供备》云：“乌孙琵琶止四弦，濮上箜篌人不传。”⑤ 濮上，古卫地，指濮水之滨。汉武帝遣江都王之女细君为公主，远嫁乌孙王。之后是昭君出塞，嫁南匈奴呼韩邪单于。董思恭《昭君怨二首》其二云：“琵琶马上弹，行路曲中难。汉月正南远，燕山直北寒。”许浑《听琵琶》云：“欲写明妃万里情，紫槽红拨夜丁丁。胡沙望尽汉宫远，月落天山闻一声。”刘长卿《昭君》云：“琵琶弦中苦调多，萧萧羌笛声相和。”因为离别故土、远嫁异族，故琵琶声中苦调居多，悲伤感人。顾况《刘禅奴弹琵琶歌》云：

> 乐府只传横吹好，琵琶写出关山道。羁雁出塞绕黄云，边马仰

---

① （清）朱孝臧编年、龙榆生校笺：《东坡乐府笺》，朱怀春标点，上海古籍出版社 2009 年版，第 64 页。

② （宋）薛居正等：《旧五代史》(四)，中华书局 1976 年版，第 1087 页。

③ 《影印文渊阁四库全书》(第五八九册)，(台湾）商务印书馆 1983 年发行，第 465 页。

④ （唐）南卓：《羯鼓录》(外二种)，古典文学出版社 1957 年版，第 29 页。

⑤ 北京大学古籍文献研究所：《全宋诗》(十二)，北京大学出版社 1993 年版，第 8269 页。

天嘶白草。明妃愁中汉使回，蔡琰愁处胡笳哀。鬼神知妙欲收响，阴风切切四面来。

黄庭坚《忆帝京·赠弹琵琶妓》云：“万里嫁、乌孙公主。对易水、明妃不渡。泪粉行行，红颜片片，指下花落狂风雨。”[①] 到了唐代，又有太宗朝文成公主、中宗朝金城公主、宪宗朝太和公主远嫁吐蕃。阎朝隐《奉和送金城公主适西蕃应制》云：

甥舅重亲地，君臣厚义乡。还将贵公主，嫁与耨檀王。
卤簿山河暗，琵琶道路长。回瞻父母国，日出在东方。

甥舅，外甥和舅舅，亦指女婿和岳父，谓有通婚关系。耨（nòu）檀王，指吐蕃赞普赤德祖赞。卤簿（bù），古代帝王驾出时扈从的仪仗队，汉以后亦用于后妃、太子、王公大臣。唐制四品以上皆给卤簿。《封氏闻见记》卷五云：“舆驾行幸，羽仪导从谓之卤簿，自秦、汉以来始有其名。”[②] 王建《太和公主和蕃》云：“塞黑云黄欲渡河，风沙眯眼雪相和。琵琶泪湿行声小，断得人肠不在多。”从汉到唐，琵琶一直是中原公主远嫁外族路途中的伴侣，弹拨声中饱含着苍凉与思念。

通过“丝绸之路”，琵琶传入中亚等地。大约在晋穆帝永和六年（350）前后，琵琶由印度传回中国北方，梁简文帝大宝二年（551）前传到南方。[③] 琵琶有一个由中国传入西域、印度，又由印度、西域回传中国的过程，最初为圆形、长柄，再次传回的琵琶由圆形变为梨形，四弦曲项，这已经是改造过的琵琶，称“胡琵琶”。[④]《文献通考·乐考》卷一三一云：“初周文帝时，有龟兹人曰苏祇婆，从突厥皇后入国，善胡琵琶。”[⑤] 李峤《琵琶》云：“本是胡中乐，希君马上弹。”李如璧《明月》云：“胡人琵琶弹北风，汉家音信绝南鸿。”《旧唐书·柴绍等传》云：

---

① 唐圭璋编：《全宋词》（一），中华书局 1999 年版，第 508 页。
② （唐）封演撰、赵贞信校注：《封氏闻见记校注》，中华书局 2016 年版，第 38 页。
③ 《中国大百科全书·音乐舞蹈》，中国大百科全书出版社 1989 年版，第 511 页。
④ 吴钊、刘东升：《中国音乐史略》，人民音乐出版社 1993 年版，第 117 页。
⑤ （元）马端临：《文献通考》（上），中华书局 1986 年版，第 1166 页。

吐谷浑与党项俱来寇边，命绍讨之。虏据高临下，射绍军中，矢下如雨。绍乃遣人弹胡琵琶，二女子对舞。虏异之，驻弓矢而相与聚观。绍见虏阵不整，密使精骑自后击之，虏大溃，斩首五百余级。贞观元年，拜右卫大将军。[①]

柴绍，唐初大将，娶李渊女平阳公主。大业十三年（617），赴太原随李渊起兵，从李世民平窦建德、王世充等，屡破强敌，死后名列凌烟阁。陕西历史博物馆藏北朝“灰陶载物骆驼”，驼背上载着的是成捆的生丝与圆形琵琶。在陕西、河南出土的唐代骆驼俑中，不仅有载丝骆驼，也有载着琵琶的骆驼形象。如陕西历史博物馆藏的“三彩载乐骆驼俑”，坐在驼峰上有八位乐俑，其中有一人在演奏琵琶，一人在吹筚篥。琵琶声调刚健有力，丰富的指法为唐人欣赏。琵琶指法丰富，张祜《王家琵琶》云：“金屑檀槽玉腕明，子弦轻撚为多情。只愁拍尽凉州破，画出风雷是拨声。”白居易《琵琶行》云：“轻拢慢撚抹复挑，初为霓裳后六幺。”演奏琵琶，最能挥洒才情，体现艺术家风采。

作为“丝绸之路”的著名乐器，琵琶风行四方，影响广泛。《北梦琐言·逸文》卷三云：“江陵在唐世，号‘衣冠薮泽’。人言琵琶多于饭甑，措大多于鲫鱼。”[②]江陵，今湖北荆州。甑（zèng），一种蒸饭用的瓦器。措大，旧称贫寒失意的读书人。琵琶的影响甚至超出了音乐范围。广式烤鸭中有一种烤鸭称“琵琶鸭”，南京的板鸭也雅称“琵琶鸭”，湖北有一道烧鸡名菜称“琵琶鸡”，金华火腿中有一种精品火腿称“琵琶腿”，皆取琵琶之形，命名美食，或许还期待以琵琶称的美食会在品尝时发出美妙的乐声。

（三）箜篌

李贺对乐音高度敏感，鉴赏力惊人，能捕捉于笔下。《李凭箜篌引》最能体现李贺的音乐才能，突破了音乐的抽象性亦即其非语义性、非造型性的特点云：

---

① （后晋）刘昫等：《旧唐书》（七），中华书局1975年版，第2314页。

② （五代）孙光宪：《北梦琐言》，贾二强点校，中华书局2002年版，第412页。

吴丝蜀桐张高秋，空山凝云颓不流。江娥啼竹素女愁，李凭中国弹箜篌。昆山玉碎凤皇叫，芙蓉泣露香兰笑。十二门前融冷光，二十三丝动紫皇。女娲炼石补天处，石破天惊逗秋雨。梦入神山教神妪，老鱼跳波瘦蛟舞。吴质不眠倚桂树，露脚斜飞湿寒兔。

通过繁富奇异的比喻，诗人构筑瑰丽的意境，将无形的听觉转化为优美的文学形象，极写李凭演奏箜篌时产生的巨大的感动人心的力量。《增订评注唐诗正声》云：“幽玄神怪，至此而极，妙在写出声音情态。”《唐诗快》云：“本咏箜篌耳，忽然说到女娲、神妪，惊天入月，变眩百怪，不可方物，真是鬼神于文。”《李长吉诗集批注》云：“白香山‘江上琵琶’，韩退之《颖师琴》，李长吉《李凭箜篌》，皆摹写声音至文。韩足以惊天，李足以泣鬼，白足以移人。”[①] 苏轼《赤壁赋》中“余音袅袅，不绝如缕，舞幽壑之潜蛟，泣孤舟之嫠妇”的描写，[②] 即受到了此诗的启发。李贺又有《箜篌引》云：“被发奔流竟何如？贤兄小姑哭呜呜。”诗人将箜篌的演奏效果描述得出神入化，令人神摇目夺。《乐府诗集》卷二十六引崔豹《古今注》曰：

《箜篌引》者，朝鲜津卒霍里子高妻丽玉所作也。子高晨起刺船，有一白首狂夫，被发提壶，乱流而渡，其妻随而止之，不及，遂堕河而死。于是援箜篌而歌曰：“公无渡河，公竟渡河，堕河而死，将奈公何！”声甚凄怆，曲终亦投河而死。子高还，以语丽玉。丽玉伤之，乃引箜篌而写其声，闻者莫不堕泪饮泣。丽玉以其曲传邻女丽容，名曰《箜篌引》。[③]

历史上的箜篌弦数不一。《魏书·西域传》云：康国“有大小鼓、琵琶、五弦箜篌”。又，《乌洛侯传》云：其国“乐有箜篌，木槽革面而施九弦”。[④]“五弦箜篌”或可句读为“五弦、箜篌”，分指两种乐器。

① 陈伯海主编：《唐诗汇评》（中），浙江教育出版社 1995 年版，第 1941 页。
② 《苏轼文集》（一），孔凡礼点校，中华书局 1986 年版，第 6 页。
③ （宋）郭茂倩：《乐府诗集》（二），中华书局 1979 年版，第 377 页。
④ （北齐）魏收：《魏书》（六），中华书局 1975 年版，第 2281、2224 页。

《新唐书 · 礼乐志十一》云："五弦，如琵琶而小，北国所出。" [1] 张祜《王家五弦》云："五条弦出万端情，捻拨间关漫态生。" 漫态，容光焕发。箜篌有卧竖、大小之分。王琦说："观诗中'二十三丝'一语，知凭所弹者，乃竖箜篌。" [2]《通典 · 乐四 · 丝五》卷一四四云："竖箜篌，胡乐也。汉灵帝好之。体曲而长，二十二弦，竖抱于怀中，用两手齐奏，俗谓之擘箜篌。" [3]《乐书》卷一二八"胡部 · 乐图论"云："擘箜篌，亦谓之胡箜篌。" [4] 擘（bò），用拇指抬弦，引申为弹奏。《乐书》所列箜篌有大箜篌、小箜篌、坎篌箜篌、植箜篌、卧箜篌、擘箜篌、胡箜篌、凤首箜篌。顾况《李供奉弹箜篌歌》描绘的也是听李凭弹箜篌的感受。

国府乐手弹箜篌，赤黄绦索金锴头。早晨有敕驾鸯殿，夜静遂歌明月楼。起坐可怜能抱撮，大指调弦中指拨。腕头花落舞衣裂，手下鸟惊飞拨刺。珊瑚席，一声一声鸣锡锡。罗绮屏，一弦一弦如撼铃。急弹好，迟亦好，宜远听，宜近听。左手低，右手举，易调移音天赐与。大弦似秋雁，联联度陇关。小弦似春燕，喃喃向人语。手头疾，腕头软，来来去去如风卷。声清泠泠鸣索索，垂珠碎玉空中落。

国府，指国家的乐府机关。金锴（dā）头，箜篌上的镂金装饰。抱撮，抱持拨弄。珊瑚席，豪华宴席。大弦，指弹拨乐器的粗弦，也称"老弦"；小弦，细弦。李凭是中唐宫廷乐师，以善弹箜篌名闻天下，受到了包括皇帝在内的众多听众的空前欢迎，不惜重金欣赏一次。顾况又说："驰凤阙，拜鸾殿，天子一日一回见。王侯将相立马迎，巧声一日一回变。实可重，不惜千金买一弄。银器胡瓶马上驮，瑞锦轻罗满车送。" 巧声，美妙的声音。一弄，奏曲一次。

---

① （宋）欧阳修、宋祁：《新唐书》（二），中华书局 1975 年版，第 471 页。
② （清）王琦等：《三家评注李长吉歌诗》，上海古籍出版社 1998 年版，第 35 页。
③ （唐）杜佑：《通典》（四），王文锦等校点，中华书局 1988 年版，第 3680 页。
④ （宋）陈旸：《乐书》（下），张国强点校，中州古籍出版社 2019 年版，第 634 页。

李凭本为梨园子弟，后流落民间，与中唐诗人多有交往，许多人听过李凭演奏箜篌，留下了美好深刻的印象。杨巨源有《听李凭弹箜篌二首》。

其一

听奏繁弦玉殿清，风传曲度禁林明。
君王听乐梨园暖，翻到云门第几声。

其二

花咽娇莺玉漱泉，名高半在御筵前。
汉王欲助人间乐，从遣新声坠九天。

箜篌指法多样，声音华美感伤，有着动人的艺术感染力，唐诗多有描写。张祜《楚州韦中丞箜篌》云：“千重钩锁撼金铃，万颗真珠泻玉瓶。”拨动箜篌的声音有如摇动层层叠叠铁索上的无数金铃一样响亮，又如万颗珍珠一时倾泻在玉瓶之中一样清脆。张说《赠崔二安平公乐世词》云：“宁知宿昔恩华乐，变作潇湘离别愁。地湿莓苔生舞袖，江声怨叹入箜篌。”恩华，犹恩荣，指受皇帝恩宠的荣耀。王昌龄《箜篌引》云：“其时月黑猿啾啾，微雨沾衣令人愁。有一迁客登高楼，不言不寐弹箜篌。”有怎样深重的愁怨才会不言不语、整夜不停地弹箜篌呢？储光羲《明妃曲四首》其二云：“胡王知妾不胜悲，乐府皆传汉国辞。朝来马上箜篌引，稍似宫中闲夜时。”陈标《公无渡河》云：“黛娥芳脸垂珠泪，罗袜香裾赴碧流。余魄岂能衔木石，独将遗恨付箜篌。”卢仝《楼上女儿曲》云：“谁家女儿楼上头，指挥婢子挂帘钩。林花撩乱心之愁，卷却罗袖弹箜篌。箜篌历乱五六弦，罗袖掩面啼向天。”“怨叹”“遗恨”“掩面啼”等情绪反应都是被箜篌激发出来的。

（四）觱篥

李贺《申胡子觱篥歌并序》云：“谁截太平管，列点排空星。直贯开花风，天上驱云行。”太平管，诗中指称觱篥。诗序曰：“歌成，左右人合噪相唱。朔客大喜，擎觞起立，命花娘出幕，徘徊拜客。”合噪相唱，一齐欢呼同唱。《唐诗归折衷》引敬夫云：“序亦豪举”“言朔客之豪，不以声色，为意正与觱篥凄壮遥相激射。”[①] 王琦《李长吉歌诗汇解》卷二云：

> 玩诗句知申胡子所吹者，实是太平管，而雅其名以冒称觱篥耳。言谁为此制者，截竹为管，而钻列空窍于其上如星点，然其器若无甚奇异，乃吹之作声。其劲能贯乎风而音流四远，其高能入乎云而响彻青冥如此，此真芦管之声。移赠箫笛，便觉太猛烈矣。古称声之妙者曰响遏行云，此借其说而反之，曰天上驱行云，更善点化。[②]

觱篥，亦作觱栗、筚篥、悲篥、悲栗，一种竹制管乐器，声音低沉悲凄，出自西域龟兹国，后沿着“丝绸之路”传入中原。《乐府杂录》云：“觱篥者，本龟兹国乐也，亦曰悲栗，有类于笳。”[③]《乐书》卷一三〇“胡部·八音竹之属”云：“觱篥，一名悲栗，一名笳管，羌胡龟兹之乐也。以竹为管，以芦为首，状类胡笳而九窍，所法者角音而已，其声悲栗，胡人吹之以惊中国马焉。”[④]《谷山笔麈》卷十四云：“觱篥，葭管也。卷芦为头，截竹为管，出于胡中。唐时编入卤簿，名为笳管，即胡笳也。”[⑤] 觱篥以芦为管口的哨子，即芦哨，故李贺诗称“含嚼芦中声”。

唐代“十部乐”以胡乐为主，《西凉伎》《天竺伎》《龟兹伎》《康国伎》《安国伎》《高昌伎》《高丽伎》中均有胡乐筚篥加入。《旧唐书·音乐志一》云：

> 凡命将征讨，有大功献俘馘者，其日备神策兵卫于东门外，如献俘常仪。其凯乐用铙吹二部，笛、筚篥、箫、笳、铙、鼓，每色二人，歌工二十四人。乐工等乘马执乐器，次第陈列，如卤簿

---

① 陈伯海主编：《唐诗汇评》（中），浙江教育出版社 1995 年版，第 1962 页。

② （清）王琦等：《三家评注李长吉歌诗》，上海古籍出版社 1998 年版，第 76 页。

③ （唐）南卓：《羯鼓录》（外二种），古典文学出版社 1957 年版，第 34 页。

④ （宋）陈旸：《乐书》（下），张国强点校，中州古籍出版社 2019 年版，第 643 页。

⑤ （明）于慎行：《谷山笔麈》，吕景琳点校，中华书局 1997 年版，第 155 页。

之式。[1]

神策，神策军，唐禁军名之一。兵卫，士兵和守卫之具。歌工，以演奏、歌唱为业的人。任命将帅和派遣将帅出征等重大仪式、重要场合都有筚篥加入。皎然《从军行五首》其二云：“红尘驱卤簿，白羽拥嫖姚。”嫖姚，汉霍去病曾为嫖姚校尉，诗指出征的将军。筚篥有其他乐器所没有的魅力和撼动人心的力量。李颀《听安万善吹觱篥歌》云：

南山截竹为觱篥，此乐本自龟兹出。流传汉地曲转奇，凉州胡人为我吹。傍邻闻者多叹息，远客思乡皆泪垂。世人解听不解赏，长飙风中自来往。枯桑老柏寒飕飗，九雏鸣凤乱啾啾。龙吟虎啸一时发，万籁百泉相与秋。忽然更作渔阳掺，黄云萧条白日暗。变调如闻杨柳春，上林繁花照眼新。岁夜高堂列明烛，美酒一杯声一曲。

觱篥，汉朝的一种管乐器，截竹为之，出自龟兹，又是来自河西走廊上的“凉州胡人”——羌人吹奏，乐声悲戚感人、变化多端，以至于听者“皆泪垂”。觱篥声时而如风中的枯桑老柏，阴沉肃杀；时而如雏凤齐鸣，鸣声啾啾；时而如龙吟虎啸，高亢激越；时而如万籁齐集，会于一秋；时而如鼓曲《渔阳掺》，日惨云暗；时而如《折杨柳》，清丽圆美，春光满目。觱篥丰富的表现力，既缘于吹奏者的高水平，也与觱篥所具有的音乐特性关系密切。杜甫《夜闻觱篥》云：

夜闻觱篥沧江上，衰年侧耳情所向。邻舟一听多感伤，塞曲三更欻悲壮。积雪飞霜此夜寒，孤灯急管复风湍。

欻（xū），疾也。孤舟孤灯，霜雪凄凄，沧江觱篥，助其悲凉。清人吴瞻泰《杜诗提要》卷六曰：“正急管凄怆时，又增之以霜雪，加之以风湍，助其悲壮。写得衰年人孤灯旅岸，物物皆为愁媒，声声呜咽

[1]（后晋）刘昫等：《旧唐书》（四），中华书局 1975 年版，第 1053 页。

矣。”[①]刘商《胡笳十八拍》其七云：“龟兹觱篥愁中听，碎叶琵琶夜深怨。”龟兹、碎叶给人以强烈的异域之感。“多叹息”“皆泪垂”“多感伤”“欻悲壮”“愁中听”“夜深怨”，是觱篥之声带给听者的感受，特别是在远离故乡、孤旅漂泊、人生失意之时。《明皇杂录·补遗》云：

明皇既幸蜀，西南行初入斜谷，属霖雨涉旬，于栈道雨中闻铃，音与山相应。上既悼念贵妃，采其声为《雨霖铃》曲，以寄恨焉。时梨园子弟善吹觱篥者，张野狐为第一。此人从至蜀，上因以其曲授野狐。洎至德中，车驾复幸华清宫，从官嫔御多非旧人。上于望京楼下命野狐奏《雨霖铃》曲，未半，上四顾凄凉，不觉流涕，左右感动，与之歔欷，其曲今传于法部。[②]

筚篥音色本来悲凄，再吹奏《雨霖铃》，陡生物是人非感慨的玄宗自然是哀情倍重，以至于涕泗流涟。张祜《雨霖铃》亦叹咏此事：

雨霖铃夜却归秦，犹是张徽一曲新。长说上皇垂泪教，月明南内更无人。

张徽，即张野狐。南内，即兴庆宫。玄宗自蜀返回长安，即居此宫。《而庵说唐诗》评此诗：“夫玄宗既为天子父，何至南内无人？肃宗不得辞其责。玄宗制此曲时，是悼妃子；在望京楼令张徽奏此曲时，其意不止悼妃子，于父子间有说不得处。张祜是诗得之矣。”《精选评注五朝诗学津梁》云：“繁华如梦，往事消沉，未免有情不堪回首，读之我亦欷歔。”[③]筚篥一曲，含蕴了玄宗无限的悲愁。开天繁盛，踌躇满志，恍然已是一梦。

李贺为诗而生，别是一种歌者，最能证明诗是天才产物。《旧唐书·李贺传》云：“手笔敏捷，尤长于歌篇。其文思体势，如崇岩峭壁，

① 萧涤非主编：《杜甫全集校注》（十），人民文学出版社 2014 年版，第 5660 页。
② （唐）郑处海：《明皇杂录》，田廷柱点校，中华书局 1994 年版，第 46—47 页。
③ 陈伯海主编：《唐诗汇评》（中），浙江教育出版社 1995 年版，第 2308 页。

万仞崛起，当时文士从而效之，无能仿佛者。"[①] 李贺一峰孤起，特立不群，是不可复制的奇迹。《新唐书·文艺传下》云：李贺"辞尚奇诡，所得皆惊迈，绝去翰墨畦迳，当时无能效者"。[②] 李贺目光敏锐，内心丰富，喜欢新鲜之物，勇于探求，"丝绸之路"上的舶来品五光十色，琳琅满目，应有尽有，正好满足了年轻诗人强烈的好奇心，同时造就了其诗新奇的意象与瑰丽的色调，为"安史之乱"后回返内心、有些黯淡的中唐诗注入了生机与活力，体现了中唐诗人对盛世的无限追怀。

① （后晋）刘昫等：《旧唐书》（十一），中华书局 1975 年版，第 3772 页。
② （宋）欧阳修、宋祁：《新唐书》（十八），中华书局 1975 年版，第 5788 页。

第十章 “狼烟堡上霜漫漫”

——唐人笔下的“丝绸之路”烽火

烽火，古代用于边防报警的烟火，也称烽燧，有白天、夜间之分。白天放烟称“烽”，也称烽烟；夜间举火称“燧”，也称“燧火”。《墨子·号令》云：“出候无过十里，居高便所树表，表三人守之。比至城者三表，与城上烽燧相望，昼则举烽，夜则举火。”① 意谓巡逻兵的活动范围不要超出十里，要在地势高而方便处竖立标杆，每个标杆派三人看守。从最远处到所守之城共竖立三个标杆，与守城上的烽火相望；白天施烟，夜晚点火。候，斥候，军候，军中任侦察之事者，今称侦察兵。《史记·司马相如传》云：“夫边郡之士，闻烽举燧燔，皆摄弓而驰，荷兵而走，流汗相属，唯恐居后。”《史记索引》引韦昭曰：“燧，束草置之长木之端，如挈皋，见敌则烧举之。燧者，积薪，有难则焚之。烽主昼，燧主夜。”② 挈（qiè）皋，即桔槔。

烽燧，不仅指白天施放的烟、夜间举的火，也是施放烟火的地方，即烽火台。烽火台又称烽候、烽堠、烽墩、烟墩、墩台、候台，是古代重要的军事防御设施，也是国家边境安全的基本保证。今天我们见到的“丝绸之路”中道上时代最早、迄今可见的烽燧遗址，是始建于西汉宣帝年间（前 73—前 49）的克孜尔尕哈烽燧，位于新疆库车市西北 12 公里处。烽燧平面呈长方形，由基底向上逐渐缩收，呈梯形。烽燧高 13.5 米，基底现存长 6.5 米、宽 4.5 米。烽燧层层夯筑，夯层中夹纵横交叉的树杈作为筋骨。它是汉唐“丝绸之路”标志性的古代军事通

① 《诸子集成》(四)，上海书店出版社 1986 年版，第 361 页。

② （汉）司马迁：《史记》(九)，中华书局 1959 年版，第 3045、3056 页。

信建筑设施，是汉代中央政府在西域设置军政系统和“丝绸之路”繁荣的见证。[①]虽然历经两千余年的风雨，尕哈烽燧依旧高高耸立，雄伟壮观，令人回想起那段辉煌的历史。20世纪初，英国探险家斯坦因在塔克拉玛干沙漠腹地的麻扎塔格发现了一座高22英尺（约6.7米）的烽燧，“即使没有登上它的顶部，亦能远远地眺望绵亘于宽广的河床及河边丛林地带上下的景观，远至高大、荒芜的沙山”[②]。麻扎塔格临近和田河，是汉唐时期塔克拉玛干沙漠南北交通的要冲。

一、烽火及其起源

烽火最早称“权火”。《史记·封禅书》云：“三年一郊，秦以冬十月为岁首，故常以十月上宿郊见，通权火，拜于咸阳之旁。”《史记集解》引张晏曰：“‘权火，烽火也。状若井絜皋矣。其法类称，故谓之权。欲令光明远照通祀所也。汉祠五畤于雍，五里一烽火。’如淳曰：‘权，举也。’”[③]称（chèng），通“秤”。权，秤锤（秤砣）。权火的结构和样式类似旧式杆秤，由秤杆、提绳、秤锤组成，可以上下，能调高低。《史记·封禅书》说，帝王每三年举行一次南郊祭天的典礼，帝王斋戒亲往南郊祭天。祭祀时通举火炬，始皇拜于咸阳之旁。畤（zhì），古代祭祀天地五帝的固定处所。五畤，又称五畤原，秦汉时祭祀天帝的处所。雍，春秋秦国都，后置雍县，在今陕西凤翔县西南。《汉书·郊祀志上》引颜师古曰：“凡祭祀通举火者，或以天子不亲至祠所而望拜，或以众祠各处，欲其一时荐享，宜知早晏，故以火为之节度也。”[④]这里说的举火，实际上是祭祀时所举的火把、火炬。《乐府诗集·郊庙歌辞一·飨神歌》云：“田烛置，权火通。”[⑤]田烛，古代郊祭时置于田头的火烛。

---

① 新疆库车市郊的克孜尔尕哈烽燧，笔者于2008年8月26日前往参观。

② ［英］奥雷尔·斯坦因：《穿越塔克拉玛干》，巫新华等译，广西师范大学出版社2000年版，第271页。

③ （汉）司马迁：《史记》（四），中华书局1959年版，第1377页。

④ （汉）班固：《汉书》（四），中华书局1962年版，第1209页。

⑤ （宋）郭茂倩：《乐府诗集》（一），中华书局1979年版，第14页。

烽火，大约是由权火发展演变而来的，其形状如从井中汲水的“絜皋”，即“桔槔”，亦作“桔皋”。《史记·魏公子列传》云：“公子与魏王博，而北境传举烽，言赵寇至，且入界。”《史记集解》引文颖曰：“作高木橹，橹上作桔槔，桔槔头兜零，以薪置其中，谓之烽。常低之，有寇即火然举之以相告。”① 高木橹，指竖起高大的木桨。橹，划船的大木桨。兜零，笼子。《汉书·贾谊传》云：“斥候望烽燧不得卧。”颜师古注曰：

> 文颖曰：“边方备胡寇，作高土橹，橹上作桔皋，桔皋头兜零，以薪草置其中，常低之，有寇即火然举之以相告，曰‘烽’。又多积薪，寇至即燃之，以望其烟，曰‘燧’。”张晏曰：“昼举烽，夜燔燧也。”师古曰：“张说误也。昼则燔燧，夜则举烽。”②

“高土橹”，当为“高木橹”之误。燔（fán），焚烧。为了醒目和及时传递讯息，白天要烧烟，夜里则点火。昼烟夜火，以师古说为是。《后汉书·光武帝纪下》云：“遣骠骑大将军杜茂将众郡施刑屯北边，筑亭候，修烽燧。”李贤等注：“亭候，伺候望敌之所。《前书》曰，秦法十里一亭，亭有长，汉因之不改。”又注曰：

> 《前书音义》曰：边方备警急，作高土台，台上作桔皋，桔皋头有兜零，以薪草置其中，常低之，有寇即燃火举之，以相告，曰“烽”。又多积薪，寇至即燔之，望其烟，曰“燧”。昼则燔燧，夜乃举烽。《广雅》曰：“兜零，笼也。”③

高土台，亦即烽火台。《后汉书·种暠传》云：“诚心怀抚，信赏分明，由是羌胡、龟兹、莎车、乌孙等皆来顺服。暠乃去烽燧，除候望，边方晏然无警。”④

桔皋，即“桔槔”（jié gāo），是一种常见的汲水工具。横木与竖

---

① （汉）司马迁：《史记》（七），中华书局 1959 年版，第 2377、2378 页。
② （汉）班固：《汉书》（八），中华书局 1962 年版，第 2240、2241 页。
③ （南朝）范晔：《后汉书》（一），中华书局 1965 年版，第 60 页。
④ （南朝）范晔：《后汉书》（七），中华书局 1965 年版，第 1828 页。

木呈可活动的丁字形，固定在烽火台上，以绳系于横木上，一端系水桶，另一端系重物，使其交替上下，以节省汲引之力。王维《辋川闲居》云：“寂寞于陵子，桔槔方灌园。”贯休《怀邻叟》云：“桔槔打水声嘎嘎，紫芋白蕹肥濛濛。”这样看来，王伯祥先生在注释《史记·魏公子列传》时，将“桔皋”解释为“像风车那样可以低昂的长木臂”，将“常低之”解释为“盛薪的兜零常低着于地面”，[①]似不够准确。桔槔的横木通常是一根较长的圆木杆子，通过一个支点，可以上下，即一头升高或降低。“常低之”，是说装有薪草的“兜零”一头不用时低至地面，有敌人来犯时方便点火，而后拉起来即升高，以便告知下一个烽火台。差别在于，烽火台用的桔槔一端系的不是水桶，而是“兜零”，即铁笼子，里面置放的是薪草。敦煌市阳关博物馆有戍楼及烽火模型展示，可以参看。[②]“桔槔烽”因此常指烽火台。薛道衡《出塞二首》其一云：“烽微桔槔远，桥峻辘轳难。”[③]张仲素《塞下曲五首》其五云：“阴碛茫茫塞草肥，桔槔烽上暮云飞。交河北望天连海，苏武曾将汉节归。”孟郊《有所思》云：“桔槔烽火昼不灭，客路迢迢信难越。”

后世亦以“兜零”代指烽火，但唐诗中未见“兜零”一词，宋元明诗词中屡有描写。胡宿《边思》云：“寒金刁斗鸣，夕火兜零举。”宋祁《中山立秋》云：“人在兜零烟外走，岁从鶗鴂口中残。”又，《博州骆太保》云：“幕中镂管闲陈檄，塞下兜零罢汉烽。”[④]鶗鴂（tí jué），杜鹃。镂管，雕花的笔管，指笔。吕本中《寒食五首》其二云：“淮南江北半胡兵，想见春风战血腥。无复良辰修祓禊，空将新火发兜零。”[⑤]李流谦《送黄仲秉侍郎出守镇江二首》其二云：“风迟宴阁清香凝，月满

① 王伯祥：《史记选》，人民文学出版社1982年版，第200页。

② 甘肃敦煌市阳关博物馆，笔者于2017年7月27日前往参观。

③ 逯钦立辑校：《先秦汉魏晋南北朝诗》（下），中华书局1983年版，第2680页。

④ 北京大学古籍文献研究所：《全宋诗》（四），北京大学出版社1991年版，第2055、2497、2499页。

⑤ 北京大学古籍文献研究所：《全宋诗》（二十八），北京大学出版社1998年版，第18253页。

兜零晚穟收。”[①] 祓禊（fú xì），上巳日濯于水滨，以除不祥。穟（suì），禾穗成熟。邓千江《望海潮 · 上兰州守》云：“区脱昼空，兜零夕举，甘泉又报平安。”[②] 汤显祖《榆林老将歌 · 寄万丘泽》云：“但愿英雄不生虏，兜零无火更何云。”[③] 杨慎《燕歌行柬程以道》云：“甘泉宫里兜零举，疏勒城边汲绠摧。”汲绠（jí gěng），汲水用的绳子。杨慎《咏堠子》云：“兜零清紫塞，寓望拱皇都。”[④] 寓望，古代边境上所设置的以备瞭望、迎送的楼馆。梵琦《居庸关》云：“渠答自今收战马，兜零无复置边烽。”[⑤]

烽火是最古老而行之有效的消息传递方式，作用就是预警，预告外敌入侵，骆宾王《送郑少府入辽共赋侠客远从戎》谓“边烽警榆塞，侠客度桑干”。[⑥] 榆塞，即边关、边塞。通常在烽火台上放置干柴，间或有狼粪，遇有敌情时施放。《酉阳杂俎 · 毛篇》云：“狼粪烟直上，烽火用之。”[⑦]《埤雅 · 释兽 · 狼》云：“古之烽火用狼粪，取其烟直而聚，虽风吹之，不斜。”[⑧] 因为施烟的燃料中常掺有狼粪，故烽烟又称狼烟。刘驾《塞下曲》云：“绝塞阴无草，平沙去尽天。下营看斗建，传号信狼烟。”斗建，以北斗星的运转计算月令，斗柄所指之辰谓之斗建。杜牧《边上闻笳三首》其一云：“何处吹笳薄暮天，塞垣高鸟没狼烟。”李商隐《寄太原卢司空三十韵》云：“鸡塞谁生事，狼烟不暂停。”鸡塞，鸡鹿塞，古塞名。在今内蒙古磴口西北哈隆格乃峡谷口，是古代贯通阴山南北的交通要冲，汉时筑城塞于此。顾非熊《出塞即事二首》其一云：“此处

---

① 北京大学古籍文献研究所：《全宋诗》（三十八），北京大学出版社 1998 年版，第 23949 页。

② 唐圭璋编：《全金元词》（上），中华书局 1965 年版，第 37—38 页。

③ 《汤显祖诗文集》（下），徐朔方校笺，上海古籍出版社 1982 年版，第 821 页。

④ 《影印文渊阁四库全书》（第一二七〇册），（台湾）商务印书馆 1983 年发行，第 121、168 页。

⑤ （元）楚石：《楚石北游诗》，吴定中、鲍翔麟校注，浙江古籍出版社 2010 年版，第 59 页。

⑥ （唐）骆宾王著、（清）陈熙晋笺注：《骆临海集笺注》，上海古籍出版社 1985 年版，第 90 页。

⑦ （唐）段成式：《酉阳杂俎》，方南生点校，中华书局 1975 年版，第 160 页。

⑧ （宋）陆佃：《埤雅》，王敏红校点，浙江大学出版社 2008 年版，第 33 页。

游人堪下泪，更闻终日望狼烟。”贯休《古塞下曲四首》其四云：“狼烟在阵云，匈奴爱轻敌。”薛逢《狼烟》云：“三道狼烟过碛来，受降城上探旗开。”“三道狼烟”，表明来犯敌人众多，需全力应对，不可掉以轻心。

烽火一燃，常有战事，社会动荡，民不聊生，故又常以烽火（包括烽燧）比喻战乱。吴融《华清宫四首》其二云：“渔阳烽火照函关，玉辇匆匆下此山。”戴叔伦《抚州对事后送外生宋垓归饶州觐侍呈上姊夫》云：“淮汴初丧乱，蒋山烽火起。与君随亲族，奔迸辞故里。”蒋山，即钟山，在今江苏南京市中山门外。来鹏《山中避难作》云：“山头烽火水边营，鬼哭人悲夜夜声。”韦庄《江边吟》云：“江边烽燧几时休，江上行人雪满头。谁信乱离华不见，只应惆怅水东流。”[①] 张孝祥《六州歌头·长淮望断》云：“干羽方怀远，静烽燧，且休兵。”[②] 辛弃疾《永遇乐·京口北固亭怀古》云：“四十三年，望中犹记，烽火扬州路。”[③] 唐王朝在鼎盛时期遭逢“安史之乱”，山河破碎，杜甫对烽火的感触格外深刻，令人心惊。《春望》云：“烽火连三月，家书抵万金。”《垂老别》云：“万国尽征戍，烽火被冈峦。”《解闷》云：“豺狼塞路人断绝，烽火照夜尸纵横。”

二、烽火台

烽火台属于军事建筑。一般是建在高台上或是高楼（戍楼）上，以便于戍守者瞭望，有军情时也便于通知相邻的其他戍楼，以便及时施放烽火，台子下面是戍兵的生活住处。梁简文帝萧纲《登烽火楼》云：“耸楼排树出，却堞带江清。陟峰试远望，郁郁尽郊京。”[④] 李益《暮过回乐烽》云：“烽火高飞百尺台，黄昏遥自碛西来。”又，《夜上西城听梁州曲二首》其二云：“金河戍客肠应断，更在秋风百尺台。”陆游《秋

---

① 聂安福：《韦庄集校注》，上海古籍出版社 2002 年版，第 239 页。

② 宛敏灏：《张孝祥词校笺》，中华书局 2010 年版，第 1 页。

③ 邓广铭：《稼轩词编年笺注》，上海古籍出版社 1978 年版，第 527 页。

④ 逯钦立辑校：《先秦汉魏晋南北朝诗》（下），中华书局 1983 年版，第 1932 页。

波媚》云:“秋到边城角声哀,烽火照高台。”[①]烽火台的设置,不是孤设一台,四无照应,而是台台相连相望,遇有紧急的军事情况一台燃起烽燧,台台相继点燃,可以从边境一直传至京城。张协《杂诗十首》其七云:“长铗鸣鞘中,烽火列边亭。”[②]沈遘《七言烽火台二首》其一云:“历历相望隐旧堆,狐穿兔穴半空摧。行人不识问野老,云是昔时烽火台。”[③]马之纯《烽火台》云:“此到西陵路五千,烽台列置若星连。欲知万骑还千骑,只看三烟与两烟。”[④]

《后汉书·马成传》云:“又代骠骑大将军杜茂缮治障塞,自西河至渭桥,河上至安邑,太原至井陉,中山至邺,皆筑保壁,起烽燧,十里一候。”李贤等注曰:“西河,今胜州富昌县也。渭桥本名横桥,在今咸阳县东南。”“《前书》曰,河上,地名,故秦内史,高帝二年(前205)改为河上郡,武帝分为左冯翊。”“太原,今并州也。井陉,(今)属常山郡,今恒州县也。”[⑤]安邑,今山西夏县西北。胜州,今陕西榆林。《元和郡县图志·关内道四》卷四云:隋文帝开皇二十年(600)“割云州之榆林、富昌、金河三县置胜州,立嘉名也”。[⑥]中山,在今河北定州市。邺,今河北临漳县。候,烽堠,即烽火台。按照要求,每隔十里,就要设置一座烽火台,由此构建一条或数条少则几百公里、长则上千公里的边境防护线。

随着时代的进步,烽火台的设置也在不断进步。从《通典·兵·守拒法》(卷一五二)中可以看出,唐代烽火台设置的要求比前代更为详细具体:

> 烽台,于高山四顾险绝处置之,无山亦于孤迥平地置。下筑羊

---

① 夏承焘、吴熊和:《放翁词编年笺注》,上海古籍出版社1981年版,第33页。

② 逯钦立辑校:《先秦汉魏晋南北朝诗》(上),中华书局1983年版,第746页。

③ 北京大学古籍文献研究所:《全宋诗》(十一),北京大学出版社1993年版,第7521页。

④ 北京大学古籍文献研究所:《全宋诗》(四十九),北京大学出版社1998年版,第30974页。

⑤ (南朝)范晔:《后汉书》(三),中华书局1965年版,第779页。

⑥ (唐)李吉甫:《元和郡县图志》(上),中华书局1983年版,第109页。

马城，高下任便，常以三五为准。台高五丈，下阔二丈，上阔一丈。形圆。上建圆屋覆之，屋迳阔一丈六尺，一面跳出三尺，以板为上覆下栈。屋上置突灶三所，台下亦置三所，并以石灰饰其表里。复置柴笼三所，流火绳三条，在台侧近。上下用屈膝梯，上收下乘。屋四壁开觑贼孔及安视火筒。置旗一口，鼓一面，弩两张，抛石、垒木、停水瓮、干粮、麻蕴、火钻、火箭、蒿艾、狼粪、牛粪。

每晨及夜平安，举一火。闻警，固举二火；见烟尘，举三火；见贼，烧柴笼。如每晨及夜，平安火不来，即烽子为贼所捉。一烽六人，五人为烽子，递知更刻，观视动静；一人烽率，知文书、符牒、转牒。①

烽火台一定要设在险绝的高山上，在没有高山的平地上设置也要远离其物体，为的是视线辽阔，便于观察。烽子，即守卫烽火台的士兵。戎昱《塞上曲》之二云：“山头烽子声声叫，知是将军夜猎还。”《资治通鉴·唐纪五十六》云：“愬曰‘但东行！’行六十里，夜，至张柴村，尽杀其戍卒及烽子。”胡三省注曰：“唐凡烽候之所，有烽师、烽副；烽子，盖守烽之卒，候望警急而举烽者也。”② 烽火的施放有具体明确的要求，如举一火是报平安，举二火是提醒守军要提高警惕、加强戒备，举三火表明已远远看到敌人骑兵溅起的烟尘；确确实实看到敌人来犯，就要点燃柴笼。关于烽火的设置，《唐六典·尚书兵部》(卷五)亦有相关记载：

凡烽候所置，大率相去三十里；若有山冈隔绝，须逐便安置，得相望见，不必要限三十里。其逼边境者，筑城以置之。每烽置帅一人、副一人。其放烽有一炬、二炬、三炬、四炬者，随贼多少而为差焉。旧关内、京畿、河东、河北皆置烽。开元二十五年

① (唐)杜佑:《通典》(四)，王文锦等校点，中华书局 1988 年版，第 3901 页。
② (宋)司马光:《资治通鉴》(十六)，中华书局 2011 年版，第 7862 页。

（737）敕以边隅无事，寰宇乂安，内地置烽，诚为非要，量停近甸烽二百六十所，计烽帅等一千三百八十八人。[①]

烽火设置能进入《六典》，上升到了国家制度层面，其重要性不言而喻。从历史上看，各个王朝都重视烽燧的营建戍守，以保证边疆通信畅通和国家安全。营建戍守烽燧的历史悠久，早在周王朝就已经开始。为了防止边患，战国各国也不断修筑烽燧。《史记·廉颇蔺相如列传》云：

李牧者，赵之北边良将也。常居代雁门，备匈奴。以便宜置吏，市租皆输入莫府，为士卒费。日击数牛飨士，习射骑，谨烽火，多间谍，厚遇战士。为约曰："匈奴即入盗，急入收保，有敢捕虏者斩！"匈奴每入，烽火谨，辄入收保，不敢战。如是数岁，亦不亡失，然匈奴以李牧为怯，虽赵边兵亦以为吾将怯。[②]

收保，古代边境上设置的兼有储物功能和防卫功能的小城堡。"谨烽火"，即小心把守烽火台，使敌人不敢入侵。李牧小心翼翼，通过"谨烽火"并将人马及时退入堡垒中固守，保证了自己的安全。

汉王朝是中国历史上大力经营烽燧的王朝之一，汉王朝的边患由来已久，主要来自北方的匈奴。《史记·匈奴列传》云：

军臣单于立四岁，匈奴复绝和亲，大入上郡、云中各三万骑，所杀略甚众而去。于是汉使三将军军屯北地，代屯句注，赵屯飞狐口，缘边亦各坚守以备胡寇。又置三将军，军长安西细柳、渭北棘门、霸上以备胡。胡骑入代句注边，烽火通于甘泉、长安。[③]

军臣单于，冒顿单于之孙。上郡，今陕西榆林东南。云中，今内蒙古托克托东北。句注，山名，在今山西代县西北。飞狐口，在今河北蔚

---

① （唐）李林甫等：《唐六典》，陈仲夫点校，中华书局 1992 年版，第 162 页。
② （汉）司马迁：《史记》（八），中华书局 1959 年版，第 2449 页。
③ （汉）司马迁：《史记》（九），中华书局 1959 年版，第 2904 页。

县太行山的最东端。汉屯兵北地，代地的守军驻扎在句注山，赵地的守军驻扎在飞狐口。《汉书·五行志上》云：“文帝后六年（前 158）秋，螟。是岁，匈奴大入上郡、云中，烽火通长安，遣三将军屯边，三将军屯京师。”[①] 匈奴大举南侵，烽火从边境燃起，烽烽相传，直至长安城甚至是皇帝所在的甘泉宫。《盐铁论·本议》云：“先帝哀边人之久患，苦为虏所系获也，故修障塞，饬烽燧，屯戍以备之。”[②]《后汉书·南匈奴传》云：“匈奴左部遂复转居塞内。朝廷患之，增缘边兵郡数千人，大筑亭候，修烽火。”[③]《资治通鉴·汉纪三十五》云：“卢芳与匈奴、乌桓连兵，数寇边。帝遣骠骑大将军杜茂等将兵镇守北边，治飞狐道，筑亭障，修烽燧。”[④] 卢芳，东汉军阀。帝，指光武帝。修建烽燧，就为防止匈奴骚扰和入侵。汉代著名的居延烽燧遗址如汉代张掖郡居延、肩水两都尉管辖的边塞烽燧和塞墙遗址，位于内蒙古额济纳旗和甘肃金塔境内的额济纳河流域，绵延约 250 公里。塞墙自东北走向西南，基宽 2.5—2.8 米、高 3 米，两侧用粗石板垒砌，中间填以砾石。此塞墙始建于西汉武帝太初三年（前 102），废弃于东汉末年。塞墙沿线遍置烽燧，烽燧以草苣点燃，在历史上起到维护河西走廊畅通、保证汉与西域交通、切断匈奴与羌联系的战略作用。

边患严重、南北对峙的时代，中原王朝更加注重边防，修筑烽火台。《新唐书·吐蕃传上》云：“太宗文皇帝践汉旧迹，并南山抵葱岭，剖裂府镇，烟火相望，吐蕃不敢内侮。”[⑤] 烟火，指烽燧。唐代中期，回鹘对北方边境构成了巨大威胁。[⑥] 李德裕《条疏太原以北边备事宜状》指出，北部边防防御的就是回鹘入侵云：

云州之北，并是散地，备御之要，系把头烽。今符瀓虽候缮已

① （汉）班固：《汉书》（五），中华书局 1962 年版，第 1446 页。
② （汉）桓宽：《盐铁论》，上海人民出版社 1974 年版，第 1 页。
③ （南朝）范晔：《后汉书》（十），中华书局 1965 年版，第 2940 页。
④ （宋）司马光：《资治通鉴》（三），中华书局 2011 年版，第 1406 页。
⑤ （宋）欧阳修、宋祁：《新唐书》（十九），中华书局 1975 年版，第 6079 页。
⑥ 杨圣敏：《回纥史》，广西师范大学出版社 2008 年版，第 120—121 页。

> 毕，把头烽内并未添兵镇守，事同虚设，恐不应机。未废把头烽以前，把头烽内旧有军镇数处，自废把头烽后，并合抽却。望令巡边使速与符澈计会，却抽旧兵，依前制置。”（《全唐文》卷七〇五）[①]

云州，今山西大同。符澈（778—845），临沂人，曾任河南节度使、太原尹北都留守检校兵部尚书、御史大夫等。把头烽，一作“杷头烽”，戍楼名称。《资治通鉴·唐纪六十二》云：会昌二年（842），“河东节度使符澈修杷头烽旧戍以备回鹘。李德裕奏请增兵镇守，及修东、中二受降城以壮天德形势，从之”。胡三省注曰：“杷头烽北临大碛，东望云、朔，西望振武。”[②]

宋代与北方游牧民族长期对峙，故大修烽火台以防御。《读史方舆纪要·北直七·大名府》卷十六云：内黄县“烽火台，县北四里，高二丈许。宋咸平中契丹入寇大名，杨延朗军内黄以御之，筑台于此。又澶、濮间皆有烽火台，俱五代时及宋咸平、景德间所置也”。[③]咸平（998—1003）、景德（1004—1007），宋真宗年号。内黄，西汉置，属魏郡，治所在今河南汤阴县东北故城村。陆游《入蜀记》卷三云：乾道六年（1170）“八月一日，过烽火矶。南朝自武昌至京口，列置烽燧，此山当是其一也。自舟中望山，突兀而已”。[④]京口，今江苏镇江市。此山，指马当山，在今江西彭泽县境内，北临长江。

三、烽火的设置及施放[⑤]

烽火关乎重要军事边防信息的传递和国家的安危，所以从设置到施放都有着严格的规定。《墨子·号令》云：“望见寇，举一垂；入竟，举二垂；狎郭，举三垂；入郭，举四垂；狎城，举五垂。夜以火，皆如

---

① （清）董诰等编：《全唐文》（三），上海古籍出版社 1990 年版，第 3207 页。

② （宋）司马光：《资治通鉴》（十七），中华书局 2011 年版，第 8080 页。

③ （清）顾祖禹：《读史方舆纪要》（二），贺次君、施和金点校，中华书局 2005 年版，第 715 页。

④ 蒋方：《入蜀记校注》，湖北人民出版社 2004 年版，第 111 页。

⑤ 高建新：《烽火及其设置》，《文史知识》2016 年第 12 期。

此。”[1]垂，通“燧”，烽烟。[2]远望见敌人，燃一堆烽烟；敌人入境，燃两堆烽烟；敌人接近外城，燃三堆烽烟；敌人攻入外城，燃四堆烽烟；敌人逼近城墙，燃五堆烽烟。夜间用烽火，数目与燃烽烟一样。

关于烽火设置和施放最为具体详细的记述，当属北宋仁宗时曾公亮、丁度奉敕撰写的《武经总要》前集卷五，将烽火的设置完全制度化、规范化。选其要如下：

> 烽燧，军中之耳目，豫备之道，不可阙也。唐兵部有烽式，尤为详具。今之边塞所置，则颇为简略而易从。唐李筌所记法制，适与今同。今以唐式录为前，而今法次之，庶参考用焉。
>
> 唐法：凡边城候望，每三十里置一烽，须在山岭高峻处。若有山冈隔绝，地形不便，则不限里数，要在烽烽相望。若临边界，则烽火外周筑城障。凡掌烽火，置帅一人，副一人，每烽置烽子六人，并取谨信有家口者充。副帅往来检校，烽子五人分更刻望视，一人掌送符牒，并二年一代，代日须教新人通解，始得代去。如边境用兵时，更加卫兵五人，兼守烽城。无卫兵，则选乡丁武健者给仗充。
>
> 凡寇贼入境，马步兵五十人以上，不满五百人，放烽一炬；得蕃界事宜，又有烟尘，知欲南入，放烽两炬；若余寇贼五百人以上，不满三千人，亦放两炬；蕃贼五百骑以上，不满千骑，审知南入，放烽三炬；若余贼寇三千骑以上，亦放三炬；若蕃贼千人以上，不知头数，放烽四炬；若余寇贼一万人以上，亦放四炬。其放烽一炬者，至所管州县镇止；两炬以上者，并至京。原先放烟火处，州县镇即录状驰驿奏闻。若依式放烽至京讫，贼回者，放烽一炬报平安。凡放烽告贼者，三应三灭；报平安者，两应两灭。（《四库全书·子部·兵家类》）[3]

① 《诸子集成》(四)，上海书店出版社1986年版，第362—363页。
② 《墨子》，方勇译注，中华书局2015年版，第565页。
③ 《影印文渊阁四库全书》(第七二六册)，(台湾)商务印书馆1983年发行，第297、298页。

《武经总要》如手册一样，已进入细致具体的操作层面。烽火设置的地形要求、守烽火的人数以及烽火的尺寸、朝向、燃料的种类及施放数量皆有具体规定。如敌人来犯，骑兵、步兵五十至五百人以内，放烽一炬；五百人至三千人，放烽两炬；五百骑兵以上，不满千骑，放烽三炬；如果来敌一万人以上，放烽四炬，四炬是警示的最高级别。有施放者，还有监管者。可谓面面俱到，无微不至，强调紧急军情随时随地都可能发生、烽火施放对边疆安全异常重要。宋人马之纯《烽火台》云："此到西陵路五千，烽台列置若星连。欲知万骑还千骑，只看三烟与两烟。"[①] 正好应合了《武经总要》的相关记载。

通过烽燧的施放报告敌情、警示防守，关乎边疆和国家的安危，故需慎之又慎，决不可当儿戏。周幽王为博褒姒一笑、烽火戏诸侯而失信于天下、导致周王朝衰败的典故，为后人熟知。《史记 · 周本纪》云：

> 褒姒不好笑，幽王欲其笑万方，故不笑。幽王为烽燧大鼓，有寇至，则举烽火。诸侯悉至，至而无寇，褒姒乃大笑。幽王说之，为数举烽火。其后不信，诸侯益亦不至。幽王以虢石父为卿，用事，国人皆怨。石父为人佞巧，善谀，好利，王用之。又废申后，去太子也。申侯怒，与缯、西夷犬戎攻幽王。幽王举烽火征兵，兵莫至。遂杀幽王骊山下，虏褒姒，尽取周赂而去。于是诸侯乃即申侯而共立故幽王太子宜臼，是为平王，以奉周祀。

《史记正义》云："烽燧二音。昼日燃烽以望火烟，夜举燧以望火光也。烽，土鲁也。燧，炬火也。皆山上安之，有寇举之。"[②]"有寇至，则举烽火"，是施放烽火的铁定规则。无"寇至"而随意举烽火，则面临巨大的危险，所以戏谑不得。周昙《三代门 · 幽王》云："狼烟篝火为边尘，烽候那宜悦妇人。厚德未闻闻厚色，不亡家国幸亡身。"边尘，边野之地的风尘，比喻战事。唐彦谦《登兴元城观烽火》云："汉川城

---

① 北京大学古籍文献研究所：《全宋诗》(四十九)，北京大学出版社 1998 年版，第 30974 页。

② (汉)司马迁：《史记》(一)，中华书局 1959 年版，第 148—149 页。

上角三呼，扈跸防边列万夫。褒姒冢前烽火起，不知泉下破颜无。”扈跸（bì），随从皇帝出行。胡曾《咏史诗·褒城》云：“恃宠娇多得自由，骊山举火戏诸侯。只知一笑倾人国，不觉胡尘满玉楼。”褒城，古县名，位于陕西省省境西南，褒河西岸。宋人杨备《烽火台》云：“一带东流当复阙，筑台相望水云间。丽华应不如褒姒，几许狼烟得破颜。”[①] 都是刺讽周幽王的昏聩，周幽王烽火戏诸侯的故事已成为千古笑柄。

一般而言，各个烽燧之间要筑起长墙加以连接，叫作边塞，也叫作长城，后世又称为边墙。以汉代敦煌郡为例，其境内的边墙从酒泉郡延伸而来，大约完成于西汉元封年代（前 110—前 105）。敦煌郡境内的边墙东西长约 300 公里，通过对已发现烽燧的考察，每座烽燧之间的距离 2—10 里不等，若以平均相距 5 里计算，则 300 公里当有 120 座烽燧。每座烽燧戍守的士兵少则 4 人，多则 15 人，一般约有 10 人，300 公里应有 1200 人戍卫。[②]

烽燧不仅报警，还兼有戍守、屯兵的功能，类似今天设在交通要道或边境上的哨所、哨卡（qiǎ）、边防站。玄奘西天取经出凉州向玉门关，曾投宿烽燧。第二天临别，校尉王祥“使人盛水及麨饼自送至十余里”。麨（chǎo）饼，一种将米、麦炒熟后磨粉制成的干粮。玄奘继续向西，到了第四烽，守烽人“闻欢喜留宿，更施大皮囊及马、麦相送”。[③] 可见这两处烽燧都有城障，可以提供基本的食宿、衣物甚至马匹，具有驿站的功能。

四、平安火[④]

平安火，是烽火的一种，用以报告平安，始见于唐代文献。《通典·兵·守拒法》卷一五二云：“每晨及夜平安，举一火。闻警，固举

---

① 北京大学古籍文献研究所：《全宋诗》（三），北京大学出版社 1991 年版，第 1437 页。

② 李正宇：《敦煌郡的边塞长城及烽警系统》，《敦煌研究》1995 年第 2 期。

③ （唐）慧立、彦悰：《大慈恩寺三藏法师传》，孙毓棠等点校，中华书局 1983 年版，第 16 页。

④ 高建新：《唐诗中的平安火》，《古典文学知识》2018 年第 5 期。

二火；见烟尘，举三火；见贼，烧柴笼。如每晨及夜，平安火不来，即烽子为贼所捉。”[①]唐代在边境地区每隔三十里设置一座烽火台，白天无敌情，入夜举火以报；夜里无敌情，平明举烟以报，皆称“平安火”。《资治通鉴·唐纪三十四》云：天宝十五年（756）六月八日，东出潼关的唐军与安史叛军会战于灵宝，大败，哥舒翰被俘。“是日，翰麾下来告急，上不时召见，但遣李福德等将监牧兵赴潼关。及暮，平安火不至，上始惧。”胡三省注曰：“《六典》云：‘唐镇戍烽候所至，大率相去三十里，每日初夜，放烟一炬，谓之平安火。’时守兵已溃，无人复举火。”[②]韩琮《京西即事》所谓“昭阳亦待平安火，谁握旌旗不见勋”。潼关失守之后，玄宗仓皇逃亡四川，一个辉煌的时代就此结束。

平安火，不仅报告平安，更安慰人心。张籍《凉州词三首》其二云：“古镇城门白碛开，胡兵往往傍沙堆。巡边使客行应早，每待平安火到来。”杨夔《宁州道中》云：“城枕萧关路，胡兵日夕临。唯凭一炬火，以慰万人心。”宁州，治所在定安县（今甘肃宁县）。宋代沿袭了唐代的平安火制度，南宋周辉《清波杂志》卷十云：

> 沿江烽火台，每日平安，即于发更时举火一把；每夜平安，即于次日平明举烟一把。缓急、盗贼，不拘时候，日则举烟，夜则举火，各三把。[③]

发更时，即一更天，古人所称的戌时，指晚上七时至九时。白天一天平安，入夜时要举火一把；黑夜一夜平安，天刚亮的时候，要举烟一把。如果敌人来犯，白天要举烟三把，黑夜则要举火三把。前者日烟夜火属于平安火，后者纯粹是预警。陆游《泸州乱》云：“此州雄跨西南边，平安烽火夜夜传。”[④]杨亿《钱大夫赴并州》云：“缓急羽书须自草，

---

① （唐）杜佑：《通典》（四），王文锦等校点，中华书局1988年版，第3901页。

② （宋）司马光：《资治通鉴》（十五），中华书局2011年版，第7089页。

③ 上海古籍出版社编：《宋元笔记小说大观》（五），上海古籍出版社2007年版，第5127页。

④ 钱仲联：《剑南诗稿校注》（四），上海古籍出版社2005年版，第1798页。

平安烽火镇相望。”[1] 羽书，紧急军事文书，插有鸟羽，以示其急迫。

唐代国力强大，疆域辽阔，边境线漫长，随着“丝绸之路”再次兴盛，中外交流更加频繁，比起前代，唐王朝的边境更需要“平安火”的举起。“平安火”在唐诗中时有描写，但其含义却不尽相同。

一是表示边境平安。边境安则首都安、国家安：“箭利弓调四镇兵，蕃人不敢近东行。沿边千里浑无事，唯见平安火入城。”（姚合《穷边词二首》其二）“迎候人应少，平安火莫惊。”（元稹《遣行十首》其九）“夷门一把平安火，定逐恒山候骑来。”（李泌《句》其一）夷门是战国魏都城的东门，后泛指城门，平安火一举，边境平安无事；如果平安火不来，边境上可能有战事了。王维“征蓬出汉塞，归雁入胡天。大漠孤烟直，长河落日圆”（《使至塞上》）中的“孤烟”，指烽烟，亦即平安火，用以报告平安。诗人出使塞上过居延（今内蒙古额济纳旗），就在自叹如流离转徙的蓬草、南来北往的大雁，孤独之情溢满怀抱之时，眼前的景象让诗人心神为之一振。在浩瀚无际的金色沙漠映衬下，一炷燧火青烟悠悠直上；弱水（黑河进入今内蒙古境内的额济纳河）奔流远去，镶嵌在水天相连处艳丽无比的夕阳，仿佛车轮一样缓缓辗入滔滔河水。因为平安火举，边境平安无事，诗人心情由惆怅转为振奋。

二是体现对强大国防的自豪。国防强大，国家才会安全：“细柳连营石堑牢，平安狼火赤星高。”（鲍溶《赠李黯将军》）“飞蓬卷尽塞云寒，战马闲嘶汉地宽。万里胡天无警急，一笼烽火报平安。”（刘禹锡《令狐相公自太原累示新诗因以酬寄》）兵强马壮，严阵以待，敌人不敢轻举妄动。这其中，许浑《献鄜坊丘常侍》一诗视野辽阔、最有气势。

> 诏选将军护北戎，身骑白马臂彤弓。柳营远识金貂贵，榆塞遥知玉帐雄。秋槛鼓鼙惊朔雪，晓阶旗纛起边风。蓬莱每望平安火，应奏班超定远功。

诗描绘了一位守护北疆的白马将军，从咸阳的细柳营奔赴边关。鼓

---

① 北京大学古籍文献研究所：《全宋诗》（三），北京大学出版社 1991 年版，第 1356 页。

鼙声声，军旗飘扬，军威大振。白马将军愿意像经营西域30年、被封为定远侯的班超那样，立功边疆，使长安夜夜都能望见平安火。《汉书·窦田灌韩列传》云："后蒙恬为秦侵胡，辟数千里，以河为竟。累石为城，树榆为塞，匈奴不敢饮马于河，置烽燧然后敢牧马。"[①]后因以榆塞指边关、边塞。诗人用榆塞之典，意在赞扬白马将军如当年的秦将蒙恬一样骁勇善战，拒敌于千里之外。

三是表达厌战情绪。"万姓厌干戈，三边尚未和。将军夸宝剑，功在杀人多。"（刘商《行营即事》）时值中晚唐，天下纷乱，平安火已难高举。晚唐诗人高骈（821—887）《塞上曲二首》其一云：

> 陇上征夫陇下魂，死生同恨汉将军。不知万里沙场苦，空举平安火入云。

此诗最能见出时代之衰微。保家卫国之责任与豪情已荡然无存，所以无论死生，皆恨带兵打仗的"汉将军"。"空举"的平安火包裹了浓重的厌战情绪。高骈身兼军事家，曾率军收复交趾，后历任天平、西川、荆南、镇海、淮南五镇节度使。任职期间黄巢起兵，高骈多次予以重创，后中黄巢的缓兵之计，由此惧战，致使黄巢顺利渡江、攻陷长安。高骈未敢出兵援救京师，一生功名由此而毁。此诗正是其思想及行为的反映。

由于边疆形势严峻，比起唐人来，宋人对平安火的期待愈显急切。吴则礼《题钟隐简寂观图》云："边笳牧马岂不好，平安火过消人忧。"[②]王同祖《霜风》云："一夜霜风动地寒，塞垣火未报平安。嫦娥亦带伤心色，为照征人尚抱鞍。"[③]陈杰《寄赠》云："夜来一炬平安火，

---

① （汉）班固：《汉书》（八），中华书局1962年版，第2401页。

② 北京大学古籍文献研究所：《全宋诗》（二十一），北京大学出版社1995年版，第14295页。

③ 北京大学古籍文献研究所：《全宋诗》（六十一），北京大学出版社1998年版，第38140页。

剩喜先宽玉食忧。”[1] 董嗣杲《游盘塘山后废寺》云：“平安火一烽，愁可宽江南。”[2] 平安火一举，表示边境无战事，可以安心；平安火不举，就连俯瞰人间的嫦娥亦有伤心之色。陆游《五月十一日夜且半，梦从大驾亲征，尽复汉唐故地，见城邑人物繁丽，云西凉府也，喜甚，马上作长句，未终篇而觉，乃足成之》云：“苜蓿烽前尽亭障，平安火在交河上。凉州女儿满高楼，梳头已学京都样。”[3] 从长达48个字的题目就可以看出，生活在风雨飘摇的南宋，诗人对和平生活的无比期待。苜蓿烽，烽燧名，在玉门关的西北，岑参《题苜蓿烽寄家人》云：“苜蓿烽边逢立春，胡芦河上泪沾巾。闺中只是空思想，不见沙场愁杀人。”[4] 亭障，边塞要地设置的军事堡垒。《史记·秦始皇本纪》云：“又使蒙恬渡河取高阙、阳山、北假中，筑亭障以逐戎人。”[5] 苜蓿烽前尽是亭障，表明防守严密；平安火远在交河（今新疆吐鲁番以西）上升起，表明国家强盛和版图辽阔，这样首都的安全既有时间上的保障，又有地域空间上的保障；凉州女儿学着京都的样式梳头，表明传统的中原文化习俗在河西地区又开始占据主导地位。

在辽阔的北部边疆，烽火台随处可见。登上高高的烽火台，远看群山起伏、戈壁苍茫，近听大河奔流、秋风萧瑟。无论预警的烽火还是报平安的烽火，虽然已经熄灭，却见证着历史，无声诉说着曾经发生过的惊心动魄的故事。

五、唐诗中的烽火

中国历代王朝都重视烽燧的营建戍守，以保证边疆与国家的安全。唐代是继秦汉以来的统一帝国，国力强大，疆域广阔，边境线漫长，元

① 北京大学古籍文献研究所：《全宋诗》（六十五），北京大学出版社1998年版，第41134页。

② 北京大学古籍文献研究所：《全宋诗》（六十八），北京大学出版社1998年版，第42625页。

③ 钱仲联：《剑南诗稿校注》（二），上海古籍出版社2005年版，第970页。

④ 廖立：《岑嘉州诗笺注》（下），中华书局2004年版，第757页。

⑤ （汉）司马迁：《史记》（一），中华书局1959年版，第253页。

稹《西凉伎》所谓“开远门前万里堠”。与北方和西北的突厥、回鹘、吐谷浑、党项以及东北兴起的靺鞨、青藏高原的吐蕃等时有战事发生，体现在诗中，关于烽火的描写就显得非同凡响，并成为令人瞩目的文化景观。

（一）慷慨报国

欣逢盛世的自豪，“心雄万夫”的用世精神，愿繁华持久的美好心愿，不做旁观者的清醒自觉的主体意识，烽火在唐诗尤其在初盛唐诗中，首先表现的是边疆立功、慷慨许国的英雄主义豪情。初唐诗人杨炯《从军行》一诗，最能见出唐人的风采。

烽火照西京，心中自不平。牙璋辞凤阙，铁骑绕龙城。
雪暗凋旗画，风多杂鼓声。宁为百夫长，胜作一书生。

点燃的烽火，激起强烈的爱国激情，“自不平”体现了国家兴亡、匹夫有责的担当。诗人愿意投笔从戎，奔赴战场。《载酒园诗话又编》称杨炯诗“气殊苍厚”，此诗结尾二句“是愤语，激而成壮”。[①] 后来杜甫颂扬的“健儿宁斗死，壮士耻为儒”(《送蔡希鲁都尉还陇右因寄高三十五书记》)，便是对杨炯勇武精神的传扬。与杨炯同为“四杰”的骆宾王有《边庭落日》一诗，通过大量典故和史实，抒发了建功立业的壮志。

紫塞流沙北，黄图灞水东。一朝辞俎豆，万里逐沙蓬。
候月恒持满，寻源屡凿空。野昏边气合，烽迥戍烟通。
膂力风尘倦，疆场岁月穷。河流控积石，山路远崆峒。
壮志凌苍兕，精诚贯白虹。君恩如可报，龙剑有雌雄。[②]

紫塞，指长城，秦所筑长城之土皆紫色，故称。流沙，指居延大漠。黄图，书名，借指京城、京都。骆宾王《同崔驸马晓初登楼思京》

① 郭绍虞：《清诗话续编》(一)，富寿荪校点，上海古籍出版社1983年版，第298页。
② （唐）骆宾王著、（清）陈熙晋笺注：《骆临海集笺注》，上海古籍出版社1985年版，第125—127页。

云：“白云乡思远，黄图归路难。”[①] 俎豆，俎和豆，古代祭祀时用来盛祭品的两种礼器，亦指祭祀、奉祀。《论语·卫灵公》云：“卫灵公问陈于孔子。孔子对曰：‘俎豆之事，则尝闻之矣；军旅之事，未之学也。’”[②] 沙蓬，一年生草本植物，多生于沙丘和沙地，幼嫩植株可作羊和骆驼的饲料，是边地的典型植物。纪唐夫《骢马曲》云：“连年出塞蹋沙蓬，岂比当时御史骢。”候月，《史记·匈奴列传》云：“举事而候星月，月盛壮则攻战，月亏则退兵。”[③] 持满，弓弦满张，指严阵以待。凿空，指张骞开通西域。骆宾王说，自己一反当年孔子所说，了却祭祀之事，辞别京城，远赴居延古塞。所来之地，都是当年匈奴放牧、张骞出使的边远之地。四野苍茫，与边地的烟雾融为一体；烽火台高远，却有燧烟报通消息。由于前铺后垫，“野昏边气合，烽迥戍烟通”两句显得格外雄浑壮阔。接下来四句说，体力在征战中耗尽，岁月在驰骋疆场中度过。黄河滔滔，控带着积石山；愈行愈西，山路已远离崆峒山。积石，指积石山，在青海东南部，延伸至甘肃南部边境，为昆仑山脉中支，主峰海拔 6282 米。崆峒，山名，在今甘肃平凉市城西。结尾四句说，将士壮志凌云，气贯长虹，为报君恩，带着如干将莫邪铸的锋利宝剑奔赴沙场，不惧怕任何危难。苍兕，《史记·齐太公世家》云：“师行，师尚父左杖黄钺，右把白旄以誓，曰：‘苍兕苍兕，总尔众庶，与尔舟楫，后至者斩！’”《史记索隐》引王充曰：“苍兕者，水兽，九头。今誓众，令急济，故言苍兕以惧之。”[④] 沈佺期《塞北二首》其二表达的是相同的愿望。

胡骑犯边埃，风从丑上来。五原烽火急，六郡羽书催。
冰壮飞狐冷，霜浓候雁哀。将军朝授钺，战士夜衔枚。
紫塞金河里，葱山铁勒隈。莲花秋剑发，桂叶晓旗开。

① （唐）骆宾王著、（清）陈熙晋笺注：《骆临海集笺注》，上海古籍出版社 1985 年版，第 87 页。

② 杨伯峻：《论语译注》，中华书局 1980 年版，第 161 页。

③ （汉）司马迁：《史记》（九），中华书局 1959 年版，第 2892 页。

④ （汉）司马迁：《史记》（五），中华书局 1959 年版，第 1479 页。

秘略三军动，妖氛百战摧。何言投笔去，终作勒铭回。

丑，十二地支之一，代表十二月及东北方向。五原，汉郡名，今内蒙古河套地区，历史上就是突厥与唐王朝的征战之地，贾至《出塞曲》云：“万里平沙一聚尘，南飞羽檄北来人。传道五原烽火急，单于昨夜寇新秦。”烽火急，表明军情紧急，刻不容缓。飞狐，飞狐口，在今河北蔚县太行山的最东端。金河，即大黑河，经内蒙古呼和浩特、托克托流入黄河。葱山，指葱岭，古代对帕米尔高原、昆仑山、天山西段的统称，为古代东方和西方陆路交通的要道。勒铭，在金石上镌刻记录功绩的文字。诗说，在冰天雪地之时，将士迅速出征边塞，誓愿打败敌人，勒铭而归。崔颢《赠王威古》云：

三十羽林将，出身常事边。春风吹浅草，猎骑何翩翩。
插羽两相顾，鸣弓新上弦。射麋入深谷，饮马投荒泉。
马上共倾酒，野中聊割鲜。相看未及醉，杂虏入幽燕。
烽火去不息，胡尘高际天。长驱救东北，战解城亦全。
报国行赴难，古来皆共然。

烽火不熄，战尘弥漫，将士顾不上坐下来安享美酒佳肴，就长驱东北，解围孤城。“报国行赴难”，大有曹植《白马篇》“捐躯赴国难，视死忽如归”[①]之气概。中唐诗人杨凌《北行留别》云：“日日山川烽火频，山河重起旧烟尘。一生孤负龙泉剑，羞把诗书问故人”，委婉表达的亦是投笔从戎、疆场立功的愿望。遭遇“安史之乱”的盛唐诗人李希仲《蓟北行二首》其二云：

一身救边速，烽火连蓟门。前军飞鸟断，格斗尘沙昏。
寒日鼓声急，单于夜将奔。当须徇忠义，身死报国恩。

蓟北，泛指唐代幽州、蓟州一带，今河北北部，当时是安史叛军的主要根据地。烽火在北方边境熊熊燃起，战斗激烈异常。“徇忠义”“报

① 赵幼文：《曹植集校注》，人民文学出版社 1984 年版，第 412 页。

国恩”是守边将士的共同心愿，亦是古往今来仁人志士的共同追求。祖咏《望蓟门》云：

燕台一望客心惊，箫鼓喧喧汉将营。万里寒光生积雪，三边曙色动危旌。沙场烽火连胡月，海畔云山拥蓟城。少小虽非投笔吏，论功还欲请长缨。

燕台，战国燕昭王所筑的黄金台，本来用来招揽人才，故址在今河北易县，这里指北部边境。雪光闪闪、曙色升腾之时，烽火燃起，将士直奔边疆。诗虽未直接写战争，但已透出浓浓的战争氛围。“沙场烽火连胡月”一句，境界阔大，色彩鲜明，烽火在其中成为引动人心的暖色。请长缨，即“请缨”，自请从军，为国立功。《汉书·终军传》云：“军自请：‘愿受长缨，必羁南越王而致之阙下。’”①《汇编唐诗十集》称此诗：“调高语壮，是盛唐最上格。”② 再如戎昱《从军行》云：

昔从李都尉，双鞬照马蹄。擒生黑山北，杀敌黄云西。
太白沉虏地，边草复萋萋。归来邯郸市，百尺青楼梯。
感激然诺重，平生胆力齐。芳筵暮歌发，艳粉轻鬟低。
半酣秋风起，铁骑门前嘶。远戍报烽火，孤城严鼓鼙。
挥鞭望尘去，少妇莫含啼。

李都尉，李陵，诗中以之喻唐名将李光弼。③ 鞬（jiàn），马上的盛弓器。太白，太白星。沉虏地，指兵事消弭。诗中的从军者自述驰骋沙场、转战南北的戎马生涯，由此显示了他的英勇善战、义胆侠肝。结尾四句写烽火又燃，“我”义无反顾地再次奔赴前线。诗中情景宛然，从军者形象生动，性格鲜明，给人留下深刻印象。王维《陇西行》写关山雪浓、烽戍无烟，意在突出飞马传书刻不容缓：

① （汉）班固：《汉书》（九），中华书局 1962 年版，第 2821 页。
② 陈伯海主编：《唐诗汇评》（上），浙江教育出版社 1995 年版，第 378 页。
③ 臧维熙：《戎昱诗注》，上海古籍出版社 1982 年版，第 20 页。

十里一走马，五里一扬鞭。都护军书至，匈奴围酒泉。关山正飞雪，烽戍断无烟。

“十里”“五里”，古人标记路程以封土为堠，五里一堠，十里双堠。由于边关上大雪纷飞，烽火台无法举火、燃烟报警，只能驰马递送军书。“走马”“扬鞭”，凸显了十万火急的军情，营造了紧张的战争气氛。酒泉，河西四郡之一，是“丝绸之路”上的重镇。汉沿弱水岸筑长城接酒泉塞，其间设置了大量的烽燧、障，遂成为历代屯兵设防重镇。①李益《暮过回乐烽》表现守疆卫国的担当：

烽火高飞百尺台，黄昏遥自碛西来。昔时征战回应乐，今日从军乐未回。

回乐，县名，故址在今宁夏灵武县西南。回乐烽，回乐县（今宁夏灵武西南）附近的烽燧。当烽火在百尺高台上熊熊燃起之时，黄昏也从遥远的大漠西边无声到来，又一个漫长的守边之夜也随之降临。同是征战，古今不同，昔时是“回应乐”，今日是“乐未回”。在“回应乐”“乐未回”的对比中，体现了守边将士誓死卫国的豪迈之情。唐无名氏《杂曲歌辞·水调歌第一》(《全唐诗》卷二七）云：②

平沙落日大荒西，陇上明星高复低。孤山几处看烽火，壮士连营候鼓鼙。

诗描绘的是驻守西北边境上的唐军闻警候令的情景。驻守之地辽阔荒远，莽莽平沙上太阳落下，星光升起，一片寂静；连营驻守的军士，查看周围孤山上燃起的烽火，同仇敌忾，严阵以待。“候鼓鼙”，等待进军的号令。《唐诗选脉会通评林》云：“汪道昆曰：‘如画塞下图’。周珽曰：‘雄才浩气，干霄薄云’。言当日落星明之际，能登山而望烽火，连

① 谭其骧主编：《中国历史大辞典·历史地理》，上海辞书出版社1996年版，第581页。

② （清）彭定求等编：《全唐诗》(一)，中华书局编辑部点校，中华书局1999年版，第377页。

营而候鼓鼙，则军律严整有备，更何虏寇之能犯可患也！”①

（二）祈愿和平

秦汉以来，北方游牧民族与中原农耕民族的冲突一直没有得到解决。一方面是高高垒砌的长城，另一方面是奔驰嘶鸣的战马，攻击与反攻击形成的剧烈冲突从来就没有止歇过。李白《战城南》云：“秦家筑城避胡处，汉家还有烽火燃。烽火燃不息，征战无已时。”在秦筑长城、防御胡人的地方，汉时烽火仍然高举。只要烽火燃烧不息，战争就远未有结束之日。唐朝建国之初，太宗就希望通过和平的方法，解决令历代统治者棘手的边患。表现在唐诗中，就是祈望边境上烽火不燃，全无战事，平安祥和。丁儒《归闲诗二十韵》云：“烽火无传警，江山已净尘。天开一岁暖，花发四时春。”因为没有烽火报警，四方平安，边民的生活一片安详。遍游西北的晚唐诗人马戴有《送和北虏使》诗，描绘西北行游时所见：

路始阴山北，迢迢雨雪天。长城人过少，沙碛马难前。
日入流沙际，阴生瀚海边。刀镮向月动，旌纛冒霜悬。
逐兽孤围合，交兵一箭传。穹庐移斥候，烽火绝祁连。
汉将行持节，胡儿坐控弦。明妃的回面，南送使君旋。

诗一开始，即点出了北方边境的环境气候特点：巍巍阴山，满天大雪，万里长城，莽莽戈壁，无边瀚海。在这样严酷的环境下，“刀镮向月”“旌纛冒霜悬”，四望寒凉，战争一触即发。即使如此，诗人祈望斥候（侦察敌情的哨兵）远移，祁连山烽火断绝。刘禹锡《和白侍郎送令狐相公镇太原》云：

十万天兵貂锦衣，晋城风日斗生辉。行台仆射深恩重，从事中郎旧路归。叠鼓蹙成汾水浪，闪旗惊断塞鸿飞。边庭自此无烽火，拥节还来坐紫微。

① 陈伯海主编：《唐诗汇评》（下），浙江教育出版社1995年版，第3058页。

天兵，太原军名，《新唐书·地理志三》云：太原府“城中有天兵军，开元十一年（723）废”。[①]诗赞美令狐楚带兵严整，由他镇守晋阳城，敌人必不敢犯，边庭烽火由此而绝，令狐楚可以功成而归。司马扎《古边卒思归》一诗从战争带来的深重灾难入笔：

有田不得耕，身卧辽阳城。梦中稻花香，觉后战血腥。汉武在深殿，唯思廓寰瀛。中原半烽火，比屋皆点行。边土无膏腴，闲地何必争。徒令执耒者，刀下死纵横。

寰瀛，天下，疆域。有田不得归耕，因征人远在东北的辽阳城。梦中丰收的稻花飘香，醒后是残酷战争带来的血腥。统治者高居深殿，一心想的是开疆拓土。由此中原硝烟弥漫，处处燃起烽火，壮男人人须上战场。为了争夺边境上贫瘠的土地，杀戒大开，不惜使耕田者尽死于刀下。全诗感情深沉，有理有据，控诉了最高统治者不顾百姓死活而发动的不义战争，堪与杜甫《兵车行》前后辉映，亦是对中唐诗人刘商《行营即事》“万姓厌干戈，三边尚未和。将军夸宝剑，功在杀人多”反战精神的继承。盛唐诗人郎士元《送李将军赴定州》一诗则从民族关系的角度描写战争，思考深入，值得做重点分析：

双旌汉飞将，万里授横戈。春色临边尽，黄云出塞多。
鼓鼙悲绝漠，烽戍隔长河。莫断阴山路，天骄已请和。

定州，北魏天兴三年（400）改安州置，治卢奴县（北齐改名安喜县，今河北定州市）。阴山路，当指通往漠北的道路。战争来源于对土地和资源的争夺，也来源于仇恨和偏见，尤其是数千年来对抗的北方游牧民族与中原农耕民族两大族群。《汉书·匈奴传下》云：

夷狄之人贪而好利，被发左衽，人面兽心，其与中国殊章服，异习俗，饮食不同，言语不通，辟居北垂寒露之野，逐草随畜，射猎为生，隔以山谷，雍以沙幕，天地所以绝外内也。是故圣王禽兽

① （宋）欧阳修、宋祁：《新唐书》（四），中华书局1975年版，第1003页。

畜之，不与约誓，不就攻伐；约之则费赂而见欺，攻之则劳师而招寇。其地不可耕而食也，其民不可臣而畜也，是以外而不内，疏而不戚，政教不及其人，正朔不加其国；来则惩而御之，去则备而守之。其慕义而贡献，则接之以礼让，羁靡不绝，使曲在彼，盖圣王制御蛮夷之常道也。①

这一段论述大致代表了中原汉族统治者对北方游牧民族的看法。在中原汉族统治者（所谓“圣王”）眼里，北方游牧民族贪婪好利，尚未开化；习俗、语言与中原迥然不同；处于荒漠之野，随草畜而居。“圣王”对他们不仅心怀偏见，而且始终以警惕的目光注视着他们，基本采取不接触、不亲近的态度，所谓“与汉隔绝，道里又远，得之不为益，弃之不为损。盛德在我，无取于彼”(《汉书·西域传下》)，② 生怕有丝毫的闪失而带来灾祸。诗人郎士元则要求最高统治者要为游牧农耕两大族群留有交往的空间和沟通的管道，所以在诗中格外真切地说：“莫断阴山路，天骄已请和”，不要随意地阻断通往北方游牧民族生活地区的阴山之路，因为“天骄”已经请求和解，“请和”即可化干戈为玉帛。《唐风定》云：“不独工炼，乃见壮采。”③ 此诗与鲍溶《寄李都护》“去年河上送行人，万里弓旌一武臣。闻道玉关烽火灭，犬戎知有外家亲”有异曲同工之妙。各民族之间的和解与相互信任尊重，是解决冲突、放弃战争的唯一途径。

李涉《奉使京西》中的“卢龙已复两河平，烽火楼边处处耕”与韦庄《江边吟》中的“江边烽燧几时休，江上行人雪满头”，④ 表达的都是对和平生活的祈盼。前者说烽火楼边人们在忙着耕种农田，呈现出一派和平景象；后者说征人已头白如雪，都是因为江边烽火不熄。

（三）反思战争

唐诗中的烽火构建起特有的边疆景观，在投笔从戎、边疆立功的功

① （汉）班固：《汉书》(十一)，中华书局 1962 年版，第 3834 页。
② （汉）班固：《汉书》(十二)，中华书局 1962 年版，第 3930 页。
③ 陈伯海主编：《唐诗汇评》(中)，浙江教育出版社 1995 年版，第 1336 页。
④ 聂安福：《韦庄集校注》，上海古籍出版社 2002 年版，第 239 页。

名观中，又包含了对战争及其作用的反思，记录了连年的战争在夺取生命的同时，必然给国库和老百姓带来沉重负担。《通典 · 食货六 · 赋税下》卷六云：

自开元中及于天宝，开拓边境，多立功勋，每岁军用日增。其费籴米粟则三百六十万匹段，朔方、河西各八十万，陇右百万，伊西、北庭八万，安西十二万，河东节度及群牧使各四十万。给衣则五百二十万，朔方百二十万，陇右百五十万，河西百万，伊西、北庭四十万，安西五十万，河东节度四十万，群牧二十万。别支计则二百一十万，河东五十万，幽州、剑南各八十万。馈军食则百九十万石。河东五十万，幽州、剑南各七十万。大凡一千二百六十万，开元以前每岁边夷戎所用不过二百万贯，自后经费日广，以至于此。而锡赉之费此不与焉。其时钱谷之司，唯务割剥，回残剩利，名目万端，府藏虽丰，闾阎困矣。[①]

开元前每年用于国防的军费不过二百万贯，到了开元、天宝年间一下增至一千二百六十万，增了六倍之多。即使是国库充盈，老百姓也受不了。戴叔伦《行营送马侍御》作于唐宗室将领李皋军中：

万里羽书来未绝，五关烽火昼仍传。故人多病尽归去，唯有刘桢不得眠。

万里之外羽书频传、边关烽火白昼燃起，战事一触即发。诗人以“建安七子”刘桢自喻，说自己忧思国事，难以入眠。五关，泛指北地关塞。李颀《从军行》描写了将士浴血奋战、保家卫国，但结果却令人意外：

白日登山望烽火，黄昏饮马傍交河。行人刁斗风砂暗，公主琵琶幽怨多。野云万里无城郭，雨雪纷纷连大漠。胡雁哀鸣夜夜飞，胡儿眼泪双双落。闻道玉门犹被遮，应将性命逐轻车。年年战骨埋

① （唐）杜佑：《通典》(一)，王文锦等校点，中华书局 1988 年版，第 111 页。

荒外，空见蒲萄入汉家。

李颀善写边塞诗，曾有“海上千烽火，沙中百战场”（《古塞下曲》）的描写。在诗人看来，战争带来的已不是单方面的伤害，因思念故乡或痛失亲人而洒泪的并不仅是汉人，同样也有胡人。随着岁月的流逝，荒外的战骨已分不出是胡是汉，一场场惨烈战争换来的只是“蒲桃入汉家”这一满足统治者享乐的结果。沈德潜评说：“以人命换塞外之物，失策甚矣。为开边者垂戒，故作此诗。”（《唐诗别裁》卷五）[①] 在诗人眼里，战争给胡汉两家带来的伤害是无差别的，诗人们站在历史的高度去观照胡人与汉人，企盼着边疆的和平与民族的友好。《史记·大宛列传》云：武帝太初元年（前 104），贰师将军李广利攻大宛，“往来二岁。还至敦煌，士不过什一二。使使上书言：‘道远多乏食；且士卒不患战，患饥。人少，不足以拔宛。愿且罢兵，益发而复往。’天子闻之，大怒，而使使遮玉门，曰‘军有敢入者辄斩之！’贰师恐，因留敦煌”[②]。与此诗有异曲同工之妙的是王贞白《塞上曲》：

岁岁但防虏，西征早晚休。匈奴不系颈，汉将但封侯。
夕照低烽火，寒笳咽戍楼。燕然山上字，男子见须羞。

诗深刻地反思边塞战争。岁岁防虏，年年征战，没有战功，却频频封侯。战争夺去了无数士兵的生命，只给个别人带来了好处。“夕照低烽火”一句，色彩浓重，宛如图画，夕阳缓缓下沉，远远望去比高耸的烽火台还要低。结句说，面对东汉大将窦宪勒石燕然山纪功，边将应该羞愧。李益《赴渭北宿石泉驿南望黄堆烽》一诗的议论更为透辟：

边城已在虏尘中，烽火南飞入汉宫。汉庭议事先黄老，麟阁何人定战功。

黄堆烽，烽火台名，在长安至渭北途中。边城已笼罩在敌人的战尘

① （清）沈德潜：《唐诗别裁》，中华书局 1964 年版，第 41 页。
② （汉）司马迁：《史记》（十），中华书局 1959 年版，第 3175 页。

之中，烽火一燃，即可照见汉宫，可见危险近在咫尺。诗人感慨唐朝廷议事先尊道教的荒唐做法，麒麟阁悬挂的功臣像并非立下赫赫战功者。顾况《从军行二首》其一云：

弭节结徒侣，速征赴龙城。单于近突围，烽燧屡夜惊。
长弓挽满月，剑华霜雪明。远道百草殒，峭觉寒风生。
风寒欲砭肌，争奈裘袄轻。回首家不见，候雁空中鸣。
笳奏遝以哀，肃肃趣严程。寄语塞外胡，拥骑休横行。

弭节，驻节，停车。龙城，匈奴祭祖、祭天之地。遝（tà），杂。严程，期限紧迫的路程。“长弓挽满月，剑华霜雪明”二句，劲健有力，表面是写武器之精良，实则展现的是唐军的同仇敌忾。结尾告诫敌人，唐军早有准备，切莫肆意横行。顾况之子顾非熊承其父志，再作《出塞即事二首》，更多了悲慨，其一云：

塞山行尽到乌延，万顷沙堆见极边。河上月沉鸿雁起，碛中风度犬羊膻。席箕草断城池外，护柳花开帐幕前。此处游人堪下泪，更闻终日望狼烟。

乌延，即乌桓国，也称作“乌丸国”“古丸国”等，是东胡部落联盟中的部族之一，在今内蒙古阿鲁科尔沁旗以北，即大兴安岭山脉南端。席箕（jī），塞北牧草名，亦称塞芦，可饲马。来到乌桓旧地，茫茫沙地，河上鸿雁，风中腥膻，城外萁草，帐前柳花，都使人产生强烈的异域之感。诗人说，游人至此真堪落泪，无限感慨难以言说。再加上“终日望狼烟”的特殊处境，随时都会发生的边境战争，更让人忧心忡忡。贯休《古塞曲三首》其一云：

单于烽火动，都护去天涯。别赐黄金甲，亲临白玉除。
塞垣须静谧，师旅审安危。定远条支宠，如今胜古时。

单于犯边，烽火传警，都护奔赴天涯，平定战争。定远，班超，经营西域三十年，诏封为定远侯。诗人说古有班超，今天骁勇善战的边将胜于古时。诗人身处风雨飘摇的晚唐，更期待能出现像班超那样具有非凡政治和军事才能的一代英才。温庭筠《遐水谣》云：

天兵九月渡遐水，马踏沙鸣惊雁起。杀气空高万里情，塞寒如箭伤眸子。狼烟堡上霜漫漫，枯叶号风天地乾。犀带鼠裘无暖色，清光炯冷黄金鞍。虏尘如雾昏亭障，陇首年年汉飞将。麟阁无名期未归，楼中思妇徒相望。

遐水，荒远之地的河水。此诗写边塞的苦寒异常，以衬托征战的艰辛。“狼烟”“枯叶”句描写尤有特点：狼烟堡上霜气漫漫，秋风卷落叶吹得天地枯干。狼烟堡，施放狼烟的城堡，指烽火台。结尾写功名未立，有家难归，隐含着对无休止战争的厌倦。裴羽仙《哭夫二首》其一，通过对亲人深入敌境被擒、音信全无的描写，表达了对战争的痛恨：

风卷平沙日欲曛，狼烟遥认犬羊群。李陵一战无归日，望断胡天哭塞云。

题注：“时以夫征戎，轻入被擒，音信断绝，作诗哭之。”犬羊，狗和羊，诗中是对外敌的蔑称。诗借历史上著名的李陵事件抒发了诗人自己的怨愤。正值草好马肥的秋天，仅率领五千步兵的李陵被八万匈奴兵围困，虽经浴血奋战，但寡不敌众，五千士兵中仅有四百余人退回至居延塞。李陵在《重报苏武书》中尝言：

昔先帝授陵步卒五千，出征绝域。五将失道，陵独遇战，而裹万里之粮，帅徒步之师；出天汉之外，入强胡之域；以五千之众，对十万之军；策疲乏之兵，当新羁之马。然犹斩将搴旗，追奔逐北，灭迹扫尘，斩其枭帅，使三军之士，视死如归。(《全汉文》卷二十八）[①]

① （清）严可均校辑：《全上古三代秦汉三国六朝文》(一)，中华书局1958年版，第282页。

天汉二年（前99）夏天，李陵兵败被俘。此时距张骞第二次出使西域归来（前115）已经过了16年，开拓西域、打通“丝绸之路”的大业方兴未艾，而阻碍大业最大的敌人就是匈奴，所以汉武帝是不允许李陵败给匈奴的，汉武帝的愤怒是可想而知的。《史记·李将军列传》云：

单于既得陵，素闻其家声，及战又壮，乃以其女妻陵而贵之。汉闻，族陵母妻子。自是之后，李氏名败，而陇西之士居门下者皆用为耻焉。①

“望断胡天哭塞云”一句，自然激起读者对历史往事的追忆。已在匈奴生活了18年的李陵，眼睁睁看着持节匈奴19年的苏武终归汉朝，哀痛欲绝，“椎心而泣血”。饯别之时，“陵起舞，歌曰：‘径万里兮度沙幕，为君将兮奋匈奴。路穷绝兮矢刃摧，士众灭兮名已隤。老母已死，虽欲报恩将安归！’陵泣下数行，因与武决。”（《汉书·李广苏建传》）②隤（tuí），毁，败坏。苏武不在，李陵满腹的心事又能和谁诉说呢？唯有撕心裂肺的痛楚至死相随，《重报苏武书》云：“嗟乎子卿！夫复何言！相去万里，人绝路殊，生为别世之人，死为异域之鬼，长与足下生死辞矣。”（《全汉文》卷二十八）③元代诗人萨都剌《过李陵墓》云：“青草战场雕影没，黄沙鼓角雁声哀。那堪携手河梁别，泪洒西风骨已灰。”又有《拟李陵送苏武》云：

同是肝肠十九年，河梁携手泪潸然。铁衣骨朽埋沙碛，白首君归弃雪毡。海北牧羊无梦到，上林过雁有书传。汉家恩爱君须厚，剪纸招魂望塞边。④

萨都剌用心体味李陵的处境遭遇及内心世界，虽是拟诗，却字字泣

---

① （汉）司马迁：《史记》（九），中华书局1959年版，第2878页。
② （汉）班固：《汉书》（八），中华书局1962年版，第2466页。
③ （清）严可均校辑：《全上古三代秦汉三国六朝文》（一），中华书局1958年版，第283页。
④ （元）萨都剌：《雁门集》，上海古籍出版社1984年版，第157页。

血、肝肠寸断。“铁衣”“白首”一联，撕皮扯肉，痛不欲生。

六、烽火的文化景观价值

疆域的大小与国家的强弱及最高统治者的雄图大略紧密关联。因为要打通“丝绸之路”、治理西域，所以唐王朝从一开国就不断开疆拓土，其疆域比汉代还要大。[①]《新唐书 · 地理志一》云：

> 唐兴，高祖改郡为州，太守为刺史，又置都督府以治之。然天下初定，权置州郡颇多。太宗元年，始命并省，又因山川形便，分天下为十道：一曰关内，二曰河南，三曰河东，四曰河北，五曰山南，六曰陇右，七曰淮南，八曰江南，九曰剑南，十曰岭南。至十三年（639）定簿，凡州府三百五十八，县一千五百五十一。明年，平高昌，又增州二，县六。其后，北殄突厥颉利，西平高昌，北逾阴山，西抵大漠。其地：东极海，西至焉耆，南尽林州南境，北接薛延陀界；东西九千五百一十一里，南北一万六千九百一十八里。[②]

明年，指贞观十四年（640）。这年唐太宗平定了高昌灭麹氏王朝，置西州，治高昌（今新疆吐鲁番南）。顾颉刚、史念海先生认为：“太宗因别于诸州上置十道，十道即汉十三州之变形也。此种道之建置，多因于自然地理之形势，究其最初之意义亦不过地理上之划分，实非行政上之具体区域也。”[③]十道中之四道——河北道、河东道、关内道、陇右道，是与北方及西北方的游牧民族政权接壤，由此要在边境上设立更多的烽火台，警戒来犯之敌，护卫国家的安全。

2019—2021年，新疆文物考古研究所对克亚克库都克烽燧遗址进行了主动性考古发掘，发掘面积2300平方米，取得重大收获，被评为2020年中国考古新发现之一。克亚克库都克烽燧遗址位于新疆尉犁县

① 李晓杰：《疆域与政区》，江苏人民出版社2011年版，第104页。

② （宋）欧阳修、宋祁：《新唐书》（四），中华书局1975年版，第959—960页。

③ 顾颉刚、史念海：《中国疆域沿革史》，商务印书馆2015年版，第132页。

东南 90 公里处的荒漠无人区，是唐代安西四镇之一的焉耆镇所属的军事设施，是全国重点文物保护单位——孔雀河烽燧群中的一座，建在一个 9 米多高的大型红柳沙堆上，为了解唐代边塞生活提供了第一手资料。此次考古发掘累计清理出土各类文物 1450 余件（组），多为唐代戍边将士日常生活器物。如木质的杯、碗、筷、勺，陶质的缸、罐、碗、碟，染织衣服、麻鞋以及守备的弓、箭、铠甲等。其中以 883 件文书（纸文书 758 件、木简 119 件、帛书 4 件、刻辞 2 件）最为引人注目，这是国内遗址考古出土数量最大的一批唐代文书资料，也是首次发现唐代汉文木简实物，提供了关于唐代军镇防御体系的记载，由此证实了唐王朝对西域的有效统治。对于该项考古成果，中国社会科学院学部委员、郑州大学特聘教授刘庆柱认为：

> 烽燧是中国古代王朝开辟“丝绸之路”、保护“丝绸之路”的历史见证，是国家有效管理体系的重要支撑。克亚克库都克烽燧遗址考古成果显著，学术价值十分突出，作为“大传统”物化载体，是当时中央政府的国家工程。其现实政治意义巨大，无疑是近年国家边疆考古又一项重大发现。该烽燧是唐代“楼兰路”沿线的一处基层军事管理机构，其考古发现无疑是具有“可信”与“长轴”的很好历史见证。它与被列为世界文化遗产的克孜尔烽燧，有着同样的极为重要的意义。①

烽火台既是重要的国防设施，也是典型的文化景观。所谓文化景观，是地球表面文化现象的复合体，反映的是一个地区的地理特征，是附加在自然景观上的人类活动形态，②“是地面上可以感觉到的人文现象的形态”③。

烽火台多建在靠近古代国界的疆土即地理边疆上，再由此向内地不

① 《见证“楼兰路”——新疆沙堆烽出土大量唐代汉文木简》，“澎湃新闻”2022 年 3 月 15 日。

② 《中国大百科全书·地理学·人文地理学》，中国大百科全书出版社 1984 年版，第 223 页。

③ 《中国大百科全书·地理学》，中国大百科全书出版社 1990 年版，第 436 页。

断延伸，一程一程地有序传递消息。烽火台所在的地域地理形态丰富，有宽阔的草原、荒寂的大漠、茫茫的戈壁、奔流的黄河、绵延起伏的山峦以及数不尽的关隘、亭障、驿站、塞墙，还有横亘于北中国的万里长城，形成了壮观的文化景观。边疆，靠近国界的疆土，是一个国家可以行使主权最远的领土。杜甫《夏夜叹》云：“念彼荷戈士，穷年守边疆。”又，《又上后园山脚》云：“于时国用富，足以守边疆。”于时，其时，当时。国用，国家的费用或经费。古代边疆虽然相对固定，却不是一成不变的，往往随着国力的强弱或扩大或缩小。中国的边疆一般分为地理边疆、人文边疆、历史边疆三种。[1] 地理边疆，亦即国防边疆，是一个主权国家坚决捍卫的疆土。人文边疆又分民族边疆、文化边疆、政治边疆三种，各有较为丰富的内涵。

烽火台所建之处，多为北方、西北方的游牧与农耕文明的结合地带，呈现的往往是内地看不到的游牧民族的巨幅风俗画卷，烽火台与边疆特有的地理风貌、浓郁的民族风情相互映衬，由此构成雄伟壮阔的文化景观，给观者带来新奇的、别样的感受。李益《送柳判官赴振武》云：

虏地山川壮，单于鼓角雄。关寒塞榆落，月白胡天风。

振武，唐方镇，治所在单于都护府（今内蒙古和林格尔县西北），北有阴山，西南临黄河和东受降城，军事地位重要。“壮”“雄”二字极富表现力，写出了此地河山壮丽，气候非常，人物风流。又如唐太宗《饮马长城窟行》云：

塞外悲风切，交河冰已结。瀚海百重波，阴山千里雪。
迥戍危烽火，层峦引高节。悠悠卷旆旌，饮马出长城。
寒沙连骑迹，朔吹断边声。

“塞外”“交河”“瀚海”“阴山”，指示的是唐代北部、西北部边疆，

① 于小秦、张晓东：《边疆定义综述》，《和田师范专科学校学报》2006 年第 3 期。

典型的地域再叠加上悲风、寒冰、翻卷的水波，千里飘飞的雪花，更见出守边环境的严酷。即使如此，守边将士丝毫不放松警惕，烽火高悬，报国热情高涨。军旗飘扬，唐军浩浩荡荡，穿越长城而出。结尾“寒沙”“朔吹”句，说在一望无际的大漠上，留下骑兵队伍一串串的马蹄印；呼啸的北风，遮断了塞外胡笳、吹角的声音。全诗豪情大气，视野辽阔，突出了边地气候的严寒及唐军高昂的士气，充满了英雄主义精神。

一般认为，同为军事防御工事，烽火台的修建要早于长城，《史记·周本纪》云：“幽王为烽燧大鼓，有寇至，则举烽火。”[①]但自从长城出现后，长城沿线的烽火台便与长城结为一体，成为长城防御体系的重要组成部分，许多烽火台甚至就建在长城之上。烽火台下、长城边上，往往就是厮杀的战场。李益《统汉烽下》云：

> 统汉烽西降户营，黄河战骨拥长城。只今已勒燕然石，此地无人空月明。

统汉烽，烽火台名，在东受降城（今内蒙古托克托县南）以南。降户营，归附唐朝的突厥人的聚居地。燕然，燕然山，今蒙古国西南之杭爱山。《后汉书·窦宪传》云：永元元年（89），窦宪与副帅耿秉率军出朔方鸡鹿塞，大败匈奴北单于于稽落山（今蒙古国西南部额布根山），[②]“虏众崩溃，单于遁走，追击诸部”。“宪、秉遂登燕然山，去塞三千余里，刻石勒功，纪汉威德，令班固作铭。”[③]20世纪90年代，蒙古国中戈壁省德勒格尔杭爱苏木的牧民发现一处摩崖石刻，地处杭爱山山脉一个支脉西南向的红褐色岩石上。2017年7月27日至8月1日，中国内蒙古大学蒙古学研究中心与蒙古国成吉思汗大学合作实地考察，石刻正是班固所作《封燕然山铭》，可辨认的字有229个，所记内容与

---

① （汉）司马迁：《史记》（一），中华书局1959年版，第148页。

② 谭其骧主编：《中国历史大辞典·历史地理》，上海辞书出版社1996年版，第996页。

③ （南朝）范晔：《后汉书》（三），中华书局1965年版，第814页。

历史记载相符。[1]“战骨拥长城”，写出了边塞战争的频繁和残酷。

与长城一样，烽火台所在之地，也多在北方游牧地区。李宣远（一作杨达）《并州路》描绘了一幅北方游牧民族的生活图景：

秋日并州路，黄榆落故关。孤城吹角罢，数骑射雕还。

帐幕遥临水，牛羊自下山。征人正垂泪，烽火起云间。

并州，古代十二州之一。汉以今山西及陕西的旧延安、榆林等府地为并州，北朝至唐则专以今山西旧太原府为并州，是汉唐北方的游牧之地，多豪侠之士，风俗与中原不同。宋璟《奉和圣制答张说扈从南出雀鼠谷》云：“秦地雄西夏，并州近北胡。”李端《送王副使还并州》云：“并州近胡地，此去事风沙。”李宣远诗写秋日并州所见所闻，景象真切，情感哀伤。清代黄叔灿《唐诗笺注》评此诗说：“塞下悲凉，又当寥落，吹角声传，射雕人返，则又将暮矣。‘帐幕’‘牛羊’，塞外景物，行人触目不堪，况复烽烟忽起，读之凄警异常。”[2]晚唐诗人江为《塞下曲》，描绘的是北方荒寒之地的图景：

万里黄云冻不飞，碛烟烽火夜深微。胡儿移帐寒笳绝，雪路时闻探马归。

黄云，边塞之云，塞外沙漠地区黄沙飞扬，天空常呈黄色，故称。王维《送张判官赴河西》云：“沙平连白雪，蓬卷入黄云。”马戴《赠淮南将》云：“度碛黄云起，防秋白发生。”碛烟，即狼烟，白天施放。万里黄云凝滞，天色昏暗阴沉，白日报警的碛烟、深夜燃起的烽火也会幽微不明，故需探马（侦察兵）不时出发、归来，报告平安。“胡儿移帐寒笳绝”一句，衬托出边塞的异常安静。晚唐诗人陆龟蒙《江南秋怀寄华阳山人》亦有“朔雪埋烽燧，寒笳裂旆旌”的描写，雪之深、天之

---

① 齐木道尔吉、高建国：《蒙古国〈封燕然山铭〉摩崖调查记》，《文史知识》2017 年第 12 期。又，齐木道尔吉、高建国：《有关〈封燕然山铭〉摩崖的三个问题》，《西北民族研究》2019 年第 1 期。

② 陈伯海主编：《唐诗汇评》（中），浙江教育出版社 1995 年版，第 2185 页。

寒，已在不言中。刘言史《赋蕃子牧马》描绘的景色在今内蒙古河套地区：

> 碛净山高见极边，孤烽引上一条烟。蕃落多晴尘扰扰，天军猎到鹏鹈泉。

蕃落，游牧部落。天军，当指天德军，初名大安军，一作“天安军”，在今内蒙古巴彦淖尔市乌拉特前旗一带，与振武军同为唐朝北方边疆的重要军事机构。《新唐书 · 方镇表一》云：贞元十二年（796），“朔方节度使罢领丰州及西受降城、天德军，以振武之东、中二受降城隶天德军，以天德军置都团练御史，领丰、会二州、三受降城”[①]。诗说，寂静的大漠一直延伸到了边境的最远处，孤立的烽燧升起了一条烟报告平安。北方游牧之地多有晴天朗日，守卫天德军的将士打猎一直到了胡人饮马的鹏鹈泉。鹏鹈（pì tí）泉，又称胡儿饮马泉。李益《过五原胡儿饮马泉》诗人自注：“鹏鹈泉在丰州城北，胡儿饮马于此。”[②]汉隋曾在丰州置五原郡，治九原（今内蒙古巴彦淖尔市临河区东），辖境相当于今内蒙古河套西北部及其迤北一代。[③]李益又有《暖川》（一题作《征人歌》）诗云：“胡风冻合鹏鹈泉，牧马千群逐暖川。”暖川，背风向阳的川原。温庭筠《回中作》描绘了一幅辽阔的西北边塞图景：

> 苍莽寒空远色愁，呜呜戍角上高楼。吴姬怨思吹双管，燕客悲歌别五侯。千里关山边草暮，一星烽火朔云秋。夜来霜重西风起，陇水无声噎不流。

回中，古道路名，南起渭水支流之一的汧（qiān）水河谷，北出萧关，因途经回中得名，是关中平原与陇东高原间的交通要道。《资治通鉴 · 汉纪十三》云：“元封四年（前 107）冬，十月，上行幸雍，祠五

---

① （宋）欧阳修、宋祁：《新唐书》（六），中华书局 1975 年版，第 1777 页。

② 范之麟：《李益诗注》，上海古籍出版社 1984 年版，第 79 页。

③ 谭其骧主编：《中国历史大辞典 · 历史地理》，上海辞书出版社 1996 年版，第 98 页。

畤。通回中道，遂北出萧关。”① 五畤（zhì），五畤原，在今陕西凤翔县南，秦汉时祭祀天帝之地。卢照邻《上之回》云：“回中道路险，萧关烽候多。”寒空苍莽，戍角悲鸣；吴姬怨思，燕客悲歌；千里关山秋草萋萋，一星烽火望云而起；夜来霜重，西风陡起；陇水无声，塞而不流。诗中依次展现的景物均为“丝绸之路”及西北边地所特有。

烽火台处在不同的地理环境下，典型地呈现了不同历史时期的人类活动尤其是军事活动形态，展现了人类在恶劣的自然条件下顽强的生存能力、自我保护能力和非凡的创造能力，是人类有意识地在自然景观之上创造的文化景观。自然景观体现的是大自然的伟力与神奇，文化景观印证的是人类文明与进步的足迹，更多体现的是族群乃至国家的意志，尤其是像烽火台、长城、大运河这样影响时代社会的文化景观。烽火所在之地，一般是制高点，视野辽阔，空间巨大，连山带海，云天苍茫，总有令人振奋的壮美景致，人类文化作用于自然景观的成效鲜明。李白《北上行》云：“沙尘接幽州，烽火连朔方。”又，《永王东巡歌十一首》其六云：“千岩烽火连沧海，两岸旌旗绕碧山。”烽火直与“朔方”相接、与“沧海”连通，已见壮阔。赵嘏《降虏》云：“铁马半嘶边草去，狼烟高映塞鸿飞。”战马嘶鸣，烽烟升起之时，边塞上大雁翩翩飞翔，画面鲜明，充满了动感。李颀《听董大弹胡笳声兼寄语弄房给事》云：“古戍苍苍烽火寒，大荒沉沉飞雪白。”年代久远的的营垒、城堡空阔辽远，烽火也显出了寒意；偏远荒凉之地阴沉暗淡，正有大雪纷飞。崔希逸《燕支行营》其二云：“戍楼往往云间没，烽火时时碛里明。”（《全唐诗续拾》卷十一）② 燕支，山名，属于祁连山支脉，匈奴曾居其地。戍楼高耸入云，大漠中烽火闪烁。刘商《送刘南史往杭州拜觐别驾叔》云：“万里榛芜迷旧国，两河烽火复相连。”榛芜，草木丛杂，形容景象荒凉。故国已经迷失在无边的荒草之中，河的两岸烽火依旧相连，一种沧桑之感顿时升上心间。这其中，晚唐张蠙《过萧关》一诗的描绘更有

① （宋）司马光：《资治通鉴》（二），中华书局2011年版，第700页。

② 陈尚君辑校：《全唐诗补编》（中），中华书局1992年版，第816页。

情味：

出得萧关北，儒衣不称身。陇狐来试客，沙鹘下欺人。
晓戍残烽火，晴原起猎尘。边戎莫相忌，非是霍家亲。

萧关，在今宁夏固原东南，是古代西北边地的著名关隘。沙鹘，栖息于沙漠地带的鸷鸟，健飞，善于袭击其他鸟类。陇狐傍客，沙鹘近人，一“试”一“欺”，写出了动物与人的亲情。《石园诗话》评此句曰：“写物象情，颇能肖似也。”[①] 拂晓的戍楼里残存着未冷的烽灰，晴朗原野上已扬起狩猎的尘土，戍边的日子就这样一天一天地继续着。边戎，边地区的少数民族。霍家亲，霍光为汉昭帝上官皇后的外祖父，又是汉宣帝霍皇后的父亲，官居高位，其子弟遍及朝廷、任文武要职，后以指外戚。

与此同时，烽火台因常设在高高耸立的戍楼之上而格外醒目，往往成为路标，指示着方向。杨凝《送客往夏州》云：“怜君此去过居延，古塞黄云共渺然。沙阔独行寻马迹，路迷遥指戍楼烟。”朱庆馀《自萧关望临洮》云：“日暮独吟秋色里，平原一望戍楼高。”徐铉《邺都行在和刁秘书见寄》云：“征袍结束从宸游，边上尘清见戍楼。”[②] 结束，装束。宸（chén）游，帝王巡游。吕陶《又赋二首》其二云：“霜甲共辉军帐冷，烟烽齐出戍楼高。”[③] 霜甲，闪耀着寒光的铠甲，借指军队。烟烽，烽烟。16 世纪伊朗学者阿里–阿克伯·契达伊在《中国志》第一章“通向中国的道路”中说：

从肃州关开始，中国人筑了一座座严密防守的堡垒，配有城墙和壕沟。它们一直向纵深方向蔓延数月行程之远的距离，保护着中华帝国。此外，从这一边界开始，“丝绸之路”沿途的所有城市都以城墙保护。传递信息的烽燧也由此而开始，我们在起伏不平的自

---

① 陈伯海主编：《唐诗汇评》（下），浙江教育出版社 1995 年版，第 2950 页。

② 北京大学古籍文献研究所：《全宋诗》（一），北京大学出版社 1991 年版，第 127 页。

③ 北京大学古籍文献研究所：《全宋诗》（十二），北京大学出版社 1993 年版，第 7797 页。

然风景中可以发现一系列的烽燧，它们紧贴蜿蜒的地势向前延伸。戍边人住在烽燧的顶部并随时预告敌人的活动。他们白天放烟、夜间点火。这样一来，他们于一日之间就可以把消息传到京师，否则需要整整一个月的时间才能亲自晋京。①

肃州关，指酒泉嘉峪关。城墙连起座座烽燧，保证“丝绸之路”的通畅。今天存留下的汉代居延烽燧遗址，分布于内蒙古额济纳旗与甘肃金塔县境内，自东北向西南沿着额济纳河两岸一线排列，绵延达 250 公里，其中在甲渠候关、肩水金关、甲渠第四燧等遗址出土汉简 2 万余枚，还有灶、牲畜圈以及刀剑、箭簇、农具、点燃烽火用的草炬、丝绸残片，对了解汉代边塞屯戍生活与边塞烽燧制度有重要的参考价值。② 20 世纪 30 年代，瑞典探险家斯文 · 赫定从新疆一路向东，考察汉唐“丝绸之路”并完成了《丝绸之路》一书的写作。他感慨地说：

在这段旅途中，我们看到了长城，它像一条找不到头尾的灰黄色长蛇，伸展在大漠之中，它已经完成了保卫中原帝国抵御北方蛮夷入侵的历史使命。我们看到路边矗起的无数烽火台，它们是已逝去的辉煌时代的默然无声却又是雄辩有力的见证。烽火台一座接一座，似心跳一般有规律地隐现在道路的尘土和冬天的寒雾之中，似乎铁了心要和事物消亡的法则抗拒下去，尽管经历了多少世纪的沧桑，却依然挺立在那里。③

时空流转，王朝更替。今天，报警的烽火已经熄灭，战争的硝烟也随风散尽，烽火台（烽候、烽堠、烽墩、烟墩、墩台）却依然耸立，傲视苍穹，见证着历史上曾经发生过的惊心动魄的故事。北风呼啸，军旗

① ［法］阿里 · 玛扎海里：《丝绸之路——中国 ~ 波斯文化交流史》，耿昇译，中国藏学出版社 2014 年版，第 150—151 页。

② 王巍总主编：《中国考古学大辞典》，上海辞书出版社 2014 年版，第 431 页。按，内蒙古博物院举办《岩画与居延汉简艺术展》（2019 年 10 月 25—11 月 25 日），其中展出了在额济纳旗出土的汉简 60 枚，笔者在开展当天前往参观。

③ ［瑞典］斯文 · 赫定：《丝绸之路》，江红、李佩娟译，新疆人民出版社 2010 年版，第 227 页。

猎猎，战马嘶鸣，刀剑铿锵，仿佛还在耳前回响。抛妻别子、远离家乡、披星戴月、舍生忘死，为了国家的安全，为了“丝绸之路”的畅通，无数将士戍守着历代相续、修建长达数千年的烽火台，让后人感动和怀想。

主要参考文献

（汉）司马迁撰：《史记》，中华书局 1959 年版。

（汉）班固撰：《汉书》，中华书局 1962 年版。

（南朝）范晔撰：《后汉书》，中华书局 1965 年版。

（后晋）刘昫等撰：《旧唐书》，中华书局 1975 年版。

（宋）欧阳修、宋祁撰：《新唐书》，中华书局 1975 年版。

（宋）司马光撰：《资治通鉴》，中华书局 2011 年版。

（唐）杜佑撰：《通典》，王文锦等校点，中华书局 1988 年版。

（唐）李林甫等撰：《唐六典》，陈仲夫点校，中华书局 1992 年版。

（宋）王溥撰：《唐会要》，上海古籍出版社 2006 年版。

（宋）李昉等编纂：《太平御览》，夏剑钦等校点，河北教育出版社 1994 年版。

（宋）王钦若等编纂：《册府元龟》，周勋初等校订，凤凰出版社 2006 年版。

周祖谟撰：《尔雅校笺》，江苏教育出版社 1984 年版。

（东汉）刘熙撰、（清）毕沅疏证、王先谦补：《释名疏证补》，中华书局 2008 年版。

（唐）慧琳：《一切经音义》，徐时仪校注，上海古籍出版社 2008 年版。

（唐）段成式撰：《酉阳杂俎》，方南生点校，中华书局 1981 年版。

（宋）陆佃：《埤雅》，王敏红校点，浙江大学出版社 2008 年版。

（北魏）贾思勰：《齐民要术》，农业出版社 1963 年版。

（明）李时珍：《本草纲目》，王育杰整理，人民卫生出版社 1999 年版。

（清）吴其濬：《植物名实图考校注》，侯士良等注，河南科学技术出版社 2015 年版。

（明）徐光启：《农政全书校注》，石声汉校注，石定枎订补，中华书局 2020 年版。

（明）宋应星：《天工开物》，钟广言注释，广东人民出版社 1976 年版。

（明）周嘉胄撰：《香乘》，日月洲注，九州出版社 2014 年版。

（宋）洪刍、陈敬、（明）周嘉胄撰：《香典》，陈云轶译注，重庆出版社 2017 年版。

（宋）洪刍等撰：《香谱》（外四种），田渊整理校点，上海书店出版社 2018 年版。

（北魏）郦道元撰：《水经注》，陈桥驿点校，上海古籍出版社 1990 年版。

（北魏）杨衒之撰、范祥雍校注：《洛阳伽蓝记校注》，上海古籍出版社 1958 年版。

（北魏）杨衒之撰、杨勇校笺：《洛阳伽蓝记校笺》，中华书局 2006 年版。

（清）王谟辑：《汉唐地理书钞》，中华书局 1961 年版。

周振鹤、张莉编著：《汉书地理志汇释》，凤凰出版社 2021 年版。

（南朝陈）顾野王著、顾恒一、顾德明等辑注：《舆地志辑注》，上海古籍出版社 2011 年版。

（唐）李泰等撰：《括地志辑校》，贺次君点校，中华书局 1980 年版。

（唐）李吉甫撰：《元和郡县图志》，贺次君点校，中华书局 1983 年版。

吴松弟：《两唐地理志汇释》，安徽教育出版社 2002 年版。

（宋）赵汝适撰、冯承钧校注：《诸蕃志校注》，中华书局 1956 年版。

（宋）赵汝适撰、杨博文校释：《诸蕃志校释》，中华书局 2000 年版。

（宋）王存撰：《元丰九域志》，王文楚、魏嵩山点校，中华书局 1984 年版。

（宋）乐史撰：《太平寰宇记》，王文楚等点校，中华书局 2007 年版。

（宋）祝穆撰、祝洙增订：《方舆胜览》，施和金校点，中华书局 2003 年版。

（清）顾祖禹撰：《读史方舆纪要》，贺次君、施和金点校，中华书局 2005 年版。

（唐）韦述、（唐）杜宝撰：《两京新记辑校 大业杂记辑校》，中华书局 2020 年版。

（宋）程大昌撰：《雍录》，黄永年点校，中华书局 2002 年版。

（宋）宋敏求撰、（元）李好文编绘：《长安志 长安志图》，阎琦等点校，三秦出版社 2013 年版。

（元）骆天骧撰：《类编长安志》，黄永年点校，中华书局 1990 年版。

（明）顾炎武撰：《历代宅京记》，中华书局 1984 年版。

《永乐大典方志辑佚》，马蓉等点校，中华书局 2004 年版。

（东晋）法显：《佛国记》，吴玉贵释译，东方出版社 2018 年版。

（梁）释慧皎撰：《高僧传》，朱恒夫等注释，陕西人民出版社 2010 年版。

（唐）慧立、彦悰：《大慈恩寺三藏法师传》，孙毓堂校点，中华书局 1983 年版。

（唐）玄奘、辩机撰、季羡林等校注：《大唐西域记校注》，中华书局 2000 年版。

苏渊雷等撰：《玄奘传三种》，上海人民出版社 2008 年版。

闫小芬等编著：《玄奘集编年校注》，河南大学出版社 2012 年版。

（唐）义净撰、王维邦校注：《大唐西域求法高僧传校注》，中华书局 1988 年版。

（唐）义净撰、王邦维校注：《南海寄归内法传校注》，中华书局 2020 年版。

（唐）慧超、张毅笺释：《往五天竺国传笺释》，中华书局 2006 年版。

［日］圆仁撰、白化文等校注：《入唐求法巡礼行记校注》，中华书局 2019 年版。

（宋）赞宁：《宋高僧传》，范祥雍点校，中华书局 1987 年版。

（唐）吴兢、谢保成集校：《贞观政要集校》，中华书局 2009 年版。

（唐）李肇等撰：《唐国史补 因话录》，上海古籍出版社 1957 年版。

（唐）李肇撰、王福元校注：《唐国史补校注》，山东人民出版社 2020 年版。

（五代）王仁裕等撰：《开元天宝遗事十种》，丁如明辑校，上海古籍出版社 1985 年版。

（宋）王谠撰：《唐语林》，上海古籍出版社 1978 年版。

（清）屈大均撰：《广东新语》，中华书局 1985 年版。

（清）严可均编：《全上古三代秦汉三国六朝文》，中华书局 1965 年版。

逯钦立辑校：《先秦汉魏晋南北朝诗》，中华书局 1983 年版。

（清）董诰等编：《全唐文》，上海古籍出版社 1990 年版。

周绍良主编：《全唐文新编》，吉林文史出版社 1999 年版。

陈尚君辑校：《全唐文补编》，中华书局 2005 年版。

陶敏主编：《全唐五代笔记》，三秦出版社 2012 年版。

（清）彭定求等编:《全唐诗》(增订本)，中华书局编辑部点校，中华书局1999年版。

陈尚君辑校:《全唐诗补编》，中华书局1992年版。

任半塘:《唐声诗》，上海古籍出版社1982年版。

高嵩撰:《敦煌唐人诗集残卷考释》，宁夏人民出版社1982年版。

徐俊撰:《敦煌诗集残卷辑考》，中华书局2000年版。

任半塘编著:《敦煌歌辞总编》，上海古籍出版社2006年版。

王重民、向达等编:《敦煌变文集》，人民文学出版社1957年版。

潘重规编:《敦煌变文集新书》，台北文津出版社1994年版。

（唐）殷璠选、王克让注:《河岳英灵集注》，巴蜀书社2006年版。

（唐）欧阳询撰:《艺文类聚》，上海古籍出版社1999年版。

（宋）郭茂倩撰:《乐府诗集》，中华书局1979年版。

（明）高棅:《唐诗品汇》，上海古籍出版社1982年版。

（宋）计有功撰、王仲镛校笺:《唐诗纪事校笺》，中华书局2007年版。

（元）辛文房撰、傅璇琮等校笺:《唐才子传校笺》，中华书局1987年版。

（明）胡震亨:《唐音癸签》，古典文学出版社1957年版。

（明）胡应麟撰:《诗薮》，中华书局1962年版。

陈伯海主编:《唐诗汇评》，浙江教育出版社1995年版。

詹瑛:《李白诗论丛》，人民文学出版社1957年版。

詹瑛:《李白诗文系年》，人民文学出版社1984年版。

薛天纬:《李白·唐诗·西域》，上海古籍出版社2011年版。

薛天纬:《从长安到天山——丝绸之路访唐诗》，北京大学出版社2020年版。

（唐）南卓撰:《羯鼓录》(外二种)，古典文学出版社1957年版。

（唐）崔令钦等撰:《教坊记》(外三种)，中华书局2012年版。

（梁）沈约撰、苏晋仁、萧炼子校注:《宋书·乐志校注》，齐鲁书社1982年版。

（宋）陈旸撰:《〈乐书〉点校》，张国强点校，中州古籍出版社2019年版。

沈知白:《中国音乐史纲要》，上海文艺出版社1982年版。

吴钊、刘东升:《中国音乐史略》，人民音乐出版社1993年版。

郑祖襄主编:《中国古代音乐史》，上海音乐学院出版社2009年版。

修海林编著:《中国古代音乐史料集》，世界图书出版公司2000年版。

关也维:《唐代音乐史》,中央民族大学出版社 2006 年版。

王克芬:《中国舞蹈发展史》,上海人民出版社 2003 年版。

彭庆生、曲令起:《唐代乐舞书画诗选》,北京语言学院出版社 1988 年版。

陈凌、陈奕玲:《胡乐新声——丝绸之路上的音乐》,人民美术出版社 2005 年版。

沈从文:《中国古代服饰研究》,上海书店出版社 2011 年版。

孙晨阳、张珂编著:《中国古代服饰辞典》,中华书局 2015 年版。

王国维:《观堂集林》,河北教育出版社 2001 年版。

汤用彤:《汉魏两晋南北朝佛教史》,中华书局 1983 年版。

《汤用彤学术论文集》,中华书局 1983 年版。

陈寅恪:《元白诗笺证稿》,上海古籍出版社 1978 年版。

陈寅恪:《金明馆丛稿初编》,上海古籍出版社 1980 年版。

陈寅恪:《金明馆丛稿二编》,上海古籍出版社 1980 年版。

陈寅恪:《寒柳堂集》,上海古籍出版社 1980 年版。

陈寅恪:《隋唐制度渊源略论稿》,上海古籍出版社 1982 年版。

陈寅恪:《唐代政治史述论稿》,上海古籍出版社 1997 年版。

翁独健主编:《中国民族关系史纲要》,中国社会科学出版社 2001 年版。

周伟洲:《中国中世西北民族关系研究》,广西师范大学出版社 2007 年版。

吕思勉:《中国民族史两种》,上海古籍出版社 2008 年版。

陈琳国:《中古北方民族史探》,商务印书馆 2010 年版。

杨铭:《唐代吐蕃与西域诸族关系研究》,黑龙江教育出版社 2005 年版。

王永兴:《唐代经营西北研究》,兰州大学出版社 2010 年版。

闫廷亮:《河西史探》,甘肃人民出版社 2012 年版。

张星烺编注:《中西交通史料汇编》,华文出版社 2018 年版。

宫楚涵、俞冰主编:《海上丝绸之路文献汇编》,学苑出版社 2018 年版。

严耕望:《唐代交通图考》,上海古籍出版社 2007 年版。

白寿彝:《中国交通史》,岳麓书社 2011 年版。

张永禄主编:《唐代长安词典》,陕西人民出版社 1990 年版。

王功恪、王建林编著:《龟兹古国》,重庆出版社 2007 年版。

[法]勒内·格鲁塞:《草原帝国》,蓝琪译,商务印书馆 1998 年版。

[法]勒内·格鲁塞:《东方的文明》,常任侠、袁音译,商务印书馆 2017 年版。

冯承均原编、陆峻岭增订:《西域地名》,中华书局 1980 年版。

钟兴麒编著:《西域地名考录》,国家图书馆出版社 2008 年版。

余太山:《早期丝绸之路文献研究》,商务印书馆 2013 年版。

余太山:《两汉魏晋南北朝正史西域传研究》,中华书局 2003 年版。

余太山撰:《两汉魏晋南北朝正史西域传要注》,中华书局 2005 年版。

余太山:《两汉魏晋南北朝与西域关系史研究》,商务印书馆 2011 年版。

李锦秀、余太山:《〈通典〉西域文献要注》,上海人民出版社 2009 年版。

(清)徐松:《西域水道记》,朱玉麒整理,中华书局 2005 年版。

[法]鲁保罗:《西域文明史》,耿昇译,中国藏学出版社 2014 年版。

[法]鲁保罗:《西域的历史与文明》,耿昇译,新疆人民出版社 2006 年版。

[英]奥里尔·斯坦因:《斯坦因西域考古记》,向达译,新疆人民出版社 2010 年版。

[法]伯希和等撰:《伯希和西域探险记》,耿昇译,云南人民出版社 2001 年版。

苏北海:《西域历史地理》,新疆大学出版社 1988 年版。

张广达:《西域史地丛稿初编》,上海古籍出版社 1995 年版。

张广达:《文书·典籍与西域史地》,广西师范大学出版 2008 年版。

[瑞典]斯文·赫定:《我的探险生涯》,孙仲宽译,新疆人民出版社 2010 年版。

[瑞典]斯文·赫定:《丝绸之路》,江红、李佩娟译,新疆人民出版社 2010 年版。

仲高:《丝绸之路艺术研究》,新疆人民出版社 2008 年版。

周菁葆:《丝绸之路音乐舞蹈大系》,现代出版社 2020 年版。

赵丰:《唐代丝绸与丝绸之路》,三秦出版社 1992 年版。

赵丰:《锦程:中国丝绸与丝绸之路》,黄山书社 2016 年版。

赵丰:《中国丝绸艺术史》,文物出版社 2005 年版。

赵丰、徐铮:《锦绣华服——古代丝绸染织术》,文物出版社 2008 年版。

赵丰主编:《丝绸之路美术考古概论》,文物出版社 2007 年版。

袁宜萍、赵丰:《中国丝绸文化史》,山东美术出版社 2009 年版。

许序雅:《唐代丝绸之路与中亚历史地理研究》,西北大学出版社 2000 年版。

王宗维:《汉代丝绸之路的咽喉——河西路》,昆仑出版社 2001 年版。

赵汝清:《从亚洲腹地到欧洲——丝路西段历史研究》,甘肃人民出版社 2006 年版。

张乃翥、张成渝:《洛阳与丝绸之路》,国家图书馆出版社 2009 年版。

田澍、何玉红主编:《丝绸之路研究:交通与文化》,甘肃文化出版社 2013 年版。

[美] 芮乐伟·韩森:《丝绸之路新史》,张湛译,北京联合出版公司 2015 年版。

荣新江:《中古中国与粟特文明》,生活·读书·新知三联书店 2014 年版。

荣新江:《丝绸之路与东西方文化交流》,北京大学出版社 2015 年版。

石云涛:《唐诗镜像中的丝绸之路》,中国社会科学出版社 2020 年版。

[俄] 马尔夏克:《突厥人、粟特人与娜娜女神》,毛铭译,漓江出版社 2016 年版。

[法] 葛乐耐:《驶向撒马尔罕的金色旅程》,毛铭译,漓江出版社 2016 年版。

[乌兹别克斯坦] 瑞德维拉扎:《张骞探险之地》,高原译,漓江出版社 2017 年版。

张力仁:《文化交流与空间整合——河西走廊文化地理研究》,科学出版社 2006 年版。

向达:《唐代长安与西域文明》,河北教育出版社 2007 年版。

韩香:《隋唐长安与中亚文明》,中国社会科学出版社 2006 年版。

邹淑琴:《唐诗中的胡姬形象及其文化意义》,国家图书馆出版社 2016 年版。

张碧波、董国尧主编:《中国古代北方民族文化史》,黑龙江人民出版社 2001 年版。

高建新:《骏马追风舞——唐诗与北方游牧文化》,人民出版社 2020 年版。

后　记

“丝绸之路”与唐文学关系密切。唐人喜欢游历和书写雄浑壮阔的西北，唐代的英雄诗篇多出自河西走廊和西域。唐诗中有大量以《凉州词》《关山月》《从军行》《出塞》《入塞》《塞上曲》《塞下曲》为题的诗歌以及由此体现出的格调、气韵、风骨及美学精神，皆与“丝绸之路”有关。

进入文本阅读之后，笔者曾经寻访过的中国境内“丝绸之路”沿线的自然景观、文化景观一一展现在眼前，唐代诗文中的有关记述、描绘霎时间被激活，在诗篇中昂然站立的是血脉偾张、豪气干云、敢于走向万里边疆的鲜活的唐人形象，如从军西域、“忽上天山路”的骆宾王，立马合黎山口、察探敌情的陈子昂，壮游河陇、亲见“玉门山嶂几千重”的王昌龄，在居延塞上凝望大漠孤烟、长河落日的王维，在铁门关凄厉的北风中感慨功名难成的岑参，在河西节度使幕府中担任微官却渴望“图画麒麟阁，入朝光明宫”的高适，还有目光坚毅、手持禅杖、踽踽独行在无边大漠中的玄奘法师。不仅如此，就连他们身后的大漠黄沙、白草枯蓬、明月星光以及呼啸的西风、漫天的雪花、冰冻的河流、嘶鸣的战马、寒光闪烁的剑戟、随云直上的烽烟，也都成了景观的一部分，更不用说苍莽萧森、气象雄伟的祁连山山脉、天山山脉和昆仑山山脉。曾长途跋涉、戍守伊犁的清代诗人、诗论家洪亮吉说：“大抵读古人之诗，又必身亲其地，身历其险，而后知心惊魄动者，实由于耳闻目见得之，非妄语也。”（《北江诗话》卷五）这样的研究不仅不枯燥，而且时显生机，满眼清新。笔者叹赏行万里路、“读书万余卷，一事不知，以为深耻”（《南史·陶弘景传》）的求索精神。拜追前贤，问学大地，其乐无穷！

本书主要从诗人、作品出发，选择了与唐代“丝绸之路”关系密切的玄奘、王昌龄、高适、王维、李白、岑参、杜甫、张惟俭、张籍、李贺10位作家诗人，集中探究他们的丝路行迹及其笔下的“丝绸之路”，包括西行求法、万里赴边、戍楼守望、边塞战争、诸国朝贡、民族融合、文化交流、西域人物与物产、音乐艺术以及“丝绸之路”沿线的风俗、气候、地理环境、山川景色等。因为多是亲历，他们的丝路书写呈现了特定的历史情境，熔铸了强烈的个人感受，而且有珍贵的细节描写，真实生动，学术与审美价值非同寻常，从中可以感知那个时代的荣光与梦想、激情与歌唱，找到历史与今天的多样联系。

书名取自李白《关山月》“明月出天山，苍茫云海间”诗句。诗中的天山，指祁连山。祁连山从东到西，一路与河西走廊相随，直至敦煌西南的当金山山口，是中国西部最壮阔雄伟的自然景观与文化景观。李白一生生活在盛唐，近距离接触了从“丝绸之路”进入长安的各色人物，充分领受了“丝绸之路”畅通带给国家的强大开放、文化生活的多彩与物质生活的富足，主动加入盛世华章的谱写之中。

本书封面图为“张骞出使西域”图和“持幡飞天”图，均来自《中国敦煌壁画全集·敦煌初唐》(五)，在此表示感谢。

唐代“丝绸之路”文学文献丰富而驳杂，非“爬罗剔抉，刮垢磨光”不敢援引，费心费力自然难免。《论衡·量知》说：“骨曰切，象曰瑳，玉曰琢，石曰磨，切瑳琢磨，乃成宝器。人之学问、知能、成就，犹骨象玉石切瑳琢磨也。”虽晓知其理，却不能善美皆尽，书中的不足与谬误，还请方家指教。本书的出版再次得到贺畅编审的扶助。她是拙著《骏马追风舞——唐诗与北方游牧文化》一书的责编，谦逊和蔼，学术水平高，责任心强，乐意成人之美。内蒙古大学冯文开教授、河北工程大学王贵宝博士、南京大学崔筠博士协助查阅了部分文献，在此一并致谢。

2023年4月16日于内蒙古大学中文系